VOZES DO MUNDO
ESPIRITUAL

J. H. Brennan

VOZES DO MUNDO ESPIRITUAL

A História Secreta do Contato com Espíritos Através dos Tempos

Tradução
MARCELLO BORGES

Editora
Pensamento
SÃO PAULO

Título original: *Whisperers – The Secret History of the Spirit World.*
Copyright © 2013 J. H. Brennan.
Copyright da edição brasileira © 2016 Editora Pensamento-Cultrix Ltda.
Texto de acordo com as novas regras ortográficas da língua portuguesa.
1ª edição 2016.

Todos os direitos reservados. Nenhuma parte deste livro pode ser reproduzida ou usada de qualquer forma ou por qualquer meio, eletrônico ou mecânico, inclusive fotocópias, gravações ou sistema de armazenamento em banco de dados, sem permissão por escrito, exceto nos casos de trechos curtos citados em resenhas críticas ou artigos de revista.

A Editora Pensamento não se responsabiliza por eventuais mudanças ocorridas nos endereços convencionais ou eletrônicos citados neste livro.

Editor: Adilson Silva Ramachandra
Editora de texto: Denise de Carvalho Rocha
Gerente editorial: Roseli de S. Ferraz
Preparação de originais: Alessandra Miranda de Sá
Produção editorial: Indiara Faria Kayo
Assistente de produção editorial: Brenda Narciso
Editoração eletrônica: Fama Editora
Revisão: Nilza Agua

Dados Internacionais de Catalogação na Publicação (CIP)
(Câmara Brasileira do Livro, SP, Brasil)

Brennan, J. H.
   Vozes do mundo espiritual : a história secreta do contato com espíritos através dos tempos / J. H. Brennan ; tradução Marcello Borges. — São Paulo : Pensamento, 2016.

   Título original: Whisperers : the secret history of the spirit world.
   Bibliografia.
   1. Espiritismo – História 2. Espiritualismo 3. Ocultismo I. Título.
   ISBN: 978-85-315-1926-0

16-00494   CDD-133.909

Índices para catálogo sistemático:
1. Espiritismo : História 133.909

Direitos de tradução para o Brasil adquiridos com exclusividade pela
EDITORA PENSAMENTO-CULTRIX LTDA., que se reserva a
propriedade literária desta tradução.
Rua Dr. Mário Vicente, 368 – 04270-000 – São Paulo – SP
Fone: (11) 2066-9000 – Fax: (11) 2066-9008
http://www.editorapensamento.com.br
E-mail: atendimento@editorapensamento.com.br
Foi feito o depósito legal.

Para um amigo que perdi, Nick, e sua querida esposa, Clare, com meus agradecimentos por sua hospitalidade, ajuda e, sobretudo, inspiração.

Trechos deste livro fizeram parte da minha dissertação de mestrado, *Comunicação Espiritual: Exame de um Fenômeno Importante do Esoterismo Ocidental*, na Universidade de Exeter, Inglaterra. Gostaria de agradecer a meu professor, o falecido e mui saudoso Nicholas Goodrick-Clarke, pela extraordinária gama de leituras que me sugeriu, e a meu supervisor, dr. Christopher McIntosh, por tecer comentários interessantes sobre a obra acabada.

SUMÁRIO

Prefácio 11
Introdução 13

PARTE I: DEUSES E HOMENS

1. Primeiro contato 25
2. Comunhão com os deuses 39
3. A experiência egípcia 60
4. Mistérios da Grécia e da Roma Antigas 78
5. Espíritos do Oriente 104
6. Conjurações da Idade das Trevas 121
7. Raízes do Islã 131

PARTE II: TRANSFORMADORES DO MUNDO

8. As vozes e a donzela 139
9. As evocações de Nostradamus 149
10. O conjurador da rainha 163
11. Espíritos do Iluminismo 176
12. Feiticeiro revolucionário 187
13. A história se repete 197
14. Guias diretos 208
15. Experiência norte-americana 217

PARTE III: ESPÍRITOS NO MUNDO MODERNO

16. Estão *todos* aí? 227
17. Os espíritos vão à guerra 233

18. Os espíritos e o *Führer*.. 249
19. Museu de contatos espirituais 256

PARTE IV: CONTATO – TEÓRICO E PESSOAL

20. Contatos imediatos de grau espiritual... 273
21. Três conjurações 291
22. Transferências espirituais, poderes espirituais............................. 303
23. Uma investigação cética 321
24. A teoria bicameral... 332
25. Espíritos da mente profunda 353
26. Encontros pessoais.. 363
27. O *geist* que *polters* 371
28. O limiar de vacilação 382
29. Fundamentação científica 397

Conclusão 419
Bibliografia.. 431
Notas 439

PREFÁCIO

Será possível que os acontecimentos do seu dia a dia sejam controlados por espíritos... mesmo que você não acredite neles? Será possível que decisões políticas sobre guerra e paz, os alimentos que você come, a sua prosperidade, sua fé religiosa e base moral tenham sido fruto de vozes de espíritos sussurradas no ouvido de papas e profetas, políticos e primeiros-ministros, ditadores e reis ou diretamente a você?

Parece incrível, mas há evidências que mostram não apenas a existência dessas vozes, como também a ocorrência constante delas, desde relatos da Pré-história até os dias atuais, guiando sutilmente o curso da história humana.

Trata-se de um fenômeno totalmente ignorado por historiadores e cientistas, embora estes estejam plenamente cientes de sua existência. Mas, quando está em jogo a reputação (para não falar em verbas de pesquisa) acadêmica, poucos se apressam a investigar um campo tão desacreditado quanto esse dos espíritos. Por isso ninguém até hoje pôde dizer com alguma certeza o que são os "espíritos" ou o que representam. Podem ser tal como se apresentam (com variações): almas dos mortos, fantasmas, deuses, entidades desencarnadas, mentes evoluídas, mestres ocultos ou alienígenas de outros mundos. Mas, do mesmo modo, podem ser também aspectos da mente inconsciente, ou ainda algo completamente diferente.

Como o passado gera o futuro, não é exagero dizer que a vida que você vive hoje é como é, pelo menos em parte, graças aos estímulos ocultos de vozes espirituais. Nessas circunstâncias, faria sentido realizar um exame profundo e panorâmico do fenômeno... e tentar descobrir quem ou o que são de fato esses conselheiros sombrios.

Há cinquenta anos, a opinião científica convencional sustentava que a "comunicação com espíritos" era basicamente o médium conversando consigo mesmo. Conteúdos do inconsciente irromperiam na consciência para entregar mensagens, visões e eventuais alucinações. O mecanismo pelo qual esses dons tornaram-se personificados como pseudoespíritos não ficou bem compreendido, mas os psicólogos, de modo geral, convenceram-se de ser essa sua origem.

Hoje, porém, alguns cientistas não têm tanta certeza. Carl Jung, um dos fundadores da psicologia moderna, comentou que às vezes os espíritos mostram mais conhecimentos do que o médium que os canaliza. Como, você se perguntará, uma projeção do inconsciente pode conter mais informações do que a mente que a emitiu? É claro que, se há uma explicação puramente psicológica para os espíritos, ela deve ser bem mais complexa do que a ideia inicial: a de representarem apenas fantasias da mente subconsciente. Para muitos, é evidente, não há mistério nenhum. Para estes, os espíritos são exatamente o que afirmam ser: inteligências desencarnadas capazes de se comunicar com a humanidade.

Durante minha pesquisa sobre o mundo espiritual, vi-me cada vez mais insatisfeito com todas as teorias atuais. De certo modo, é algo como a dualidade onda-partícula da física quântica. Às vezes, os espíritos se comportam como inteligências incorpóreas que se comunicam do Além; em outras, como o conteúdo da mente do médium. Para tornar as coisas ainda mais confusas, descobri que é possível *criar* um espírito, uma entidade puramente artificial, que se manifeste exatamente da maneira como têm informado os relatos sobre os espíritos naturais ao longo dos séculos. E, o que é pior: os espíritos artificiais mostram-se capazes de agir e de demonstrar intenções além do controle de seus criadores.

Descobertas como essa, a amizade pessoal com médiuns e meu interesse vitalício pela pesquisa científica paranormal acabaram me levando a escrever este livro. Nele, procurei apresentar a história dos contatos com espíritos ao longo das eras na tentativa de mostrar como a influência deles foi e é predominante, além de investigar a natureza dos espíritos sem preconceito ou posições preconcebidas.

A viagem acabou tendo um desfecho inesperado.

— J. H. (Herbie) Brennan, Irlanda, 2013

INTRODUÇÃO

Em 2 de julho de 1936, um grupo seleto de nazistas de alto escalão, entre eles Robert Ley, líder nacional da Frente Trabalhista, e o vice-líder Martin Bormann, foram à cidade de Quedlinburg, na parte central da Alemanha, como convidados do Reichsführer das SS Heinrich Himmler. Encontraram as ruas recém-varridas e as casas com pintura fresca. Bandeiras nazistas pendiam dos telhados, e os muros nas ruas principais estavam decorados com guirlandas.

O grupo foi recebido pelos representantes locais da Juventude Hitlerista, tendo à frente três membros que portavam bandeiras em longos mastros. Acompanhava-os uma banda das SS tocando marchas militares com animação. Fileiras de soldados das SS com capacetes de aço e uniformes pretos formavam um corredor ao longo da rota, enquanto o próprio Himmler liderava o grupo por sinuosas ruas de paralelepípedos até a Castle Hill.[1] A ocasião marcava o milésimo aniversário da morte de Henrique I, o Passarinheiro (876-936 EC), rei medieval que fundou a dinastia otoniana e empurrou as tribos eslavas para além do rio Elba, estabelecendo novas fronteiras para seu império florescente. Para os nazistas, foi o mais germânico de todos os antigos reis alemães. Para Himmler, havia um interesse mais pessoal.

O Reichsführer e seu grupo pararam por alguns instantes para admirar o magnífico castelo da cidade, rumando depois para seu destino final, a catedral medieval de Quedlinburg. Nela, na cripta rodeada por colunas sob a nave, Himmler depositou uma coroa de flores no túmulo vazio do rei Henrique, elogiou sua coragem e fez a promessa de dar continuidade à sua missão no leste.

Para os historiadores, a cerimônia em Quedlinburg refletiu a paixão de Himmler pela História e a esperança de reconstruir a Alemanha segundo uma visão heroica,² mas parecia haver no gesto alguma coisa a mais. Um ano depois de ter deixado a coroa de flores, ele mandou que os ossos do rei Henrique fossem levados de volta à catedral numa procissão solene, enterrando-os novamente em seu túmulo original. Segundo disse, aquele lugar era sagrado, e os alemães agora poderiam fazer peregrinações até lá. Passado mais um ano, ordenou que a catedral fosse fechada para cultos cristãos, transformando-a numa espécie de capela das SS. Himmler era conhecido pelo desejo de substituir o cristianismo por uma religião ariana pura, revivendo antigos deuses alemães, como Wotan. Quedlinburg parece ter sido o foco dessa ambição. Entre 1938 e a chegada das tropas norte-americanas em 1945, a catedral funcionou como um santuário místico teutônico no qual o rito cristão foi substituído por cerimônias das SS iluminadas por tocheiros. Pelo menos em uma delas, segundo garante a escritora Lynn H. Nicholas, os espectadores presenciaram o surgimento aparentemente mágico do próprio Reichsführer das SS... através de um compartimento secreto especialmente construído no piso da igreja.³

Do ponto de vista do século XXI, tudo isso parece tolice, mas, em 1972, enquanto pesquisava material para meu livro sobre crenças e práticas esotéricas da Alemanha nazista,⁴ topei com uma sugestão impressionante que mudou meu olhar sobre todas essas curiosas pantomimas. Himmler, ao que parece, não se limitara a truques de conjuração. Havia indicações de que ele realizara sessões mediúnicas à meia-noite na cripta da catedral, destinadas a colocá-lo em contato com o espírito de Henrique I, o Passarinheiro, a quem teria pedido conselhos políticos.

Essa revelação gelou-me até os ossos. Himmler não era apenas o Reichsführer das SS, mas também chefe da Gestapo — a infame polícia secreta da Alemanha nazista — e oficial responsável pela Solução Final da Questão Judaica — um programa industrial de assassinatos que causou cerca de seis milhões de mortes. Será que esse homem tinha baseado suas decisões nos sussurros de um espírito? O que se imprimiu em mim como o horror dessa situação foi sua irracionalidade estupefaciente. O problema não era a existência ou não de espíritos, mas a maneira como Himmler os via. Será que milhões haviam morrido porque um homenzinho tolo achava que podia conversar com eles?

No começo, encontrei poucas confirmações confiáveis das supostas sessões noturnas. Havia muitos rumores — e ainda há — sobre as atividades de Himmler em Quedlinburg, mas opiniões populares não servem como prova. Com efeito, diversos historiadores confiáveis mencionam que Himmler estava convicto de que era a reencarnação de Henrique I, o Passarinheiro, uma crença que certamente descartaria um contato com o rei como espírito independente. Apesar das dificuldades, no entanto, as evidências acabaram aparecendo.

Durante boa parte de sua vida adulta, Himmler sofreu de cólicas estomacais severas, provavelmente de origem nervosa. Como Reichsführer, descobriu que podiam chegar a atrapalhar seu trabalho, mas os esforços dos médicos nazistas não lhe deram muito alívio. Então, em 1942, um colega recomendou um massagista finlandês chamado Felix Kersten. Kersten formara-se em "massagem científica" em Helsinque, estudando depois um sistema tibetano de trabalho corporal com um praticante chinês, o dr. Ko. Para surpresa de Himmler, as técnicas de Kersten eliminavam por completo as dores, e, quando estas voltavam em meio a situações estressantes, ele podia contar com as mãos mágicas de Kersten para lhe dar alívio.

Depois de algumas sessões de tratamento, Himmler fez um convite a Kersten para se tornar seu massagista pessoal. Temendo por sua vida caso se recusasse, Kersten mudou-se para Berlim e assumiu o novo posto.

No início, Himmler manteve-se no comando com firmeza, mas, pouco a pouco, o equilíbrio do relacionamento foi mudando. Kersten descobriu que podia manipular Himmler, em particular quando o Reichsführer estava com dores, e acabou usando essa habilidade para salvar a vida de alguns judeus. Ao mesmo tempo, Himmler passou a confiar implicitamente em Kersten, e, enquanto estava sobre a maca para as massagens, fazia confidências que provavelmente não compartilhava com muitas pessoas. Entre elas, alegou que conseguia evocar espíritos.

A escolha das palavras é importante. Uma sessão mediúnica é um evento passivo. Em essência, um médium fica sentado em silêncio e aguarda o contato dos espíritos. Em culturas mais primitivas, um xamã se comunica mediante viagens em transe a reinos espirituais. Mas a *evocação* de espíritos implica uma conjuração, uma espécie de rito mágico que põe o necromante numa posição de poder. Será que Himmler, senhor de tantas coisas na Alemanha nazista, acreditava que também era o senhor dos espíritos? Segundo Heinz Höhne, era exatamente nisso que ele acreditava.

Höhne, falecido em 2010, era um respeitado historiador alemão especializado no período nazista. Entre várias obras, produziu a história definitiva das SS.[5] Nela, eis o que tinha a dizer:

> Himmler entrava continuamente em contato com grandes homens do passado. Acreditava que tinha o poder de evocar espíritos e de manter encontros regulares com eles, embora apenas [...] com os espíritos de homens falecidos havia centenas de anos. Enquanto estava semiadormecido, dizia Himmler, o espírito do rei Henrique aparecia e lhe dava valiosos conselhos.[6]

É quase certo que a palavra *semiadormecido* deva se referir ao estado hipnagógico entre o sono e a vigília, ponto mais próximo que a maioria de nós consegue chegar de um transe pleno. Sendo assim, isso faz de Himmler tanto um médium quanto um necromante, pois as pesquisas paranormais revelaram que o estado hipnagógico é um portal que leva a experiências peculiares, inclusive visões de entidades espirituais. Além disso, escrevendo especificamente sobre Quedlinburg e Henrique I, o Passarinheiro, Höhne afirma que:

> Em todos os aniversários da morte do rei, ao soar da meia-noite na fria cripta da catedral, Himmler comungava silenciosamente com seu homônimo.[7]

Evidentemente, mesmo dentro da hierarquia nazista, Himmler era uma figura incomum, excêntrica, às vezes diabólica. O general Friedrich Hossbach, que chegou a ser assistente militar de Hitler, chamava Himmler de "espírito maligno de Hitler". O general Heinz Guderian, que se tornou chefe interino de Estado-Maior em 1944, via-o como um "homem de outro planeta". Carl Burckhardt, alto-comissário da Liga das Nações, achava que havia nele algo de "sinistro [...] desumano", além de "um quê de autômato". O ministro de Armamento Albert Speer considerava-o "metade diretor de escola, metade biruta".

Não é difícil encontrar evidências dessa faceta excêntrica. Em 1935, Himmler fundou uma organização de elite para pesquisas chamada Ahnenerbe. Estimulada (e financiada) pelo Reichsführer, os diversos institutos da Ahnenerbe fizeram investigações sobre questões prementes como as propriedades mágicas dos sinos das catedrais de Oxford (que, sem a menor sombra de dúvida, tinham protegido a cidade do ataque da Luftwaffe); a força da Fraternidade Rosacruz; a importância esotérica da cartola em Eton; e se Hitler tinha a mesma ascendência ariana que o Buda Gautama.[8] Até sua maior realização, a criação das sinistras SS, envolveu uma extrema ironia — por incrível que possa parecer, a estrutura da organização baseou-se na Ordem Jesuíta.[9] Com esse pano de fundo, a crença em espíritos e a alegação de domínio sobre eles não devem surpreender tanto, podendo ser descartadas como delírios de um fanático solitário. Mas, quando investiguei melhor a questão, descobri toda uma mitologia histórica que sugeria não ser Himmler o único nazista a ouvir vozes de espíritos. E descobri também que os conselhos espirituais não se restringiam à Alemanha.

Muita gente usa o termo *espírito* para designar apenas a alma de um morto, mas essa definição é limitada. As religiões mais importantes do mundo têm suas tradições acerca de anjos e demônios. O folclore está repleto de histórias de elfos, faunos, fadas, sílfides, ondinas e outras criaturas elementares, todas associadas a algum mundo espiritual. Até Deus Todo-Poderoso, para a maioria dos crentes, é um espírito. Por isso, até agora os acadêmicos têm adotado a expressão "seres intermediários" para descrever fenômenos como os que ocorriam na Alemanha nazista. O emprego das palavras *espírito* ou *espíritos* deveria significar um desses seres intermediários dos estudos acadêmicos contemporâneos, deduzindo-se, pelo contexto, sua interpretação exata.

Um exame histórico mostra que essa é uma definição razoável. Apesar de um espírito parecer bem diferente de um anjo ou um demônio, a crença registrada em tais intermediários surgiu principalmente de uma combinação de ideias judaicas e gregas sobre entidades incorpóreas (ou seja, espíritos) capazes de influir na vida humana. Fica evidente uma metamorfose gradual no desenvolvimento de tais crenças. É interessante observar que, no início, os demônios não eram vistos como malignos. A palavra grega *daimōn* era usada antes para indicar um deus ou poder divino, sendo depois ampliada para denotar um tipo de influência sobre assuntos humanos que traduziríamos como "destino". No século VI AEC, o poeta grego Hesíodo caracterizou as pessoas da Era de

Ouro como "demônios puros habitando a terra [...] livrando do mal os homens mortais e protegendo-os" — quer dizer: criaturas totalmente benevolentes. Não tardou para que se passasse a impressão de que os próprios mortais se tornariam demônios após a morte, ainda sem nenhuma conotação negativa. O filósofo grego Sócrates (c. 470-399 AEC) tinha a fama de receber os conselhos de um *daimōn*, cuja voz interna só lhe falava quando ele estava prestes a cometer um erro. E não era o único. Havia uma crença generalizada tanto em *daimōns* pessoais quanto em espíritos tutelares. Em suas *Meditações*, o imperador romano Marco Aurélio comentou que "Zeus deu uma partícula de si mesmo como líder e guia para todos".

Mas os *daimōns* não permaneceram benevolentes, embora o processo de transformação tenha sido gradual. Um dos primeiros sinais de que as coisas iriam mudar foram os ensinamentos do filósofo Crisipo, do século III AEC, que afirmava que os deuses tinham punido os iníquos valendo-se de demônios maléficos. Um texto hermético antigo, *Asclépio*, supostamente datado do século I, contém a intrigante informação de que as estátuas dos deuses vistas nos templos poderiam ser nocivas caso certos demônios fossem conjurados nelas. Isso não sugere que *todos* os demônios eram perversos, mas certamente mostra que já se acreditava que *alguns* poderiam sê-lo.

Mais ou menos na mesma época, surgiu a ideia de que demônios que viviam no ar teriam um papel importante no destino das almas humanas. Acreditava-se que após a morte o chefe dos demônios atuaria como juiz e decidiria se o indivíduo merecia ser punido ou recompensado. É fácil perceber como esse conceito prenunciou ideias religiosas mais elaboradas sobre o julgamento feito por Deus após a morte, separando santos e pecadores, estes condenados ao castigo eterno nas mãos do próprio chefe dos demônios, Satanás. Por volta do século II, os *Oráculos Caldeus* mostravam a distinção moderna entre *daimōns* bons e maus, aqueles chamados em geral de "anjos", e estes, de "demônios" propriamente ditos.

O judaísmo em desenvolvimento começou a aceitar que outros povos tinham o direito de ter os próprios deuses, mas afirmava que qualquer outro deus (para não falar das diversas classes de seres mitológicos) deveria ser subserviente a JHVH em sua corte real. Mas essa aceitação relutante acabou ruindo quando se decidiu que deuses estrangeiros deviam ser maléficos. "Todos os deuses dos gentios são demônios", cantava o salmista.[10] Tanto o cristianismo, primeiro, quanto depois o islamismo adotaram essas ideias por atacado, povoando os próprios antipanteões com hostes infernais. Porém, por mais que fossem perversos, os demônios eram basicamente espíritos. Viviam em outro mundo e podiam ser visitados ou evocados.

O desenvolvimento dos anjos seguiu um caminho razoavelmente similar e igualmente tortuoso. No começo, a diferença entre bom e mau parecia bastante arbitrária, mesmo quando se percebia que a entidade estava do lado de Deus. O Anjo Exterminador que massacrou os primogênitos do Egito[11] atuou sob ordens de JHVH, tal como fez quando voltou para matar certos israelitas após o Censo de Davi.[12] O próprio Satanás passou por uma metamorfose gradual: de simples mensageiro de Deus[13] (a palavra grega *angelos* significa "mensageiro"), tornou-se o desagradável Acusador de Jó na corte celestial[14] e depois o arqui-inimigo não apenas da humanidade como um todo, mas também de Deus. A Queda de Satanás parece assinalar o ponto de demarcação mais claro entre anjos e demônios, embora seus seguidores ainda fossem chamados ocasionalmente de "anjos decaídos". A situação foi racionalizada com elegância na comunidade de Qumrã, onde se acreditava que Deus havia criado duas entidades importantes: o Espírito da Verdade, também conhecido como Príncipe da Luz, e o Espírito das Mentiras, comumente chamado de Príncipe das Trevas. Como consequência, surgiram duas classes de seres: os Filhos da Luz e os Filhos das Trevas. De modo inevitável, entraram em guerra.

Os primeiros cristãos não tardaram a adotar e a combinar as diversas formas de demonologia e angelologia, gregas e judaicas, que existiam em sua época. Nos Evangelhos, Jesus enfrenta com frequência demônios de diversas espécies, desde a tentação de Satanás no deserto[15] até fazer com que espíritos malignos se incorporassem em porcos.[16] As referências a anjos no Novo Testamento são igualmente frequentes, e na Anunciação encontramos um anjo em seu papel arquetípico de mensageiro. Como mencionado antes, a palavra grega para "anjo" traduz-se como "mensageiro", mas naturalmente acreditava-se que as entidades fossem muito mais que isso. O teólogo cristão Clemente de Alexandria cita um hino órfico que se refere a anjos rodeando o trono de Deus e cuidando da humanidade. No Oriente Próximo, atribuía-se a antigos deuses pagãos, inclusive Zeus e Júpiter, o termo *angelos*, e no ádito tão sombrio quanto uma cripta do templo de Apolo, em Claros, os próprios deuses proferiram um oráculo no qual afirmaram ser "apenas uma pequena parte do Deus [Supremo] [...] seus anjos". Essa frase está preservada até hoje num muro da cidade de Oinoanda, na Lícia, hoje no sudoeste da Turquia.

O neoplatonismo refinou ainda mais as ideias da humanidade acerca dos anjos, expandindo o termo para que representasse os diversos níveis de existência entre o céu e a terra, permitindo assim conceitos paradoxais como demônios angelicais. A questão era bastante confusa, mas as complicações se deram por conta da interpretação humana, e não das entidades em si. O mesmo se aplica a seres intermediários menos conhecidos. Os pertencentes ao folclore foram elencados segundo formas diversas, desde elfos até elementais, mas poderiam ter sido razoavelmente classificados como espíritos em essência. Portanto, *daimōns* ainda eram *daimōns*, e, como veremos, havia espíritos do tipo *daimōn* por toda parte. Mas não se trata de um exercício acadêmico. Apesar da mudança no modo de manifestação dos espíritos ao longo dos séculos, algo se manteve constante: o fluxo de relatos que afirmava ser possível, e uma realidade, a comunicação entre humanos e esses Espíritos.

Esse é um aspecto imensamente importante e negligenciado em muitas histórias. Falamos da influência da religião e de diversos sistemas de crenças sobre a política e a sociedade, mas o sobrenatural, na maior parte, ainda é um tabu. Mas meus estudos — na verdade, minha experiência pessoal nessa área — indicam que o sobrenatural, real ou não, exerce um efeito profundo sobre determinados indivíduos, e, através deles, sobre a sociedade como um todo... e de maneiras surpreendentes. Logo, a mesma pergunta básica volta para nos assombrar: até que ponto o contato com um "mundo espiritual" — quer se acredite em tal coisa, quer não — influenciou o curso da história humana?

Para os historiadores convencionais, a resposta parece ser *nem um pouco*. Mas chegaram a essa conclusão porque ignoraram as evidências, não porque as examinaram. O contato com espíritos está no cerne do xamanismo, sistema pré-histórico de crenças que guia, até hoje, comunidades tribais do mundo todo. Está no cerne de quase todas as religiões antigas, até mesmo as das civilizações clássicas, que assentaram as bases intelectuais e políticas do mundo do século XXI. Aparece nas visões de profetas e sensitivos cujas doutrinas são aceitas por homens e mulheres em posições de poder. Surge, em geral bem disfarçado, em sistemas da psicologia moderna e nas experiências de indivíduos levados a experimentar drogas que alteram a mente ou técnicas místicas.

Examinando esses fatores, além de outros mais, este livro tem a intenção de retificar os registros ao investigar um tema recorrente que a maioria dos historiadores escolhe ignorar. Os resultados são tão assustadores quanto as pantomimas de Himmler na cripta da catedral de Quedlinburg, mas de alcance bem mais amplo, pois ficou claro que, percebamos ou não, a sua vida e a minha têm sido profundamente influenciadas por vozes do Além.

PARTE I

DEUSES E HOMENS

🍃

Há evidências sólidas de que o contato com o mundo espiritual tem sido uma parte importante — na verdade, vital — da experiência humana, desde bem antes da aurora da História. Mas o contato era dinâmico. Porém, com o advento da civilização, as primeiras viagens espirituais do xamã tribal transformaram-se numa interação muito mais ampla e bilateral entre a humanidade como um todo e entidades espirituais consideradas deuses. Essas entidades não eram as forças frias e impessoais de filosofias posteriores, tampouco as abstrações místicas de algumas religiões orientais, mas personalidades que assumiam um interesse direto e íntimo pelos indivíduos que as veneravam.

Contudo, quando esses "deuses" se afastaram, possivelmente sob a pressão de uma explosão populacional, o processo evolutivo continuou. Numa tentativa desesperada de renovar o contato, a humanidade desenvolveu novas instituições, como médiuns oraculares e um corpo sacerdotal interpretativo. Implantaram-se os fundamentos das três maiores religiões monoteístas, o judaísmo, o cristianismo e o islamismo, mudando a percepção comum acerca dos espíritos: de uma presença bem-aceita e cotidiana na existência humana, passaram a habitantes de um domínio distante, controlado rigidamente por uma Igreja centralizada.

PARTE I

DEUSES E HOMENS

1. PRIMEIRO CONTATO

Durante o verão de 1877, EVERARD IM THURN (que ainda não era SIR EVERARD, como veio a ser conhecido depois) chegou à Guiana Inglesa para assumir o cargo de curador de um museu, dando início à prática de um novo ramo da ciência: a antropologia social. Nessa atividade, começou a fazer uma série de viagens ao interior da colônia, onde fascinou os macuxis, nativos da região, a ponto de lhe permitirem morar numa das aldeias tribais. Lá, teve uma experiência tão bizarra que o relato que fez dela parece-se com as exóticas aventuras fictícias de Rider Haggard, autor vitoriano.

Tudo começou quando teve uma ligeira febre e dores de cabeça. Na época, tentava fazer amizade com o *peaiman*, ou pajé local, aparentemente com sucesso, pois este se ofereceu prontamente para curá-lo da doença.

Uma ou duas horas após o pôr do sol, Thurn apareceu na casa do *peaiman* munido, conforme fora orientado a fazer, de sua rede e um punhado de folhas de tabaco. Armou a rede e entregou o tabaco ao *peaiman*, que o mergulhou numa cabaça com água e a deixou no chão, cercada por vários maços de ramos verdes que cortara de arbustos da savana. O *peaiman* não estava sozinho. Havia aproximadamente trinta macuxis dentro da casa, atraídos, segundo os comentários posteriores de Thurn, "pela novidade da pajelança num homem branco".[1] Alguém fechou a porta e apagou a fogueira, deixando o recinto na total escuridão. (As casas dos macuxis não tinham nem janelas nem chaminés.) Thurn foi orientado a se deitar em sua rede e, principalmente, a não encostar os pés no chão, pois do contrário os *kenaimas* (espíritos), que em breve estariam no chão, poderiam agarrá-lo, fazendo-lhe coisas terríveis.

Parecia que o palco estava montado para o início da cura, mas de repente o *peaiman* mudou de ideia. Aparentemente, ficara preocupado por fazer seu trabalho diante de um homem branco. Thurn tentou tranquilizá-lo, jurando que não se mexeria em sua rede, não olharia para nada nem tentaria encostar em qualquer coisa que pudesse tocar nele. Hesitante, o *peaiman* concordou em prosseguir com a cerimônia.

Durante alguns momentos, fez-se um silêncio terrível, e então as sombras explodiram com "um surto de indescritíveis [...] gritos terríveis [...] rugidos e berros que encheram a casa, abalando paredes e teto".[2] O ruído aumentava e diminuía num ritmo constante, ora erguendo-se como um rumor, ora mergulhando num murmúrio distante, mas prosseguiu sem pausas durante seis horas. Thurn falava muito mal o macuxi, mas pareceu-lhe que perguntas eram faladas aos berros, enquanto urravam-se respostas. Um menino macuxi, cuja rede estava perto da dele, fez o que pôde para traduzir o diálogo e confirmou que o *peaiman* dava instruções e fazia perguntas aos *kenaimas* aos gritos, e que os espíritos berravam e grunhiam as respostas.

De tempos em tempos, em meio à cacofonia, acontecia algo ainda mais estranho. Ouvia-se um som, primeiro indistinto, mas crescente, como se uma grande criatura alada se aproximasse da casa, passasse pelo teto e pousasse no chão com um baque seco. Enquanto isso, gritos distantes aproximavam-se e atingiam o apogeu com o pouso. Então, ao que parecia, a criatura sorvia a água com tabaco da cabaça enquanto o *peaiman* lhe fazia perguntas aos berros. Depois de algum tempo, a criatura dava a impressão de alçar voo e passar através do teto sólido, voltando ao lugar de onde viera. Toda vez que isso acontecia, Thurn sentia o ar de suas asas no próprio rosto. Deviam ser os *kenaimas* indo e vindo, decidiu. Na escuridão, sua imaginação lhes deu formas — tigres, veados, macacos, aves, tartarugas, cobras e até indígenas das tribos ackawaio e arecuna. Gritavam com voz áspera e em tons apropriados à sua natureza, aparentemente prometendo ao *peaiman* que não iriam mais perturbar Thurn. Quando o último deles preparou-se para partir, Thurn sentiu uma mão pousar brevemente em seu rosto.

O efeito sobre o antropólogo foi tão estranho quanto a própria cerimônia. Não demorou para que parasse de ouvir as explicações sussurradas pelo garoto e atingisse um estado semelhante a um transe hipnótico, no qual, sem poder se mover, pareceu suspenso em algum lugar onde se ouvia um ruído incessantemente crescente. Esporadicamente, quando o ruído abrandava e Thurn tinha a impressão de que o *peaiman* atravessara o teto e gritava a distância, ele fazia menção de despertar. Mas, quando o *peaiman* voltava e o ruído aumentava, mergulhava de novo no torpor.

Antes do amanhecer, a cerimônia terminou e o ruído cessou. Quando a porta foi aberta, Thurn correu para a savana. Ainda estava escuro, e chovia pesadamente, com trovões intermitentes. Quando relampejava, podia vislumbrar a distância a cadeia de montanhas Pacaraima. Embora estivesse sem chapéu, sapatos ou paletó, Thurn ficou sob a chuva até o raiar do dia. A sensação era estranhamente refrescante após todo o ruído e as trevas da casa abafada. Embora espetacular, a cerimônia não pareceu ter atingido seu sucesso terapêutico. Thurn comentou depois:

> Talvez seja desnecessário dizer que minha dor de cabeça passou por vários estágios, menos pela cura. Mas o *peaiman*, insistindo que eu estava curado, pediu-me um pagamento. Chegou a mostrar o *kenaima*, uma lagarta que, segundo disse, estaria causando a dor, e que ele extraíra do meu corpo no momento em que sua mão tocara meu rosto. Dei-lhe uma lupa que tinha custado quatro *pence* e ele ficou satisfeito.

Apesar de ter estado em transe, Thurn racionalizou com rapidez a experiência toda:

> Foi um truque astuto, envolvendo ventriloquismo e encenações. O ruído longo e terrível tinha saído da garganta do *peaiman*; auxiliado, talvez, pela sua esposa. A única coisa que me impressionou foi que o sujeito conseguiu manter a voz e a garganta sob um esforço tremendo durante seis longas horas. O abanar das asas dos *kenaimas* e o som surdo que era ouvido quando pousavam no chão era imitado, como descobri depois, agitando-se habilmente os maços de ramos e jogando-os de súbito ao chão. Os ramos, agitados perto do meu rosto, criaram as brisas que senti. Em certa ocasião,

provavelmente por acidente, os ramos tocaram meu rosto; foi quando descobri o que eram, agarrando e segurando algumas folhas entre meus dentes.

Everard Thurn não foi o único europeu a desaprovar a conduta dos *peaimans*. O contato com eles (sob diversos nomes) começou no século XVI, com o início da exploração das Américas. Foi uma época particularmente difícil para aqueles que alegavam poder contatar os espíritos. Bruxas estavam sendo queimadas por toda a Europa, costume levado com entusiasmo ao Novo Mundo, no qual, em particular nas Américas do Sul e Central, autoridades coloniais e eclesiásticas uniram esforços para torturar e literalmente matar milhares de indígenas pelo crime de seguir a tradição de sua tribo. Essa postura e mentalidade foram resumidas muito bem nos textos de um padre franciscano francês chamado André Thévet.

Em 1557, ele estava no Rio de Janeiro, na época a primeira colônia europeia no Brasil, e começou a reunir informações sobre os habitantes nativos da região, os tupinambás. Em pouco tempo, descobriu que "essas pessoas — estando afastadas da verdade, além das perseguições que recebem dos espíritos do mal e dos equívocos de seus sonhos — acham-se tão longe da razão que adoram o Diabo por meio de seus ministros, os pajés [...] ou *caribus*".[3]

Thévet não tinha nada de agradável para mencionar sobre os pajés, que descreveu como "pessoas de maus costumes" que serviam ao Diabo a fim de enganar os que estavam próximos deles. Aparentemente, o pajé tinha propensão ao nomadismo, ou talvez preferisse apenas a solidão da floresta para a prática de suas atividades, mas Thévet também viu nisso um problema, afirmando que prefeririam não ter moradia permanente para poder disfarçar sua maldade. Não tinham trabalho honesto, sendo sustentados em pequenos números por aldeias cujos habitantes acreditavam supersticiosamente que traziam mensagens do mundo espiritual.

Aquilo que o pajé fazia realmente para poder receber tais mensagens foi descrito com alguns detalhes (não sem certo preconceito) por Thévet. Primeiro, o curandeiro construía uma cabana nova, onde ninguém havia morado antes, e punha nela uma cama branca. Depois, levava para lá grande quantidade de alimentos, em especial uma bebida nativa feita de uma planta chamada cauim, bem como farinha de mandioca. Durante nove dias, o pajé evitava contato sexual e então adentrava a cabana, onde era banhado por uma virgem de 10 ou 12 anos. A jovem se retirava, junto com quaisquer outros aldeões que estivessem próximos da cabana, e o pajé se deitava na cama para começar a fazer suas "invocações diabólicas".

Thévet não soube dizer exatamente o que aconteceu na cabana, mas percebeu que se passou mais de uma hora, ao cabo da qual o espírito — um espírito do mal, segundo ele conta — fez-se ouvir com "assovios e trinados". Alguns tupinambás lhe disseram que ninguém chegou a ver a criatura sobrenatural, limitando-se a ouvir os grunhidos e outros sons que fazia.

Ao final da consulta, o pajé saía da cabana e era cercado de imediato por sua gente, atenta à descrição do que tinham ouvido. Poucas decisões tribais importantes eram tomadas sem se ouvir os espíritos, e assim o pajé era quase sempre alvo de muitos "agrados e presentes".

Frei Thévet resumiu sua análise da experiência com uma recomendação brutal:

> Desta magia conhecemos dois tipos principais, uma na qual se dá a comunicação com espíritos malignos, a outra que traz conhecimentos sobre as coisas mais secretas da natureza. É verdade que uma é mais perversa que a outra, mas ambas estão repletas de curiosidade... Tais curiosidades traduzem um juízo imperfeito, ignorância e falta de fé e da boa religião... Não consigo deixar de me perguntar como é que, numa terra com lei e polícia, alguém permite que se prolifere como lixo um punhado de bruxos velhos que põem ervas nos braços, penduram no pescoço palavras escritas, cobrem-se de muitos mistérios, em cerimônias para curar febres e outras coisas, que não passam de verdadeira idolatria, digna de punição exemplar.[4]

A postura de Thévet é típica de seu tempo, e não se restringia a profissionais da Igreja. O navegador espanhol Gonzalo Fernández de Oviedo, absolutamente leigo, encontrou anciões que se comunicavam com espíritos na ilha de Hispaniola, comentando depois suas atividades em termos que poderiam ser usados pelo mais fanático dos prelados:

Idolatram o Diabo de diversas maneiras e com diferentes imagens [...] pintam, gravam ou esculpem o que chamam de *cemí* em muitos objetos e lugares [...] tão feio e temível quanto os católicos o representam aos pés de São Miguel [...] não acorrentado, mas reverenciado [...] rezam para ele e recorrem a ele em todas as suas necessidades... E dentro [da casa] havia um velho índio [...] cuja imagem maligna estava de pé; e acredita-se que o Diabo entrou nele e falou por seu intermédio como se fosse seu ministro; e [...] ele lhes disse quando iria chover e transmitiu outras mensagens da Natureza [...] e eles não fazem nem levam a cabo nada que possa ser importante sem levar em conta a opinião do Diabo sobre a questão.[5]

Os anciões, ansiosos para realizarem o trabalho do Diabo, faziam-no por intermédio da fumaça do tabaco, que inalavam por meio de bambus ocos até ficarem zonzos ou inconscientes. Então, eram levados às suas redes pelas esposas (Oviedo comenta que eram "numerosas") e depois acordavam e profetizavam eventos futuros, dando conselhos sobre a melhor forma de agir, conforme ditado pelos espíritos.

Um século depois, quando a Rússia começou a colonizar a Sibéria, os exploradores descobriram indivíduos similares no interior gélido da região. Lá também havia homens e mulheres que afirmavam, como seus equivalentes americanos, que podiam comungar com espíritos, realizar curas ou causar danos, influenciar o clima e a caça. No leste do país, os tungus os chamavam de *samans*, ou xamãs, expressão esta que acabou sendo usada genericamente no mundo todo para descrever essa ocupação. Mais uma vez, houve ali sacerdotes impacientes para condená-los. O conservador clérigo russo Avvakum Petrovich, no primeiro relato escrito sobre a prática xamânica, denunciou o objeto de seu estudo como "um mágico vilão que chama os demônios", e, como outros antes dele, sugeriu que talvez se valessem de truques.

Com a aurora do Iluminismo, no começo do século XVIII, a teoria de fraude tornou-se mais disseminada e abrangente. Os xamãs não eram mais vistos como demonologistas que usavam truques, mas trapaceiros que apenas só fingiam fazer truques com espíritos. Não era um desdobramento tão ruim, afinal, pois afastou a desculpa usada pelos religiosos para executá-los. Mas até os racionalistas podem ser severos em seu julgamento. Um professor alemão de química e botânica, Johann Georg Gmelin, passou dez anos estudando os xamãs siberianos. Depois de observar uma cerimônia marcada por muitos pulos, gritos, suor e uma "barulheira infernal", considerou o evento um embuste e comentou que "desejamos de todo coração levá-lo juntamente com seus companheiros para a mina de prata de Urgurian onde passariam o resto de seus dias em trabalhos forçados".[6]

O missionário jesuíta francês Joseph-François Lafitau, que passou cinco anos entre as tribos ameríndias perto de Montreal, também considerou que os xamãs de lá trabalhavam principalmente utilizando-se de "truques hábeis", mas ficou em dúvida sobre se essa seria a história completa. Descobriu que tinham "certa qualidade inata", dando a sugerir algo divino. Testemunhara-os entrando em êxtase, estado no qual um espírito parecia possuí-los, lançando-os em "frenesis de euforia com todos os movimentos convulsivos da Sibila".[7] É interessante mencionar que Lafitau observou que a voz dos espíritos, que saíam das profundezas do tórax dos xamãs, fez com que estes fossem considerados ventríloquos — por certo, um exemplo de fenômeno autêntico disfarçado de falso, em vez do contrário. Também é difícil conciliar o conceito de truque com seu comentário de que às vezes o poder do espírito erguia os xamãs no ar ou dava-lhes uma estatura maior do que aquela que normalmente exibiam.

Malgrado suas convicções religiosas, Lafitau ainda é um dos investigadores de mente mais aberta dos primórdios da pesquisa sobre o xamanismo — uma qualidade bem rara à época. Mesmo depois que o distinto antropólogo teuto-americano Franz Boas estabeleceu o princípio, no final do século XIX, de que as culturas indígenas deveriam ser estudadas no próprio contexto, prevaleceu uma notável tendência à hipocrisia na avaliação do xamanismo. Os observadores ocidentais podiam relatar conscienciosamente as alegações do xamã *como se* fossem verdadeiras, mas a suposição velada era de que nenhuma pessoa civilizada poderia acreditar nelas. Em 1904, Waldemar Bogoras foi cauteloso ao colocar entre aspas a palavra *espíritos* quando publicou seu estudo sobre xamanismo entre os chukchi do norte do Pacífico.

Essa situação perdurou por toda a primeira metade do século XX, e só começou a se alterar quando um apanhado de antropólogos intrépidos deu um passo sem precedentes, experimentando pessoalmente algumas técnicas xamâ-

O primeiro contato entre a humanidade e o mundo espiritual deu-se em tempos pré-históricos, por meio de indivíduos como este xamã siberiano.

nicas. Poucos foram intrépidos o suficiente para encarar o jejum prolongado e outras provações, algumas potencialmente fatais, do treinamento xamânico tradicional, tendo se concentrado apenas no uso de narcóticos vegetais. Embora limitada, essa abordagem proporcionou percepções notáveis.

O primeiro exemplo registrado dessa abordagem data de 1957, mas não envolveu um antropólogo profissional, e sim um banqueiro norte-americano chamado R. Gordon Wasson. Com seu amigo Allan Richardson, Wasson procurou uma xamã mexicana chamada Maria Sabina e pediu-lhe ajuda para experimentar os segredos de um "cogumelo divino" usado em certos ritos religiosos. A mulher concordou, e os dois norte-americanos viram-se comendo chocolate com uns dezoito mixtecos, todos trajando as melhores roupas. Depois do chocolate, todos comeram doze cogumelos de sabor amargo e odor repulsivo. O efeito, nas palavras do próprio Wasson, foi assombroso.

Quando a última vela se apagou, pouco depois da meia-noite, Wasson e Richardson mergulharam numa experiência visionária — ou, se preferir, começaram a ter alucinações —, e as visões, muito intensas, duraram quatro longas horas. Entre elas, temas artísticos com cores vivas, palácios adornados com pedras semipreciosas e um carro puxado por uma grande fera mitológica. As paredes da casa se dissolveram, e Wasson sentiu seu corpo flutuando no ar, enquanto contemplava paisagens montanhosas com cáfilas de camelos arrastando-se sobre colinas que se acumulavam, camada sobre camada, até atingirem o céu. Surgiu-lhe a figura de uma mulher, bela e enigmática, dando-lhe a impressão de que ele observava um mundo diferente, no qual não tinha papel algum. Tornara-se nada mais do que um olho desincorporado, pousado no espaço.

De tempos em tempos, a xamã servia de oráculo, e suas manifestações, como Wasson sabia, eram aceitas pelo público nativo como as palavras de Deus. Em dado momento, aconteceu algo ainda mais estranho. A filha da xamã, também uma xamã, deu início a uma dança cadenciada durante a qual se ouviam palmas e tapas que vinham de direções inesperadas e em ritmos complexos, ora parecendo próximos, ora distantes, ora de cima, ora de baixo. Wasson descreveu os sons como se fossem "de ventríloquo", embora esteja claro que, se houve mesmo ventriloquismo no processo, não era nem um pouco parecido com o que conhecemos em nossa cultura atual.

O relato de Wasson, publicado na revista *Life*, despertou notável interesse, mas deve ter sido desvalorizado na comunidade acadêmica por ele não ser antropólogo. Com o advento da década de 1960, porém, o antropólogo norte-americano Michael Harner passou por uma experiência com a planta psicodélica ayahuasca que o levou, dezenove anos após as visões induzidas pela droga, a criar a Fundação para Estudos Xamânicos, organização dedicada à investigação e preservação das técnicas xamânicas.[8] Por muitos anos, Harner viveu entre os povos jívaro e conibo da Amazônia ocidental, e lá bebeu mais de meio litro da bebida fermentada a fim de compreender as crenças religiosas dos nativos. Sob orientação de seu guia, um xamã chamado Tomás, deitou-se na plataforma de bambu da casa comunitária da tribo e esperou.

No começo, as visões nada tiveram de espetacular: tênues feixes de luz e um som como o de uma cachoeira distante. Foi então que apareceram figuras pouco distintas, que lentamente se fundiram num "carnaval sobrenatural de demônios" rodeando a cabeça gigantesca de um crocodilo que cuspia uma imensa quantidade de águas revoltas.⁹ Ele percebeu outras criaturas espirituais ainda mais perturbadoras – gigantescas entidades reptilianas que viviam na base de seu cérebro, onde o crânio se encontra com a coluna vertebral. Elas lhe mostraram o planeta Terra tal como era em tempos pré-históricos: viu centenas de pontos escuros caindo do céu e se transformando em imensos dragões, semelhantes a baleias, com robustas asas de pterodátilo. Disseram-lhe que estavam fugindo de um inimigo do espaço e que haviam criado a Terra com seus milhares de formas de vida como esconderijo. Eram, segundo informaram, os verdadeiros senhores da humanidade, e, com efeito, do planeta todo. Harner conheceu espíritos humanoides com cabeças de aves que lembravam as figuras tradicionais dos deuses egípcios, mas o que mais o deixou perturbado foram os dragões, e ele acabou tendo de pedir aos amigos xamânicos um remédio para controlar as visões.

Quando a experiência terminou, Harner sentiu-se um tanto ameaçado por conta da ideia de que agora era detentor de um perigoso segredo: sem saber, a humanidade era escrava desses seres reptilianos. Seu humor não melhorou quando dois missionários indicaram semelhanças entre sua visão e trechos do livro bíblico do Apocalipse de São João, com a sugestão perturbadora de que os dragões que vira poderiam ser, na verdade, manifestações de Satanás. Mais tarde, no entanto, ficou muito aliviado quando contou a um xamã conibo que os dragões disseram ser os senhores da humanidade. O homem sorriu e comentou: "Ah, eles sempre dizem isso. Mas são apenas os Senhores das Trevas Exteriores".¹⁰

Outra pioneira na experiência pessoal xamânica foi Barbara Myerhoff, que estudou antropologia na Universidade da Califórnia em Los Angeles, e, em 1974, decidiu acompanhar os índios mexicanos huicholes numa peregrinação pelo deserto em busca de seu cacto sagrado, o peiote. Para se preparar para a viagem, prontificou-se a ingerir o cacto sob a orientação de um xamã chamado Ramón Medina Silva. Depois de ingerir uma dúzia dos pequenos botões verdes de peiote, deitou-se com os olhos fechados e acabou sentindo certa euforia, que foi aumentando. Tempo e espaço evaporaram, e surgiram imagens em sua consciência. Ela passou a experimentar a própria vida como uma série de eventos específicos, como barracas em um parque de diversão, que lhe permitiram voltar no tempo e rever incidentes mais antigos. Viu-se empalada na Árvore da Vida formando uma imagem idêntica, como descobriu mais tarde, a um glifo maia que vira muitos anos antes. Um grão de areia de um vermelho vibrante que flutuava pela floresta transformou-se numa ave magnífica, que pousou numa pedra próxima. Myerhoff questionou a criatura sobre mitos, e ela lhe contou que eles só podiam ser estudados independentemente, por si sós, e não interpretados segundo ideias preconcebidas sobre o que poderia ou não ser real. Mas deixou escapar a mensagem mais importante — uma mensagem que, segundo ela, seria o propósito essencial de sua experiência — quando seu racionalismo ocidental impediu-a de ter um encontro pleno com outro ser espiritual.

Desde aquela época, vários outros antropólogos e acadêmicos têm seguido a trilha aberta por esses pioneiros. O trabalho de Harner, em particular, com a ênfase nas técnicas xamânicas de percussão, levou ao fenômeno do "xamã urbano", com homens e mulheres de países do Primeiro Mundo embarcando nas próprias aventuras xamânicas como opção de estilo de vida. Um dos resultados foi uma compreensão mais ampla do próprio xamanismo e o respeito crescente por práticas que antes eram deixadas de lado por serem tidas como falsas ou obras do Demônio. Mircea Eliade, professor da Universidade de Chicago que morreu em 1986, mas cujos livros provavelmente ainda são a fonte acadêmica mais autorizada sobre o assunto, descreveu o xamã como "curandeiro, sacerdote e psicopompo"...

> Ele cura doenças, orienta os sacrifícios da comunidade e acompanha a alma dos mortos ao outro mundo. Consegue fazer tudo isso em virtude de suas técnicas de êxtase, ou seja, seu poder de deixar o corpo à vontade.[11]

Ao contrário da ideia abraçada na Nova Era de que qualquer um pode se tornar um xamã batendo num tambor, na sala de visitas, Eliade afirma que apenas três caminhos levam a essa ocupação: vocação espontânea (vista como um "chamado" dos espíritos), transmissão hereditária de progenitor para descendente, ou uma busca pessoal com a qual o candidato tenta conquistar aliados espirituais. Seja qual for a rota, porém, o xamã só será um xamã depois de ter recebido a iniciação adequada, que envolve uma transmissão dupla de conhecimento. Parte desse conhecimento, passado por um mestre xamã mais idoso, é puramente técnica — detalhes das técnicas empregadas para se entrar em transe, nomes dos espíritos, língua xamânica secreta usada pela cultura em questão, mitos tribais, tradições e genealogia. O restante, e possivelmente mais importante, é transmitido diretamente pelos espíritos durante visões extáticas, sonhos e transes. Preparado dessa maneira, o candidato se defronta com a própria iniciação, que pode ser uma cerimônia tribal complexa ou pode ser uma experiência totalmente interior, visionária. De qualquer modo, em geral o candidato enfrenta uma prova. Os xamãs siberianos alegam que morrem como parte do processo, ficando inanimados por até mais de uma semana. Nesse período, são cortados pelos espíritos, a carne é raspada de seus ossos e seus fluidos corporais são drenados. Então, os espíritos levam o que restou do candidato ao inferno, onde fica trancado numa casa durante três anos.

É nesse estágio que acontece a iniciação em si. A cabeça do candidato é cortada e posta cuidadosamente de lado para que ele possa observar o restante do processo. Então, os espíritos cortam seu corpo em pedaços, que são distribuídos entre os espíritos de diversas doenças (isso lhe dará poder de cura quando se tornar um xamã completo). Depois, seus ossos são cobertos com uma nova carne.

Essa cerimônia temível pode ser, e em geral é, fruto de uma doença. Diz Eliade:

> Fica claro que as doenças iniciáticas seguem rigorosamente o padrão fundamental de toda iniciação: primeiro, tortura nas mãos de demônios ou espíritos, que representam o papel de senhores da iniciação; segundo, morte ritual, vivida pelo paciente como a descida ao inferno ou a ascensão ao céu; terceiro, a ressurreição num novo modo de vida — o modo do "homem consagrado", ou seja, um homem que consegue se comunicar com deuses, demônios e espíritos.[12]

Esse é, portanto, o xis da questão. Pois apesar de seus sonhos, visões e (eventualmente) encenações, o xamã ainda é, em sua essência mais profunda, um indivíduo com um poder abrangente: a capacidade de se comunicar com espíritos. São os espíritos que o ajudam a curar, que encontram a caça, preveem o tempo, predizem o futuro e geram os costumes tribais. A influência dos espíritos nas

Pinturas rupestres como esta em Lascaux, na França, seriam uma tentativa de representar espíritos?

comunidades primitivas é tão grande quanto disseminada — Michael Harner afirma que é praticamente universal: "a prática do xamanismo existiu em todos os continentes habitados".[13] Sir James Frazer, menos complacente, descreveu o homem primitivo como "um escravo [...] dos espíritos de seus antepassados mortos, que assombram seus passos do nascimento até a morte, governando-o sob vara de ferro".[14] O animismo, a crença de que espíritos habitam cada colina, árvore, pedra, córrego, lagoa, nuvem ou brisa da natureza, mostrou-se tão disseminado entre culturas primitivas que, certa vez, um professor de antropologia de Oxford chegou a propor que era a origem de todas as religiões.[15]

E a influência é bem antiga. Segundo o antropólogo Forest E. Clements,[16] acreditava-se em espíritos na Ásia ocidental há mais de dez mil anos, e o curandeiro que se comunicava com eles tinha uma ocupação que parece ter se originado antes mesmo disso. Uma pintura, aparentemente representando um xamã, na caverna de Les Trois Frères em Lascaux, nos Pirineus franceses, data aproximadamente de 14000 AEC,[17] e a dra. Jean Clottes, do Ministério da Cultura da França, alega que a função de *toda* arte paleolítica rupestre seria xamânica.[18] Como o trabalho principal do xamã é o contato com os espíritos, isso sugere uma interação entre a humanidade e os espíritos que remontaria a trinta mil anos.

2. COMUNHÃO COM OS DEUSES

A mais antiga civilização a ter deixado registros escritos é a cultura suméria, que surgiu no crescente fértil da Mesopotâmia antiga, entre os rios Tigre e Eufrates. Embora estivesse povoada desde tempos mais remotos, a área recebeu assentamentos entre 4500 e 4000 AEC de um povo referido como ubaidiano,[1] que não conhecia nada da língua local mas veio de fora estabelecendo uma influência civilizatória marcante. Drenaram os pântanos, estabeleceram a agricultura, criaram indústrias que incluíam metalurgia, curtição de couro, alvenaria, cerâmica e tecelagem. Tendo feito essa base, desenvolveram um comércio próspero com as regiões vizinhas.

Mas o povo que agora chamamos de sumério, cuja língua tribal tornou-se a língua dominante do território, só surgiu no cenário em 3300 AEC, provavelmente proveniente da Anatólia. Em poucas centenas de anos, o país tinha desenvolvido doze cidades-estados autônomas: Kish, Erech, Ur, Sippar, Akshak, Larak, Nippur, Adab, Umma, Lagash, Bad-tibira e Larsa. Cada uma compreendia uma cidade murada com aldeias e terras ao redor. Seu primeiro sistema político foi uma espécie de democracia com o poder legalmente outorgado ao povo. Isso cedeu lugar a uma teocracia controlada por diversos grupos independentes de sumos sacerdotes, mas a rivalidade crescente entre os estados parece ter exigido uma forma de autoridade mais centralizada, e assim, uma a uma, todas adotaram a instituição da monarquia.[2]

Havia, segundo registros escritos, a crença universal em seres espirituais. Cada cidade tinha um deus como patrono. Nos primeiros dias da civilização, eram apenas dez — Anu, Enlil, Enki, Inanna, Ki, Nanna, Ningal, Ninlil, Ninurta e Utu —, mas, por volta de 2000 AEC, o panteão sumério contava com cerca de 3.600 divindades. No entanto, não devemos supor que tal crença se devesse apenas à fé religiosa. Julian Jaynes, professor de psicologia em Princeton, advertiu que não se deve impor tal preconceito moderno. Após um estudo minucioso desse período, ele chegou à espantosa conclusão de que os textos antigos deveriam ser aceitos literalmente: os espíritos não só falavam como suas vozes eram ouvidas por populações urbanas inteiras.[3] Numa tese arrazoada com cuidado, Jaynes apresenta muitas evidências convincentes sugerindo que civilizações inteiras foram fundadas e funcionaram sob as ordens dessas entidades preternaturais. Eram, segundo afirma, muito mais intrusivas do que hoje, assumindo formas visíveis e orientando as ações de uma humanidade que funcionava num nível pouco melhor do que o de um exército de robôs. Éramos na época, no sentido exato da palavra, joguetes dos deuses, absolutamente incapazes de desobedecer a seus éditos ou resistir a seus planos.

Jaynes, que morreu em 1997, era filho de um ministro de Massachusetts. Estudou em Harvard e em McGill, fez doutorado (em psicologia) em Yale e deu aulas em doze outras universidades, entre elas, Princeton e Cornell. Em 1976, lançou uma bomba sobre o mundo acadêmico com a publicação de um trabalho que o proeminente darwinista Richard Dawkins descreveu depois como "um desses livros que ou é um lixo absoluto ou a obra consumada de um gênio, e nada entre esses extremos".[4] O livro em questão causou burburinho sob o incômodo título de *The Origin of Consciousness in the Breakdown of the Bicameral Mind* ["A Origem da Consciência no Colapso da Mente Bicameral"], mas sua leitura, sob vários aspectos, assemelhava-se mais à de um livro de suspense intelectual. Nele, o professor Jaynes argumentou que, antes de 1250 AEC, aproximadamente — uma data que permite o estabelecimento de diversas civilizações antigas —, toda a humanidade era guiada por vozes de espíritos. Não havia médiuns nesse processo. Essas vozes se manifestavam para todos com aparente objetividade, às vezes acompanhadas por materializações — ou, no mínimo, por experiências visionárias —, sendo aceitas como instruções dos deuses.

O ponto de partida de Jaynes foi a *Ilíada*, o poema épico de Homero que relata os eventos da Guerra de Troia, uma das mais antigas obras da literatura ocidental. Sua análise inicial do documento revelou algo estranho. Todos os heróis da *Ilíada*, sem exceção, parecem estar em comunicação constante com seus deuses, sendo quase incapazes de agir sem que estejam obedecendo instruções divinas.

> Os personagens da Ilíada não ficam sentados pensando no que fazer... Quando Agamenon [...] tira a amante de Aquiles, é um deus que agarra Aquiles por seus cabelos loiros e o adverte para não atacar Agamenon. É um deus que emerge do mar cinzento e o consola em suas lágrimas de fúria na praia, ao lado de seus navios negros, um deus que sussurra baixinho para Helena e enche seu coração de anseio e saudades de casa, um deus que esconde Páris numa névoa diante de Menelau, que o atacava, um deus que diz a Glauco para pensar que cobre era ouro, um deus que lidera os exércitos na batalha, que conversa com cada soldado nos momentos decisivos, que discute com Heitor e lhe diz o que deve fazer, que impele os soldados ou os derrota... São os deuses que começam as discussões entre os homens e que realmente causam a guerra, planejando depois sua estratégia. É um deus que faz com que Aquiles prometa não ir à batalha, outro que lhe diz para ir e outro que o veste num fogo dourado que chega ao céu e grita através de sua garganta ao longo da trincheira sangrenta dos troianos, despertando neles um pânico incontrolável... O início da ação [...] está nas ações e falas dos deuses... Quando [...] Aquiles lembra a Agamenon que ele o privou de sua amante, o rei dos homens declara: "Não fui eu a causa deste ato, mas Zeus".[5]

Para a maioria dos leitores modernos, naturalmente, os deuses não são mais do que uma invenção poética, um recurso destinado a tornar a narrativa mais animada e interessante. Mas os eventos da *Ilíada* são animados e interessantes *por si sós*. O poema trata de ação, e a ação é constante. Não é preciso "ir ao que interessa"; na *Ilíada*, "o que interessa" já está lá. Qualquer recurso poético, qualquer invocação de deuses fictícios, é visivelmente inútil. Mas está lá, linha após linha do épico. Mais objetivamente, faz parte integral da própria obra. Tanto o autor da *Ilíada* quanto os personagens do épico estão de acordo, aceitando um mundo dirigido por divindades. Diante de tais enigmas, Jaynes deu um passo corajoso e admitiu a possibilidade de que os deuses da *Ilíada* não fossem invenções poéticas, mas um relato absolutamente preciso do mundo na época da Guerra de Troia. E se, especulou ele, tanto os gregos quanto os troianos estivessem mesmo escutando vozes misteriosas, chegando ocasionalmente a contemplar o rosto de seus deuses? E se fosse tudo verdade, exatamente como a *Ilíada* descreveu? Nessas circunstâncias, "dizer que os deuses são um recurso artístico é o mesmo tipo de coisa que dizer que Joana d'Arc só falou sobre as vozes para a Inquisição a fim de deixar a narrativa mais animada para aqueles que iriam condená-la".[6]

Com esse ponto de partida, Jaynes procurou mais evidências de que o mundo de nossos ancestrais mais remotos pudesse ter sido bem diferente do mundo que vemos hoje. Cogitou que a mais antiga forma de contato universal com espíritos teria ocorrido simultaneamente ao desenvolvimento da vida urbana, por volta de 9000 AEC. Um estudo do assentamento natufiano de Eynan, cerca de dezenove quilômetros ao norte do mar da Galileia, mostrou uma cidade com mais de duzentas pessoas sustentada em parte pela caça e em parte por uma forma primitiva de agricultura, com uma estrutura social baseada no governo de um rei. O túmulo do rei encontrado nesse lugar era uma edificação circular com cerca de 5 metros de diâmetro, contendo dois esqueletos completos. Um usava um adorno de conchas e se supõe que fosse a esposa do rei. O outro, o próprio rei, estava parcialmente coberto por pedras e semierguido, com a cabeça virada para o distante monte Hermon. O túmulo todo encontrava-se cercado por um muro, pintado em ocre vermelho, que sustentava um teto com pedras achatadas e grandes. Nesse teto, os natufianos tinham construído uma lareira, cercada por uma segunda parede, novamente coberta por lajes de pedra. Sobre a estrutura toda, na parte central, havia três grandes pedras, cercadas por um anel de pedras menores.

Por mais primitiva que fosse, essa curiosa edificação transmitia uma sensação religiosa, como as *stupas* encontradas ao lado das estradas do Himalaia. Jaynes especula que é exatamente isso que ela era — um aparato que permitia ao rei morto dar ordens na forma de espírito, tal como fizera em vida. Quando se acendia um fogo sagrado na lareira cerimonial, sua fumaça, "erguendo-se e ficando visível a longas distâncias, era, como as névoas cinzentas do Egeu para

Aquiles, uma fonte [...] dos comandos que controlavam o mundo mesolítico de Eynan". Este, diz Jaynes, era o paradigma do que deve ter acontecido nos oito milênios seguintes. O espírito do rei morto transformara-se, na imaginação dos moradores de Eynan, num deus. O túmulo do deus era a casa do deus, precursora de casas e templos divinos bem mais elaborados que seriam erguidos nos anos seguintes. Até a forma em dois andares dessa estrutura prenunciou os zigurates de múltiplos andares, com templos construídos sobre templos (como na antiga cidade suméria de Eridu), e as gigantescas pirâmides de Gizé no Egito.

Tendo em vista que o povo simples de Eynan ouvia a voz espiritual de seu rei morto, o rei vivo, seu sucessor — que também ouvia as palavras dos espíritos —, iria se designar naturalmente como o sacerdote ou servo do deus-rei morto, assegurando a própria autoridade até que a morte lhe permitisse unir-se a seu antecessor como deus por direito próprio. Uma vez estabelecido, esse padrão espalhou-se pela Mesopotâmia e ficou particularmente evidente no Egito antigo. Nesse processo, o túmulo foi aos poucos substituído pelo templo (que não continha restos mortais), e uma estátua ocupou o lugar do cadáver — metáforas que continuam a funcionar admiravelmente como auxílio para a comunicação espiritual.

Jaynes lançou sua rede arqueológica e descobriu que o plano básico para habitações de grupos humanos, desde o final do Mesolítico até tempos relativamente recentes, era a casa de um deus (templo ou igreja) cercada pelas casas dos homens. À medida que as cidades se expandiram para abrigar milhares de almas, as casas dos deuses tornaram-se monumentais, culminando em estruturas tão grandes que se tornaram o foco de comunicações espirituais num raio de vários quilômetros. Ele encontrou representações reais de tais comunicações. Dois relevos em pedra de um antigo sítio na Guatemala, por exemplo, mostram um homem prostrado na grama, recebendo uma aula de duas figuras divinas. Uma representa claramente a Morte; a outra é metade humana, metade veado. Jaynes comenta[7] que até hoje os *chilans* locais (xamãs proféticos) adotam uma postura idêntica em suas conversas com espíritos reforçadas pelo peiote.

Ele também descobriu que, com o avanço dos séculos, os túmulos de reis, sacerdotes e políticos — na verdade, todos que podiam pagar — foram sendo preenchidos gradualmente por objetos fúnebres... e até por servos. Os reis de

Ur, por exemplo, que governaram durante a primeira metade do terceiro milênio AEC, foram enterrados com todo o seu séquito, na maioria sepultados vivos numa posição agachada, como se estivessem prontos para se levantar e oferecer seus serviços. Os túmulos continham ainda copiosa quantidade de alimentos, bebidas, roupas, armas, joias, instrumentos musicais e até animais de carga atados a carroças ornamentadas, pressupondo claramente que esses bens seriam úteis para o morto. Além disso, Jaynes descobriu que sepultar personalidades importantes como se ainda estivessem vivas era comum a todas as culturas antigas que estudou. E o costume espantoso não se limitava aos ricos e poderosos. Em Lagash, na Suméria (hoje Tell al-Hiba), em cerca de 2500 AEC, um plebeu foi enterrado com sete jarros de cerveja, 420 côdeas de pão, dois sacos de grãos, peças de roupa, uma almofada para a cabeça e uma cama. A escavação de túmulos da civilização do Indo, na Índia, revelou de 15 a 20 potes de comida por pessoa. Descobertas semelhantes foram feitas a respeito da cultura neolítica de Yangshao, na China, para não falar nos reinos olmeca e maia da América do Sul.

Esta prática não tem explicação clara, exceto pelo fato de suas vozes ainda estarem sendo ouvidas pelos vivos, talvez até exigindo tais acomodações.[8]

O esforço dos vivos para aplacar as vozes que ouviam é ilustrado pelo fato de alguns túmulos gregos antigos terem tubos de alimentação que permitiam despejar caldos na boca em decomposição de cadáveres enterrados neles. Mais macabra ainda é a pintura numa vasilha de comida datada de 850 AEC, da coleção do Museu Metropolitan de Nova York. Esse recipiente mostra um garoto arrancando os cabelos com uma mão enquanto põe comida na boca do cadáver de sua mãe com a outra. Para Jaynes, essa era mais uma indicação de que as vozes dos espíritos convenciam a população de que os mortos, apesar das aparências, continuavam vivos.

O advento da escrita propiciou ainda mais apoio para a argumentação de Jaynes de que os espíritos dos mortos eram tidos como deuses. Um texto de encantamento assírio explicita essa conexão. Nele, os mortos são chamados diretamente de *ilani*, ou deuses. Registros da civilização asteca dão conta de que os antigos acreditavam que, quando um homem morria, tornava-se um deus — a ponto de a expressão "ele se tornou um deus" ser usada como eufemismo para a morte.

Junto com objetos funerários e tradições escritas, Jaynes observou uma verdadeira explosão no uso de estatuetas e de imagens em tamanho natural no milênio posterior ao túmulo de Eynan. A função dessas estatuetas tem sido uma espécie de mistério arqueológico, e a teoria mais popular sugere serem amuletos de fertilidade. Jaynes descarta essa ideia, pois ela não resiste a uma análise lógica. Amuletos de fertilidade não teriam sido muito úteis em locais onde a fertilidade nunca foi um problema. Contudo, foram encontrados em grande quantidade nessas áreas. Como muitos estavam em pé dentro dos túmulos, ele os considerou como substitutos mais permanentes do cadáver ereto. A função deles, sugeriu, seria provocar o fenômeno das vozes espirituais.

Jaynes encontrou apoio para essa conclusão nas próprias figuras. As da civilização olmeca, para dar apenas um exemplo, eram feitas com a boca aberta e orelhas exageradas, sugerindo terem alguma relação com a comunicação verbal. Havia ainda a curiosa convenção, quase universal, das figuras com olhos exagerados, esbugalhados. Às vezes esse efeito era obtido com o aumento dos olhos, não raro inserindo-se em seu lugar cristais de rocha ou pedras preciosas. Milhares de figuras datadas de 3000 AEC, aproximadamente, encontradas nos afluentes superiores do Eufrates, tinham cabeças que consistiam quase inteiramente de olhos realçados com tinta de malaquita. Uma análise mostra que o diâmetro do olho humano é cerca de um décimo da altura da cabeça humana, uma medida que Jaynes selecionou para dar ao olho o valor de um. Suas investigações mostraram que as estátuas antigas de deuses tinham índices oculares de até dezoito ou vinte: "globos oculares enormes, olhando hipnoticamente de um passado sem registros, de cinco mil anos atrás, com autoridade desafiadora". A escolha da palavra *hipnoticamente* é proposital. Jaynes convenceu-se de que, para nossos ancestrais devotos, contemplar os olhos hipnóticos de seus deuses entalhados propiciava o estado mental no qual podiam ouvir com mais facilidade o som de suas vozes espirituais. Como podemos saber se tais ídolos "falavam"? Jaynes pergunta retoricamente e depois responde:

> Tentei sugerir que a própria existência de estátuas e estatuetas exige uma explicação de uma forma que não fora percebida anteriormente... O posi-

Um professor de Harvard sugeriu que estátuas como esta figura olmeca "falavam" diretamente com os adoradores.

cionamento desses ídolos em lugares religiosos, os olhos exagerados nos primeiros estágios de todas as civilizações, a prática de diversas civilizações de se inserir pedras de tipo brilhante nas órbitas oculares, um ritual complexo para a abertura da boca no caso de estátuas novas em duas das civilizações antigas mais importantes [...] tudo isso representa, no mínimo, um padrão de evidências.[9]

É um padrão de evidências sustentado pelo fato de os textos cuneiformes referirem-se habitualmente a estátuas que falam. Numa referência mais próxima da maioria dos leitores, o Antigo Testamento diz que o rei da Babilônia "consultava imagens".* Na América do Sul, os astecas disseram aos conquistadores espanhóis que a história deles havia começado quando uma estátua de um antigo templo em ruínas tinha conversado com seus líderes, e o Peru, perto dali, era considerado pelos espanhóis como um reino comandado pelo Demônio, pois o próprio Satanás falava com os incas pela boca de suas estátuas:

> Geralmente, era à noite que entravam, com as costas voltadas para seu ídolo, mantendo o corpo e a cabeça recurvados, de forma deselegante, e assim se consultavam com ele. A resposta que o ídolo dava costumava ter um som sibilante, temível, ou um rangido que os aterrorizava; e tudo que ele anunciava ou ordenava era sempre o caminho que os conduzia à perdição e à ruína.[10]

Evidências desse tipo levaram Julian Jaynes a concluir que essas e outras estátuas similares não eram *de* um deus, e sim o *próprio* deus.

> Ele tinha sua própria casa [...] [que formava] o centro de um complexo de templos, cujo tamanho variava em função da importância do deus e da riqueza da cidade. Provavelmente, o deus era feito em madeira, para ser leve e poder ser carregado nos ombros dos sacerdotes. Seu rosto tinha metais preciosos e joias incrustadas. Era vestido com trajes encantadores, e residia geralmente num pedestal dentro de um nicho, no recinto central da casa... Como a estátua divina era a dona da terra e as pessoas seus inquilinos, o primeiro dever do rei-comissário era servir ao deus, não só na administração das propriedades deste, como de maneira mais pessoal. Os deuses, segundo os textos cuneiformes, gostavam de comer e beber, de música e dança; exigiam camas para dormir e desfrutavam do sexo com outros deuses-estátuas em visitas conjugais ocasionais; tinham de ser lavados, vestidos e perfumados com fragrâncias agradáveis; tinham de ser levados para passeios em ocasiões formais do Estado; e todas essas coisas eram feitas com cada vez mais cerimônia e rituais conforme o tempo passava... As estátuas

---

* Em Ezequiel 21:21, na versão do rei James. (N.T.)

divinas também tinham de ser mantidas com bom humor. Isso se chamava "agradar o fígado" dos deuses, consistindo em oferendas de manteiga, banha, mel, doces, postos na mesa como se fossem uma refeição normal... Como isso tudo seria possível, mantendo-se da mesma forma durante *milhares* de anos e como foco central da vida, se não postularmos que os seres humanos ouviam as estátuas falando com eles, assim como os heróis da Ilíada ouviam seus deuses ou Joana d'Arc ouvia os dela? E, de fato, tinham de ouvi-los falar para saber o que fazer.[11]

A estrutura social concebida por Jaynes era complexa. Pessoas comuns não compartilhavam as palavras dos grandes deuses que governavam de seus zigurates e templos. Mas até o plebeu mais humilde tinha deuses incorporados em ídolos ou estatuetas que viviam nos altares domésticos. Estes também exigiam rituais e oferendas diárias, geralmente versões modestas das cerimônias do templo. E também falavam com os cidadãos que os serviam, dando-lhes ordens sobre o que deveria ser feito e por quem. Se, diante de alguma crise particularmente temível ou de uma decisão muito importante, um plebeu quisesse falar com um dos grandes deuses cívicos, não poderia fazê-lo diretamente, tendo de consultar sua divindade doméstica para que esta agisse como intermediária. Placas de escrita cuneiforme registram a prática, mostrando um grande deus sentado enquanto uma divindade menor leva o postulante à presença divina. Isso lembra, de certa forma, conceitos posteriores sobre "anjos da guarda" – que podem ser lembranças distorcidas dessa prática mais antiga. De certo modo, todo contato com espíritos/deuses era pessoal. Todos eram capazes de ouvir a voz da própria divindade. Mas as divindades em si formavam uma hierarquia restrita, cada uma respondendo a outra, de modo que uma questão ou mensagem importante ia sendo filtrada de modo ascendente, até chegar ao grande protetor da cidade, que então aconselharia seu servo pessoal – o rei – sobre o que deveria ser feito.

Essa estrutura sobreviveu por milênios, mas, em termos manifestados, não indefinidamente. É claro que hoje nem todos são capazes de ouvir vozes espirituais – na verdade, uma parcela considerável da população nem sequer acredita nelas. Jaynes percebeu que, se suas conclusões estivessem certas, teria havido uma época em que o contato dos espíritos com a humanidade estivera a ponto de ser praticamente universal, mas essa época acabara terminando. Ele raciocinou que, para sua teoria se sustentar, teria de encontrar o marco na História em que as coisas tinham mudado, a ponto de os deuses se recolherem e os espíritos deixarem de falar diretamente com quem quer que se preocupasse em ouvi-los. Em decorrência, passou a procurar esse ponto de inflexão.

Jayne tinha consciência dos problemas que poderiam — ou melhor, deveriam — ter surgido numa sociedade cujos membros eram constantemente orientados por vozes de espíritos. Com o aumento das populações, haviam aumentado as complexidades da vida... e também as chances de espíritos emitirem ordens contraditórias. Quando essas contradições houvessem atingido massa crítica, a estrutura básica da sociedade teria entrado em colapso. Segundo acreditava, as evidências desse fato seriam abundantes nas civilizações pré-colombianas da América, nas quais, volta e meia, populações inteiras abandonavam de repente suas cidades e adotavam um estilo de vida tribal em uma selva próxima. Essas deserções maciças, sem causa aparente, têm sido um mistério para a arqueologia ortodoxa, mas foram vistas por Jaynes como uma fuga necessária de instruções espirituais que não faziam mais sentido ou que tinham deixado de produzir resultados satisfatórios. Essa explicação também se encaixava numa observação ainda mais misteriosa — o fato de que, depois de algum tempo, geralmente um século ou mais, às vezes havia um retorno às cidades desertas, sustentável até a população tornar a atingir proporções incontroláveis.

O vínculo entre densidade populacional e colapso cultural parece ter sido confirmado por textos como o épico sumério *Atrahasis*, que começa com estas palavras:

> As pessoas ficaram numerosas
> O deus ficou deprimido com o alarido delas
> Enlil ouviu o barulho
> Exclamou aos grandes deuses
> A balbúrdia da humanidade tornou-se incômoda.[12]

É interessante observar que esse texto aborda o problema não do ponto de vista de uma população crescente, mas dos próprios espíritos. E os espíritos, ao que parece, não estavam muito contentes com a tendência de seus adoradores a serem "férteis e multiplicar-se". O épico passa a descrever como lançaram pragas, carestias e, finalmente, um grande dilúvio sobre seus seguidores, numa tentativa brutal de reduzir a população. Fica claro que, não importa o que mais estivesse acontecendo, a estrutura da sociedade movida por espíritos desmoronava. Ao cabo do terceiro milênio AEC, o problema tornava-se cada vez mais evidente. No Egito, por exemplo, o século final desse milênio viu a súbita e completa falência da autoridade. As pessoas saíram das cidades num êxodo que lembra o das cidades sul-americanas, com irmão lutando contra irmão, nobres competindo por comida nos campos, filhos matando pais, pirâmides e túmulos sendo saqueados.

Historiadores ortodoxos defendem a ideia de que a causa deve ter sido um grande desastre natural, mas sem conseguir sustentar a teoria com provas concretas. Tampouco viu-se alguma evidência de desastres naturais em colapsos periódicos similares da civilização maia mencionados antes, ou no colapso de Assur, por volta de 1700 AEC. Mas, como veremos em breve, em outras áreas, desastres naturais aceleraram (embora não tivessem causado) o colapso ocasionado pelo excesso populacional. O mesmo aconteceu com o surgimento de um elemento totalmente inesperado: a invenção da escrita.

Um dos fundadores da psicologia moderna, Carl Gustav Jung, menciona em alguma obra a qualidade numinosa dos arquétipos, uma tendência natural de gerar reverência naqueles que os encontram. Essa mesma qualidade se aplica aos espíritos, tal como testemunhei alguns anos atrás, quando uma médium concordou, pela primeira vez, em canalizar publicamente um espírito que apresentou como um antigo deus egípcio. Seu público, com mais ou menos quarenta pessoas, consistiu principalmente de profissionais, entre eles um juiz, um médico, um físico, vários estudantes universitários e um engenheiro. A médium entrou em transe e a entidade espiritual falou por seu intermédio, fazendo um breve pronunciamento e pedindo que lhe fizessem perguntas. Ninguém as fez, mas vários membros da plateia se levantaram para se colocar a serviço dessa divindade, apesar de, em nossa era racional, ninguém ter pedido nenhuma prova de sua presença ou algo semelhante. A maioria das pessoas tem tendência a fazer suposições sem fundamento sobre os poderes e a autoridade dos espíritos, mesmo quando as entidades que se comunicam não fornecem tais alegações.

A cidade deserta de Palenque, na América do Sul, foi apenas uma de várias abandonadas sem razão aparente, no apogeu de seu poder.

Quando um espírito pede que se faça alguma coisa, a pessoa sente o impulso de levar a cabo os desejos dele; e, embora seja perfeitamente possível desobedecer, ela se sente pouco à vontade para fazê-lo. Se essas observações representam resquícios atrofiados de reações ancestrais, é fácil imaginar o impacto de uma instrução espiritual no contexto cultural de um ouvinte em, digamos, 4000 AEC, mas só se o comando fosse dado diretamente.

A escrita parece ter se desenvolvido nas primeiras sociedades como forma de registrar negociações comerciais e bens, mas em pouco tempo seu escopo se estendeu ao registro da legislação das cidades e do país, nos dois casos, evidentemente, proferida pela boca dos deuses. Mas se uma lei ditada pessoalmente por uma divindade era literalmente impossível de ser desobedecida, o mesmo caráter numinoso não se estendia a essa mesma lei em sua forma escrita. A escrita era uma conveniência, e, como a maioria das conveniências, espalhava-se com rapidez por qualquer cultura que a desenvolvesse. Em pouco tempo, tornou-se a principal portadora do desejo dos deuses, e, ao fazê-lo, enfraqueceu-os.

O contexto histórico do colapso final, que Jaynes acabou situando no segundo milênio AEC, foi espetacular:

[Essa era] foi repleta de mudanças profundas e irreversíveis. Ocorreram grandes catástrofes geológicas. Civilizações pereceram. Metade da população mundial tornou-se refugiada. E guerras, antes esporádicas, vieram com frequência acelerada e feroz à medida que este importante milênio se aproximou doentiamente de seu término sombrio e sangrento.[13]

A erupção vulcânica de Tera, agora situada com firmeza na metade desse milênio, foi um dos mais notáveis exemplos daquilo que Jaynes comenta aqui. A ilha do mar Egeu, situada a aproximadamente 110 quilômetros ao norte de Creta, explodiu com tanta violência que cerca de cem quilômetros cúbicos de material foram lançados à atmosfera, escurecendo o céu durante dias e influenciando o clima do Hemisfério Norte inteiro durante anos. E as consequências não foram puramente locais. Efeitos climáticos resultaram em colapso de safra na China. As ondas de choque que se ergueram imediatamente equivaleram à detonação simultânea de mais de trinta bombas de hidrogênio. Após a explosão, a população da ilha de Tera desapareceu, e apenas uma fração da ilha permaneceu acima da água. Um tsunami de mais de 160 metros devastou a costa norte de Creta, avançando 3 quilômetros terra adentro a uma velocidade de 560 quilômetros por hora, destruindo a infraestrutura de reino atrás de reino.[14]

O desastre desencadeou uma série de migrações e de invasões em massa que derrubaram os impérios hitita e micênico. Como os remanescentes das velhas sociedades, com línguas e costumes diferentes, foram forçados a se integrar, que orientação os espíritos poderiam oferecer diante de um caos tão avassalador? Suas vozes falharam, e, sem a orientação divina, rapidamente a humanidade tornou tudo pior, dedicando-se a guerras de uma brutalidade antes inimaginável. O rei assírio Tiglate-Pileser I empalou vivas populações inteiras, da virilha até os ombros, e estabeleceu uma legislação que estudiosos posteriores chamaram de "política de atemorização".[15] O caos se espalhou pelo Mediterrâneo e pelo mundo conhecido. Conflitos e selvageria atingiram um nível até então desconhecido nos oito milênios anteriores. Mas essas consequências lamentáveis não foram as únicas mudanças.

Em algum momento por volta de 1230 AEC, o rei assírio Tukulti-Ninurta I encomendou um altar de pedra que teria sua fisionomia... duplicada. A primeira imagem é a de uma figura em pé. Na segunda, o tirano está de joelhos diante do trono de seu deus. Trata-se de uma representação extraordinária, bem diferente de qualquer versão anterior da mesma cena. Nessas, invariavelmente, o rei estaria em pé, olho no olho da divindade, ouvindo suas palavras. Em nenhum momento, na milenar história da comunicação com os espíritos, ele se ajoelharia. Mais impressionante ainda é o fato de que o trono diante do qual Tukulti-Ninurta se prostra está vazio. O deus se foi.

Em tempos modernos, acostumamo-nos tanto com a ideia de um deus invisível, que é difícil compreender como essa representação é chocante. Placa após placa, pedra de altar atrás de pedra de altar, cilindro após cilindro, o deus *sempre* era representado como uma figura humanoide heroica, em pé ou sentada. Por que, então, no reinado de Tukulti, o deus não aparece neste e em outros altares? Por que, repentinamente, foi representado por um símbolo abstrato nos selos cilíndricos? Para Julian Jaynes, não há mistério algum. Essas cenas mostram a realidade vivida por nossos ancestrais assírios daquela época. E a realidade era que o deus não aparecia mais para eles; seu deus não falava mais.

Ali estava, enfim, o ponto de inflexão que Jaynes buscava. Na antiga Mesopotâmia, os espíritos se silenciaram em algum momento entre a época de Hammurabi (morto em 1750 AEC), representado com frequência em comunhão com seu deus, e a de Tukulti (1243-1207 AEC), cujo contato divino parece tê-lo abandonado. Jaynes procurou confirmações e descobriu que havia três placas de argila da época de Tukulti que endossavam plenamente suas conclusões. Foram escritas por um senhor feudal chamado Shubshi-Meshre-Shakkan, que começou uma história triste com estas palavras:

> Meu deus me abandonou e desapareceu
> Minha deusa me desapontou e está longe
> O anjo bom que andava ao meu lado partiu.[16]

O desaparecimento dos espíritos guardiães desse senhor feudal foi apenas o começo de seus infortúnios. Sem a orientação deles, ele brigou com Tukulti e acabou perdendo sua posição como governante de uma cidade. Ficou doente e passou por outros dissabores. Tentou preces, prostrações e sacrifícios, consultou sacerdotes, mas nada trouxe os espíritos de volta. (No entanto, é interessante observar que eles acabaram aparecendo em seus sonhos para lhe assegurar de que fora perdoado por suas ofensas e doravante iria prosperar — e o significado disso vai ficar claro neste livro, logo adiante.)

A mudança que ocorria era gradual, estendendo-se por algumas centenas de anos e seguindo o próprio ritmo em cada lugar. Jaynes acompanha essa evolução, analisando-a com base em muitos textos, papiros, entalhes e placas ancestrais. A antiga estrutura hierárquica que floresceu ao longo do terceiro milênio AEC permitia que um deus pessoal (aquele com quem havia comunicação diária) intercedesse junto ao deus da cidade e, até, em tempos de grandes emergências ou necessidades, ao principal deus do reino, que normalmente se comunicava apenas com o rei. Essas intercessões eram representadas em entalhes e mais entalhes, mostrando o postulante humilde sendo apresentado ao grande deus por uma divindade menor (pessoal). Mas, em meados do segundo milênio AEC, as cenas se transformam. Como ficou tipificado no altar de pedra de Tukulti, os deuses maiores começam a desaparecer. Veem-se deuses pessoais apresentando os postulantes ao símbolo da divindade governante, e não a ela em si. Então, por volta do final do segundo milênio AEC, há mudanças na representação do deus pessoal. Ele (ou ela) não é mais a divindade puramente humanoide que costumava ser, mas, em muitos casos, sofreu uma metamorfose e se tornou uma criatura meio humana, meio ave. Às vezes, essa nova entidade aparece como homem alado, lembrando em tudo, exceto no estilo artístico, as representações posteriores dos anjos. Às vezes, pode aparecer como um humano com cabeça de pássaro, como a figura de Thot, com sua cabeça de íbis, no antigo panteão egípcio. Às vezes, como um touro ou leão alado. Nos primeiros estágios dessa mudança, essas entidades aparecem em cenas de apresentação, introduzindo o indivíduo ao símbolo de um deus maior. Mais tarde, todavia, tais cenas desaparecem dos registros, e as entidades híbridas são mostradas apenas como guardiães, ora de lugares ou pessoas, ora de reis. As representações parecem ter uma coisa em comum: em nenhum caso, as entidades falam. Talvez os espíritos ainda apareçam, mas mantêm-se estritamente em silêncio. Textos da época mostram a reação de populações inteiras à mudança. Há consternação e espanto. Por que nossos deuses nos abandonaram? O que fizemos de errado?

Jaynes comenta em seguida que nessas duas questões arquetípicas estão as raízes dos grandes temas encontrados em todas as religiões importantes do mundo moderno. O último lamento de Cristo na cruz — *Meu Deus, meu Deus, por que me abandonaste?*[17] — não é respondido por Deus, mas pela grande acusação da Igreja cristã: *Porque a humanidade pecou!* Tampouco, como se viu, uma penitência ou sacrifício poderia compensar a misteriosa transgressão. Quando o pai da História, o autor grego Heródoto, subiu os degraus do zigurate Etemenanki na Babilônia, quase mil anos de pedidos e de preces depois da época de Tukulti, esperou encontrar uma estátua lá no alto, mas havia apenas um trono vazio.

Sendo psicólogo, o professor Jaynes tinha as próprias teorias sobre contatos espirituais, que serão examinadas numa seção posterior deste livro. No momento, sua obra é importante por nos permitir formar um quadro histórico um tanto intrigante e enigmático. Se as deduções de Jayne estiverem corretas, esse quadro, em suma, é o seguinte:

Em algum momento nas profundezas da Pré-história, há mais (e possivelmente bem mais) de trinta mil anos, quando a humanidade levava uma existência primitiva, difícil, baseada em caça e coleta, certos indivíduos de tribos deram-se conta dos contatos espirituais e acabaram desenvolvendo técnicas, algumas envolvendo narcóticos vegetais, que lhes davam acesso ao mundo dos espíritos. Esses indivíduos, hoje chamados xamãs, acreditavam que podiam confiar em conselhos espirituais em casos de cura e de localização de caça, ambos questões de vida ou morte nos rigores da Era do Gelo. Sua prática posterior como médicos e profetas deu-lhes prestígio e uma posição na tribo que rivalizava com a do próprio chefe. Formaram "guildas" primitivas para proteger os segredos de seu ofício e adotaram testes e rituais iniciáticos para selecionar candidatos que quisessem se tornar xamãs. Seu trabalho tinha tamanha importância para a tribo que (conforme a opinião de muitos antropólogos modernos) era celebrado na arte rupestre.

Durante todo esse período, a relação entre xamã e espírito pode ser caracterizada como um respeito cauteloso. Os xamãs consideravam os espíritos úteis, geralmente confiáveis, mas às vezes perigosos e ocasionalmente desonestos. Apesar de os espíritos poderem compelir à ação, fazendo-o ocasionalmente, em particular em questões como a de algum membro da tribo que quisesse se tornar xamã, nunca eram os senhores de fato. Tampouco o eram os xamãs, cujo título "senhor dos espíritos" não denota mais do que a habilidade em fazer contato com eles, obtendo assistência direta ou informações úteis. Na verdade, ninguém mandava em ninguém. Havia, de modo geral, uma parceria baseada em respeito mútuo.

Essa situação se manteve essencialmente inalterada durante dezenas de milhares de anos, e parece ter sido benéfica para as comunidades de caçadores-coletores. Mas, se o paciente trabalho investigativo de Julian Jaynes estiver correto, aconteceu alguma coisa há cerca de dez mil anos que assinalou uma transformação — a lenta passagem da caça-coleta para a lavoura; a passagem de um estilo de vida nômade para o urbano, com comunidades maiores. Se essa passagem foi provocada por conselhos espirituais, ou foi apenas um desdobramento natural e evolutivo, não temos como saber. Mas a mudança em si certamente coincidiu — caso aceitemos a interpretação literal das evidências arqueológicas — com uma nova forma de comunicação espiritual. O xamã não era mais necessário. Os indivíduos não eram mais forçados a enfrentar provas potencialmente fatais para entrar em contato com o mundo espiritual. Por motivos que ainda não foram bem compreendidos, os espíritos extrapolaram seus antigos domínios e tornaram-se acessíveis às populações humanas como um todo.

Com essa mudança, deu-se outra: o relacionamento tradicional entre humanos e espíritos fragmentou-se com rapidez. Não havia mais uma igualdade baseada em respeito mútuo. Os espíritos tornaram-se senhores, e alguma coisa nesse novo relacionamento nos convenceu a aceitar essa mudança com a subserviência das ovelhas. Quando um espírito dava ordens, algum instinto profundamente arraigado compelia as pessoas a obedecerem como autômatos. Mas essa tirania mostrou-se benévola. As instruções dos espíritos permitiram-nos viver felizes e realizados, livres de qualquer grau de conflito. Sob a liderança dos espíritos, as vilas tornaram-se cidades, desenvolveu-se o comércio com outras culturas orientadas por espíritos, barrigas e bolsas ficaram cheias. Em gratidão, os humanos transformaram os contatos espirituais em deuses e os veneraram, além de obedecê-los. Foi, sob muitos aspectos, uma era dourada, lembrada como tal nas diversas mitologias pelo mundo afora.

A situação se manteve essencialmente estática por milênios, antes que acontecesse outra mudança. O aumento gradual da população atingiu uma massa crítica, e a estrutura hierárquica estabelecida pelos deuses não conseguiu mais sustentá-la. As comunicações com espíritos ficaram confusas, e depois contraproducentes. Conselhos espirituais não podiam mais servir de base para a produção de resultados benéficos. A sociedade foi adentrando lentamente o caos, até que chegou o dia em que os próprios espíritos começaram a se afastar. O processo também foi gradual. Como os antigos xamãs, ainda havia pessoas que conseguiam vê-los e ouvi-los, mas, para a maioria, primeiro os deuses silenciaram, depois se tornaram criaturas menores e, enfim, acabaram desaparecendo.

Durante milhares de anos, cada deus tinha uma localização terrestre específica, como uma estátua num templo ou um ídolo na casa. Agora, as estátuas estavam silenciosas, e os ídolos tornaram-se montes de madeira ou de pedra sem vida. Onde teriam ido parar os espíritos? A humanidade deu a própria resposta, decidindo que suas divindades haviam voltado ao firmamento, uma identificação com o céu (a morada suprema dos deuses) que se mantém até os dias de hoje. Começou um novo relacionamento, com base em preces não atendidas, isolamento de indivíduos e lembranças distantes de uma época em que os deuses eram próximos e possuíam poder real.

Inevitavelmente, porém, houve um ajuste gradual ao novo *status quo*. Os sacerdotes tornaram-se guardiães dos costumes sociais, da tradição cultural e do ritual religioso. Cada sacerdote era visto como um médium que canalizava forças cósmicas, o que é outra maneira de dizer que os poderes dos deuses fluíam através dele, embora a maioria pedisse que seus poderes fossem aceitos pela fé. As congregações acreditavam nesses sacerdotes porque crer era mais confortável do que se sentir completamente abandonado.

Numa estância diferente, um conjunto maciço de textos mágicos mesopotâmicos, muitos dos quais dizem como adivinhar a vontade dos deuses ou como buscar diretamente seus conselhos, sugere uma vontade coletiva de comunicação à maneira antiga, algo que com certeza não se restringia ao corpo de sacerdotes. A superstição e a teoria teológica, então, apressaram-se em preencher

Acredita-se que o deus Anúbis, com cabeça de chacal (à esquerda), comunicava-se com os cidadãos do Egito antigo.

esse vácuo emocional. Os sumérios passaram a acreditar num lúgubre pós-vida habitado pela alma dos mortos, e não se mostravam avessos a tentar um contato pós-morte com seus ancestrais caso achassem que poderia ser benéfico. Diz-se que Enlil, que entre seus títulos tinha o de "Senhor da Terra dos Fantasmas", teria dotado a humanidade com feitiços e encantamentos para compelir a obediência dos espíritos, bons e maus; e havia aqueles que procuravam usar o dom de maneira prática. Mais comuns ainda eram os textos dedicados à observação celeste e ao conhecimento astrológico, que tentavam discernir as influências que emanavam dos mais elevados mundos espirituais sobre os assuntos humanos.[18] Mas boa parte disso é especulação. Para informações mais detalhadas sobre a maneira como as primeiras civilizações se ajustaram à mudança — estabelecendo um modo novo e diferente de contato com seus deuses —, precisamos nos afastar da Mesopotâmia para examinar outra cultura antiga cujos registros copiosos e bem examinados nos darão um panorama mais claro.

3. A EXPERIÊNCIA EGÍPCIA

A sabedoria convencional atual situa a fundação do Egito no surgimento da primeira dinastia faraônica, por volta de 2925 AEC,[1] época em que, segundo Jaynes, a comunicação frequente com espíritos ainda era corriqueira. O vasto escopo da egiptologia reconhece prontamente os espantosos feitos de engenharia, o interesse cosmológico e as obras de arte onipresentes que o caracterizou. O filósofo Jeremy Naydler, de Oxford, acrescenta outra dimensão:

> A vida religiosa dos egípcios antigos nunca foi algo separado do restante da vida deles. A cultura toda era permeada pela percepção religiosa, com a consciência de que o mundo espiritual interpenetrava todas as esferas da existência. O Egito antigo foi uma cultura sagrada... Quando voltamos "para trás", [...] também nos voltamos "para baixo", para um nível mais profundo e arcaico da experiência humana que se aproxima mais dos deuses, da percepção semiesquecida de seres transpessoais e de encontros primevos com realidades arquetípicas.[2]

Ao falar de "seres transpessoais", "encontros primevos" e "realidades arquetípicas", Naydler refere-se a espíritos; e não pode restar muita dúvida de que os egípcios antigos, obcecados por magia como eram, levaram essa obsessão aos reinos do contato espiritual, mesmo que muito depois de seus deuses pessoais terem partido. O Papiro de Leiden, cópia feita no Novo Reino de um manuscrito possivelmente datado de 1850-1600 AEC, contém um feitiço para se estabelecer comunicação com o deus Anúbis. O feitiço, surgido depois da época em que os deuses tinham começado a ir embora, pode ter sido um ato de desespero, mas possivelmente deve ter se mostrado eficaz, pois criou uma experiência de comunicação com os espíritos. Com certeza, a estrutura do rito estabeleceu o padrão para evocações espirituais "mágicas" similares nos séculos seguintes. Segundo instruções detalhadas, primeiro o interessado deve gravar a figura de Anúbis numa vasilha de bronze, enchendo-a depois com água e vertendo óleo na superfície. A vasilha é posta sobre três tijolos novos, com quatro outros tijolos colocados ao lado. Antes de começar o ritual, uma criança deita-se de barriga para baixo sobre os tijolos espalhados, com o queixo encostado no tijolo sobre o qual a vasilha está apoiada. Sua cabeça é coberta por um pano; uma lâmpada acesa é posta à sua direita e um incensório com fogo à sua esquerda. Um incenso feito de olíbano, cera, estoraque, terebintina, semente de tamareira e vinho é posto no incensório, e uma folha da planta anúbis[3] é posta na lâmpada. Então, a pessoa deve repetir as palavras "abra meus olhos" quatro vezes, "abra meus olhos, abre teus olhos" três vezes, "abra Tat, abra Nap" três vezes e "abra-se para mim" também três vezes.

Segue-se uma longa e complexa conjuração, repetida sete vezes, após o que a criança deve abrir os olhos e olhar dentro da vasilha. Se a criança confirmar que o deus está começando a aparecer para ela, segue-se um sortilégio final, mais breve, após o qual o deus pode ser questionado. Mas não diretamente. Qualquer comunicação, questões ou respostas são intermediadas pela criança.

Para a maioria dos ouvidos modernos, tudo isso soa como uma tola superstição, mas a experiência mostra que técnicas de vidência dessa natureza, que incluem o uso de espelhos escuros e vasilhas de água (geralmente azuis), com ou sem óleo, produzem resultados. Olhar fixamente para o interior de uma vasilha pode produzir um estado semelhante ao transe, possivelmente devido à auto-hipnose, e nele é comum a ocorrência de visões. Até o posicionamento da lâmpada e do incensório fumegante é importante. Uma variação da técnica, que requer uma vela e um espelho, é usada até hoje por ocultistas que tentam investigar vidas passadas.[4] O uso de uma criança como médium é confirmado repetidas vezes em textos mágicos posteriores, com base na suposição de que a mente imatura está mais receptiva a esse tipo de experiência. A descoberta da técnica, embora envolvida por crenças religiosas e mágicas egípcias, confirma que, quando os deuses deles se foram, a cultura do Egito antigo tinha familiaridade com pelo menos um método funcional de manutenção da comunicação com os espíritos. Mas havia outros.

Segundo Sir Wallis Budge, que já foi curador de antiguidades egípcias no Museu Britânico e ainda é considerado autoridade importante quando o assunto é essa cultura, os egípcios acreditavam que os poderes divinos costumavam se manifestar através de sonhos.

Eles lhes atribuíam importância notável; as figuras dos deuses e as cenas que viam em sonhos pareciam dar-lhes provas da existência de outro mundo, que não era lá muito diferente daquele que conheciam. O conhecimento da arte de interpretar sonhos e a habilidade para interpretá-los eram muito valorizados no Egito e noutras partes do Oriente, e o sacerdote ou oficial que possuísse tais dons ocasionalmente atingiam cargos de grande consideração no estado [...] pois era uma crença universal que vislumbres do futuro eram revelados ao homem em sonhos [...] [entre aqueles] registrados nos textos egípcios, podemos citar [os] de Tutmés IV, rei do Egito por volta de 1450 AEC...

Um príncipe, segundo a estela erguida diante do peito da Esfinge de Gizé, caçava um dia perto de um emblema de Râ-Harmachis e se sentou para descansar sob sua sombra, adormecendo e tendo um sonho. Nele, o deus lhe apareceu e, tendo declarado que era o deus Harmachis-Khepera--Râ-Temu, prometeu-lhe que, se tirasse da Esfinge — sua própria imagem — a areia solta na qual estava sendo enterrada, ele lhe daria a soberania das terras do Sul e do Norte, ou seja, de todo o Egito. Com o tempo, o príncipe tornou-se rei do Egito sob o título de Tutmés IV, e a estela, que tem a data do décimo nono dia do mês Hathor, do primeiro ano de Tutmés IV, prova que o nobre sonhador realizou os desejos do deus.[5]

O relacionamento percebido entre deuses, espíritos e sonhos é salientado em um relato de possessão demoníaca inscrito numa estela descoberta no templo do deus Khonsu em Tebas. No décimo quinto ano do reinado de Ramsés II, a princesa de Bekhten, irmã mais nova da esposa favorita do rei, ficou doente e disseram-lhe que era vítima de possessão demoníaca. Seu pai, então, mandou informar o rei, implorando-lhe que mandasse um deus para ajudá-la.⁶

Ramsés estava em Tebas quando o mensageiro chegou e dirigiu-se ao templo de Khonsu Nefer-hetep, onde pediu ao deus que enviasse seu sumo sacerdote, também chamado Khonsu, a Bekhten, para exorcizar o demônio. O relato na estela não dá detalhes da maneira como o rei se comunicou com Khonsu Nefer-hetep, mas registra que o deus concordou com o pedido e dotou uma estátua de si mesmo com "uma dose quádrupla de poder mágico" para ajudar na cura.⁷ (Como Ramsés reinou entre 1303 e 1213 AEC, poderia haver registros ou lembranças populares da época em que as estátuas falavam com as vozes de espíritos.) Um cortejo com seis barcos zarpou pelo Nilo, acompanhado por um grupo de carruagens e cavalos em cada uma das margens; o veículo principal levava a estátua mágica, e imagens de outros deuses ocupavam os demais.

Vários meses depois, o grupo chegou a Bekhten e realizou uma cerimônia mágica diante da princesa acamada.⁸ O demônio a deixou de imediato e entabulou uma conversa notavelmente amigável com o deus, durante a qual concordaram em realizar um grande festival em homenagem ao demônio. Isso foi feito conforme o combinado, e o demônio deixou alegremente o país.

O governante de Bekhten, um remoto principado africano situado a certa distância do Egito, ficou tão impressionado com o desempenho do deus que tentou impedi-lo de voltar ao Egito. A estela registra que Khonsu Nefer-hetep ficou de fato em Bekhten durante três anos, quatro meses e cinco dias. Certa noite, porém, o príncipe de Bekhten sonhou que o deus tinha se transformado numa águia dourada e voado de volta ao Egito. Quando acordou, o sacerdote Khonsu confirmou que o deus havia partido e recomendado que fosse enviada sua carruagem para escoltá-lo. O príncipe de Bekhten concordou e mandou um carro lotado de presentes, que depois ficaram no templo de Tebas.

Esta história não foi a única coisa estranha a aflorar quando os arqueólogos começaram a investigar o Egito antigo. Uma das mais estranhas foi a prática de se escrever cartas para os mortos. A religião egípcia focalizava principalmente a sobrevivência à morte física. Os túmulos eram conhecidos como Palácios da Eternidade, e aqueles que podiam pagar por eles faziam-nos espaçosos e equipados com conforto suficiente para que o ambiente do pós-vida fosse o melhor possível. "Existirás por milhões e milhões de anos", prometia o Livro Egípcio dos Mortos. E os mortos continuavam a exercer influência sobre os vivos — pelo menos, era no que os vivos acreditavam. Qualquer infortúnio que afetasse viúvas, viúvos ou outros sobreviventes era atribuído à negligência ou à malevolência daquele que havia partido recentemente, pois tinha deixado de defender os entes queridos como deveria ter feito. Fazia sentido mandar-lhe lembretes escritos sobre seus deveres, e todos esperavam resultados práticos com confiança.

As cartas costumavam ser escritas em vasos de cerâmica, mas também se podia usar papiro ou linho. Depois, eram "postadas" em um túmulo, mesmo que não fosse o túmulo do destinatário. O pós-vida, com seus Palácios da Eternidade, era visto como um *continuum*. Os autores das cartas tinham absoluta fé em que suas missivas chegariam ao destino desejado. Aquilo que escreviam, é evidente, variava de pessoa para pessoa, mas descobriu-se uma quantidade suficiente de cartas para se verificar alguns padrões típicos. Uma das cartas tratava de uma queixa: parentes que tentavam privar um herdeiro do patrimônio do falecido. Ordenava-se uma ação, mas não necessariamente contra os parentes. Outra carta indicava que o autor era um viúvo, convencido de que seus atuais infortúnios deviam-se à má vontade de sua falecida esposa. Nela, ele se desdobrava para lembrá-la de que fora um marido exemplar, mantendo-se fiel, chamando o melhor médico possível quando ficara doente, proporcionando-lhe depois um enterro de primeira classe e enlutando formalmente por ela durante oito longos meses, logo que a morte a reclamou. Três anos haviam se passado desde então, tempo no qual não tornara a se casar, sequer sendo tocado por alguma mulher da casa, mas ela parecia disposta a se comportar como alguém que não sabia diferenciar o certo do errado. Nessas circunstâncias, ele não encontrara outra alternativa exceto entrar com uma ação contra ela no Tribunal Divino do Ocidente [...] uma instituição legal que fazia parte do reino dos mortos.[9] A pergunta óbvia, naturalmente, é se essa podia ser considerada uma abordagem prática. Em caso afirmativo, o marido indignado deveria estar convencido de que havia um método pelo qual poderia visitar o pós-vida e voltar para contar a história.

Para os egiptólogos convencionais, essa é uma ideia absurda, tal como a história da princesa possuída por demônios. Mas talvez não devamos nos apressar, endossando essas conclusões. Primeiro, seria proveitoso observar mais de perto o indivíduo que é parte crucial da história de Bekhten, embora tenha sido mencionado apenas duas vezes no relato de Budge – o sacerdote Khonsu.

O sacerdócio, no Egito antigo, significava algo muito diferente daquilo que significa hoje. Estamos acostumados a pensar no clero em termos de vocação religiosa, crença em Deus, deveres pastorais e assim por diante. No Egito antigo, porém, Deus estava encarnado na pessoa do faraó, cujo dever era levar a cabo a multiplicidade de práticas religiosas que asseguravam que o país continuaria a funcionar de forma eficiente. Em teoria, ele era obrigado a realizar todos os rituais de todos os templos do Egito, mas como, sendo deus ou não, não poderia estar em toda parte ao mesmo tempo, seu sacerdócio o representava. Não havia vocação, espiritualidade específica ou relacionamento especial com o Todo-Poderoso nisso. Tampouco algo que lembrasse, sequer de longe, o trabalho pastoral – pessoas comuns nunca entravam nos templos, muito menos faziam lá suas adorações. Os sacerdotes eram apenas funcionários públicos que realizavam as tarefas que o faraó não conseguia realizar sozinho. E muitos desses deveres tinham natureza mágica.

Mas a magia egípcia, como Budge não demora em nos lembrar, datava "de uma época em que os habitantes pré-dinásticos e pré-históricos do Egito acre-

Templo de Filas.

ditavam que a terra, o mundo inferior, e o ar e o céu, eram povoados por seres incontáveis, visíveis e invisíveis".[10] Vemos claramente ecos do xamã na descrição que Budge faz do típico sacerdote-mago:

> Nos livros religiosos do Egito antigo, ficamos sabendo que o poder de um sacerdote ou de um homem versado no conhecimento e no funcionamento da magia era tido como literalmente ilimitado. Pronunciando certas palavras ou nomes de poder de maneira adequada e com o tom apropriado de voz, ele podia curar os mortos e expulsar os espíritos malignos que causavam dor e sofrimento aos doentes, trazer os mortos de volta à vida e conferir ao morto o poder de transformar o corpo corruptível num incorruptível, no qual a alma poderia viver por toda a eternidade. Suas palavras faziam com que os seres humanos pudessem assumir formas variadas à vontade, ou projetarem a alma em animais e outras criaturas; e, em obediência a seus comandos, figuras e imagens inanimadas tornavam-se criaturas e coisas vivas, prontas para realizar seus desejos. Os poderes da natureza reconheciam seu poder.[11]

Exigia-se do sacerdote egípcio que não praticasse sexo antes de iniciar uma ação mágica, a mesma proibição observada pelo pajé no relato vivo da prática xamânica feito por Thévet e citado anteriormente. Embora o uso de fibras animais como a lã fosse estritamente proibido, o sacerdote-*sem* (sumo sacerdote) era obrigado a usar uma pele de leopardo como indicador de seu cargo[12] — um remanescente da prática xamânica na África tribal. Será possível que a religião do Egito antigo tenha sido, em suas manifestações posteriores, um retorno à prática xamânica, embora modificada pelas necessidades específicas da época? Para os egiptólogos convencionais, a resposta é um retumbante *não*. A religião egípcia é bem conhecida e estudada. O consenso a vê como um credo exótico, baseado na fé, focado em parte em tradições funerárias e em preparativos para o pós-vida, e em parte em atividades rituais do faraó, que garantia o bem-estar e a prosperidade do estado. Contudo, há alguns indícios que nos conduzem a uma direção diferente.

Aqueles que conhecemos hoje como Textos das Pirâmides eram uma série de escritos entalhados em paredes e sarcófagos das pirâmides de Saqqara, du-

Textos descobertos em Saqqara apontam práticas xamânicas dos faraós egípcios.

rante a quinta e a sexta dinastias do Antigo Reino, entre 2465 e 2181 AEC. Os mais antigos deles são datados, com razoável certeza, do período entre 2400 e 2300 AEC, mas podem refletir uma tradição oral ainda mais antiga. Como foram descobertos em 1881 pelo egiptólogo francês Gaston Maspero, geralmente os textos foram interpretados como uma série de encantamentos ou "enunciados" usados para orientar um faraó morto no pós-vida em sua jornada ao céu.

Essa interpretação tem dois problemas. O primeiro é que os textos foram descobertos aleatoriamente, e não há como saber ao certo em que ordem deveriam ser lidos; logo, qualquer cenário imaginado da viagem do faraó pode ser mero palpite. O segundo é que os próprios textos afirmam que o faraó não está morto. O Enunciado 219, na parede sul da câmara do sarcófago, começa com as seguintes palavras:

> Atum, este seu filho está aqui [...] que você preservou vivo. Ele vive! Ele vive! Este Unas vive! Ele não está morto, este Unas não está morto! Ele não foi destruído, este Unas não foi destruído! Ele não foi julgado, este Unas não foi julgado![13]

Essa passagem jubilosa, com variantes que tratam de deuses diferentes, é repetida nada menos do que 22 vezes, enfatizando repetidamente que o rei não está morto. No Enunciado 223, mandam-no se levantar, movimentar-se e ingerir cerveja e pão. Para os egiptólogos convencionais, essas passagens representam pouco mais do que um estado de negação, a recusa em aceitar a realidade da morte, manifestada na pia esperança de que o rei, de algum modo, tenha sobrevivido num pós-vida. Mas a frase final do texto citado anteriormente parece conferir falsidade a essa interpretação. Na religião egípcia, os mortos eram acompanhados ao céu pelo deus Anúbis até o Salão do Julgamento, onde as almas eram pesadas contra uma pena. Isso tinha de acontecer antes que pudessem se dirigir a seu prêmio ou punição. Não havia outra maneira de um morto prosseguir em sua viagem. Porém o texto afirma claramente que Unas não foi julgado. Se estivesse morto, prosseguir sem o julgamento final negaria tudo o que os egípcios acreditavam sobre o pós-vida. A dedução lógica, como o próprio texto afirma, é que o que se descreve nesse caso não são as experiências de um rei morto, mas de um vivo.

Naydler lembra-nos de que "a morte era, para os egípcios [...] um mundo de forças, poderes e seres invisíveis. Era um domínio espiritual que existia de um modo mais interior do que o mundo manifestado e exterior que percebemos com os sentidos, mas, mesmo assim, considerado completamente real", e que "[esse] universo espiritual dos egípcios antigos [...] [tem] muito em comum com aquilo que é revelado pela literatura do xamanismo".[14] Em vez de descrever o destino pós-morte de um faraó morto, será possível que os Textos das Pirâmides realmente se refiram a uma viagem xamânica realizada enquanto ele estava bem vivo?

Segundo Harner e Eliade, o universo xamânico consiste em três "mundos": Superior, Intermediário e Inferior. O Mundo Intermediário é o plano físico onde vivemos e que nos é familiar. O Inferior é a morada dos espíritos animais. O Superior é o reino dos deuses. Uma viagem xamânica ao Mundo Superior começaria habitualmente com um xamã em transe, deixando-se elevar pela fumaça de uma fogueira, ou, modernamente, de um incensório ou de varetas de incenso.[15] Havia ainda a possibilidade de se entrar numa realidade inabitual, descobrindo-se uma escada ou degraus que unissem a terra e o céu. O Enunciado 365 do texto de Unas diz: "A terra é batida para ele em degraus rumo ao céu, para que ele possa subir neles e ir ao céu, e ele sobe na fumaça da grande fumigação".[16] Se tivesse visitado antes o Mundo Inferior e feito contato com seu animal de poder,[17] poderia aprender com este, entre muitas outras coisas, a mudar de forma, o que poderia usar para ir aonde quisesse. O texto de coroação de Tutmés III descreve-o ascendendo ao céu na forma de um falcão.[18] Quando ele chega ao Outro Mundo, pode se submeter a um desmembramento completo por demônios ou deuses, seguido de uma remontagem mística que lhe confere poderes. O Enunciado 117 dos Textos de Unas começa com sua descrição dessa experiência: "Osíris Unas, receba sua cabeça...". E o Enunciado 213 enfatiza, sobretudo, que o faraó não estava fazendo essa viagem como a alma de um homem morto: "Ó Unas, você não partiu morto, você partiu em vida para sentar-se no trono de Osíris, com seu cetro na mão para dar ordens aos vivos, o cabo de seu cetro em forma de lótus na mão".[19]

O que emerge aqui é um quadro muito curioso. Um quadro do Egito antigo como uma evidente cultura xamânica. Enquanto, em comunidades mais primitivas, o xamã se transportava aos mundos espirituais em benefício de sua tribo, no Egito antigo o rei se transportava aos mundos espirituais em benefício do país todo. Sua capacidade de fazê-lo, como os xamãs que o antecederam, era a fonte suprema de sua autoridade e poder. O fato de poder caminhar entre os deuses que haviam partido e de voltar para a terra incólume era a raiz de sua divindade, o que significa que uma civilização que se sustentou durante cerca de três mil anos o fez com orientação espiritual constante. Mas, para não cairmos na tentação de concluir que a estrutura do Egito antigo é remota demais para ter qualquer relevância hoje, pode ser útil introduzir aqui a mais antiga base conhecida de uma religião que, até hoje, é uma importante força motriz da cultura do século XXI.

O profeta hebreu Moisés era um professor e líder que, no século XIII AEC, livrou seu povo da escravidão egípcia e, ao fazê-lo, fundou a comunidade religiosa de Israel. Assim, "sua influência continua a se fazer sentir na vida religiosa, nas questões morais e na ética social da civilização ocidental".[20] Embora raramente seja mencionada ou examinada sob qualquer ponto de vista que não o estritamente relacionado à fé, em última análise essa influência baseou-se na comunicação com uma voz espiritual.

A origem da história de Moisés perde-se nas profundezas da História. O termo *hebreu* — em sua forma original, *habiru* — nada tem a ver com etnia ou raça, referindo-se a uma classe de pessoas que viviam da prestação de serviços variados. Assim, foram uma presença familiar no Egito durante muitas gerações, ao que parece sendo bem assimilados culturalmente. Mas seria um erro considerar os hebreus, ainda que só a princípio, apenas como um punhado de negociantes independentes. Com certeza, constituíam uma classe unificada dentro da sociedade como um todo, vivendo principalmente no próprio bairro, Goshen, e, com o passar dos anos, essa população cresceu,[21] a ponto de serem vistos como ameaça à autoridade constituída. Que autoridade era essa ainda é uma questão aberta a conjecturas, mas o melhor palpite feito pelos acadêmicos modernos aponta Seti I, faraó que reinou entre 1318 e 1304 AEC. Se isso é fato, não se sabe ao certo, mas sabe-se com bastante certeza que algum faraó egípcio tentou escravizar os hebreus, procurando controlar sua população por meio de um abate brutal de bebês recém-nascidos do sexo masculino. Quando o plano foi posto em prática, os principais instrumentos desse abate deveriam ser as parteiras hebreias — entre elas, Jocabed, a mãe de Moisés, e Miriam, sua irmã, ainda uma criança —; porém, quando as mulheres se recusaram a cooperar, os egípcios enviaram guardas para capturar os bebês e afogá-los.[22]

A própria Jocabed ficou grávida, mas a criança nasceu prematuramente, permitindo-lhe esconder o nascimento dos guardas egípcios, que, embora observassem com atenção as hebreias grávidas, não esperavam um parto tão cedo. Ela escondeu o bebê com sucesso por três meses, malgrado o fato de sua casa estar sendo vigiada, mas o pai da criança, Amram, foi ficando cada dia mais preocupado com a eventual descoberta, o que acarretaria morte certa para todos. Por isso, ele decidiu deixar o destino de seu filho nas mãos de Deus e ordenou que a esposa abandonasse o bebê. As fontes divergem sobre o local onde a criança foi deixada — alguns dizem que foi às margens do mar Vermelho; outras, que ele flutuou dentro de um cesto num rio, em geral especificado como o Nilo. Há mais acordo quanto àquilo que aconteceu em seguida.

Aparentemente, o Egito estava particularmente quente nessa época, e boa parte da população sofria de furúnculos. Entre eles, Termutis, uma das filhas do faraó, que foi se banhar no Nilo na tentativa de aliviar-se da dor. Nele, viu um pequeno cesto flutuando na água e suspeitou que ele pudesse conter um dos bebês afogados por ordem de seu pai. Como seus servos se recusaram a pegá-lo, com medo de estarem contrariando o édito do faraó, Termutis cuidou disso pessoalmente. A pequena embarcação continha de fato um bebê,[23] que ela decidiu chamar de Moisés (ou talvez Tutmés), criando-o como se fosse seu filho.[24] Por isso, Moisés foi criado como príncipe do Egito, com a inferência de que se instruiu em questões religiosas, políticas, civis e militares. Apesar desse fato, acabou descobrindo suas origens hebraicas e, ainda jovem, foi visitar Goshen. Reza a tradição que ficou tão chocado com o tratamento dispensado

Espíritos angelicais vigiam o bebê Moisés nesta representação artística de sua antiga lenda.

a seu povo que abandonou a vida da corte para viver e trabalhar com eles. Um dia, testemunhou um capataz egípcio surrando um hebreu, provavelmente até matá-lo. A lenda judaica conta que o egípcio tinha dormido antes com a esposa do homem, e o capataz estava ansioso para tirá-lo do caminho. Moisés ficou tão horrorizado com a desonra imposta à mulher (que ficou grávida do egípcio) quanto com o espancamento. Quando ninguém mais podia intervir, ele apareceu e matou o capataz.

Como se descobriria depois, foi impossível manter esse ato em segredo. Em poucos dias, dois irmãos hebreus, Datã e Abiram, denunciaram-no ao faraó, que, segundo algumas fontes,[25] ordenou sua execução. Moisés fugiu para o noroeste da Arábia, rumando para o lugar que então era o país de Midiã. Lá, casou-se com Zípora, filha do sacerdote midianita, Jetro, e durante alguns anos cuidou dos rebanhos do pai dela. Um dia, enquanto perambulava pelo campo em busca de pastos, viu no sopé do monte Horeb uma sarça que ardia milagrosamente, protegida, de algum modo, da destruição pelas chamas. Quando Moisés se aproximou, saiu uma voz do fogo apresentando-se como o deus de seus ancestrais e ordenando-lhe que libertasse seu povo da escravidão no Egito.

A versão mais conhecida dessa história, um resumo no livro escritural do Êxodo, dá a impressão de que este teria sido o primeiro contato entre Moisés e os fenômenos paranormais, uma experiência singular de divindade que em pouco tempo levaria à fundação da religião judaica. Porém, se a tradição rabínica for digna de crédito, vozes e visões de espíritos tiveram um papel importante no discurso de Moisés desde seu nascimento.

O pai de Moisés, Amram, pertencia à tribo sacerdotal de Levi e tinha a reputação de ser extremamente piedoso, mesmo naquela augusta companhia. Quando Jocabed engravidou — aparentemente, para a surpresa de todos os envolvidos —, Amram viu-se num estado de confusão: o faraó Seti não só tinha decretado uma separação geral de casais hebreus para reduzir a taxa de natalidade, como decretara a execução de bebês do sexo masculino que os casais conseguissem conceber, apesar de tudo. Perplexo, Amram voltou-se para Deus em busca de orientação e foi recompensado pela visita de um espírito em sonhos: Deus "ficou ao seu lado em seu sono" e profetizou que:

[...] a criança cujo nascimento os egípcios temem e devido ao qual condenaram as crianças israelitas à destruição, deverá ser este teu filho, que deverá permanecer escondido daqueles que o vigiam e querem destruí-lo, e, quando ele tiver sido criado, de forma milagrosa, deverá libertar a nação hebreia das vicissitudes pelas quais passa por causa dos egípcios. Sua memória será celebrada enquanto durar o mundo, não apenas entre os hebreus como também em meio aos estrangeiros.[26]

A irmã de Moisés, Miriam, parece ter tido propensão a visões: ela viu uma luz branca na casa no momento do nascimento de seu irmão, profetizando que ele cresceria e libertaria Israel. Mais tarde, quando o bebê foi abandonado no cesto, a filha do faraó teria tido a revelação do arcanjo Gabriel e visto Shekinah (o aspecto feminino de Deus) no cesto com o bebê. Quando o menino estava com 2 anos, ela recebeu outra visita de espíritos, desta vez uma entidade afirmando ser a divindade que lhe dera o nome de Bítia: a "filha de Deus". Como fascinante comentário adicional, a tradição menciona que, diante de seus feitos piedosos, foi-lhe permitido entrar viva no Paraíso — um eco das próprias viagens xamânicas aos mundos espirituais.

A tradição registra outro exemplo de intervenção espiritual quando Moisés tinha 2 anos de idade. Num banquete, o bebê, sentado no colo da mãe, ao lado do faraó, tirou a coroa da cabeça do rei e colocou-a na própria cabeça. O ato foi interpretado como um presságio importante, e na mesma hora houve uma discussão sobre matar ou não o menino. Todavia, o faraó decidiu que o assunto exigia uma análise mais cuidadosa e convocou um conselho com "todos os sábios do Egito". Esses dignitários apareceram tendo entre eles o arcanjo Gabriel disfarçado, que sugeriu testar a criança com uma opção entre uma pedra de ônix e um carvão em brasa. Moisés convenceu a todos de sua estupidez ao escolher o carvão e tentar comê-lo, queimando os lábios e a língua. Isso o deixou com problemas de dicção pelo resto da vida — o que chega a ser mencionado num ponto posterior da versão bíblica de sua história —, mas salvou-o da execução.

O folclore judeu também sugere que a sarça ardente não foi o primeiro caso de comunicação entre uma voz espiritual e Moisés. Quando ele visitou Goshen na adolescência, testemunhando pela primeira vez o sofrimento dos hebreus e tomando a decisão de sair da corte para trabalhar em meio ao próprio povo, ouviu uma voz desencarnada proclamar: "Abriste mão de todas as tuas outras ocupações e uniste-te aos filhos de Israel, a quem tratas como irmãos; portanto, eu também deixarei de lado todas as questões celestes e terrenas e conversarei contigo".[27] A tradição reza ainda que, quando Moisés saiu do Egito, após matar o capataz, foi conduzido em segurança graças a uma visão do arcanjo Gabriel.

Há mais acréscimos míticos à história de Moisés — sem dúvida, ficções milagrosas que comumente são atribuídas a qualquer figura religiosa poderosa. Entretanto, os exemplos já mencionados têm aspecto de verdade, pois seguem um padrão bem estabelecido de vozes e visões, culminando numa revelação importante. Uma análise dessa revelação produz constatações interessantes.

Na versão apresentada no Êxodo, Moisés teve a visão de um anjo que apareceu em meio a um arbusto ardente. A tradição identifica o anjo como o arcanjo Miguel, associado ao elemento Fogo, e sugere que aparecera como antecessor de Shekinah, que em breve desceria do céu. Uma voz dentro do fogo chamou o nome de Moisés, mas, quando ele foi investigar, foi-lhe dito para parar e tirar seus calçados, pois estava adentrando solo sagrado. Nesse ponto, no relato bíblico, a voz se apresenta como "o Deus de teu pai, o Deus de Abraão, o Deus de Isaque e o Deus de Jacó".[28] A versão expandida da tradição hebraica introduz um elemento adicional de notável interesse para a tese atual: a voz que chamou Moisés era, reconhecidamente, a voz de seu pai, Amram.[29] Passara-se muito tempo desde a última vez em que Moisés vira seus pais, e não tinha como saber se estavam vivos ou mortos.

A interpretação lendária do contato por meio do arbusto ardente de Moisés contém uma apologia devido a esse curioso desdobramento. Deus percebeu que Moisés era um novato na arte da profecia e raciocinou que, se falasse com uma voz alta e divina, ele iria se assustar. Por outro lado, se falasse suavemente, talvez Moisés não levasse a sério suas palavras. Assim, decidiu imitar a voz de Amram para tranquilizá-lo. Depois de explicar o ardil a Moisés, Deus provou sua boa-fé fazendo com que o anjo Metatron preparasse uma viagem aos sete céus acompanhado por um corpo de guarda formado por trinta mil espíritos. As descrições dos sete céus são extremamente fantasiosas, mas têm a marca da experiência xamânica autêntica, inclusive nas visões dos místicos de Merkava.[30]

Depois dessa experiência e uma espetacular viagem ao inferno, a voz encarrega Moisés da tarefa de libertar seu povo do cativeiro no Egito, agora sob o domínio de Ramsés II, um dos mais poderosos faraós da história egípcia. Compreensivelmente, Moisés hesitou. A voz no arbusto instruiu-o a explicar ao faraó que ele fora enviado por YHVH (Yahweh ou Javé), nome traduzido na versão bíblica do rei James como "Sou o que sou", mas considerado na tradição mística judaica como a abreviatura do Nome supremo de Deus, que nunca deve ser pronunciado em voz alta. Quando Moisés reclamou que era pouco provável que acreditassem nele, a entidade ensinou-lhe três truques de conjuração — transformar uma vara numa serpente e esta novamente em vara; criar a ilusão temporária de lepra numa das mãos; e transformar a água, dando-lhe a aparência de sangue —, tudo para impressionar o faraó. No encontro subsequente entre Moisés e o faraó, porém, nada o impressionou, e só depois de uma série de pragas é que o rei do Egito libertou os hebreus da servidão.

Através das batalhas verbais com o faraó e durante o longo período de nomadismo que se seguiu à libertação dos hebreus, Moisés manteve uma comunicação quase constante com essa voz espiritual. Finalmente, ela o levou, bem como a seus seguidores, de volta ao local familiar do monte Horeb (Sinai), onde ele vira a sarça ardente, transmitindo uma mensagem importante que iria mudar a história social de todo o mundo ocidental, ditando a Moisés o Decálogo, ou os Dez Mandamentos. O ato ocorreu durante uma tempestade dramática, testemunhada a distância pelos seguidores de Moisés. Ele criou uma estrutura social diferente de qualquer outra que a precedera, apoiada pela alegação de autoridade divina. Fontes escriturais mostram o cenário — sem interpretações — da seguinte maneira:

> E Deus falou todas estas palavras, dizendo:
> "Sou o SENHOR teu Deus, que te fez sair da terra do Egito, da casa da escravidão.
> Não terás outros deuses além de mim.
> Não farás para ti ídolos, nada que se assemelhe a qualquer coisa no céu, lá em cima, ou na terra, aqui embaixo, ou nas águas sob a terra.

Não te curvarás diante deles, nem os servirás: pois eu, o SENHOR teu Deus, sou um Deus ciumento, que pune a iniquidade dos pais pelos filhos até a terceira e quarta geração daqueles que me odeiam;

E mostro misericórdia com os milhares que me amam e respeitam meus mandamentos.

Não tomarás o nome do SENHOR teu Deus em vão; pois o SENHOR não deixará impune aquele que toma seu nome em vão.

Lembra-te do dia do sabá, mantém-no sagrado.

Seis dias deves trabalhar, fazer todo o teu trabalho;

Mas o sétimo dia é o sabá do SENHOR teu Deus: nele não farás trabalho algum, tu, nem teu filho, nem tua filha, nem teu servo, nem tua serva, nem teu gado, nem o estrangeiro que esteja dentro de teus portões:

Pois em seis dias o SENHOR fez o céu e a terra, o mar e tudo que há neles, e descansou no sétimo dia; por isso o SENHOR abençoou o dia do sabá e o santificou.

Respeita teu pai e tua mãe: que teus dias possam ser longos sobre a terra que o SENHOR teu Deus te deu.

Não matarás.

Não cometerás adultério.

Não furtarás.

Não darás falso-testemunho contra teu próximo.

Não cobiçarás a casa do teu próximo, não cobiçarás a mulher do teu próximo, nem seu servo, nem sua serva, nem seu boi, nem seu jumento, nem nada que seja do teu próximo".[31]

É interessante observar que a voz espiritual também deu a Moisés instruções detalhadas sobre o modo de construir um aparelho que ajudaria a comunicação dali para a frente, a Arca da Aliança, que, como os deuses-estátuas do passado, deveria proporcionar uma moradia para a divindade. (A leitura de escrituras posteriores mostra, porém, que ela era mais usada como arma de guerra.)

Embora aparentem simplicidade, os mandamentos têm sido tema de considerável debate entre os estudiosos. Enquanto o primeiro costuma ser visto como uma declaração a favor do monoteísmo, não se trata, evidentemente, do monoteísmo filosófico do judaísmo, do cristianismo ou do islamismo modernos. O espírito admite tacitamente a existência de outros deuses e só insiste que devem ser considerados subservientes a Yahweh. Há controvérsias também quanto à proibição de "ídolos" usados como objetos de adoração. Aparentemente, isso se aplica às estátuas de outros deuses veneradas como divindades pelos próprios méritos em todo o mundo antigo. Como vimos em capítulo anterior, a estátua *era* o deus, por isso sua proibição parecia representar pouco mais que um passo além do primeiro mandamento, que afirmava que os outros deuses deveriam aceitar a autoridade suprema de Yahweh: agora, eles tinham de ser expulsos. Mas investigações acadêmicas sugerem que a proibição aplicou-se originalmente apenas a estátuas do próprio Yahweh,[32] enfatizando assim a importância da comunicação direta com divindades do tipo daquelas com que o próprio Moisés parece ter mantido contato ao longo de boa parte de sua vida adulta. Ao mesmo tempo, a proibição de tomar o "nome do Senhor teu Deus em vão" — vista hoje como uma proteção contra blasfêmias — foi interpretada por alguns estudiosos como um ataque ao uso do nome divino para fins mágicos, especialmente a evocação e o controle de outros espíritos.

Não há, porém, controvérsia alguma quanto à influência abrangente das atividades mediúnicas de Moisés sobre a história da humanidade ocidental. Tampouco, como veremos em capítulos posteriores, quanto a ter sido o único homem a fazer contato com um espírito e a mudar o mundo em função disso. Mas, antes de continuarmos a examinar esses indivíduos, a cronologia de nossa narrativa nos remete de novo a contatos espirituais mais amplos de outras civilizações antigas.

4. MISTÉRIOS DA GRÉCIA E DA ROMA ANTIGAS

Segundo Plínio, o Jovem, famoso advogado, escritor e magistrado romano:

Havia em Atenas uma mansão [...] de má reputação e nociva à saúde. Na calada da noite [...] costumava aparecer um espectro, um ancião de aparência emaciada e esquálida, com barba longa e cabelos emaranhados, usando correntes nas pernas e grilhões nas mãos... Por isso, seus moradores, com medo, passavam noites horríveis em claro... Sendo assim, a mansão foi [...] deixada para aquele fantasma temível.

Entretanto, foi posto um anúncio [...] [e] [...] Atenodoro, o filósofo [...] leu o anúncio. Sendo informado das condições, com um preço tão baixo que levantou suspeitas, fez perguntas e descobriu a história em detalhes. Mesmo assim [...] alugou a casa.

Quando a noite começou a cair [...] o som de correntes e de ferros foi ouvido, mas ele não levantou o olhar... O ruído [...] aproximou-se dele: agora, parecia ser ouvido à porta, depois passando da porta. Olhou à sua volta e identificou a figura de que lhe falaram [...] e a acompanhou. Ia a passos lentos [...] e, depois de se virar no pátio da casa, desapareceu completamente e deixou sua companhia.

Ficando só, ele marcou o lugar com um punhado de grama e folhas que arrancou.

No dia seguinte, recorreu aos magistrados e rogou-lhes que mandassem cavar o ponto em questão. Foram encontrados alguns ossos presos e entremeados com correntes; o corpo ao qual pertenciam, corroído pelo tempo e pelo solo, abandonara-os nus e presos às correntes. Foram recolhidos e enterrados com verbas públicas, e a casa viu-se depois livre do espírito, que tinha conseguido sua devida sepultura. Acredito na história acima por conta da veemência com que a contam.[1]

Neste relato, a postura prática e sensata de Atenodoro diante do fantasma reflete sua cultura. A Grécia antiga era povoada por um vasto panteão de divindades que, embora residissem teoricamente nos picos distantes do monte Olimpo, estavam intimamente envolvidas com todos os aspectos da vida humana. A divindade suprema, Zeus, protegia o lar, garantia a santidade dos juramentos, cuidava de tesouros e suplicantes, induzia as pessoas a serem hospitaleiras para com estranhos e levava justiça e proteção à cidade, entre inúmeros outros deveres. Seus companheiros subordinados complementavam o que ele não fazia: Eros cuidava do amor, Selene governava a lua, Deméter protegia a agricultura e assim por diante, de maneira quase interminável, sendo a intervenção espiritual aceita como uma regra da natureza e um fato da vida.

A análise acadêmica sugere que a religião grega clássica emergiu de uma mescla entre a adoração cretense às deusas e elementos posteriores, mais masculinos, personificados no poderoso Zeus. Mas suas raízes são mais profundas e abrangentes. Qualquer estudo desse tema vai revelar um desenvolvimento irregular, embora claramente identificável, levando da primitiva prática da magia à religião oficial do estado. A progressão vai de um tipo de veneração à natureza, na qual se imaginava que espíritos animavam o vento e as águas, a uma expressão religiosa mais sofisticada, na qual os deuses apareciam em forma humana. Mas, mesmo em sua forma mais desenvolvida, o elemento mágico se manteve, ficando mais evidente em cultos populares que associavam forças naturais, flora e fauna a deusas e deuses específicos. De modo geral, a expressão religiosa na Grécia clássica era um amálgama de elementos egeicos antigos e indo-europeus posteriores, aqueles incluindo elementos minoicos e micênicos que haviam sobrevivido desde a Era do Bronze. Contra tal pano de fundo, não surpreende

Ruínas de Eléusis, que chegou a ser o centro de uma religião que prometia contato direto com espíritos.

descobrir evidências de contatos espirituais tão disseminados. Entre as fontes mais intrigantes, temos os Mistérios gregos.

Embora costumem ser chamados de religião, na verdade os Mistérios eram uma experiência religiosa induzida. Segundo a tradição, foram fundados por Orfeu, o cantor lendário que encantava feras, aves, pedras, rios e árvores com sua voz e sua lira. As genealogias antigas datam-no de uma época anterior ao décimo terceiro século AEC, mas as pesquisas acadêmicas satisfazem-se em fixar uma data posterior, em algum momento do quinto ou sexto século AEC, quando se viu o surgimento de grupos órficos dedicados a uma vida de pureza, com restrições alimentares e abstinência sexual. A semelhança com o xamanismo foi percebida, e o xamanismo é considerado uma das raízes do orfismo. Sua principal expressão, nesses primeiros dias, era o sólido apoio ao indivíduo, deixando-o livre para escolher a forma de adoração que quisesse seguir — na época, uma ideia nova. Há a sugestão de contato com espíritos, em especial nas atividades do sacerdote e profeta Pitágoras, que, por volta de 500 AEC, parece ter canalizado Orfeu em alguns de seus textos. Certamente, atribuía partes de seu trabalho a Orfeu, sem, no entanto, estabelecer nenhuma proveniência histórica satisfatória. A ênfase dada pelo orfismo à poesia "órfica", com sua evocação tradicional da Musa — também ela uma criatura espiritual —, é outro pequeno indicador nessa mesma direção. Mas a principal manifestação estava nos próprios Mistérios.

Historicamente, o primeiro local dos Mistérios rituais foi a pequena cidade grega de Elêusis, uma cidade costeira no istmo de Corinto, entre Atenas e Mégara. Lá, realizavam-se cerimônias em honra à deusa Deméter. Entre elas, havia iniciações locais de representantes da cidade, em ritos mais políticos do que religiosos e estritamente limitados a moradores de Elêusis. Mas a prática sofreu uma mudança profunda quando Elêusis foi anexada por Atenas, por volta de 600 AEC. Com isso, os atenienses passaram a ter direito à iniciação, e muitos quiseram se valer desse privilégio. Não tardou para que gregos de outras regiões começassem a ir até lá.

Mais ou menos nessa época, houve uma mudança na natureza do próprio rito, cuja ênfase passou de política para mística. A participação não era mais uma questão de se tornar morador da cidade, mas de passar por uma experiência que, literalmente, mudava a vida da pessoa. Quando os faraós ptolomaicos (gregos) se estabeleceram no Egito, a capital alexandrina se expandiu e incluiu um novo subúrbio com o nome de Elêusis, que tinha o próprio culto a Deméter oferecendo iniciações baseadas nos ritos gregos originais. A influência de Elêusis disseminou-se para outro culto popular: os ritos extáticos de Dionisio. Como deus do vinho, há muito Dionísio encorajava seus seguidores a buscar o transpessoal mediante danças em grupo, bebidas e sexualidade. Agora, a ênfase passaria lentamente para a redenção individual.

Qualquer que fosse a fonte apresentada, os Mistérios estavam abertos a todos os que pudessem falar grego, homens ou mulheres, livres ou escravos, mas o iniciado devia se comprometer por juramento a manter absoluto sigilo sobre os ritos. Embora dezenas de milhares tenham-nos aprendido, esse segredo foi mantido — um tributo que revela o poder essencial dessa experiência. Até hoje, nosso conhecimento sobre o que acontecia de fato nos Mistérios é extremamente fragmentado, mas há pistas, indicações e pequenas revelações, tanto na arqueologia quanto em documentos antigos, que nos permitem formar um quadro mais amplo.

O foco dos ritos era o grande telestérion (salão de iniciação) em Elêusis, no qual foram construídos diversos edifícios desde tempos pré-históricos, conforme atestam escavações arqueológicas. Mas, antes de os ritos começarem, o iniciado tinha de ser preparado cuidadosamente. Um Hino Homérico, com 33 textos gregos anônimos homenageando deuses específicos, lança certa luz sobre os rituais preliminares. Ao que parece, a iniciação começava por uma purificação. Esta era realizada por um sacerdote ou sacerdotisa dos Mistérios enquanto o aspirante ficava sentado numa banqueta, com a cabeça velada e um dos pés apoiados sobre a pele de um carneiro. Não há registros que descrevam a natureza da purificação, mas há indícios de que pudesse ter envolvido o fogo. A forma exata como se dava esse uso está aberta a especulações: a queima de incenso parece a suposição mais provável, embora testes mais rigorosos de fé, como andar sobre brasas, não devam ser descartados por completo.

A purificação era seguida por um jejum de nove dias, no qual o candidato não podia ingerir nem alimentos, nem vinho, embora não esteja claro se a ingestão de outros líquidos era permitida. Se considerarmos uma temperatura diária máxima de 26,7 °C,[2] é possível sobreviver por nove dias sem água, mas correndo-se o risco de uma desidratação quase fatal. Mesmo assim, se a meta da iniciação nos Mistérios era induzir um estado alterado de consciência, uma prova arriscada como essa pode ter sido considerada aceitável. Durante o período de jejum, ou imediatamente após este, o iniciado era obrigado a participar de um vigoroso festival que durava a noite toda (*pannychis*) e incluía danças à luz de tochas em torno do poço Callichoron, ainda visível na entrada do santuário eleusino até hoje.[3] Nesse caso também se pode perceber a possibilidade de se alcançar um estado alterado de consciência.

O jejum era interrompido com uma bebida especial que combinava cevada, água e poejo. Apesar de o óleo de poejo ser muito tóxico, chegando a ser letal, em doses bem pequenas a erva era usada na culinária grega antiga e também para aromatizar vinhos. Ingerida na forma de infusão, uma de suas propriedades medicinais é promover a sudorese. Algumas autoridades especularam que a cevada usada nessa preparação poderia estar (propositalmente) contaminada por cravagens — fungos que causam alucinações. Logo, se considerarmos as preliminares como um todo, a semelhança com os preparativos xamânicos, que envolvem provas exaustivas e plantas psicotrópicas, torna-se evidente. As evidências que temos apontam claramente a iniciação como um processo indutor de experiências que alteram o estado da mente.

Quando Atenas assumiu os Mistérios de Elêusis, as preliminares ficaram mais complexas, sendo introduzida uma nova estrutura que formalizava o que ficou conhecido como iniciação nos Mistérios Menores. Esses ritos aconteciam em Atenas, enquanto a iniciação suprema nos Mistérios Maiores se centralizava em Elêusis. A purificação ainda era uma preliminar importante, e agora incluía uma espécie de batismo no rio Ilissos. Aqui também há a possibilidade de se visar a alteração da consciência. Numa era bem posterior, o famoso rabino cabalístico Isaac Luria desenvolveu um sistema de imersão total destinado a desencadear estados visionários superiores. Os adeptos desse sistema entravam primeiro num rio, lago ou banho ritual especial chamado de *mikvah*. Antes de mergulharem por completo, exigia-se que fizessem uma meditação complexa sobre o termo *mikvah*, e depois sobre a palavra *nachal*, córrego. Concluída essa etapa, eram orientados a mergulhar inteiramente na água, emergindo depois com as palavras *Im tashiv miShabbat raglecha*, uma citação do livro de Isaías que se traduz como: "Se você descansar seu pé para o sabá [sábado]". Apesar de a sequência meditativa envolvendo os nomes divinos de Deus conter grande força, segundo os textos deixados pelos alunos de Luria, o ato de imersão era o ponto central. A retenção da respiração, uma parte muito importante dos sistemas orientais de yoga, combinada com visualizações e outras formas de meditação, é outro caminho testado que leva à experiência mística. Uma escola de pensamento chega a afirmar que o batismo cristão, no início, não era o borrifo simbólico usado hoje nas igrejas, nem mesmo a imersão total (e breve) de algumas seitas fundamentalistas. Argumenta-se que os primeiros cristãos eram mantidos debaixo d'água, pondo literalmente a vida em risco, até a privação de oxigênio causar uma mudança de consciência, com experiências visionárias análogas àquelas de alguém que está prestes a se afogar, na qual a vida passa com rapidez diante dos olhos. Qualquer que tenha sido a experiência, porém, a iniciação nos Mistérios Menores em Atenas era vista como mero preparativo para se entrar nos Mistérios Maiores mais tarde, no mesmo ano. Por isso, as cerimônias tinham um conteúdo instrutivo, apesar de os estudiosos ainda precisarem descobrir exatamente quais conhecimentos eram transmitidos

Os Mistérios Maiores se davam no mês de Boedromion (setembro-outubro), entre o décimo quinto e o vigésimo terceiro dia. Ofereciam-se dois graus de admissão, com um ano inteiro entre eles; a admissão ao segundo grau dependia da iniciação no primeiro. Esse grau final era conhecido como *epopteia*, o que pode ser revelador, pois a palavra traduz-se como "visão". O dia da cerimônia inaugural começava com uma reunião solene em Atenas e a chegada de certos objetos sagrados, transportados em caixas especiais, de Elêusis. Um sacerdote dava início aos procedimentos com uma proclamação, nomeando as classes de pessoas que eram proibidas de participar dos Mistérios: basicamente, os que não sabiam falar grego e os criminosos. No dia seguinte, havia uma grande procissão até o litoral, e o candidato à iniciação era acompanhado por um porco vivo, um animal consagrado a Deméter.[4] Tanto o porco quanto o candidato tinham de obedecer ao ritual de se banhar no mar.

Outra procissão acontecia no décimo nono ou vigésimo dia do mês, desta vez numa viagem de 22 quilômetros até Elêusis. Sabemos que era chamada de Procissão de Iaco, nome do filho de Deméter que personificava o grito ritual de alegria dado durante a marcha. No caminho, dançava-se, realizavam-se cerimônias, cantavam-se hinos e faziam-se sacrifícios. Curiosamente, também era tradicional os participantes aliviarem os aspectos mais sóbrios da comemoração contando piadas obscenas sobre cidadãos proeminentes. A chegada a Elêusis era marcada por mais danças, antes que o candidato se recolhesse para descansar, aguardando sua iniciação no dia seguinte.

Aquilo que acontecia durante a iniciação é menos exato do que as descrições das preliminares que acabamos de ver. Investigações arqueológicas mostram que a cerimônia ocorria num grande salão quadrado com 51 metros de largura e fileiras largas de assentos, em degraus, capazes de acomodar 4 mil espectadores — um número espantoso. Especula-se que teria havido antes uma saleta no centro desse grande espaço, funcionando como santuário para o hierofante que conduzia a cerimônia.[5] Evidências da cerimônia em si provêm principalmente de uma obra latina de ficção, a *Metamorfoses* de Apuleio, e de textos suspeitos de cristãos que a reprovavam. Porém, há um número suficiente de correspondências entre os diversos relatos para nos permitir um grau razoável de certeza sobre as linhas gerais da cerimônia.

O ritual dividia-se em três partes – *legomena*, ou "coisas faladas"; *dromena*, ou "coisas realizadas"; e *deiknymena*, ou "coisas reveladas". A primeira, com quase toda certeza, era breve. Aristóteles afirma com autoridade que os candidatos à iniciação não iam lá para aprender, mas para alcançar determinada postura mental. A ênfase recaía sempre sobre a emoção e a experiência, pontos reiterados por outros autores do mundo antigo.

"Coisas realizadas" podem ter incluído a encenação de um casamento secreto entre Hades e Perséfone, ou talvez Zeus e Deméter. O bispo Astério de Amaseia (c. 350-410 EC) sugere que havia um ato sexual entre o hierofante e uma sacerdotisa, uma possibilidade que deve ter sido mais espiritual do que o bispo imaginou. Existe uma técnica no tantra oriental na qual um casal se identifica com uma deusa e um deus específicos durante o ato sexual a fim de se comunicar com as divindades e/ou canalizar suas energias. A "magia" tântrica funciona alterando a consciência dos participantes de forma a permitir uma experiência de comunicação direta com espíritos. É possível que alguma técnica similar tenha sido desenvolvida no âmbito dos Mistérios gregos.

Outro aspecto conhecido das "coisas realizadas" era um espetáculo de luzes que acompanhava a revelação de certos objetos sagrados ao candidato. Uma inscrição em Elêusis fala do hierofante "saindo do santuário e aparecendo nas noites luminosas". Outra descreve a cena como sendo "mais clara do que a luz do sol".[6] O espetáculo de luzes parecia preceder imediatamente o ato final do Mistério – a revelação. Hipólito de Roma, teólogo do século III, afirmou que não era nada além de uma mera espiga de milho apresentada dramaticamente pelo hierofante em meio a muitos fogos. Apesar de essa declaração ter sido muito citada e apoiada pelos acadêmicos até hoje, isso parece pouco provável. Os iniciados nos Mistérios Maiores eram descritos como pessoas jubilosas, que haviam obtido uma visão bem mais positiva da vida e da morte do que aquela que a religião ortodoxa grega oferecia. Em suma, tinham passado por uma mudança profunda e duradoura. Parece muita coisa para uma simples apresentação de uma espiga de milho, mesmo que a planta estivesse intimamente associada à deusa Deméter. Se levarmos em conta os diversos elementos que constituíam os Mistérios gregos — o jejum, as provas, o controle da respiração e a possibilidade de uma bebida que alterasse o estado da mente —, os paralelos com a prática xamânica ficam evidentes. Diante disso, a probabilidade é que a experiência iniciática final, orientada e, até certo ponto, controlada pelo cerimonial, fosse um encontro visionário com a própria deusa — em outras palavras, um contato espiritual. Sendo esse o caso, não teria sido o único contato espiritual a influenciar a cultura da Grécia antiga.

Hoje, Epidauro, no sul da Grécia, é um vasto sítio arqueológico em vários níveis, cercado por montanhas rochosas escassamente cobertas por arbustos mediterrâneos. Na época clássica, era uma cidade pequena, mas próspera, que continha, provavelmente, a mais popular atração turística do mundo conhecido. O grande templo dórico de Asclépio media 80 metros de comprimento, e, segundo uma inscrição descoberta no local, sua construção levou quase cinco anos. Mas não era seu esplendor arquitetônico que atraía os visitantes, nem mesmo a exótica estátua de ouro e marfim de um deus. Os milhares que o visitavam, não apenas da Grécia como também de países próximos ou distantes, iam até lá principalmente em busca de uma cura para seus males, pois Asclepion era um lugar de cura, com a reputação de produzir milagres.

Mas, embora houvesse um salão onde os pacientes poderiam dormir — o Abaton —, qualquer outra semelhança com um hospital moderno seria uma coincidência quase absoluta. Os santuários de Asclépio — em Epidauro, Cós, Pérgamo e muitos outros locais espalhados pela Grécia — eram exemplos impressionantes de arquitetura e paisagismo. Bosques de ciprestes abrigavam fontes, banhos romanos, longas colunatas e peristilos, bem como grandes altares a céu aberto e templos altos, dedicados a diversos deuses. Epidauro tinha o próprio anfiteatro com vários andares, e Pérgamo, uma biblioteca. Geralmente, o visitante do santuário passava por uma entrada imponente e percorria um caminho batido ao lado de um pequeno templo de Ártemis até chegar ao altar do próprio Asclépio. Nele, podia fazer sacrifícios — um boi se fosse rico, um galeto consagrado ao deus ou uma parte do corpo em metal precioso representando a área afetada pela doença. Dali, poderia prosseguir até o Tholos: o banho de águas purificadoras saídas de uma fonte sagrada. Dependendo de sua condição, os sacerdotes médicos poderiam fazê-lo seguir uma dieta de limpeza durante vários dias antes de começar a verdadeira cura.

Limpo, ele podia entrar no Abaton. Essencialmente, era um dormitório administrado por sacerdotes com mantos brancos. Também era a morada de muitas cobras não venenosas, criaturas consagradas a Asclépio. Nesse ambiente extraordinário, o paciente ficava num leito e era incentivado a dormir. Em seus sonhos, o deus lhe apareceria e realizaria uma cura direta para que acordasse já recuperado, ou prescreveria um tratamento a ser seguido. Pela manhã, os sacerdotes do templo o ajudariam a se lembrar de seu sonho e interpretariam seu significado, caso este não ficasse claro. Às vezes, o deus não surgia no sonho em pessoa, enviando um de seus animais totêmicos — um cão, galo ou cobra — no lugar dele.

Embora hoje esse tipo de incubação de sonhos esteja aberto a explicações puramente psicológicas — as expectativas do paciente são estimuladas pela visita ao templo, e com isso seu inconsciente garante que vá sonhar com o deus —, para os antigos isso era, sem dúvida, um exemplo de comunicação com espíritos. Tendo caráter psicológico ou paranormal, funcionou. Seis placas de mármore, tudo que restou de muitas outras, foram descobertas perto da parede interna da colunata norte que envolvia a clausura sagrada. Continham um registro notável de *iamata* ou curas, algumas quase milagrosas, realizadas no santuário.

Embora Estrabão registre que o mais antigo templo de Asclépio era o de Trica, local de nascimento do deus, o templo de cura em Epidauro reclamava a primazia, e seus métodos se mostraram tão eficientes que Asclepions semelhantes foram instalados em Cós, Pérgamo e, mais tarde, por todo o país, geralmente em locais de grande beleza natural, inspirando reverência. Em pouco tempo, registravam as próprias *iamata*. No Asclepion Lebena, em Creta, os arquivos descrevem como o deus realizou uma operação cirúrgica em Demandros de Gortyn enquanto este dormia. Mais estranho ainda foi uma mulher adormecida que se curou de infertilidade com o uso de um instrumento em forma de ventosa conhecido como *sikya*.[7] Ela engravidou logo depois de ter saído do santuário. A natureza exata dessas duas curas cretenses não fica totalmente clara pelas descrições que chegaram até nós. É possível que a operação cirúrgica tenha acontecido, na verdade, com a presença de alguma forma de anestesia, com o emprego de uma droga herbácea ou o uso de hipnose — sabe-se que os sacerdotes do templo conseguiam induzir o "sono" em certos pacientes, uma indicação de que um modo incipiente de hipnotismo fazia parte do regime de tratamento. O fato de a cirurgia ser atribuída ao deus poderia muito bem ser uma convenção religiosa, com a operação em si realizada em seu nome por um sacerdote. O caso da mulher infértil também sugere um tratamento físico real. Uma ventosa, hoje usada principalmente por acupunturistas, consiste em se colocar uma pequena quantidade de material inflamável numa área (protegida) do corpo, atear-lhe fogo e cobri-la de imediato com um copo ou frasco similar. Quando o fogo consome o oxigênio dentro do copo, forma-se um vácuo parcial que puxa a área sob o copo, tendo efeito terapêutico. A *sikya*, na Grécia antiga, era o frasco usado para esse tipo de tratamento.

Mas, apesar dessas indicações de intervenção física, a *iamata* não deixa dúvida de que a principal técnica de cura nos diversos Asclepions era a incubação de sonhos para contato espiritual. Alguns deles produziam resultados bizarros, levando-se em conta os registros. Pândaro da Tessália, por exemplo, sofria com uma marca embaraçosa na testa. Depois de entrar no Abaton de Epidauro, Asclépio apareceu para ele num sonho e pôs uma faixa em torno de sua cabeça, advertindo-o para não tirá-la enquanto o deus não tivesse ido embora. Pândaro fez o que lhe foi dito e depois tirou o curativo, descobrindo que a marca fora transferida da testa para o pano. Quando acordou, a marca física também tinha desaparecido.[8] Em sinal de gratidão, Pândaro mandou seu amigo Equedoro — que tinha uma marca parecida na testa — a Epidauro com dinheiro suficiente para pagar uma estátua de Atenas para o templo. Mas Equedoro desonrou sua confiança e ficou com a soma. Quando adormeceu, porém, Asclépio lhe apareceu em sonho e perguntou sobre o dinheiro. Equedoro negou com veemência tê-lo recebido, mas prometeu pintar um quadro no lugar da estátua prometida. O deus não se satisfez com a oferta e envolveu a cabeça de Equedoro com a faixa usada por Pândaro. Quando Equedoro acordou, a marca na testa de Pândaro tinha se somado à sua.

Outras curas em sonho registradas incluem a de Eohipo, que sofria por causa de uma ponta quebrada de lança incrustada em seu maxilar. Durante um sonho induzido no Abaton, o deus extraiu a ponta e a levou, tirando a dor do paciente (e presumivelmente a ponta de lança) quando este acordou. Clinatas de Tebas livrou-se de uma infestação de piolhos quando Asclépio apareceu-lhe em sonho e o escovou com uma escova de pelos duros.

A *iamata* nem sempre é clara quanto àquilo que acontecia em sonho e o que acontecia em vigília. Para a mente grega, as duas coisas eram quase intercambiáveis: ações realizadas no corpo onírico eram transferidas automaticamente para o físico. Às vezes, esse intercâmbio era claro. Um paciente que fora ao Asclepion tinha uma ferida no dedo do pé. Sonhou que um belo jovem tratou sua aflição com um remédio especial e acordou curado. Mas os sacerdotes que atendiam no templo afirmavam que a cura se dera de fato quando uma das cobras sagradas lambera o dedo.

Os sonhos não eram considerados experiências subjetivas como o são hoje. Aparentemente, os gregos acreditavam que o estado onírico era como um outro mundo que as pessoas podiam visitar durante o sono. Em decorrência, era perfeitamente possível sonhar em benefício de outra pessoa. Quando Arata da Lacônia teve um edema e ficou doente demais para viajar, sua mãe foi até Epidauro para incubar um sonho para ela. No Abaton, sua mãe sonhou que o deus tirou a cabeça da filha e drenou dela um líquido antes de recolocá-la sobre seus ombros. Curiosamente, Arata teve o mesmo sonho e já estava livre de sua aflição quando a mãe voltou para casa.

Às vezes, um paciente que precisava de atenção não ia ao Asclepion por conta própria – podia ser convocado pelo deus num sonho, ou, o que era mais raro, numa visão lúcida. Élio Aristides, escritor do século II, registrou uma experiência pessoal deste fenômeno em seu diário, mais tarde publicado como *Hieroi Logoi* ou "Contos Sagrados". Aristides morava em Esmirna, antiga cidade grega localizada na costa egeia da Anatólia, e arruinou a saúde numa rigorosa viagem em pleno inverno através dos Bálcãs, a caminho do Adriático e de Roma. Ao voltar para casa, começou a sofrer de convulsões, dificuldade para respirar e paralisias periódicas. Nesse estado lamentável, teve um sonho no qual foi convocado a se tornar devoto de Asclépio em seu santuário de Pérgamo. Durante dezessete anos, Aristides entregou-se totalmente nas mãos do deus – e que mãos frias! Asclépio prescreveu jejuns exaustivos, eméticos, purgantes, sangrias, corridas em pelo ao redor do templo no inverno, mergulhos em rios e lagos gelados, alimentação especial e longos períodos sem poder se banhar. Não deve surpreender o fato de Aristides ter se cansado do tratamento, recorrendo à ajuda de médicos humanos, mas Asclépio puniu-o com rapidez pela falta de fé afligindo-o com tremores, problemas digestivos e catarro. Por outro lado, Aristides acreditava que o deus o protegia durante as pragas, favoreciam-no junto às autoridades e intercedia para que seus rivais literários fossem derrotados.

Embora fosse, de longe, o mais popular, Asclépio não era o único deus da cura na Grécia — provavelmente, Apolo era o segundo favorito, mas havia muitos outros. À medida que aumentava o número de seguidores, a técnica de incubação de sonhos para contato com os espíritos espalhava-se para além das fronteiras do país. No século III AEC, Ptolomeu I estabeleceu o governo grego no Egito, sendo pouco depois visitado em sonho por um deus que se apresentou como Serápis e exigiu que sua estátua fosse trazida do litoral do mar Negro e colocada em Alexandria, a nova capital do Egito. Apesar de Serápis prometer benefícios para o reino, Ptolomeu procrastinou a tarefa, e o deus teve de voltar, desta vez com ameaças, num segundo sonho. Nessa segunda vez, Ptolomeu cedeu de imediato e não só levou a estátua como também mandou construir um novo Serapeu em Alexandria para abrigá-la. Fiel à sua palavra, desde então Serápis começou a aparecer nos sonhos dos doentes, com efeitos terapêuticos. Mas era uma divindade mais exigente do que Asclépio, e induzia em seus devotos em Mênfis e em outros lugares um estado chamado *katoche*, durante o qual eram compelidos a obedecer a seus comandos até recuperarem a consciência.

Serápis repartiu seu santuário em Mênfis com uma divindade egípcia nativa chamada Imhotep — uma pessoa real que foi divinizada como Imouthes após a morte. À sua maneira, era tão exigente quanto Serápis e tão imprevisível quanto este. Quando um escriba deixou de publicar um livro sobre as curas milagrosas de Imouthes, o deus o acometeu com uma febre a título de punição, e mais tarde apareceu-lhe num sonho, curando-o com um único olhar.

O fato de a incubação de sonhos ter se transportado para o Egito era bem previsível, pois então o Egito era governado por um faraó grego, mas a razão para ter chegado a Roma foi extremamente bizarra, caso acreditemos nos relatos da época. Segundo essas fontes, Roma sofria com uma praga em 292 AEC

Serápis, deus da cura estabelecido em Alexandria segundo instruções espirituais dadas em um sonho de um faraó.

Representação artística de uma sacerdotisa délfica, cujas comunicações em transe com espíritos orientaram o mundo antigo.

e enviou uma delegação ao oráculo grego em Delfos na esperança de receber conselhos. O oráculo disse para visitarem Epidauro. Quando a missão chegou, seus membros foram recebidos por uma enorme serpente que saiu da parte de baixo de uma estátua de Asclépio, abordou o navio romano e foi dormir sob uma tenda. Acreditando firmemente em presságios, os romanos a deixaram onde estava e zarparam para casa. A cobra nadou até as margens de Anzio, onde ficou enrolada em torno de uma árvore por três dias antes de voltar ao navio. Quando este entrou no Tibre, ela foi até a ilha Tiberina e desapareceu... bem como, quase no mesmo instante, a praga. Gratos, os romanos construíram o primeiro Asclepion na ilha e estabeleceram a veneração ao deus da cura sob seu nome latino: Esculápio.

O Oráculo de Delfos que aconselhou essa delegação é outro exemplo, bem mais famoso, de comunicação com espíritos no mundo da Grécia antiga. Segundo o historiador grego Diodoro, o Oráculo de Delfos surgiu por conta das atividades de um bode. Um pastor de cabras observou o animal entrar numa fenda no local conhecido como "abismo de Delfos" e começar a pular de forma extraordinária. Outros bodes que se aproximaram do abismo exibiram o mesmo comportamento peculiar. O mesmo fez o pastor quando foi investigar, mas com uma diferença importante: passou de imediato a murmurar profecias. A notícia do fenômeno se espalhou com rapidez, e multidões começaram a fazer peregrinações para observá-lo pessoalmente. Infelizmente, muitos se deixavam inebriar pelas emanações e caíam no abismo; com isso, as autoridades decretaram que o local oferecia perigo, e dali em diante apenas uma mulher indicada especialmente pôde praticar a profecia. Ela ficava sentada num tripé para não cair.

Apesar de muitos autores, antigos e modernos, terem repassado a teoria de que a *pythia* (pítia, ou sacerdotisa oracular) de Delfos sofria intoxicação de vapores vulcânicos,[9] não há evidências arqueológicas de nenhuma fissura sob o templo de Delfos. Os proponentes da teoria de Diodoro sugerem que o templo possa ter sido fechado durante um terremoto, mas o poeta romano Lucano propôs uma explicação bem diferente. Ele afirmou que a sacerdotisa era capaz de profetizar porque era possuída temporariamente pelo deus Apolo.

Lucano nunca visitou Delfos pessoalmente, e por isso sua descrição de uma pítia correndo de um lado para o outro tomada pela loucura divina é suspeita, mas outros relatos não ajudam muito a descartar a possibilidade de envolvimento de mediunidade. Com certeza, o Oráculo de Delfos foi apresentado ao público crente como a voz de Apolo, que escolheu o local matando a "desgraça sanguinária"[10] de uma fêmea de dragão que aterrorizava os camponeses. A ideia de deuses e outros espíritos falando por meio de oráculos era bem popular. Em sua peça *Electra*, Eurípides escreve que Orestes atribui as palavras de um oráculo a um *alastor*, ou espírito maldoso, quando ele o aconselha a matar sua mãe. Nenhum membro da plateia teria considerado improvável a sugestão.

Vale a pena lembrar que os gregos antigos não dispunham de escrituras sagradas às quais pudessem recorrer em busca de orientação, e que seus sacerdotes não ofereciam conselhos práticos tal como nos modernos sermões dominicais. Mas tanto naquela época quanto hoje as pessoas sentem a mesma necessidade humana de orientação, algo profundamente arraigado, e por isso Delfos, malgrado sua fama, estava longe de ser o único templo oracular do mundo grego. Havia outros espalhados pelo país, e Dodona, Claros e Dídima eram os mais populares. Muitos desses oráculos subsidiários, como o de Delfos, eram dedicados a Apolo, e praticamente todos faziam seus pronunciamentos mediante um médium em transe, homem ou mulher, que falava com personalidade e voz alterada, como a encarnação temporária do deus. Não raro, as respostas saíam deturpadas, levando à crença disseminada de que os deuses não tinham muito tempo para perguntas imprudentes (caso, ao que parece, da maioria das perguntas relativas a questões mundanas), e não se furtavam a confundir ou até a corromper seus autores. Por isso, desenvolveu-se uma estrutura de questionamento na qual não se permitia ao querente ouvir a resposta exata do médium, mas apenas sua interpretação, apresentada em versos por um sacerdote. Além disso, havia despesas envolvidas. Em Delfos, uma única pergunta poderia custar o equivalente a dois dias de salário, além de ofertas adicionais por "boa vontade". Mas este era o custo mínimo, exclusivamente para perguntas de particulares. Governos e indivíduos em posições de poder pagavam dez vezes mais. Muitos o faziam de bom grado, e suas questões, relacionadas com a possibilidade de guerra e assuntos similares de vida ou morte, garantiam que o destino político de províncias e até de países repousasse na manifestação de espíritos.

Porém, seria um equívoco muito grande presumir que os espíritos da Grécia influenciavam apenas as culturas contemporâneas à época. A Grécia é amplamente reconhecida como berço da civilização ocidental, o que nos permite deduzir que muitas das filosofias que abraçamos hoje de maneira instintiva nos foram legadas por vozes espirituais antigas. Ademais, mesmo o estudo mais superficial da História revela um legado similar que nos foi feito por outra grande civilização clássica: a cultura militar da Roma antiga.

Segundo Lívio, a fundação de Roma foi marcada – e maculada – pelo contato espiritual. Tendo decidido encontrar um novo assentamento, os gêmeos Rômulo e Remo começaram a discutir sobre qual deles deveria dar nome à cidade e quem deveria governá-la. Como não chegavam a um acordo, decidiram pedir aos deuses tutelares do campo para tomarem a decisão por eles mediante augúrios. Então, os irmãos se recolheram a colinas diferentes – Palatino e Aventino – para aguardar seus respectivos sinais. Remo foi o primeiro a ouvir notícias dos espíritos quando seis abutres apareceram, mas pouco depois doze dessas aves apareceram para Rômulo. Escreve Lívio: "Os seguidores de cada um saudaram prontamente seu mestre como rei, um lado embasando sua alegação na primazia, o outro, no número. Seguiram-se palavras iradas, que rapidamente se tornaram golpes e, no decorrer da refrega, Remo foi morto... Assim, portanto, é que Rômulo ficou isolado no poder. A cidade recém-construída recebeu o nome de seu fundador".[11]

É difícil saber quanto há de verdade nessa história intrigante. Não existem evidências arqueológicas do assentamento original, e o historiador Robert Hughes descreve a data costumeiramente aceita como a da fundação de Roma, 753 AEC, como "totalmente mítica".[12] O que é certo é que augúrios do tipo descrito por Lívio não terminaram com Rômulo e Remo, mas dominaram o pensamento de patrícios, políticos e plebeus através dos séculos, à medida que o assentamento se tornou uma cidade, e a cidade, um império. Segundo a tradição, o rei Rômulo criou o Colégio de Áugures em algum momento entre 735 e 716 AEC. Nesse período, não tinha mais do que três membros, mas por volta de 81 AEC esse número havia aumentado para quinze. Durante vários séculos, áugures em exercício elegiam novos membros do colégio, mas esse direito desapareceu em 103 AEC, e a indicação de áugures tornou-se politizada.

O augúrio em si não era, como muitos podem presumir, um procedimento destinado a antever o futuro, nem mesmo para se determinar um caminho a seguir. Na verdade, procurava descobrir se uma dada decisão, *já tomada*, era favorecida pelos deuses, devendo assim ser executada ou abandonada. Em outras palavras, era um sistema de comunicação com seres espirituais criado para assegurar sua aprovação diante de ações humanas. Assim sendo, é bom observar, um augúrio favorável só podia ser julgado em retrospectiva. Se os indícios fossem favoráveis, mas o resultado se mostrasse catastrófico, era provável que o áugure o tivesse interpretado erroneamente.

Os Colégios de Áugures ensinavam as técnicas de seu ofício aos novos membros da profissão – uma profissão que gozava de imenso prestígio e poder. Os áugures eram consultados antes de qualquer empreendimento importante, público ou privado, na sociedade romana. Suas decisões determinavam questões comerciais, diplomáticas, bélicas e até religiosas. Para tomar essas decisões, o áugure vestia a trábea, um manto estatal com bordas de cor púrpura reservado para membros de sua profissão, reis, certos sacerdotes e cavaleiros. Depois, ia para um lugar mais alto, eventualmente uma torre, cobria a cabeça com um capuz especial e punha o pé esquerdo sobre uma rocha.[13] Nessa posição elevada, virava o rosto para o leste e usava uma vara curta e reta com uma dobra em ângulo reto numa das pontas para dividir o céu em quatro quadrantes. Depois, aguardava um sinal dos deuses referente à tarefa em questão. Quando esse sinal surgia, só era considerado como augúrio válido se confirmado por um segundo sinal do mesmo tipo. Havia vários grupos de presságios aos quais era preciso dar maior atenção. O primeiro, provavelmente o mais importante, era o dos sinais nos céus – um raio, um trovão, o surgimento de um meteorito ou cometa, ou o comportamento das aves, especialmente abutres, águias, corujas e corvos. O áugure podia observar se o trovão vinha da direita ou da esquerda, se o raio produzia um número par ou ímpar de lampejos, o aparecimento e a direção de um bando de aves, ou mesmo os sons que estas faziam. Quando o áugure tirava os olhos do céu, em geral observava o aparecimento de um animal selvagem, como uma raposa ou lobo, interpretando a direção de onde vinha e se atravessava o horizonte ou corria paralelamente a este.

Um método de adivinhação mais artificial, porém extremamente popular para adivinhar a vontade dos deuses, consistia em usar galinhas sagradas.[14] Aves reservadas para esse fim eram mantidas num galinheiro e comumente consultadas pelo áugure no começo da manhã. Numa cerimônia breve, mas solene, ele ordenava um momento de silêncio e depois lançava um punhado de milho, abrindo então o galinheiro. Se as galinhas corressem para a comida e a comessem com vontade, isso indicava que os deuses estavam satisfeitos com a empreitada em questão. Contudo, se as galinhas se recusassem a comer, voassem ou espalhassem os grãos com as asas, o áugure proclamava que o presságio era desafortunado e previa complicações caso fosse seguido o curso proposto de ação. Aparentemente, não havia maneira de evitar a vontade dos deuses. Antes da Batalha Naval de Drépano, em 249 AEC, o cônsul Pulcro ordenou um augúrio com base nas galinhas sobre o ataque que planejara na baía. As galinhas se recusaram a comer, mas, em vez de abandonar seus planos, Pulcro exclamou: "*Bibant, quoniam esse nolunt*" (Se não querem comer, que bebam) e lançou as galinhas ao mar. O fato tranquilizou sua tripulação o suficiente para o seguirem no combate, mas o ataque fracassou de maneira desastrosa: perderam a batalha e quase todos os navios de Pulcro foram afundados.

Em paralelo ao trabalho dos áugures, havia as atividades dos arúspices, com quem os áugures são ocasionalmente confundidos nos modernos relatos populares. Arúspice era o sacerdote treinado na arte de adivinhar a vontade dos deuses examinando o comportamento e as entranhas de animais sacrificados. Em geral, os animais oferecidos em sacrifício eram ovelhas ou aves domésticas. O arúspice observava cuidadosamente o comportamento e a condição dos animais antes de serem mortos, e as condições de suas entranhas – em especial o fígado – após a morte. Se o *caput iecoris* (cabeça do fígado) estivesse faltando, isso era visto como um presságio particularmente ruim. Na peça *Electra*, de Eurípides, um fígado incompleto indica a morte iminente de um dos personagens.

Para a mente moderna, parece não haver muita diferença entre a prática oracular do augúrio e do aruspício. Ambas parecem supersticiosas, até mesmo tolas, e, curiosamente, carentes de qualquer contato real com espíritos. Mas um conto antigo pode servir de indício para não nos apressarmos nesse julgamento – pelo menos na questão dos augúrios. A *History of Rome* (História de Roma), de Lívio, escrita no século I AEC, descreve como o terceiro rei de Roma, Túlio Hostílio, recebeu a notícia de que uma chuva de pedras tinha caído no monte Albano, o segundo pico mais alto das Colinas Albanas, perto de Roma. O monte era um vulcão extinto havia muito, e essa indicação de atividade renovada não demorou a convencer Hostílio, que mandou uma expedição para investigar o fato.

Quando os homens chegaram ao monte, descobriram que estava um pouco ativo, de fato — foram recebidos por uma saraivada de pedregulhos —, mas não a ponto de impedirem-nos de escalar o monte. Quando o fizeram, receberam um grande augúrio no *lucus cacumen*, o arvoredo mais alto do monte. A voz de um espírito emergiu das árvores e ditou instruções sobre ritos religiosos. Hostílio ficou muito impressionado, a ponto de ordenar um festival de nove dias para marcar o evento, uma celebração que se repetiu sempre que houve relatos posteriores de chuvas de pedras.

O incidente no monte Albano não foi o único exemplo de augúrio verbal. A lista aceita de presságios a serem levados em conta pelos membros do Colégio de Áugures incluía "incidentes incomuns", como vozes estranhas e aparições. Em *De Divinatione* (Sobre as Adivinhações), nossa melhor fonte de informações sobre as práticas divinatórias da época romana, Cícero distingue com cautela os augúrios do tipo "livro de receitas", que podiam ser memorizados, e as comunicações de inspiração divina com os deuses, que aconteciam durante um transe extático. Platão fazia distinção similar,[15] sugerindo que pelo menos alguns exemplos de augúrios, e talvez até certos aruspícios, envolviam técnicas neoxamânicas de comunicação com espíritos.

A mesma suspeita recai sobre outra instituição popular romana, os Mistérios Mitraicos, que floresceram entre os séculos I e IV, tendo sido apoiados vigorosamente pelos militares romanos. Tal como seus equivalentes eleusinos da Grécia, pouco se sabe em definitivo sobre os Mistérios de Mitras. Os Mistérios romanos eram envolvidos em juramentos de segredo absoluto e nenhum texto que narre suas atividades mais reservadas chegou até nós. Mas muitos templos subterrâneos sim, e as investigações arqueológicas permitiram-nos montar um cenário de "melhor suposição possível" acerca do que acontecia.

Os romanos acreditavam que tais Mistérios teriam se originado na Pérsia – Mitra é um deus persa, e Mitras, a adaptação grega de seu nome –, mas estudiosos modernos alegam, seguindo a tendência atual, que o culto era nativo do imperialismo romano e que pode até ter surgido para se contrapor ao cristianismo primitivo. Há menos controvérsias sobre seu simbolismo. Afrescos do jovem Mitras matando um touro levaram estudiosos a acreditar que o culto devia envolver o sacrifício de touros, enquanto inúmeras vasilhas e utensílios de cozinha encontrados em sítios mitraicos é uma forte sugestão de que banquetes fizeram parte do ritual. Também podemos estar certos de que os Mistérios Mitraicos eram iniciáticos – e, com essa certeza, surgem importantes indícios do tipo de contato espiritual envolvido nos Mistérios gregos. Havia sete níveis ao todo, que iam de *corax* (corvo), *nymphus* (noivo), *miles* (soldado), *leo* (leão), *perses* (persa), *heliodromus* (corredor do sol) até o grau supremo de *pater* (pai). A admissão em cada grau dependia de o candidato ter sobrevivido a uma prova específica, geralmente em um poço escavado no solo do Mitreu. Supõe-se que o imperador Cômodo (que reinou entre 180 e 192 EC) teria introduzido as provas mitraicas especificamente para matar os candidatos, satisfazendo com isso seu sadismo, mas mesmo os testes mais rotineiros, como exposição ao calor, ao frio, além de outros, eram perigosos. Se o candidato sobrevivesse, ficava imediatamente sob a proteção do deus associado a seu novo grau – Mercúrio para *corax*, Vênus para *nymphus*, Marte para *miles*, Júpiter para *leo*, Lua para *perses*, o Sol para *heliodromus* e Saturno para *pater*. Quando atingia o grau de *leo*, a ênfase ética do candidato recaía sobre a pureza. A semelhança com os ritos xamânicos, nos quais purificações e provas potencialmente fatais levavam ao conhecimento e à proteção de certas entidades espirituais, é óbvia demais para merecer mais comentários.

Outro vínculo mais sutil com os contatos espirituais institucionalizados da Grécia antiga – e, com efeito, do Egito antigo – pode estar na figura curiosa e tão frequentemente descoberta em templos mitraicos, que hoje atrai a designação acadêmica de *leontocefalina*. A figura, como o nome sugere, é a de um homem (nu) com a cabeça de um leão, comumente de boca aberta, em uma expressão ameaçadora. Uma serpente enorme se enrodilha em seu corpo. Na versão encontrada no Mitreu em Óstia Antica, há uma placa entalhada atrás da figura, um caduceu com uma galinha a seus pés. Outras representações encontradas em demais locais incluem a figura de um deus. Serpente, galo e cão são companheiros simbólicos de Asclépio, enquanto o caduceu está associado a Mercúrio, mensageiro dos deuses e guia dos mortos. A associação egípcia com essa figura quase onipresente está na cabeça de leão. Habitualmente, os egípcios viam seus deuses como humanos com cabeça de animal ou de ave, o que, em si, é um vínculo curioso com o xamanismo antigo. Existe até mesmo uma divindade com cabeça de leão — Sekhmet — no panteão egípcio, embora, ao contrário da figura mitraica, ela tenha sido imaginada como feminina.

Apesar de os sinais de comunicação espiritual serem menos óbvios na Roma antiga do que o são na Grécia ou no Egito antigos, há indícios de que tal comunicação possa ter existido. Além disso, há a certeza absoluta de que o povo romano acreditava com fervor que seres espirituais tivessem um papel importante em sua vida cotidiana, e que se esforçavam para assegurar a benevolência deles. Logo, temos aqui também evidências claras de influência espiritual numa cultura antiga, uma cultura cujo legado foi toda a base do nosso sistema legal ocidental. Ademais, se considerarmos o império romano como um todo, encontraremos em seus vastos confins as primeiras indicações de um contato espiritual que haveria de influenciar profundamente todo o pensamento esotérico ocidental.

Em 598 AEC, o imperador babilônio Nabucodonosor lançou um ataque maciço contra o pequeno reino de Judá. Foi um conflito muito desigual, e no prazo de um ano o pouco que restou da comunidade israelita tinha praticamente entrado em colapso. Por volta de 597 AEC, a capital, Jerusalém, rendeu-se. Apesar das aparências, porém, a guerra estava longe de ter terminado. Surgiu um movimento de resistência, e as hostilidades recomeçaram. Numa tentativa de subjugar os israelitas, Nabucodonosor instituiu uma política de deportação em massa, concentrando-se nos mais brilhantes e melhores membros do povo conquistado. Entre aqueles que se filiaram às primeiras marchas forçadas à Babilônia havia um sacerdote do templo chamado Ezequiel.

Ezequiel era querido por seus companheiros de exílio, e não demorou para se tornar o conselheiro espiritual de seus líderes. Aparentemente, tinha uma personalidade exuberante, dada a gestos grandiosos. Em certa ocasião, comeu um rolo de texto para reforçar um argumento. Em outra, deitou-se no chão fingindo lutar com adversários invisíveis. Era dado a se jogar de cara no chão ou ficar como abobado por longos períodos. Porém, apesar dessas peculiaridades, as pessoas levavam-no muito a sério — e por bons motivos. Enquanto Jerusalém estava sitiada, sua esposa se tornou vítima de uma doença terminal, e a força de seu pesar convenceu-o a fazer uma profecia sombria: a cidade seria destruída, "e os filhos e filhas que vocês deixarem para trás cairão pela espada". Essa previsão não tardou a se concretizar.

O exílio babilônio conduziu Ezequiel a Tel-abib, perto do rio Chebar, um canal que fazia parte do sistema de irrigação do Eufrates, hoje sul do Iraque. Em 31 de julho de 592 AEC, ele caminhava às margens do Chebar quando aconteceu algo muito bizarro. Mais tarde, Ezequiel o descreveria com as próprias palavras:

> Olhei, e eis que um vento tempestuoso vinha do norte, uma grande nuvem, com um fogo revolvendo-se nela, e um resplendor ao redor, e no meio dela havia uma coisa, como de cor de âmbar, que saía do meio do fogo. E do meio dela saía a semelhança de quatro seres viventes. E esta era a sua aparência: tinham a semelhança de homem. E cada um tinha quatro rostos, como também cada um deles quatro asas. E os seus pés eram pés direitos; e as plantas dos seus pés como a planta do pé de uma bezerra, e luziam como a cor de cobre polido. E tinham mãos de homem debaixo das asas, aos quatro lados; e assim todos os quatro tinham rostos e asas. Uniam-se as suas asas uma à outra; não se viravam quando andavam, e cada qual andava continuamente em frente.
>
> E a semelhança dos seus rostos era como o rosto de homem; e do lado direito todos os quatro tinham rosto de leão, e do lado esquerdo todos os quatro tinham rosto de boi; e também tinham rosto de águia todos os quatro. Assim eram os seus rostos. As suas asas estavam estendidas por cima; cada qual tinha duas asas juntas uma à outra, e duas cobriam os corpos deles. E cada qual andava para adiante de si; para onde o espírito havia de ir, iam; não se viravam quando andavam.

E, quanto à semelhança dos seres viventes, o seu aspecto era como ardentes brasas de fogo, com uma aparência de lâmpadas; o fogo subia e descia por entre os seres viventes, e o fogo resplandecia, e do fogo saíam relâmpagos. E os seres viventes corriam, e voltavam, à semelhança de um clarão de relâmpago.

E vi os seres viventes; e eis que havia uma roda sobre a terra junto aos seres viventes, uma para cada um dos quatro rostos. O aspecto das rodas, e a obra delas, era como a cor de berilo; e as quatro tinham uma mesma semelhança; e o seu aspecto, e a sua obra, era como se estivera uma roda no meio de outra roda. Andando elas, andavam pelos seus quatro lados; não se viravam quando andavam. E os seus aros eram tão altos, que faziam medo; e estas quatro tinham as suas cambotas cheias de olhos ao redor.

E, andando os seres viventes, andavam as rodas ao lado deles; e, elevando-se os seres viventes da terra, elevavam-se também as rodas. Para onde o espírito queria ir, eles iam; para onde o espírito tinha de ir; e as rodas se elevavam defronte deles, porque o espírito do ser vivente estava nas rodas. Andando eles, andavam elas e, parando eles, paravam elas e, elevando-se eles da terra, elevavam-se também as rodas defronte deles; porque o espírito do ser vivente estava nas rodas.

E sobre as cabeças dos seres viventes havia uma semelhança de firmamento, com a aparência de cristal terrível, estendido por cima, sobre as suas cabeças. E debaixo do firmamento estavam as suas asas direitas uma em direção à outra; cada um tinha duas, que lhe cobriam o corpo de um lado; e cada um tinha outras duas asas, que os cobriam do outro lado. E, andando eles, ouvi o ruído das suas asas, como o ruído de muitas águas, como a voz do Onipotente, um tumulto como o estrépito de um exército; parando eles, abaixavam as suas asas. E ouviu-se uma voz vinda do firmamento, que estava por cima das suas cabeças; parando eles, abaixavam as suas asas.

E por cima do firmamento, que estava por cima das suas cabeças, havia algo semelhante a um trono que parecia de pedra de safira; e sobre esta espécie de trono havia uma figura semelhante à de um homem, na parte de cima, sobre ele. E vi-a como a cor de âmbar, como a aparência do fogo pelo interior dele ao redor, desde o aspecto dos seus lombos, e daí para cima; e, desde o aspecto dos seus lombos e daí para baixo, vi como a semelhança de fogo, e um resplendor ao redor dele. Como o aspecto do arco que aparece na nuvem no dia da chuva, assim era o aspecto do resplendor em redor. Este era o aspecto da semelhança da glória do Senhor.[16]

Essa "visão de Ezequiel", como passou a ser chamada, foi tão peculiar que diversos autores do século XX — entre eles um antigo engenheiro da NASA — concluíram que o sacerdote deve ter testemunhado o pouso de uma espaçonave. Gerações de rabinos discordam disso. Para eles, Ezequiel conseguiu vislumbrar Deus.

O termo *merkava*, às vezes grafado *merkabah*, significa "carruagem" ou "trono", e tem essa última tradução no trecho acima.[17] O trono descrito por Ezequiel passou, cada vez mais, a funcionar como foco de contemplação para os antigos místicos judeus. Por volta de 40 AEC, ano em que a Judeia se tornou uma província de Roma, os homens santos judeus tinham começado a experimentar um sistema visionário que lhes permitiria partilhar a experiência de Ezequiel. No século I, o misticismo merkava florescia na Palestina. Seis séculos depois, não só se espalhara até a Babilônia como se concentrara ali, lar da visão original de Ezequiel.

A experiência mística é comum a todas as religiões do mundo e se caracteriza pela compreensão da unidade suprema. Mas a interpretação da experiência costuma ser influenciada pelo histórico cultural e pelo sistema de crenças do indivíduo. Logo, se um budista ou um hindu falam da unidade transcendente com o universo, um místico judeu — e, com efeito, também um cristão — vai descrever o que aconteceu como uma união com Deus. Às vezes, a experiência em si ocorre de modo espontâneo, mas comumente resulta da aplicação de certas técnicas. Embora as mais importantes delas — a prece e o jejum — tenham conotações religiosas, outras são mais veladas, com uma superposição nítida entre misticismo e magia.

Os *tzenu'im*, iniciados na merkava, eram pinçados de entre alguns poucos escolhidos, considerados como detentores do mais elevado calibre moral. Tinham de se preparar para sua tarefa com jejuns, embarcando depois no que se acreditava ser uma jornada visionária extraordinariamente perigosa através de sete "moradas celestiais", cada uma guardada por um anjo hostil. Era nessas moradas celestiais que o elemento mágico do treinamento merkava entrava em cena. O iniciado usava fórmulas mágicas específicas — chamadas na literatura merkava de "selos" — a fim de controlar ou, no mínimo, aplacar os guardiães. Acreditava-se que o uso do selo errado poderia ser fatal, ou, na melhor das hipóteses, resultar em sérios danos.

Concluída a viagem através das esferas celestiais, esses exploradores do mundo sobrenatural (*yorde merkava*) estavam convencidos de que lhes seria concedida a visão do trono divino — a mesma visão vivenciada por Ezequiel às margens do Chebar.

Embora, no princípio, fossem vistas com desconfiança pelo judaísmo convencional — o Talmude sugere que metade daqueles que encetavam a viagem celestial iria morrer ou enlouquecer —, as doutrinas merkava evoluíram através dos séculos e se tornaram o cerne místico da religião judaica. Em sua forma mais desenvolvida, formam o corpo de ensinamentos conhecido hoje como Cabala Sagrada. Trata-se de um corpo de ensinamentos que influenciou profundamente a prática da magia e as técnicas de contato espiritual no mundo ocidental, até os dias de hoje. Mas é importante observar que a influência do contato espiritual não se limitou ao mundo ocidental.

5. ESPÍRITOS DO ORIENTE

O termo hindu *jati*, que significa literalmente "nascimento", refere-se a um conjunto de grupos sociais existente há milênios na Índia – o tenaz sistema de castas. Embora algumas *jatis* recebam o nome de ocupações específicas, essa vinculação é limitada. Seja qual for sua profissão, espera-se que membros de uma casta específica se casem dentro da própria *jati*, sigam suas restrições alimentares e interajam com outras *jatis* segundo sua posição na hierarquia social. Apesar de haver mais de duas mil *jatis*, praticamente todas estão associadas a um de quatro *varnas* – grupos sociais com funções tradicionais específicas. Esses grupos são os brâmanes, casta sacerdotal que lidera a hierarquia social, seguidos em ordem descendente de prestígio pelos *kshatriyas* ou guerreiros, pelos *vaishyas* ou comerciantes, e os *sudras*, artesãos ou trabalhadores braçais. Há um quinto, fora desses grupos sociais, conhecido como intocáveis, *harijan* (filhos de Deus) ou *dalit* (oprimidos). A origem das castas perde-se nas profundezas da pré-história indiana, mas algumas pistas sobre seus princípios podem ser auferidas da ideia pouco conhecida de que havia um sistema secreto de iniciação dentro da *varna* brâmane destinada a treinar aspirantes nas técnicas necessárias para se contatar espíritos.

Essa declaração foi feita por Louis Jacolliot, advogado francês, juiz colonial e escritor, que passou vários anos na Índia investigando aquelas que, segundo imaginava, fossem as raízes do ocultismo ocidental. Quando publicou suas descobertas em 1875, citou como principal fonte de informação um texto em sânscrito intitulado *Agrouchada-Parikchai*. Na época, o mundo ocidental apenas começava a conhecer o hinduísmo, e a princípio a fonte foi aceita sem questionamentos. Mais tarde, porém, estudiosos não tomaram conhecimento da existência de exemplares do *Agrouchada-Parikchai* e decidiram que o livro era uma invenção pessoal de Jacolliot, rotulando-o de fonte não confiável, expressão relacionada a ele até hoje. Mas, se o livro era fictício, as verdadeiras fontes de Jacolliot não eram. Estudos recentes localizaram as raízes de seu material nos *Upanishads*, uma coleção com cerca de duzentos textos filosóficos considerados como a base da religião hindu, e no corpo maciço do *Dharmasastra* brâmane, que trata da lei natural e dos deveres religiosos e legais. A partir desses textos, e com sua experiência pessoal — informações confirmadas desde então por autores posteriores —, ele construiu o panorama apresentado a seguir.

Segundo o *Manava Dharma Shastra* (Leis de Manu), antigo texto védico que assentou as bases da vida doméstica, social e religiosa na Índia:

> A vida dos mortais, mencionada nos Vedas, os resultados desejados de ritos de sacrifício e o poder sobrenatural dos espíritos incorporados são frutos distribuídos entre os homens segundo o caráter da época... Aos bramanas (brâmanes), ele atribuiu o ensino e o estudo dos Vedas, sacrificando-se em seu próprio benefício e dos demais, dando e aceitando esmolas.[1]

O texto, e outros similares, fundamentam a fé da população em geral nos sacerdotes brâmanes, assim como referências à Última Ceia podem fundamentar alegações de transubstanciação por parte da Igreja Católica Romana. Essa fé incluía uma crença quase universal em espíritos[2] bem como a convicção similar de que os brâmanes tinham o poder de invocá-los, dispensá-los e controlá-los. Mas seria um erro presumir que os próprios espíritos ou os poderes dos brâmanes relativos a eles eram totalmente baseados na fé.

Segundo Jacolliot, havia três níveis de iniciação na prática do sacerdócio brâmane. O primeiro, conferido em idade precoce, parece ter sido pouco mais que uma instrução sobre como realizar diversas cerimônias e sacrifícios religiosos, como comentar os Vedas e como se dedicar ao trabalho pastoral entre as pessoas. Mas o segundo grau de iniciação, oferecido apenas a aspirantes que tivessem efetivamente atuado no primeiro grau por vinte anos, no mínimo, era consideravelmente mais esotérico. Incluía treinamento na evocação de espíritos, exorcismo, predições e profecias, com base no estudo do *Atharvaveda*, texto védico que incorpora boa parte das antigas tradições indianas de cura e magia. Demonstrações públicas dos poderes conferidos por essa iniciação eram comuns.

Os poderes de um iniciado do terceiro grau eram menos aparentes, reservados a ocasiões mais especiais. Iniciados que tinham de passar muitos anos no segundo grau, e que por definição seriam idosos, eram obrigados a fazer um estudo exclusivo de todas as forças físicas e sobrenaturais do universo. A reputação deles nessa área, portanto, não poderia ser melhor. Jacolliot cita um ditado sânscrito popular: "*Dêvadinam djagat sarvam, Mandradinam ta devata, Tan mantram brahamanadinam, Brahmana mama devata*", que pode ser traduzido como: "Tudo o que existe está no poder dos deuses, os deuses estão no poder das conjurações mágicas, as conjurações mágicas estão no poder dos brâmanes, portanto, os deuses estão no poder dos brâmanes".

Jacolliot apresenta uma descrição clara da manifestação desses poderes como parte de um festival conhecido como Oupanayana. No segundo dia de comemorações, pedia-se que todas as mulheres casadas que estivessem entre os convidados fossem juntas à floresta para procurar um formigueiro de formigas-brancas. Quando encontrassem um, deviam encher dez vasilhas de barro com a terra ocupada pelos insetos e, ao voltarem e se reunirem aos outros convidados, deviam plantar um tipo diferente de semente em cada vasilha, regando todas com um recipiente sagrado. Então, o brâmane cobria as vasilhas com um tecido fino e recitava uma invocação aos espíritos, solicitando a manifestação deles mediante um augúrio auspicioso. Para tanto, punha as mãos sobre as vasilhas cobertas e recitava as palavras *Agnim pa patra paryaya paroxa* 81 vezes. As palavras por si sós parecem ter pouca importância além do seu significado intrínseco – *agnim* significa "fogo sagrado", *pa* é "água santa" e *patra*, "frasco purificado"; *paryaya* quer dizer "vegetação mágica" e *paroxa* significa "invisível". No entanto, testemunhas oculares relatam que o tecido começava a se levantar lentamente durante o cântico do brâmane, uma indicação visível da presença dos espíritos. Então, o brâmane retirava o tecido e revelava que as sementes não só tinham germinado como produzido arbustos com flores e frutos, com a altura de sua testa.

Sempre foi amplamente aceito na Índia que as habilidades dos brâmanes incluíam a autoridade sobre espíritos, em particular espíritos ancestrais. Nenhum casamento ou cerimônia fúnebre podia se realizar sem a evocação desses *pitris*. Provavelmente é cabível a sugestão de que muitas dessas evocações eram formalidades, mas fica claro, pela investigação de Jacolliot, que algumas podiam ir bem além de cerimoniais destituídos de sentido. A descrição que faz de uma evocação de primeiro grau mostra claramente esse fato. O rito começa em uma parte escura do recinto e exige um frasco com água, uma lâmpada, um pouco de pó de sândalo, arroz cozido e incenso. O praticante traça círculos mágicos diante da porta, para impedir a entrada de espíritos malignos. Depois, vale-se de uma série de exercícios respiratórios para induzir um estado exossomático no qual sua consciência deixa o corpo, permitindo que este seja animado temporariamente pelos espíritos que deseja evocar. Naturalmente, essa é uma descrição clássica do mecanismo de mediunidade em transe profundo, durante o qual uma entidade comunicante pode assumir o corpo do médium e falar, usando sua laringe e suas cordas vocais físicas. Só os exercícios respiratórios não fazem parte da prática ocidental habitual. Aparentemente, porém, as técnicas de evocação dos brâmanes eram mais sofisticadas do que suas equivalentes ocidentais. Tendo permitido que um espírito compartilhasse seu veículo físico, o praticante usava a própria essência para criar aquilo que Jacolliot chamou de "corpo aéreo", no qual o espírito entrava para se manifestar visivelmente dentro da fumaça do incenso. Mais uma vez, a descrição de Jacolliot, baseada em textos antigos, deixa pouca dúvida sobre o que acontecia:

> Pronunciando a palavra sagrada *aum* três vezes, e a sílaba mágica *djom* nove vezes, ele deve impor as mãos sobre a lâmpada e lançar um punhado de incenso sobre a chama dizendo: "Ó *pitri* sublime! Ó ilustre penitente narada que evoquei e para quem formei um corpo sutil com as partículas constitutivas do meu próprio corpo, você está presente? Apareça na fumaça do incenso e participe do sacrifício que ofereço às sombras de meus ancestrais". Quando ele tiver recebido uma resposta adequada e o corpo aéreo do espírito evocado tiver aparecido na fumaça do incenso, ele deve começar a fazer as oblações e sacrifícios prescritos. Oferecidos os sacrifícios, deve conversar com as almas de seus ancestrais... Apagando a lâmpada, na escuridão e no silêncio, ele deve escutar a conversa entre os espíritos e estar presente às manifestações pelas quais revelarão sua presença.[3]

A descrição de uma prece à deusa Nari também assinala a natureza mediúnica da prática brâmane, e de forma convincente, pois a prece não faz parte de uma cerimônia pública. Depois de prestar homenagem à deusa e lhe pedir que, após a morte, o praticante possa ser admitido nas esferas superiores, o brâmane é instruído a colocar ambas as mãos sobre uma vasilha de cobre cheia d'água, evocando um sábio de outras eras. Essa é uma técnica de evocação comum a muitos países e culturas. A água na vasilha escurecida funciona como um ponto fixo para os olhos e induz um transe auto-hipnótico que propicia a visão de espíritos. Neste exemplo em particular, solicita-se a qualquer espírito que se manifeste e una-se aos louvores do brâmane à sua deusa.

Há práticas que podem sugerir raízes xamânicas em manipulações espirituais do hinduísmo bramânico. No nível mais elevado de iniciação, por exemplo, o praticante se retira em seu pagode equipado com uma vara, uma cabaça e a pele de uma gazela. Lá, medita na escuridão total durante várias horas, sempre tentando convencer sua consciência a deixar o corpo para conversar com os *pitris* "no espaço infinito".[4]

Durante vários milhares de anos, até o momento presente, a sociedade indiana foi governada pela casta brâmane, não necessariamente de maneira direta, pois certamente o país teve seus rajás e marajás, e hoje tem políticos eleitos democraticamente, mas sim de modo velado, em termos de influência social, política e religiosa. Como agora está claro que os próprios brâmanes eram guiados — e, segundo Jacolliot, no nível mais elevado, eram *exclusivamente* guiados — por seus contatos espirituais, devemos concluir que todos os aspectos sociais, domésticos e políticos da vida na Índia foram modelados pela intervenção e orientação de vozes espirituais.

A Índia não foi o único importante país asiático a ter esse tipo de orientação. Há uma pintura em seda de Fu Xi exibida no Museu do Palácio Nacional em Taipé, na China. Ela mostra um homem com feições fortes, ligeiramente ameaçadoras, trajando um elaborado manto com pele de leopardo e peliças. Ele olha pensativamente para a sua esquerda enquanto é observado bem de perto por uma tartaruga. Acima dele, há diversos caracteres chineses.

Essa obra de arte, criada pelo pintor da corte Ma Lin durante a dinastia Song (960-1279 EC), é uma homenagem ao primeiro rei da China, um governante distinto que introduziu no país a domesticação de animais, a arte da culinária, a pesca com redes, a elaboração de um calendário, a criação de bichos-da-seda, a invenção de diversos instrumentos musicais e o uso de armas de ferro.⁵ Porém, apesar de todas as suas realizações, Fu Xi não aparece na lista convencional de governantes elaborada por estudiosos ocidentais. Para eles, a história da China começa na dinastia Shang, que se estabeleceu provavelmente em 1600 AEC. Como se acredita que Fu Xi teria vivido por volta de 2900 AEC, isto o situa com firmeza nos domínios da mitologia.

Mas, embora a dinastia Shang tenha sido a primeira a deixar registros escritos, hoje há indicações de que esse antigo imperador pode não ter sido tão mítico assim. Apesar de haver na China sinais de humanos modernos, anatomicamente falando, em tempos tão remotos quanto quarenta mil anos AEP (antes da era presente),⁶ ao menos uma vez os arqueólogos se uniram diante da crença de que as primeiras aldeias da civilização Yang Shao (que indicam a passagem da caça-coleta para uma civilização urbana desenvolvida) só apareceram no vale do rio Amarelo por volta de 4500 AEC. Escavações subsequentes deslocaram a datação cada vez mais para trás, até ser aceito agora que, por volta do sexto milênio AEC, havia civilizações na China usando a maior parte das invenções atribuídas a Fu Xi, inclusive aquela que é a mais típica das atividades chinesas: a produção de seda.

Mas, se Fu Xi existiu de fato, nem seda, nem calendários, tampouco armas de ferro são tidos como sua principal realização. Segundo Ban Gu, historiador chinês do século I:

> No início, não havia ainda ordem moral ou social. Os homens só conheciam suas mães, não seus pais. Quando tinham fome, procuravam alimento; satisfeitos, jogavam fora os restos. Devoravam a comida com couro e pelos, bebiam sangue e vestiam-se com peles e folhas. Então, apareceu Fu Xi e olhou para cima, contemplando as imagens no céu, e olhou para baixo e contemplou as ocorrências na terra. Uniu homem e mulher, regulamentou os cinco estágios de mudanças e estabeleceu as leis da humanidade. Idealizou os oito trigramas a fim de obter o domínio sobre o mundo.⁷

Podemos interpretar as três primeiras frases dessa citação como referentes a uma existência paleolítica primitiva antes da descoberta da culinária. O restante exige certa elucubração.

Segundo a lenda, Fu Xi nasceu em Chengji (hoje identificada hipoteticamente como a região de Lantian, na província de Shaanxi, ao noroeste da China), na parte intermediária do rio Amarelo. Quando ainda jovem, uma grande enchente devastou sua terra, matando a todos, menos sua irmã Nüwa e ele mesmo. Com uma concessão especial do imperador do céu, Fu Xi casou-se com a irmã e pôs-se a procriar a raça humana. Antes do dilúvio, a sociedade chinesa era um matriarcado primitivo, no qual o nascimento era considerado um processo milagroso envolvendo apenas a mãe. Após o dilúvio, o papel do pai passou a ser reconhecido, e a sociedade começou a ter uma cultura mais patriarcal. Mesmo assim, a contribuição de Nüwa para a humanidade recém-restaurada foi muito mais do que a de uma simples reprodutora. Dizem que ela teria consertado os pilares do céu e os cantos quebrados da terra, ambos danificados num acesso de raiva por um monstro chamado Kung Kung.

Tudo isso é material mitológico razoavelmente comum, mas, de modo surpreendente, investigações geológicas sugerem que pode haver algo de verdade (distorcida) nisso tudo. No final da Era Pleistocênica, por volta de 9500 AEC, grandes extensões da China sofreram violentas convulsões tectônicas, o que resultou em mudanças maciças no ambiente natural. Entre elas, a elevação do Grande Han Hai, um mar interno que ocupava o que hoje é a bacia de Gobi, espalhando-se a oeste desde os picos vulcânicos do Khingan Shan, por cerca de 3.200 quilômetros, até se encontrar com as montanhas Pamir. Com uma extensão de norte a sul de cerca de 1.100 quilômetros, uma vastidão de água que cobria mais de três milhões de quilômetros quadrados escoou pelos arredores, numa enchente de proporções bíblicas.

Para as pessoas que passaram por essas convulsões — e não restam dúvidas de que a China tinha uma população humana na época —, elas devem ter parecido mesmo obra de algum monstro sobrenatural, certamente dando a impressão de os "cantos da terra" carecessem de reparos. Ao mesmo tempo, a enchente do Han Hai foi tão devastadora e extensa que assumiu a aparência de uma inundação realmente universal, ameaçando a existência da própria raça humana.

Assim, as condições ambientais refletiram, em dada época, o mito sobrevivente, embora num período anterior ao sugerido pelo mito.

O mito também mostra Fu Xi e sua irmã como tendo influência civilizatória. Ela consertou os danos deixados pela enchente, e ele recebeu o crédito pela lista de realizações culturais mencionada antes. Será que o mito seria reflexo de uma outra realidade? Teria a China desenvolvido sua civilização numa época muito anterior àquela que se costuma supor? Essa proposta resolveria várias dificuldades surgidas do cenário ortodoxo. Por exemplo, a dinastia Shang, considerada a primeira civilização da China, sempre pareceu avançada demais para uma cultura que viesse saindo gradualmente da Idade da Pedra. Já havia nela uma sofisticada filosofia de vida. A China não só teve uma forma plenamente desenvolvida de escrita, como seus primeiros textos são tão sutis e poéticos quanto obras tardias. Tinha edifícios imponentes, túmulos impressionantes, carros puxados por cavalos, cerâmica feita em tornos, metalurgia refinada. Aparentemente, tudo isso despontou já em sua forma plena. O mito, porém, apresenta um cenário diferente, que alguns chamariam de mais lógico. Mostra Fu Xi e Nüwa como representantes de uma civilização mais antiga, cujos vestígios desapareceram por completo sob as águas de uma enchente devastadora. Mostra-os como seres determinados, tal qual os sobreviventes de qualquer catástrofe, a reconstruir aquilo que se perdeu.[8]

Se, no entanto, aceitarmos a lenda de Fu Xi como a representação pitoresca de algo que de fato aconteceu, ainda nos restará um mistério. O mito relaciona vários aspectos dessa cultura inicial que certamente suporíamos ter sido restaurada com urgência pelos sobreviventes — por exemplo, formas eficientes de caça e pesca, a instituição do casamento para proteger a unidade familiar, o trabalho com metais e técnicas de construção. Mas, sobretudo, coloca-se a menção, cuidadosamente preservada, a "cinco estágios de mudanças" e a "oito trigramas", que permitiram a Fu Xi obter o domínio sobre seu mundo. O que significam esses termos e o que fazia ele quando "olhou para cima, contemplando as imagens no céu, e olhou para baixo e contemplou as ocorrências na terra"?

As respostas para essas perguntas estão incorporadas nos mais antigos exemplos conhecidos da filosofia especulativa mais profunda da China. Primeiro, surgiu a questão: o que existia antes de o universo vir a existir? Os sábios chineses conseguiram imaginar algo que seria quase inimaginável: um fenômeno de campo de puro potencial que chamaram de Wu Chi. Esse estado de nada, além de descrições, ou mesmo de especulações, é, ainda assim, o estado do qual provém tudo aquilo que vivenciamos. Ele precede e, por assim dizer, "está por trás" da matéria, da energia, do espaço e do tempo. É o pano de fundo primordial que os físicos modernos chamam de Espuma Quântica, um substrato supremo de realidade criado pelo aparecimento, do nada, de partículas subatômicas fundamentais que existem momentaneamente e depois desaparecem.

A genialidade dos antigos chineses não está na identificação desse estado, mas em perceberem que sua única característica reconhecível teria de ser a da mudança. Sem a mudança, nada poderia ter emergido do Wu Chi. Sem a mudança, ele teria permanecido eternamente como puro potencial. Mas houve mudança, como deduzimos em retrospectiva: o Wu Chi tornou-se o Tai Chi, ou Grande Término – a totalidade de nosso universo manifestado, conhecido e desconhecido, inclusive nosso mundo e a humanidade que o habita.

A partir desse pano de fundo, os chineses fizeram mais uma dedução crucial. Se a mudança era inerente à grande transformação de Wu Chi em Tai Chi, provavelmente a mudança permaneceria inerente ao próprio Tai Chi: deveria ser, com efeito, seu aspecto mais fundamental. A contemplação dessas ideias levou a outras conclusões. Em sua forma original, imaculada, Wu Chi era uma unidade. Com a manifestação do Tai Chi, a dualidade passou a existir, e esse também deveria ser um dos aspectos do nosso universo. De fato, o universo manifestado continuou a refletir os processos que o trouxeram à existência. A mudança perpétua era inerente à sua própria estrutura, levando ao potencial que se torna real, e então transformando-o por sua vez.

Esses não são conceitos particularmente fáceis para a mente ocidental (e o que está por vir é até pior), mas um expoente moderno da filosofia antiga, Jou Tsung Hwa, apresenta uma analogia útil com a formação dos tornados. Ele começa com a calmaria reinante antes da tempestade. O ar está parado e ainda não há tornado. Esse é o estado de Wu Chi. Depois, surge a primeira sugestão de brisa e tem início um movimento circular que, com o tempo, transforma-se em tornado. Esse é o estado de Tai Chi. O estado de calmaria, que era tudo o que havia antes, torna-se agora uma dualidade: o estado original de calmaria e o tornado atual. Mas o tornado não pode durar para sempre. Os ventos esmorecem, voltando o estado de calmaria: o Tai Chi, mais uma vez, torna-se Wu Chi.[9]

A observação dos fenômenos naturais convenceu os chineses de que tudo envolvia a dualidade. Qualquer coisa que existisse num dado momento, qualquer objeto, qualquer evento, tinha uma parte que mudava e outra que permanecia a mesma. Até durante o fragor do furacão, havia partes da China que desfrutavam de bom tempo; e, no coração de um furacão, havia também uma área de calmaria: o olho da tormenta.

Tudo isso está simbolizado no mito de Fu Xi olhando para cima a contemplar o céu, e para baixo a descobrir o que acontecia na terra. Ele decidiu chamar a parte imutável dos fenômenos de *yin* e a parte que muda de *yang*. Por conveniência, e para utilizá-los na prática, simbolizou *yin* e *yang* como linhas divididas e sem divisão. Ao fazê-lo, assentou as bases do mais influente oráculo da história da China – o I Ching, ou Livro das Mutações. Historicamente, essa influência ficou mais óbvia na corte imperial. Os cortesãos, cuja vida literalmente dependia dos caprichos de seu imperador, usavam constantemente esse livro para adivinhar seu destino e procurar conselhos sobre a conduta mais segura. Os sábios o usavam como base para seus conselhos ao próprio imperador. Filósofos adotaram a obra, permitindo que suas percepções moldassem os próprios pensamentos, os quais, por sua vez, moldaram a sociedade em que viviam. A profundidade com que o I Ching influenciou a sociedade chinesa como um todo é enfatizada pelo fato de Confúcio, que escreveu os próprios comentários sobre o oráculo, afirmar que, se fosse tornar a viver, dedicaria essa nova vida inteiramente ao estudo do I Ching. O pensamento de Confúcio continua a influenciar a sociedade chinesa até os dias atuais, bem como, direta ou indiretamente, o oráculo que ele admirava tanto.

Em sua forma desenvolvida, o I Ching é uma obra longa e complexa, que assusta a mente ocidental. Incorpora um sistema binário similar ao que faz funcionar os computadores modernos e interpreta um total de 64 figuras conhecidas como hexagramas, cada um com um padrão diferente de linhas *yin/yang* interativas. Como o significado de cada linha varia conforme sua posição no hexagrama e qualquer linha é capaz de modificar o significado do todo, o oráculo oferece uma vastidão de respostas possíveis. Antigamente, as linhas eram geradas aquecendo-se um casco de tartaruga até ele rachar — daí o aparecimento da tartaruga na cena de Ma Lin. Se a rachadura fosse uma única linha sem divisão, seria considerada *yang*; se dividida, *yin*. Mais tarde, foram usados feixes de hastes secas de milefólio, bem como moedas. O método exato não era importante, contanto que permitisse ao consulente "sintonizar-se" com as correntes de mudança pertinentes à sua consulta.

Segundo Carl Jung, com toda a sua autoridade, o I Ching é capaz de produzir respostas significativas. Quando tentou usá-lo pessoalmente, concluiu que, "se um ser humano tivesse me dado essas respostas, eu, como psiquiatra, teria de declará-lo são".[10] A questão, entretanto, é como isso se dá. Muitos apresentaram diversas respostas rebuscadas — a teoria da sincronicidade costuma ser evocada, por exemplo —, mas os próprios chineses não tinham dúvidas. Atribuíam a precisão do I Ching à intervenção dos espíritos.

Há indicações de que essa crença pode ter sido baseada em algo mais do que simples superstição. Uma delas é a longa associação entre o I Ching e as hastes de milefólio. Qualquer referência horticultural que se preze vai mostrar que o milefólio é uma planta de zona temperada, que cresce nas Ilhas Britânicas, na Europa e em boa parte dos Estados Unidos. Na China, há a tradição de que ele cresce naturalmente nas áreas dedicadas a cerimônias sagradas. O que poucas fontes mencionam é que essa erva, se preparada corretamente, tem propriedades psicotrópicas.

O próprio I Ching pode ser usado de forma xamânica, como William Seabrook, autor norte-americano de guias de viagem, confirmou pessoalmente ao visitar um apartamento na Times Square, em Nova York. Alguns amigos faziam experiências com o oráculo, e um deles, uma imigrante russa chamada Magda, decidiu experimentar uma técnica incomum que prometia acesso direto à sabedoria do oráculo. Ela gerou um hexagrama da forma convencional, usando 50 hastes de milefólio, mas, em vez de buscar sua interpretação no texto, entrou em um estado meditativo no qual visualizou a figura pintada numa porta de madeira. Quando a porta se abriu por força da própria vontade, ela esperou entrar numa experiência visionária que esclareceria o significado do hexagrama.

Passada quase meia hora sem que nada acontecesse, os amigos de Magda ficaram entediados e começaram a conversar entre eles. Mas não demorou para serem interrompidos por um protesto de Magda em voz alta, anunciando que corria na neve usando apenas um casaco de peles. Quando se agruparam à sua volta, ela ficou agitada e começou a grunhir como um animal. Os amigos perceberam que ela estava em algum tipo de transe, mas, quando tentaram acordá-la, ela os atacou ferozmente. Conseguiram dominá-la e, quando ela acordou, contou que, ao entrar na porta com o hexagrama, foi parar num ambiente não muito diferente das partes mais selvagens de sua Rússia natal, mas que, nesse processo, foi possuída pelo espírito de um lobo. É interessante observar que o hexagrama que Magda gerou chama-se Ko, que se traduz como "revolução". O texto chinês original equipara-o à mudança de pele de um animal.[11]

Magda não foi a única a suspeitar da intervenção de espíritos no funcionamento do I Ching. Quando ela veio a admitir isso publicamente em 1949, ocasião em que a introdução à clássica edição de Wilhelm e Baynes foi publicada pela primeira vez, Carl Jung já vinha utilizando o oráculo havia quase trinta anos para obter orientação pessoal e ajudá-lo em sua prática analítica. Ele também gostava de evocar a sincronicidade como explicação para a eficácia do oráculo, mas em caráter privado admitia que as respostas eram proporcionadas por "agentes espirituais" que constituíam a "alma viva do livro".[12] E esses comentários não devem ser considerados em termos figurativos. Embora, no início da carreira, Jung afirmasse que aparições e até manifestações físicas deveriam ser "projeções" do inconsciente, sua experiência pessoal convenceu-o de que uma explicação meramente psicológica não seria satisfatória. Em uma nota de rodapé de uma palestra que apresentou na Sociedade para Pesquisas Psíquicas em Londres, reproduzida na edição de 1947 de suas *Collected Works* [*Obras Reunidas*], ele admitiu que havia passado a ter dúvidas sobre se uma abordagem exclusivamente psicológica poderia fazer justiça ao fenômeno. Um ano antes, numa carta particular para o psicoterapeuta Fritz Kunkel, havia declarado abertamente que "fenômenos metafísicos podem ser mais bem explicados pela hipótese dos espíritos do que pelas qualidades e peculiaridades do inconsciente".[13]

Por trás dessas percepções, há o pouco conhecido, mas consagrado pelo tempo, Ritual das Hastes de Milefólio, que em sua forma original ia bem além da simples contagem de hastes praticada no Ocidente — e em boa parte da

China – hoje em dia. Partes do ritual, reunidas de fontes distintas, sugerem que ele incluía um altar forrado com um pano da cor elementar associada à questão a ser feita.[14] Era colocado um exemplar do I Ching no quadrante sul do altar, com a capa voltada para o sul. Um segundo altar, menor e mais baixo, era posto ao sul do altar principal. Sobre este, era colocado um incensório e um saco com as hastes de milefólio. O querente ficava na parte sul do cômodo e se ajoelhava para prostrar-se três vezes para o norte, na direção dos altares. O incenso era aceso e a primeira haste era escolhida.[15]

A análise desse ritual traz uma percepção importante. O livro fica colocado no quadrante sul do altar porque tradicionalmente, na China antiga, indivíduos que tinham autoridade ficavam voltados para o sul ao conceder uma audiência. Posicionado nesse quadrante, o livro era visto como nada além da incorporação física de uma presença espiritual. Quando o querente se prostra, voltado para o norte, demonstra o mais profundo respeito que poderia exibir diante de tal presença. E, para o querente, a presença está lá, sem dúvida, visível ou invisível, pronta e disposta a responder às questões apresentadas. A manipulação das hastes de milefólio não representa mais que o estabelecimento de uma linha de comunicação, tal como alguém que manipula os botões de um celular para obter acesso ao número do telefone de um amigo. Em outras palavras, o Ritual das Hastes de Milefólio é um ato de evocação de espíritos.

A influência de um oráculo espiritual sobre o pensamento chinês antigo não surpreende muito diante do fato de o xamanismo ser a mais antiga religião da Ásia. Sua influência se estendia para além da China, abrangendo Mongólia, Sibéria, Rússia, Índia, Tibete, Nepal e até a Pérsia. A prática aborígene japonesa do xintoísmo, hoje basicamente uma religião fundamentada na fé e concentrada na veneração de espíritos e ancestrais, revela sua origem xamânica. O xintoísmo popular, uma das cinco manifestações modernas do xintoísmo, inclui a prática divinatória, a cura espiritual e a possessão por espíritos.

Em todo esse vasto espectro cultural, a influência dos espíritos sobre as crenças e o comportamento humanos foi muito presente, mas em nenhum lugar foi tão direta quanto na instituição do Oráculo Estatal do Tibete. A expressão *oráculo*, na tradição budista tibetana, tem um significado muito mais específico do que no Ocidente. Refere-se a um espírito capaz de entrar no mundo material e de se comunicar com ele através de médiuns chamados *kuten*, homens ou mulheres capazes de servir — ao menos temporariamente — de base física para esse espírito.

Segundo lendas locais, o budismo chegou ao Tibete vindo do céu num baú milagroso em algum momento anterior a 650 EC. Estabeleceu-se — sem caráter mítico — como a religião oficial do país mais de um século depois, durante o reinado de Trisong Detsen (755-797 EC). Antes disso, a principal prática espiritual do Tibete era o bön com suas técnicas xamânicas. O bön animista, a mais antiga e básica expressão dessa religião antiga, ocupava-se profundamente do contato espiritual. As técnicas empregadas eram muito similares às encontradas na Sibéria. Os xamãs *bonpo* se reuniam numa guilda ou clã, que transmitia e protegia seus conhecimentos sagrados, fundamentalmente centrados na possessão por deuses, elementais, demônios e espíritos de ancestrais xamânicos. As práticas iniciáticas dos aprendizes de xamã eram bem semelhantes às da Sibéria. A atenção inicial dos espíritos — e, com frequência, a possessão por eles — costumava resultar numa espécie de loucura divina, que só podia ser curada quando o aspirante se recolhia a um lugar no campo ou na mata, onde, sozinho com suas visões, testemunharia a própria morte e seu desmembramento pelos espíritos. Se sobrevivesse à prova com saúde, voltaria ao clã-guilda, onde os praticantes mais experientes o ensinariam a controlar essas visitas espirituais. Um modo de fazê-lo era tornar-se um *kuten* oracular, agindo como veículo físico para inteligências do Além.

Um consenso acadêmico admite que nesses primeiros dias havia centenas de tais médiuns espalhados pelo Tibete, oferecendo conselhos espirituais para quem os procurasse e, coletivamente, exercendo uma influência profunda sobre toda a cultura. A chegada do budismo, vindo da Índia, fez pouca diferença para essa prática e, com efeito, levou rapidamente à sua institucionalização. Isso surgiu com a crença recém-importada à época nas cinco emanações do Buda da Sabedoria, relacionadas a seus princípios correspondentes: Corpo, Mente, Fala, Qualidades e Atividades. Cada emanação era personificada, e a principal delas era Pehar, rei do princípio da Atividade.

O guru Padmasambhava, mestre indiano que ajudou a estabelecer o budismo no Tibete, nomeou Pehar como protetor da nova religião e do próprio

Tibete. Na mesma hora, os tibetanos começaram a evocar um *kuten* que pudesse entrar em contato com Pehar e seus colegas reais. Acabaram estabelecendo contato com um emissário, Dorje Drak-den, e formaram uma sucessão de monges para atuar como médiuns para a entidade. Por volta do século XVI, a linhagem, baseada no Mosteiro de Nechung, foi sancionada oficialmente, e o médium da época, um monge chamado Drag Trang-Go-Wa Lobsang Palden, foi nomeado o primeiro Oráculo Estatal do país.

A linhagem perdura até os dias de hoje, e as consultas rituais não mudaram praticamente nada ao longo dos séculos. Antes da invasão chinesa de 1950, o oráculo era consultado formalmente a cada Ano-Novo e em outras ocasiões, dependendo das circunstâncias políticas. O acesso ao oráculo restringia-se ao Dalai Lama em exercício, a grandes lamas de mosteiros importantes e a ministros de estado. O que acontecia durante a consulta foi descrito em detalhes pelo Décimo Quarto Dalai Lama,[16] que, mesmo no exílio, continua a pedir conselhos ao oráculo:

> Tendo se preparado para esse trabalho com uma vida inteira de meditação e de rituais especiais, o *kuten* enverga um traje complexo, com várias camadas, culminando num manto ornamentado de seda brocada dourada, com bordados de desenhos tradicionais em tons vivos de vermelho, azul, verde e amarelo. Um espelho de vidência feito de aço polido, cercado por incrustações de turquesas e ametistas, fica pendurado em seu peito, e sobre tudo isso ele usa um arnês pesado que sustenta quatro bandeiras e três flâmulas de vitória. O peso conjunto dos trajes e acessórios é de mais de trinta quilos, aos quais, durante a cerimônia, acrescenta-se um enorme capacete ornamental que pesa mais treze. Como resultado, o oráculo mal consegue andar sem ajuda, e geralmente se senta com o apoio de outros monges.

Mas a dificuldade de movimento é superada misteriosamente durante o ritual em si. A cerimônia começa com um cântico generalizado envolvendo invocações e preces, acompanhado por címbalos, cornetas e tambores. Em pouco tempo, o oráculo começa a mostrar sinais de transe, e seus assistentes o ajudam a se sentar numa pequena banqueta posicionada diante de seu querente – em geral, o próprio Dalai Lama. O primeiro ciclo de preces termina e começa um novo. O estado de transe se aprofunda. É nesse momento que o capacete decorativo é posto sobre a cabeça do *kuten*. Sua expressão assume um ar alucinado e o rosto começa a inchar, enquanto os olhos parecem saltar das órbitas. A respiração compassada se transforma em resfolegadas curtas e secas, e ele começa a silvar com violência. De súbito, sua respiração para. Os assistentes tomam isso como um sinal e amarram firmemente o capacete em sua cabeça com um nó apertado. Momentos depois, todo o seu corpo começa a se expandir visivelmente.

Embora o *kuten* esteja usando um traje com quase 45 quilos e antes só conseguisse se movimentar com a ajuda dos assistentes, agora pula e fica em pé sem auxílio, agarra a espada que um assistente lhe oferece e começa a dançar. A cena é claramente ameaçadora, mas o oráculo apenas aborda seu querente e faz uma reverência curvando o corpo a partir da cintura, o capacete chegando a encostar no chão. Ele passa a impressão de que sua espinha vai se partir, mas então salta novamente com "energia vulcânica" e se movimenta pela sala "como se seu corpo fosse feito de borracha e movido por uma mola de grande poder espiral".[17]

Dorje Drak-den está então em plena posse da *persona* do médium, que combina a dignidade de um ancião sábio e a aparência irada de um antigo senhor feudal. Faz oferendas rituais ao Dalai Lama e depois aguarda suas perguntas e as dos ministros de estado. Antes de responder, lança-se em outra dança violenta, agitando a espada sobre a cabeça como um feroz chefe militar, e envolve suas respostas em versos poéticos e gestos simbólicos. Depois que o Dorje Drak-den termina de falar, seu veículo físico faz uma oferenda final e cai inerte quando a entidade o abandona. Os assistentes do *kuten* correm para remover o capacete ornamental, que pode estrangulá-lo se ficar preso, e levam-no para se recuperar — um processo que pode levar uma semana ou mais.

O 14º Dalai Lama, Tenzin Gyatso, afirmou[18] que, embora consulte regularmente o oráculo — e, enquanto escrevo isto, ainda o faz —, nem sempre segue seus conselhos espirituais. Em vez disso, pondera suas opiniões, tal como pode ponderar as opiniões de seus ministros ou seu próprio julgamento. Mesmo assim, não resta dúvidas de que importantes decisões políticas — entre elas, a saída do Dalai Lama do Tibete uma década depois da invasão chinesa — têm sido baseadas diretamente em predições oraculares, assim como ocorreu com o Ocidente durante o período das civilizações clássicas. E, assim como vimos que a influência espiritual sobre o Oriente chegou até os dias atuais, é possível também mapear o caminho percorrido pela influência dos espíritos sobre o mundo ocidental após a queda das civilizações clássicas.

6. CONJURAÇÕES DA IDADE DAS TREVAS

Para a Roma antiga, última das primeiras grandes civilizações ocidentais, o problema sempre foi a Alemanha. As hordas bárbaras além do Reno ora eram subjugadas, ora pacificadas temporariamente, mas nunca chegaram a ser plenamente conquistadas. Nos últimos anos do império, os romanos começaram a perceber que tinham mexido num vespeiro. As tribos germânicas não se contentavam mais em defender o próprio território e passaram a ficar de olho nas terras governadas por Roma. Durante anos, o experiente exército romano as manteve afastadas. Então, no século III, as tropas romanas começaram a se afastar da fronteira do Reno-Danúbio para enfrentar uma guerra civil na Itália, deixando as fronteiras bastante desprotegidas. Lentamente, as tribos do norte começaram a controlar antigos territórios romanos da Grécia e na Gália. Por fim, os invasores penetraram na Itália, e não demorou para que um exército maltrapilho acampasse perto dos portões da própria Roma. Em 476 EC, esse exército se moveu, e o general alemão Odoacro derrubou o último imperador romano, Rômulo Augusto.

O domínio germânico mostrou-se pouco eficiente. As grandes obras de engenharia da Roma antiga foram entregues à própria sorte e entraram em colapso. Sem as legiões disciplinadas para proteger os viajantes, ficou inseguro percorrer o país. Com essa cultura de decadência instalada, os agricultores também não cuidaram mais do campo. Aquele que fora o poderoso império romano desmoronava a olhos vistos. Em um período inacreditavelmente breve, desapareceu de fato. Começava a Idade das Trevas.

Mas, embora mal tenha se evidenciado nas histórias convencionais, a influência generalizada dos espíritos sobreviveu à queda da civilização clássica.

O prólogo a um tratado de astrologia botânica do século I, atribuído ao médico grego Téssalo de Trales, mostra uma evocação, indicando que o uso de intermediários profissionais ainda era a norma.

Nos últimos anos de seus estudos médicos em Alexandria, Téssalo encontrou um tratado atribuído a um desconhecido faraó egípcio, Nequepso, que detalhava 24 curas para diversas doenças com base nos signos do zodíaco. Impressionado pela antiguidade da obra, Téssalo alardeou sua espantosa descoberta para amigos, familiares e colegas em Alexandria, mas descobriu depois que as curas não funcionavam. Essa descoberta quase o levou ao suicídio. Desesperado, decidiu buscar a revelação divina.[1] Para tanto, viajou até Tebas, onde encontrou um sacerdote disposto a evocar Asclépio, deus da medicina.

O sacerdote levou-o a uma sala escura e entoou um encantamento que fez o deus aparecer em forma de uma visão numa vasilha com água. Téssalo conseguiu conversar com a aparição, que explicou detalhadamente por que a abordagem do rei Nequepso tinha dado errado, contando depois o segredo autêntico a Téssalo, com a condição de que nunca o revelasse ao mundo profano.[2] Ian Moyer comenta que a descrição esboçada por Téssalo "revela a percepção de narrativas similares contidas na literatura dessa época".[3] A maioria delas, de modo geral, envolvia o aparecimento de um profissional que se posicionava entre o espírito e seu cliente, transmitindo mensagens e interpretando seu conteúdo. O intermediário, no caso de Téssalo, era um sacerdote, um dos últimos de sua profissão a atuar abertamente como intercessor junto ao mundo espiritual. Porém, na época em que Téssalo descobriu seu livro misterioso, são Paulo estava ocupado pregando aos atenienses e enviando cartas abertas aos coríntios e efésios na tentativa de converter os gregos pagãos, no que foi bem-sucedido. Mais ou menos um século depois, o cristianismo copta tornou-se a religião majoritária do Egito. Não demorou para que o credo do deus crucificado se espalhasse pelo Mediterrâneo e norte da África, conquistando a Europa. Com rapidez, a Igreja de Roma se estabeleceu como personagem importante — na época, *o mais* importante — na vida política e cultural do continente. Só que a Igreja de Roma não aprovava as comunicações espirituais.

Havia diversas recomendações bíblicas sobre a questão, a começar pela advertência de são João, que, se comparada a outras, era relativamente branda:

"Amados, não creiam em qualquer espírito, mas examinem os espíritos para ver se eles procedem de Deus, porque muitos falsos profetas têm saído pelo mundo".[4] João sugeriu um teste simples: se o espírito professasse a crença em Jesus, ele era bom; se não, era um asseclo do Anticristo. A Igreja não prestava muita atenção nessa postura mais branda, concentrando-se em passagens mais duras:

> Não liguem para aqueles que têm espíritos familiares, nem busquem os magos, para não serem profanados por eles: Eu sou o SENHOR seu Deus.[5]
>
> Voltarei o meu rosto contra aquele que procurar quem tem espíritos familiares ou magos, prostituindo-se com eles, e o eliminarei do meio do seu povo.[6]
>
> E fez seu filho atravessar o fogo, observar as horas, usar encantamentos e lidar com espíritos familiares e magos. Fez o que o Senhor reprova, provocando sua ira.[7]
>
> Além disso, Josias eliminou aqueles que trabalhavam com espíritos familiares, e os magos, e as imagens, e os ídolos, e todas as abominações que havia em Judá e em Jerusalém. Fez isto para cumprir as palavras da lei.[8]

E, martelando em uma cadência de chumbo por toda a Idade Média:

> Não deixem viver a bruxa.[9]

Como ficou claro na história do Antigo Testamento sobre a Bruxa de Endor,[10] era ela alguém com capacidade de entrar em contato com os espíritos.

O cristianismo nunca ficou muito contente com os espíritos, malgrado a Anunciação, a voz no batismo de Jesus e a experiência de Paulo na estrada para Damasco. Cristo, seus discípulos imediatos e muitos dos primeiros santos se encontraram com espíritos, mas quase sempre as entidades eram descritas como "impuras" ou "maléficas". Quando o Senhor concedeu a seus discípulos o poder de comandar espíritos, a dádiva veio com uma advertência: "Contudo, alegrem-se, não porque os espíritos se submetem a vocês, mas porque seus nomes estão escritos nos céus".[11] Ao se fortalecer, a Igreja se afastou de sua cautelosa posição inicial e decidiu que todos os que lidavam com espíritos eram culpados de heresia. Como não havia uma diferença aparente entre bons e maus espíritos, os historiadores cínicos provavelmente se viram tentados a entender essa medida como uma tentativa de defender o poder eclesiástico de uma possível concorrência. E, com certeza, a heresia foi perseguida com rigor. Em 1231, o papa Gregório IX criou a Inquisição Papal. Seus alvos iniciais eram os valdenses e os cátaros, duas seitas que envergonhavam a Igreja e cujos seguidores viviam com simplicidade, como o Cristo, mas com o tempo o furor da Inquisição ampliou-se e incluiu uma longa lista de heresias, entre as quais sodomia, poligamia, blasfêmia e usura.

Embora tenha sido institucionalizada mais tarde, no começo a Inquisição foi pouco mais do que um método legal. O antigo sistema de tribunais eclesiásticos foi substituído por oficiais avulsos (inquisidores) com autoridade para exigir informações de qualquer um que achassem que as possuísse, e, se necessário, para agir contra qualquer heresia que fosse encontrada. O trabalho do inquisidor era regido por parâmetros estritos e complexos, que limitavam o maior castigo que podia impor; nesses primeiros tempos, geralmente o máximo imposto era uma simples penitência. Mas Gregório IX morreu em 1241 e, apenas 21 anos após a criação da Inquisição, um novo papa, Inocêncio IV, autorizou o uso da tortura.

Em 150 anos, havia inquisidores distribuídos por toda a Europa, com poderes brutalmente ampliados. Agora, podiam impor sentenças de prisão, até — e inclusive — a perpétua. Um entusiasmado advogado canonista chegou a descobrir uma brecha na lei que proibia a Igreja de tirar a vida. Então, aqueles condenados à morte por um inquisidor — o apóstata que retirasse sua confissão, o herege teimoso que se recusasse a confessar — eram simplesmente entregues às autoridades civis, que levavam a cabo a sentença com satisfação. Uma das formas prediletas de execução consistia em queimar vivo o condenado. Lembrava os hereges da fé no pós-vida e incentivava o arrependimento no último instante. Em suma, era um ato de misericórdia.

Em 22 de agosto de 1320, foi baixada uma bula papal autorizando especificamente um inquisidor francês a investigar todos aqueles que usavam imagens ou objetos sagrados para praticar magia e aqueles que veneravam ou faziam pactos com demônios. Como, nessa época, a Igreja tendia a definir qualquer comunicação espiritual como demoníaca, todo intermediário mediúnico com os mundos espirituais passou a correr risco. E o risco não era meramente hipoté-

Na Idade das Trevas, aqueles que eram suspeitos de contatos espirituais costumavam acabar nas câmaras de tortura da Inquisição.

tico. O primeiro julgamento por feitiçaria foi realizado em Carcassonne apenas uma década após a bula. Cinco anos depois, o inquisidor Bernardus Guidonis condenou oito acusados à fogueira, entre os quais uma mulher que confessara ter aprendido os segredos do diabo com um bode. Por volta de 1350, a Inquisição tinha julgado mais de mil cidadãos franceses por feitiçaria e queimado mais de metade deles. Para alguns, contudo, essa forma hedionda de morte pode ter sido um alívio abençoado.

Um caso típico da justiça inquisitorial foi o de Pierre Vallin. Quando a Inquisição o julgou, o velho Vallin estava assustado, o que era compreensível. Confessou de imediato ter vendido a alma ao diabo havia uns 63 anos, e depois fez ao tribunal um relato fantasioso de tudo aquilo que, segundo pensou, o inquisidor queria ouvir, detalhando uma vida de atos demoníacos que incluíam a criação de tempestades, voos em vassouras e sexo com um súcubo. Quando lhe perguntaram sobre seus cúmplices nessa existência nefária, deu o nome de quatro "bruxas" cuja morte as deixaria para sempre além do alcance da Inquisição. Infelizmente, o inquisidor suspeitou de que estivesse suprimindo informações e ordenou que Vallin fosse "levado à Questão", um eufemismo para interrogatório sob tortura.

Na época do julgamento de Vallin, a Inquisição tinha refinado sua postura quanto à tortura. Havia agora vários estágios no processo. No primeiro, em geral registrado como "sem tortura", o inquirido era despido, amarrado, açoitado, esticado num leito até seus ossos estalarem, e depois tinha os dedos esmagados com prensas até estourarem. Esse tratamento convenceu Vallin a fornecer mais cinco nomes – o que, infelizmente, não foi suficiente para convencer seu inquisidor, que ordenou que fosse levado às cozinhas do Castelo de Quinezonasium, onde foi submetido a três sessões de *strappado*, procedimento no qual suas mãos eram atadas às costas e depois amarradas a uma corda puxada por uma polia no alto do teto. Então, era erguido lentamente e ficava suspenso a quatro ou seis metros durante horas de agonia. Outros cinco nomes foram obtidos. Vallin teve sorte por seu inquisidor deixar as coisas por isso mesmo. As sessões de *strappado* eram registradas como "tortura ordinária". Um nível adicional de persuasão pela dor, a "tortura extraordinária", costumava deixar as vítimas permanentemente aleijadas ou mesmo mortas. Uma prática muito escolhida consistia em queimar o pé da vítima, dando-lhe uma sacola com os ossos calcinados como lembrança.

Contra esse pano de fundo, é fácil compreender por que o intermediário profissional – sacerdote, médium, oráculo, xamã – desapareceu de vista com tanta rapidez na Europa medieval. Mas isso não quer dizer que o contato espiritual tenha cessado. Os conselhos do Além eram tão úteis, ou talvez tão atraentes, que restaram muitas pessoas prontas a correr o risco da tortura ou da morte para recebê-los. Esses indivíduos eram magos e bruxas, praticantes de magia que ocasionalmente usavam drogas herbáceas, como a figueira-do-diabo,[12] para estimular experiências visionárias, e participavam de rituais destinados a conjurar espíritos. Entre os séculos VIII e X, textos cabalísticos como o *Sepher Yetzirah* atravessaram territórios e encontraram os círculos judaicos europeus, prometendo, com base nas experiências dos místicos merkava, contato espiritual do mais alto nível. Embora a doutrina talmúdica advertisse sobre os perigos da prática esotérica, diversas fraternidades místicas se estabeleceram na França, Espanha e Alemanha. De modo geral, porém, as formas medievais de contato eram diferentes das adotadas no mundo clássico quanto a um aspecto importante. Ao longo da Idade das Trevas, a crença no diabo e seus asseclas como entidades vivas, que respiravam e, sobretudo, interferiam no mundo, foi muito fomentada pela Igreja, sendo praticamente universal. Mas, embora a doutrina inspirasse medo em muitos, para um número pequeno de pessoas tratava-se apenas de um passo para tentar evitar Satanás enquanto se escravizava seus asseclas. A desaprovação da Igreja assegurou que os dias de prática aberta de um intermediário ficassem para trás, e com isso o ônus do contato espiritual recaiu, pela primeira vez em séculos, sobre o indivíduo que buscava auxílio. A questão era *como fazê-lo*. A resposta foi dada pela proliferação crescente dos grimórios, os famosos "livros negros" de magia. Uma autoridade no assunto, Sir Keith Thomas, escreveu:

> Desde a época clássica, acreditava-se que, seguindo-se o ritual apropriado, seria possível entrar em contato com seres sobrenaturais... Muitos desses rituais já existiam desde a Idade Média... Geralmente, circulavam na forma de manuscritos e eram guardados com o máximo sigilo por seus proprietários: o que não nos surpreende, pois, durante boa parte desse período, a conjuração de espíritos foi um delito capital... Essas obras abriam para o leitor a possibilidade de invocar toda a hierarquia de anjos e demônios, cada um com o próprio nome e atributo. Os rituais para esses chamamentos variavam, mas normalmente envolviam procedimentos como desenhar círculos com giz no chão, pronunciar encantamentos, observar condições rituais de jejum e prece, empregando aparatos como água benta, velas, cetros, espadas, varas e lâminas de metal. Não há dúvida de que esses rituais foram praticados extensamente, tanto por intelectuais contemporâneos como por candidatos a magos menos educados. Os chamados "Livros de Magia" [...] contêm fórmulas bem claras para a invocação de espíritos, e não faltam evidências de tais sessões no manuscrito *Livros de Experimentos*, que sobreviveu até nossos dias.[13]

Um estudo dos grimórios indica uma mudança nítida na atitude para com entidades espirituais nesse período, possivelmente ocasionada pela aceitação inconsciente das doutrinas da Igreja. Enquanto os espíritos do xamanismo antigo eram tratados com respeito, e as estátuas falantes das investigações de Jaynes eram abordadas com reverência, os conjuradores medievais viam as entidades com quem se comunicavam como servos ou escravos que podiam ser comandados, lisonjeados, ameaçados ou forçados a se submeter. O fragmento de texto a seguir, extraído de um dos grimórios mais populares, *Clavicula Salomonis*, ou "Clavícula de Salomão", dá uma ideia dessa nova abordagem. Nele, o mago é orientado quanto ao que deve fazer caso os espíritos se mostrem hesitantes diante de conjurações mais brandas:

> Se aparecerem imediatamente, está bem; se não, que o mestre descubra os pentáculos consagrados que ele deveria ter elaborado para obrigar e comandar os espíritos, e que deve usar pendurados em seu pescoço, segurando as medalhas (ou pentáculos) na mão esquerda e a faca consagrada na direita; e, incentivando seus companheiros, deve dizer em voz alta: —
>
> Eis aqui os símbolos de coisas secretas, os padrões, as insígnias e as bandeiras de Deus, o conquistador; e as armas do Uno Todo-Poderoso, para compelir as potências etéricas. Ordeno absolutamente por seu poder e virtude que se aproximem de nós, até nossa presença, de qualquer parte do mundo em que possam estar, e que não tardem a nos obedecer em todas as coisas que lhes ordenar pela virtude de Deus Poderoso. Venham prontamente e não tardem em aparecer, e respondam-me com humildade.
>
> Se aparecerem dessa vez, mostre-lhes os pentáculos e receba-os com bondade, gentileza e cortesia; raciocine e fale com eles, questione-os e pergunte-lhes sobre todas as coisas que você se propôs a perguntar.
>
> Mas se, pelo contrário, não aparecerem, segurando a faca consagrada com a mão direita e os pentáculos sendo descobertos ao se remover a cobertura consagrada, golpeie o ar e bata nele com a faca como se quisesse dar início a um combate, conforte e exorte seus companheiros, e depois, com voz alta e severa, repita a seguinte conjuração: —
>
> Novamente eu os conjuro, e, com mais urgência, comando-lhes; forço, obrigo e exorto a todos ao máximo, pelo mais poderoso nome de Deus EL, forte e maravilhoso, e por Deus o justo e reto, exorcizo-os e ordeno-lhes que de nenhum modo se atrasem, mas que venham imediatamente e num instante venham cá diante de nós, sem ruído, deformação ou hediondez, mas com todas as maneiras da gentileza e moderação.

> Exorcizo-os novamente, e conjuro-os poderosamente, ordenando-lhes com força e violência por aquele que falou e foi feito; e por todos estes nomes: EL SHADDAI, ELOHIM, ELOHI, TZABAOTH, ELIM, ASHER EHEIEH, YAH, TETRAGRAMMATON, SHADDAI, que significam Deus o altíssimo e Todo-Poderoso, o Deus de Israel, pelo qual todas as nossas tarefas são realizadas, prosperando assim todas as obras de nossas mãos, vendo que o Senhor está agora, sempre e para sempre conosco, em nosso coração e em nossos lábios; e por seus nomes santos, e em virtude do Deus soberano, realizaremos toda a nossa obra...
>
> Mas, se forem ainda contumazes, nós, pela autoridade de um Deus soberano e potente, iremos privá-los de todas as qualidades, condições, graus e lugares de que agora desfrutam, precipitando-os e relegando-os ao Reino de Fogo e de enxofre, onde serão eternamente atormentados. Venham, pois, de todas as partes da terra, de onde quer que estejam, e contemplem os símbolos e nomes daquele soberano triunfante ao qual todas as criaturas obedecem, do contrário vamos prendê-los e conduzi-los à força, à nossa presença, presos por correntes de fogo, pois esses efeitos que procedem e emanam de nossa ciência e operação ardem com um fogo que deverá consumi-los e queimá-los eternamente, pois por isso todo o Universo treme, a terra se move, as pedras se agrupam, todas as criaturas obedecem e os espíritos rebeldes são atormentados pelo poder do criador soberano.[14]

Vale a pena comentar a segunda grande mudança nas comunicações espirituais durante esse período: o uso maciço de imagens judaico-cristãs nos rituais de evocação. A alegação de falar com a autoridade de Deus e de Jesus Cristo parece ser uma característica universal dos grimórios, apesar da posição da Igreja quanto à prática da evocação. Ao ler os "livros negros", fica-se com a nítida impressão de que seus autores eram homens muito religiosos, ou, no mínimo, absolutamente crentes na soberania de Jeová e/ou de seu Filho Cristão. Ao lado dessa convicção, havia a suposição de que a escravização de demônios era uma atividade legítima, pois lhes dava a oportunidade de fazer algum trabalho decente, para variar. Chamar os anjos, atividade para a qual alguns grimórios dão instruções, costumava mudar o tom da conversa. Os mensageiros celestes eram alvos de súplicas, e não de ordens para surgimento, apesar de a arrogância do conjurador nunca estar muito distante, mesmo nas súplicas. Mas a prática da evocação não se limitava a espíritos infernais e celestes. O estudioso medieval Michael Scot (aprox. 1175-1234) escreveu que a prática ocultista de sua época incluía a necromancia: a conjuração do espírito dos mortos.[15]

Com poucas exceções, os historiadores convencionais veem as comunicações com espíritos como uma influência oculta (e pouco importante) sobre a sociedade durante a Idade Média, ignorando o fato de que as vigorosas tentativas da Igreja para eliminá-las sugerem que a questão era séria. Mas até os mais convencionais não podem ignorar totalmente um exemplo marcante de contato espiritual de importância histórica óbvia, bem como suas implicações para o século XXI.

7. RAÍZES DO ISLÃ

As trevas que envolveram a Europa durante o início da Idade Média não foram um fenômeno mundial. As luzes da cultura que se apagaram quando os romanos recuaram permaneceram acesas no Oriente Médio, onde o respeito dos árabes pela ciência e por seu desenvolvimento serviu de farol para o mundo. Entretanto, tal como em todas as civilizações incipientes, o contato com o mundo espiritual foi mantido. Antes do advento do islamismo, os árabes "viviam e morriam com a magia – falavam com os bons gênios, os *djins*".[1] Contra esse pano de fundo cultural, em 570 EC deu-se o nascimento de uma criança que estava destinada literalmente a mudar o mundo. Seu nome era Abū al-Qāsim Muḥammad ibn 'Abd Allāh ibn 'Abd al-Muṭṭalib ibn Hāshim. Hoje, é conhecido apenas como Maomé.

Os pais do garoto, 'Abd Allāh e Āminah, pertenciam à tribo governante de Meca, responsável por proteger o mais sagrado santuário da cidade, a Caaba, onde seu avô, 'Abd al-Muṭṭalib, era líder da comunidade. Mesmo assim, seus primeiros anos de vida foram difíceis. Seu pai morreu antes que o garoto nascesse. Seguindo o costume de todas as grandes famílias árabes da época, sua mãe, Āminah, mandou-o ainda bebê para viver entre os beduínos do interior do deserto. A crença era que a vida no deserto ensinava nobreza e autodisciplina para os meninos, além de lhes dar o gosto pela liberdade. Tirava-os da corrupção potencial da cidade e oferecia uma fuga do cruel domínio do tempo. De certo modo, o mais importante é que os expunha ao eloquente árabe falado pelos beduínos e instilava neles a habilidade da oratória. O deserto era visto como um lugar de sobriedade e pureza. Enviar as crianças para lá significava renovar um vínculo que já existia há gerações.

Acampamento no deserto similar àquele no qual o Profeta Maomé teve sua primeira experiência espiritual em sua estadia com os beduínos, na infância.

Durante a estadia nesse deserto vazio, Maomé teve sua primeira experiência espiritual:

> Apareceram-me dois homens, vestidos de branco, com uma bacia dourada cheia de neve. Abrindo meu peito, pegaram meu coração. Tomaram-no, abriram-no também e dele tiraram um coágulo escuro que jogaram fora. Então, lavaram meu coração e meu peito com a neve.[2]

Quando Maomé estava com 6 anos, sua mãe morreu e ele teve de cuidar do avô. Mas o velho morreu dois anos depois, e a educação do jovem foi confiada a um tio, Abū Ṭālib. Aparentemente, fez um bom trabalho, pois Maomé cresceu e se tornou um jovem cujo caráter acabou lhe granjeando o apelido de al-Amīn, ou "O Confiável". Cidadãos de Meca procuravam-no para servir de árbitro em suas disputas. A aparência de Maomé era, segundo fontes antigas, bem marcante:

> [Ele] não era nem alto e magro, nem baixo e gordo, mas de compleição mediana. Seus cabelos não eram crespos nem lisos, mas levemente ondulados.

Não tinha excesso de peso e seu rosto não era roliço. Era redondo. Sua tez era branca com tons avermelhados. Tinha grandes olhos negros, com cílios longos. Suas sobrancelhas eram pesadas e seus ombros, largos. Sua pele era macia, com pelos finos cobrindo a linha entre a metade do tórax e o umbigo. As palmas de suas mãos e as solas de seus pés tinham certo estofo. Caminhava com passos firmes, como se estivesse deslizando ladeira abaixo. Em suas costas, entre os ombros, havia [...] uma verruga.[3]

A verruga, percebida inicialmente por seu guardião Ḥalīmah logo após a visão dos dois homens de branco, era um detalhe importante. Seu posicionamento identificava-a como o Selo da Profecia, um sinal visível do destino do jovem.

Maomé casou-se pela primeira vez aos 25 anos. Aceitou a proposta de sua empregadora da época, uma mulher rica de Meca chamada bint al-Khuwaylid, que lhe deu dois filhos e quatro filhas. Os dois garotos morreram cedo. Dez anos depois, Maomé era uma das figuras mais respeitadas de sua cidade natal. Ainda lhe pediam para arbitrar conflitos, mas agora estes podiam ser tanto civis como pessoais, e às vezes extremamente importantes. Numa ocasião, por exemplo, as principais tribos da região não se entendiam quanto a qual delas deveria colocar a sagrada pedra negra em seu lugar na Caaba recém-restaurada. Maomé foi chamado para resolver a situação, e pôs a pedra sobre sua capa, que foi aberta no chão; representantes de cada tribo ergueram uma das pontas da capa, até a pedra chegar a uma altura tal que pôde ser colocada na parede.

A essa altura, Maomé passava boa parte do tempo em preces e meditação, geralmente na solidão do deserto. A prática propiciou-lhe visões religiosas, algumas descritas por ele como "o irromper da luz da aurora".[4] No ano 610 EC, quando Maomé estava com 40 anos, uma das viagens ao deserto proporcionou-lhe uma experiência que iria mudar sua vida. Meditando na caverna de al-Ḥirā', na Montanha da Luz (Jabal al-Nūr), perto de Meca, um espírito com a aparência de um homem o abraçou e exigiu que ele "recitasse". Como Maomé se recusou a fazê-lo, a entidade abraçou-o novamente três vezes e começou a ditar uma longa mensagem. Maomé entrou em pânico – pensou que corria o risco de ser possuído por *djinns* ou demônios – e saiu correndo da caverna. A voz o seguiu. A tradição árabe afirma que, nesse ponto, ela lhe disse que ele, Maomé, era o mensageiro de Deus, e que ela, a voz, era do arcanjo Gabriel. Maomé não acre-

A Montanha da Luz, perto de Meca, onde Maomé se encontrou pela primeira vez com o arcanjo Gabriel.

ditou em nada disso e disparou montanha abaixo. Porém, ao olhar para trás, viu que o céu estava verde e tomado, qualquer que fosse a direção para a qual olhasse, pela forma imensa de um anjo.

Quando chegou em casa, Maomé contou sua experiência à esposa. Ela aceitou a história sem hesitar e mandou chamar seu primo Waraqah, um cristão particularmente devoto que, mesmo assim, confirmou que Maomé fora escolhido como profeta de Deus. O próprio Maomé teve uma segunda revelação pouco tempo depois. Foi o início de um processo que duraria 23 anos, resultando no *Qur'ān* (Alcorão), escritura sagrada do islamismo que contém, segundo a crença muçulmana, a palavra de Deus revelada por meio de Gabriel ao Profeta Maomé. Segundo as tradições antigas, Gabriel levou o Alcorão diretamente ao coração do profeta, sugerindo uma transferência emocional, e não intelectual. No Alcorão, Gabriel é representado como um espírito que o profeta conseguia ver e ouvir de vez em quando. Aparentemente, as revelações se deram em estado de transe, acompanhadas por intensa sudorese. Carregavam em si a própria convicção, forte o suficiente para partir uma montanha em temor a Deus, segundo as próprias escrituras. O Alcorão descreve a si mesmo como a transcrição de um livro celeste numa placa a ser preservada e sem influência de fontes terrenas.

Maomé levou três anos até adquirir confiança para pregar sua revelação ao público em geral, embora explicasse a mensagem à sua família e mesmo a algumas pessoas mais próximas nesse meio-tempo. Formou-se um pequeno grupo à sua volta, que, mesmo pequeno, foi a semente a partir da qual o islamismo acabou crescendo. E não foi um crescimento fácil. As figuras mais influentes de Meca rejeitaram a nova doutrina, que pregava um monoteísmo estrito, opunha-se à idolatria e, em consequência, ameaçava o comércio. Na época, a Caaba era o foco de quase todos os cultos religiosos árabes e um ímã para peregrinações lucrativas. Se a nova religião se disseminasse, quem poderia prever o que aconteceria com o *status* preferencial da Caaba? Quem poderia prever o que aconteceria com o comércio?

Apesar de tudo, o islamismo acabou crescendo, embora a oposição aumentasse à medida que sua influência se espalhava. Os primeiros fiéis foram perseguidos e até torturados. Mas, em 619 EC, o próprio Maomé teve sua mais significativa experiência religiosa ao passar a noite num santuário aberto junto à muralha norte da Caaba. Embora as tradições variem um pouco, há um consenso quanto a ele ter sido levado por Gabriel num cavalo alado até a cidade de Jerusalém. Lá, dirigiram-se à rocha sobre a qual Abraão quase sacrificou seu filho[5] e depois ao próprio céu, subindo por estados superiores da existência, até Deus. Num dado momento, Gabriel disse a Maomé que não poderia subir mais porque, se o fizesse, correria o risco de queimar as asas na glória do Altíssimo. Maomé, porém, pôde seguir viagem, até que, prostrado diante do trono divino, recebeu o conteúdo supremo do conhecimento islâmico, inclusive o formato final das preces diárias bem como sua quantidade.

A ideia de difundir a mensagem do islamismo além da cidade de Meca, algo que rondava a mente de Maomé, recebeu um incentivo inesperado em 621 EC, quando chegou uma delegação vinda de Yathrib, cidade do norte, convidando-o a assentar residência lá como líder cívico. No ano seguinte, o profeta chegou a um acordo com o povo de Yathrib (hoje a cidade de Medina), prometendo liderança em troca de proteção. Então, ordenou que seus seguidores fossem a

Yathrib em pequenos grupos para não chamar atenção, aguardando-o lá. Maomé escapou de Meca na hora certa. Seus inimigos atacaram a casa dele com a intenção de matá-lo pouco depois de sua fuga. Sua chegada a Yathrib em 25 de setembro de 622 EC assinala o estabelecimento do islamismo como religião e a introdução do calendário islâmico.

Hoje, o islamismo é a segunda maior religião do mundo, depois do cristianismo. Conforme um estudo divulgado pelo Pew Research Center em 2011, conta com 1,62 bilhão de crentes – pouco menos que uma em cada quatro pessoas no mundo. Todos seguem um estilo de vida e um sistema de crenças surgidos com as revelações de uma voz espiritual numa caverna árabe há mais de treze séculos.

Naturalmente, o islamismo não foi a primeira religião a ter surgido de revelações espirituais, nem será a última. Porém, os espíritos conseguiram também efeitos quase inteiramente políticos – e de grande extensão. Por isso, esse caso ilustra adequadamente tanto a influência direta e contemporânea de um contato espiritual quanto suas implicações para o curso da História, mesmo quando aqueles que acreditam nele não somem um grande número de pessoas.

PARTE II
TRANSFORMADORES DO MUNDO

Embora o crescimento mundial da religião institucionalizada tenha mudado a postura do público com relação ao mundo espiritual, sempre houve indivíduos refratários a aceitar a necessidade de intermediários sacerdotais para obter a ajuda do outro mundo e suas doutrinas. Para alguns, a própria convicção veio na forma de vozes e visões espirituais espontâneas. Outros foram levados a buscar contatos em função de crenças excêntricas, da vontade de atingir o poder, do desejo de conhecimentos ou da simples curiosidade. Alguns, com sua personalidade exuberante, foram levados pelo destino a desempenhar um papel importante nas decisões políticas de sua época. Todos foram guiados por essas vozes abafadas que têm forjado o curso da história humana desde tempos imemoriais.

Esta seção apresenta retratos no contexto de uma coleção representativa de tais indivíduos, entre eles um zelote devoto, um clarividente corajoso, um conselheiro real... e até mesmo o fundador de uma nova e dinâmica religião. Eles constituem um conjunto tão variado quanto se possa imaginar, permitindo, assim, que também se tornem transformadores do mundo.

8. AS VOZES E A DONZELA

A Guerra dos Cem Anos foi um conflito intermitente entre a Inglaterra e a França nos séculos XIV e XV, provocada pela sucessão da coroa francesa e diversas questões menos prementes. Apesar do nome, na verdade durou mais de cem anos, começando em 1337 e terminando em 1453. Perto do fim desse período, os espíritos intervieram no conflito de forma tão dramática que ganharam um lugar de destaque em todas as histórias do final da Idade Média. O canal deles foi uma rústica jovem francesa chamada Jehanne. Hoje, ela é conhecida no mundo inteiro como Joana d'Arc.

Joana nasceu na Festa da Epifania de 1412, na aldeia de Domrémy, nordeste da França. Seus pais, Jacques e Isabelle d'Arc, eram camponeses que cuidavam de vinte hectares de terra ao longo do vale do Meuse superior. Sua data de nascimento tem certa importância, pois o bebê cresceu e se tornou uma menina agradável e devota, que trabalhava com diligência e ia com frequência à igreja. Desenvolveu uma devoção especial pela Virgem Maria e começou a levar e a acender velas em homenagem a ela na capela da Notre Dame de Bermont. Um aldeão seu amigo lembra-se dela como "muito comprometida com o serviço a Deus e à santa Maria". Outro acrescentou que ela ajudava os doentes e dava esmolas aos pobres.[1] No verão de 1424, no jardim de seu pai, ouviu "uma voz de Deus" e ficou com muito medo.[2]

A voz, que, segundo acreditou, foi enviada pelo Todo-Poderoso para ajudar a orientar seu comportamento, manifestou-se numa época complexa e turbulenta da história da França. A coroa francesa estava sendo disputada entre o delfim Carlos (mais tarde, Carlos VII), filho e herdeiro do rei Carlos VI, dos Valois, e o rei inglês Henrique VI, dos Lancaster. Os exércitos de Henrique eram aliados aos de Filipe, o Bom, duque da Borgonha, e ocupavam boa parte do norte do reino. A aldeia de Joana ficava na turbulenta fronteira entre as terras controladas pelo delfim e as ocupadas por Henrique e Filipe. Seu pai já havia reunido recursos com outra família de fazendeiros para alugar o Château de l'Ile, uma ilha fortificada no Meuse que ele esperava poder servir de santuário para os aldeões e seu gado.

A voz que Joana ouviu no jardim veio da direção da Igreja de St. Rémy, perto de sua casa. Foi acompanhada por uma luz, e ela logo imaginou que devia ser a voz de um anjo. A sequência exata de eventos, apresentada em relato da própria Joana,[3] é um pouco confusa nesse ponto, mas parece que a comunicação inicial transformou-se numa visão completa do arcanjo Miguel, que era, entre outras coisas, o santo patrono do Exército Real da França. Com ele, vieram "muitos anjos do céu", vistos por Joana como se estivessem fisicamente presentes. O arcanjo lhe disse que santa Catarina e santa Margarida viriam em breve para ter com ela, e ela deveria obedecê-las naquilo que lhe dissessem para fazer, pois estariam agindo por ordens de Deus. Depois que ele entregou a mensagem e se foi, ela começou a chorar: queria voltar com os anjos para a morada celestial deles.

A experiência foi a primeira de muitas. Vozes, que ela entendeu serem das santas cuja visita fora prometida, vinham a ela duas ou três vezes por semana. No começo, disseram-lhe apenas que fosse boazinha e frequentasse a igreja regularmente, mas depois, para espanto de Joana, as mensagens tornaram-se políticas. Instruíram-na a viajar até os territórios leais ao delfim para erguer o cerco imposto à cidade de Orléans. Para isso, ela foi visitar primeiro a cidade de Vaucouleurs, onde o comandante da guarnição, Robert de Baudricourt, lhe daria tropas. Joana protestou, dizendo que não sabia liderar homens em combate e nem mesmo montar em um cavalo; além disso, com 12 anos, era jovem demais para essa tarefa. Ela ignorou as vozes insistentes, continuando a fazê-lo durante os quatro anos seguintes, mas os espíritos perseveraram.

As visões de Joana não chegaram propriamente a mudá-la — sempre havia sido uma menina conservadora, comportada e assídua na igreja —, mas intensificaram extraordinariamente sua piedade. Enquanto as amigas cantavam e dançavam, Joana ia à igreja, onde passava horas rezando. Confessava-se com frequência e trabalhava muito em sua casa e nos campos do pai. Ignorava as outras moças quando lhe diziam que ela se tornara "piedosa demais". Enquanto isso, à sua volta, a situação política continuou a se deteriorar. Na primavera de 1428, a impressão que se tinha era que em pouco tempo a Inglaterra ocuparia a porção sul da França. Joana decidiu que não podia mais procrastinar. Era chegada a hora de obedecer às vozes espirituais. Ela contava então apenas 16 anos.

Em 13 de maio, Joana viajou à aldeia de Burley-le-Petit para visitar seu tio, Durand Lassois.[4] Depois de se instalar para uma visita de oito dias, o verdadeiro propósito de sua chegada ficou evidente. Ela lhe disse que precisava visitar Vaucouleurs, e ele concordou em levá-la. Já no local, começou a procurar o comandante da guarnição, Robert de Baudricourt. Apesar de nunca tê-lo visto antes, uma das vozes o identificou. Joana caminhou corajosamente até ele e lhe disse que precisava ter com o delfim, para assegurar-se de que ele seria coroado como o legítimo rei da França. De Baudricourt não se impressionou. Disse a Lassois que a levasse para casa, a fim de "dar-lhe uma boa surra". Joana se abateu e voltou para Domrémy com relutância.

No mês de outubro, o cerco previsto de Orléans começou. A cidade foi cercada por 4 mil tropas inglesas e corria o risco iminente de sucumbir durante o inverno. Em janeiro de 1429, com as vozes espirituais cada vez mais insistentes, Joana fez novos planos para visitar Vaucouleurs. Disse a seus pais que iria ajudar a esposa de Durand Lassois, combinou com este para buscá-la e, no caminho para a casa dele, convenceu-o a levá-la a Vaucouleurs. Lá, acomodou-se com amigos de sua família, Henri e Catherine le Royer. Instalada e em segurança, tentou novamente falar com Robert de Baudricourt, que continuou a ignorá-la. Entretanto, a fama de Joana começara a se espalhar. Ela passara a se chamar de Donzela, citando com frequência uma antiga profecia de que uma virgem seria a salvação da França, bem como falava abertamente sobre as vozes e sua missão. Por isso, foi chamada ao leito de morte do duque de Lorena, que achou que a jovem e devota visionária poderia curá-lo. Em vez de fazê-lo, Joana passou-lhe um sermão rápido sobre seus pecados e ofereceu-se para rezar por sua saúde caso ordenasse que seu filho e alguns homens a levassem ao delfim. O duque, que era a favor dos ingleses, declinou, mas deve ter se comovido com a ousadia dela, pois lhe deu quatro francos. Joana voltou a Vaucouleurs, onde as vozes a incentivaram a insistir com Robert de Baudricourt. Ela o procurou duas vezes, sendo rejeitada nas duas. As vozes previram então que ela conseguiria o que queria caso tentasse uma terceira vez. A previsão estava correta. De Baudricourt autorizou-a a ser acompanhada à corte do delfim em Chinon, dando-lhe até uma carta de recomendação.

Agora, Joana tinha amigos em Vaucouleurs. Foi formada uma escolta em pouco tempo, e Joana recebeu roupas masculinas feitas sob medida, esporas, caneleiras, espada e um cavalo.[5] Então, o grupo foi para a estrada. Joana predisse que, se encontrassem soldados pelo caminho, Deus iria limpar a estrada para eles, pois era para isso que tinha nascido.

Depois de uma viagem longa e árdua, Joana acabou sendo levada a um salão de audiências lotado em Chinon. Sua fama a precedera. Havia mais de trezentos soldados armados andando pelo salão, e o delfim havia se recolhido num dos cantos do recinto para testar seus poderes. Mas as vozes responderam à altura e a conduziram diretamente a ele. Ela se apresentou como Jehanne la Pucelle (Joana, a Donzela), garantiu-lhe que era ele o herdeiro legítimo ao trono da França e predisse que ele seria ungido e coroado na cidade de Reims. Testemunhas oculares do encontro disseram que Carlos ficou muito satisfeito com o que ouvira, mas era um homem cauteloso. Apesar de ela evocar frequentemente o nome de Deus, ele precisava muito saber se ela estava de fato em contato com o Todo-Poderoso. Por isso, ordenou que fosse examinada a fundo por uma comissão de clérigos, prelados e teólogos do alto escalão para determinarem se ela era digna de crédito ou não. O exame levou pouco mais de três semanas, parte das quais passada em Poitiers. Num dado momento, quando lhe pediram que apresentasse um sinal (sobrenatural) de sua boa-fé, ela disse secamente a seu questionador: "Não vim a Poitiers para produzir sinais; mande-me a Orléans e vou lhe mostrar os sinais pelos quais fui enviada!"[6] Os sinais de que falou podem ser inferidos pelo conteúdo de uma carta que ela enviou depois aos comandantes ingleses que sitiavam Orléans. Nela, disse-lhes que fora indicada por Cristo para expulsá-los da França.

Em março de 1429, os teólogos de Poitiers apresentaram seu veredicto:

O Rei... não deve impedi-la [Joana] de ir a Orléans com seus soldados, e ela deve ser conduzida honrosamente, confiante em Deus. Pois considerá-la com suspeitas ou abandoná-la, quando não há aparência de malícia, seria repelir o Espírito Santo e torná-lo indigno da ajuda de Deus.[7]

Para comemorar o veredicto, as vozes de Joana encontraram uma espada para ela: a arma, disseram, seria encontrada atrás do altar da igreja de St. Catherine-de-Fierbois; e de fato estava lá, enferrujada e enterrada no chão. Um clérigo limpou-a e a enviou para ela. Embora tenha ficado encantada com o presente, Joana nunca a brandiu em combate. Sua única "arma" era sua bandeira pessoal, que mostrava Cristo segurando o mundo, ladeado por dois anjos e os nomes de "Jesus" e "Maria". Desse modo, afirmou, não teria de ferir ninguém. Para que não fosse ferida, o rei encomendou um traje completo: uma armadura de aço brunido, feita especialmente sob medida, a um custo de cem *livres-tournois*. Dois meses depois, Joana foi à cidade de Blois para reunir víveres e se encontrar com o exército que lhe fora prometido, o qual, sem dúvida, ela desconcertou ao emitir um conjunto de ordens a serem cumpridas de imediato, banindo imprecações e butins e tornando obrigatório o comparecimento regular à Missa, com confissões. Os acompanhantes civis foram embora, e qualquer soldado que tivesse namorada ou amante devia casar-se ou deixar o acampamento. Tendo reunido provisões, Joana e seus homens marcharam rumo a Orléans.

A essa altura, três lados da cidade encontravam-se isolados por uma série de fortalezas, algumas construídas do nada pelos ingleses; outras como fruto da fortificação e ocupação de edifícios existentes. Para chegar à cidade propriamente dita, o exército do delfim foi obrigado a atravessar o Loire, o que foi um problema, pois as balsas de transporte foram impedidas de funcionar por um vento forte. Joana tranquilizou seus comandantes, além de um representante da cidade enviado para encontrá-la, dizendo que Deus tinha se apiedado de Orléans: nesse momento, o vento mudou e as balsas voltaram a funcionar. Joana foi transportada pelas posições inglesas, entrando na cidade depois do ocaso, mas não havia barcos suficientes para transportar todo o seu exército; por isso, foi acompanhada por menos da metade de seus homens.

Escondida em segurança em Orléans, Joana enviou uma segunda carta aos ingleses dizendo-lhes que saíssem de lá. Contrariando as regras de guerra, os ingleses aprisionaram um dos dois arautos que haviam entregado a mensagem, enviando o outro de volta com uma repreensão severa a Joana, chamando-a de *criadora de vacas* e *cafetina*. Joana decidiu fazer uma tentativa pessoal, aproximando-se de um ponto que ficava perto o suficiente das posições inglesas para ser ouvida caso gritasse. Lá, berrou ao comandante para se render em nome de Deus. O comandante respondeu com a ameaça de queimá-la.

O dia seguinte (1º de maio) era domingo – a "trégua de Deus" –, no qual todos os combates eram suspensos temporariamente. Dois comandantes de Joana valeram-se da oportunidade para tentar reunir o restante de seu exército, descobrindo porém que, sem a inspiração de sua presença, muitos soldados tinham desertado. Joana, por sua vez, valeu-se da trégua para fazer outro apelo verbal a fim de que o inimigo se rendesse, mas foi recebida de novo com maus-tratos. Três dias depois, as tropas restantes chegaram, levando suprimentos e reforços a Orléans, sem oposição dos ingleses. Mas isso foi apenas a calmaria antes da tempestade. Um novo exército inglês foi visto em marcha para reforçar o cerco, e, enquanto Joana dormia, um dos comandantes de Orléans lançou um ataque de 1.500 homens contra uma posição inimiga: a fortaleza de St. Loup. Todavia, era impossível esconder qualquer coisa das vozes de Joana, pois elas a acordaram com instruções para atacar os ingleses. Sua única dúvida era se deveria atacar o exército que se aproximava ou uma das fortalezas inglesas. Tomou a decisão quando descobriu que havia combate em St. Loup. O ataque francês à fortaleza não ia bem, mas a presença de Joana fez toda a diferença. As tropas de Orléans redobraram seus esforços ao ver seu estandarte, o moral inglês se desfez e, em três horas, o forte havia sucumbido. A essa altura, havia 114 ingleses mortos e quarenta prisioneiros. Joana ordenou que seus soldados se confessassem e agradecessem a Deus pela vitória. Então, profetizou que o cerco a Orléans cessaria dentro de cinco dias. A predição mostrou-se absolutamente precisa.

No dia seguinte à queda de St. Loup, 5 de maio, houve outra "trégua de Deus" (a Festa da Ascensão), e Joana aproveitou a oportunidade para escrever mais uma carta aos ingleses exigindo a retirada deles. Desta vez, para não correr o risco de perder outro arauto, enviou a carta lançando uma flecha na direção das posições inglesas. Malgrado a derrota em St. Loup, os ingleses mantiveram uma postura desafiadora. Em 6 de maio, as hostilidades recomeçaram com um ataque francês a duas das fortalezas inglesas restantes. Os ingleses abandonaram a primeira sem luta, recolhendo-se rapidamente à segunda, um mosteiro fortificado conhecido como Le Bastille des Augustins. Os comandantes franceses hesitaram e cancelaram o ataque. Mas Joana apareceu montada em seu cavalo e insistiu em liderar as tropas novamente ao ataque. Este foi bem-sucedido: a Bastille sucumbiu, e os poucos sobreviventes ingleses fugiram apressadamente para sua principal fortificação, Les Tourelles.

Com o exército francês acampado ao redor de Les Tourelles, Joana teve outro desentendimento com seus comandantes militares. Eles queriam voltar para Orléans e aguardar reforços. Ela lhes disse que, depois de se aconselhar com o Senhor, preferia que atacassem ao amanhecer. Mais uma vez, conseguiu o que queria. A manhã a encontrou à frente de seu exército, apesar do fato de ter profetizado que seria ferida em combate. A predição mostrou-se verdadeira após o desjejum, quando ajudava os soldados a erguer uma escada de assalto. Um arqueiro inglês atingiu-a entre o ombro e o pescoço, e ela foi lançada para longe com a flecha trespassada às costas. Seus soldados a levaram para um lugar seguro e sugeriram que usasse magia para curar o ferimento, mas Joana se recusou, afirmando que, se o fizesse, seria um pecado, algo contrário à vontade de Deus. Os cirurgiões militares estancaram a hemorragia, tratando o ferimento com algodão embebido numa mistura de azeite de oliva e gordura de bacon. Segundo o testemunho posterior de Joana, santa Catarina apareceu para reconfortá-la.

Desmoralizados pelo ferimento de sua líder, os comandantes franceses decidiram cancelar o ataque. Joana ficou atônita ao saber dessa decisão e pediu-lhes que aguardassem um pouco mais antes da retirada. Cavalgou até um vinhedo próximo e passou quinze minutos em estado de profunda oração. Quando voltou, predisse que, quando o vento fizesse sua bandeira tocar a muralha da fortaleza, esta cairia de imediato diante do ataque francês. Então, cavalgou para ficar à vista dos ingleses, que se abateram completamente com a inesperada reaparição. Suas próprias tropas tornaram a atacar com ferocidade renovada, um soldado tendo contado que, quando a bandeira de Joana tocou a muralha, a fortaleza de fato sucumbiu devido a um movimento de pinça que encontrou pouquíssima resistência. As tropas francesas voltaram a Orléans ao som de sinos da igreja e dos cidadãos cantando *"Te Deum Laudamus"* (Louvamo-te, ó Deus). No dia seguinte, os ingleses abandonaram o cerco.

Nesse ponto, não havia mais dúvida alguma de que Joana era inspirada por Deus, nem que fora, quase sozinha, responsável pelo levantamento do cerco a Orléans. Animados pelo sucesso, os franceses iniciaram rapidamente uma série de campanhas destinadas a desarmar as posições inglesas restantes ao longo do Loire. Seguiram-se mais embates em outros locais, com novos sucessos dos franceses, até que, em junho de 1429, a batalha decisiva foi travada em Patay, e todo o exército inglês debandou, libertando o país de um longo jugo. Após certa hesitação, o delfim enfim marchou até Reims, onde foi coroado como rei Carlos VII no final do mês, cumprindo a predição inicial de Joana. Contudo, não quis marchar sobre Paris — um passo que, se bem-sucedido, o teria estabelecido com firmeza no trono. Em vez disso, voltou ao Loire e dispensou seus exércitos em 22 de setembro. Mas a guerra estava longe de seu término, e Joana, agora heroína nacional, participou de várias outras ações, todas com sucesso, até que, em 23 de maio de 1430, sua sorte falhou. Liderando um ataque contra as tropas da Borgonha que cercavam Compiègne, acabou dominada por reforços ingleses e foi obrigada a bater em retirada. Como costumava fazer, ficou para trás a fim de proteger a retaguarda, enquanto atravessavam o rio Oise. Minutos depois, ficou sem montaria e, sem conseguir tornar a montar, entregou-se. Foi levada primeiro a Margny, onde se encontrou com o duque da Borgonha, e depois enviada pelo aliado deste, João de Luxemburgo, a um castelo em Vermandois. Tentou escapar, fato que resultou em seu envio a um castelo ainda mais remoto, onde saltou do alto de uma torre sobre um fosso. Mesmo ficando inconsciente, não se feriu com gravidade e, ao se recuperar, foi levada a Arras, centro da região de Artois, no norte da França, cidade leal à Borgonha. Lá, João de Luxemburgo vendeu-a por 10 mil francos a Pierre Cauchon, bispo de Beauvais, que apoiava os ingleses, e levou-a a julgamento em Ruão. A acusação foi de heresia, e os juízes foram o próprio Cauchon e Jean Lemaître, vice-inquisidor da França.[8]

Em 21 de fevereiro de 1431, Joana d'Arc foi levada diante de seus juízes e mostrou-se tão desafiadora quanto sempre fora com seus comandantes militares. Exigiu assistir à missa,[9] alegou que tinha a liberdade moral de tentar fugir e recusou-se a revelar quaisquer detalhes de suas conversas com os delfins.[10] Uma consequência de sua teimosia foi ter ficado acorrentada a um bloco de madeira, sendo observada dia e noite por guardas em sua cela. Enfrentou um total de

Guiada por vozes espirituais, Joana d'Arc preferiu ser queimada viva a renegar seus preceitos.

setenta acusações, inclusive de profecia, de desobedecer às ordens da Igreja, de endossar suas cartas com nomes divinos e de usar trajes masculinos. Com uma defesa vigorosa, as setenta acusações originais foram reduzidas a doze, sendo encaminhadas para a análise de diversos teólogos eminentes de Ruão e de Paris.

Enquanto se davam as deliberações, Joana ficou doente e achou realmente que iria morrer. (Pediu para se confessar, receber comunhão e ser enterrada em solo sagrado.) Seus captores reagiram ameaçando-a de tortura caso continuasse a se esquivar da questão da obediência à Igreja, mas ela se manteve tão irredutível que acabaram decidindo, por dez a três votos, que a tortura seria inútil. Finalmente, em 23 de maio, foi informada de que, se persistisse em suas heresias, seria entregue às autoridades seculares – o equivalente eclesiástico a uma pena de morte. No dia seguinte, foi levada ao cemitério da igreja de Saint-Ouen para a formalização da sentença. Ela pediu licença para apelar ao papa, mas o pedido foi ignorado. Quando seus juízes começaram a ler o documento que a transferiria ao poder secular, retratou-se e declarou que faria o que a Igreja exigisse dela. Assinou um documento oficial de perjúrio e foi condenada formalmente à prisão perpétua. Alguns dias depois, Joana colocou de novo roupas masculinas e disse aos captores que as vozes de santa Catarina e de santa Margarida haviam-na censurado pela traição do perjúrio. Em 29 de maio, os juízes decidiram, por unanimidade, entregá-la às autoridades civis. Na manhã seguinte, foi levada à Place du Vieux-Marché e queimada numa fogueira. Seu último pedido foi um crucifixo que deveria ser mantido no alto para que pudesse vê-lo enquanto era queimada.

Com o tempo, suas crenças acabaram sendo defendidas. Ao entrar em Ruão em 1450, Carlos VII ordenou – embora com atraso – uma investigação sobre o julgamento. Dois anos depois, o cardeal-presbítero Guillaume d'Estouteville fez uma nova investigação, ainda mais completa. Em 1455, o papa Calixto III baixou normas que revogaram sua sentença. Joana foi canonizada pelo papa Benedito XV em 16 de maio de 1920. A orientação dos espíritos fez dela uma santa, e sua influência reverberou pelos corredores do tempo.

9. AS EVOCAÇÕES DE NOSTRADAMUS

Com o advento da Renascença, a influência dos espíritos tornou-se cada vez mais evidente — apesar de a Inquisição manter-se brutalmente ativa —, e o número dos grimórios em circulação aumentou, na verdade, sob o estímulo do neoplatonismo renascentista. A investigação acadêmica das artes ocultistas e da evocação de espíritos tornou-se comum. Esse renascimento espiritual pode ser sentido até hoje, graças às atividades de um homem que, provavelmente, tornou-se o segundo profeta mais famoso do mundo.

Michel de Nostradame nasceu em St. Remy, na França, em 14 de dezembro de 1503, quando soavam as badaladas da meia-noite. Era o mais velho de dois irmãos e estudou matemática, grego, latim, hebraico e humanidades aos pés de sua avó materna, Jean de St. Remy. Também aprendeu a usar o astrolábio, instrumento utilizado por astrônomos e astrólogos para prever posições planetárias, e pode ter aprendido um pouco sobre ervas ao observar seu avô — um médico — compondo poções e unguentos. Quando Jean de St. Remy morreu, o garoto mudou-se novamente para a casa dos pais em St. Remy-en-Crau, sendo mandado depois à universidade de Avignon. Para ser admitido, teve de fazer exames de gramática, retórica e filosofia. Saiu-se tão bem que seus examinadores tornaram-no professor. Mais tarde, seu pai fez arranjos para que fosse transferido à Escola de Medicina de Montpelier, onde passou três anos.

Na época, os exames nas escolas de medicina eram feitos por meio de discussões. Em seus exames finais, Michel ficou sentado das oito da manhã até o meio-dia, discutindo pontos de física e de lógica com seus professores. Foi tão bem-sucedido que recebeu a túnica escarlate de acadêmico. Mas, para atingir o *status* de médico, teve de dar aulas sob supervisão durante três meses e depois passar por outro exame, mais rigoroso, também por meio de discussões. Para isso, apresentou-se diante de quatro professores diferentes, um de cada vez, e cada um deles questionou-o sobre o tratamento e a cura de uma doença específica. A isso seguiu-se, pouco mais de uma semana depois, uma visita ao reitor da faculdade, que espetou um alfinete aleatoriamente num enorme texto médico a fim de escolher a próxima doença que o aluno deveria tratar. Depois de superar a esses testes, foi escolhido um aforismo de Hipócrates — mais uma vez, ao acaso —, e ele teve de preparar uma tese sobre ele e entregá-la em 24 horas. Seus professores questionaram formalmente sua tese durante quatro horas na Capela de St. Michel. Uma semana depois, Nostradamus recebeu uma licença para a prática da medicina. Pouco depois, a peste bubônica se espalhou por sua França natal.

Michel, agora conhecido pela versão latina de seu nome, Nostradamus, começou a conquistar fama como médico com vinte e poucos anos ao idealizar tratamentos contra a peste que se mostraram notavelmente eficientes. Com 50 anos, seu nome era conhecido por toda a Europa. Em 1554, houve um surto da praga em Marselha, e Nostradamus foi chamado. Dentro de poucos dias, foi festejado pela cidade pelas sucessivas curas. A praga, conhecida como doença azul ou morte negra, chegou a Aix-en-Provence. Como assolara a cidade havia meses, o parlamento tinha sido fechado, e tribunais e igrejas haviam parado de funcionar. Mais da metade de seus cidadãos fugiram, e as ruas começaram a ficar cobertas por heras. Os portões da cidade foram fechados e se mantiveram assim por um ano, na tentativa de isolar a doença. Uma delegação implorou pela ajuda de Nostradamus, e ele foi morar na cidade afetada; em pouco tempo, o surto começou a abrandar. Gratas, as autoridades deram-lhe diversos presentes, além de uma pensão permanente. A praga atacou Salon e, mais uma vez, Nostradamus foi chamado. Um médico rival acusou-o de praticar magia. As autoridades o ignoraram e, quando o surto desapareceu, Nostradamus recebeu mais presentes.

Já na meia-idade, tornara-se um homem rico. Sua primeira esposa tinha morrido havia mais de dez anos, e ele se apaixonara por outra mulher, a viúva

A peste negra, apresentada aqui como um demônio rampante, fez com que o profeta Nostradamus ganhasse notoriedade pública quando seus remédios mostraram-se eficazes contra a doença.

Anne Ponsart Beaulme (Gemelle era seu nome de nascimento). Desejando muito casar-se de novo e passar a viver de maneira menos caótica, propôs casamento a madame Beaulme, e ela aceitou. Mas o estilo de vida menos caótico mostrou-se fugaz. Ele continuou a praticar medicina, porém não demorou a acrescentar uma carreira nova e muito diferente: a de editor. O que ele publicava (e onde escrevia) era um almanaque.

O primeiro almanaque conhecido surgiu na Europa em 1457 e estabeleceu o estilo dos que o sucederam. Basicamente, giravam em torno de um calendário anual de eventos e às vezes continham sugestões úteis e sazonais para agricultores. Mas boa parte de seu conteúdo era dedicada a previsões do tempo e outras predições astrológicas. Nostradamus deu início a seu empreendimento com cautela, publicando uma edição experimental destinada a verificar a reação do público. Como pôde descobrir depois, a publicação foi um sucesso imediato, em grande parte por causa dos poemas proféticos com quatro versos que punha em cada mês do ano.

Encorajado pelo sucesso, Nostradamus transformou o almanaque num anuário. Seus trabalhos nessa publicação parecem ter lhe despertado o gosto pela profecia, pois começou a escrever um livro chamado *Les Propheties* (As Profecias), que continha *Centuries and Presages* (Centúrias e Prességios) destinados às suas predições para um futuro mais distante. Como os poemas de seu almanaque, cada presságio foi escrito na forma de quadras.

A expressão *Centúrias* não se refere a um período, e sim a um grupo de cem profecias. Ao morrer, em 1566, tinha escrito dez Centúrias, quase mil profecias (pois uma das Centúrias tinha um pouco menos de cem). Seu secretário à época, Jean-Aymes de Chavigny, afirma que ele receava a reação do público, por isso manteve as profecias em segredo por muito tempo antes de publicá-las. Todavia, Macé Bonhomme, impressor em Lião, acabou publicando a primeira edição delas em 1555. Continha três Centúrias e 53 quadras de uma quarta.

O livro foi um sucesso instantâneo, apesar de ter muitos pontos obscuros. Foi escrito numa mescla de francês, grego, latim e italiano, repleto de anagramas, iniciais, expressões crípticas e abreviaturas misteriosas. Com poucas exceções, as predições não tinham data. Mesmo assim, a obra ganhou espaço rapidamente em círculos influentes. A rainha francesa, Catarina de Médici, por certo obteve um exemplar. O livro foi publicado perto do final de 1555. Nos primeiros meses de 1556, Catarina escreveu ao governador da Provença exigindo que Nostradamus fosse enviado à corte real. Quando ele recebeu a convocação, estavam no verão. Saiu de casa em 14 de julho de 1556 e foi à sede de verão da corte, em St. Germain-en-Laye. Lá, Nostradamus teve uma breve reunião com o rei (Henrique II) antes de ir ter com a rainha Catarina, numa reunião mais prolongada. Não se sabe o que aconteceu nessas reuniões, mas é evidente que Nostradamus impressionara o casal real, que lhe deu um presente de 130 escudos.

A calorosa recepção dada a Nostradamus pode ter alguma relação com uma predição feita anteriormente pelo astrólogo italiano Luc Gauric. Gauric tinha previsto a ascensão de Henrique ao trono, um duelo sensacional no começo de seu reinado e a probabilidade de Henrique perder a vida num evento similar. Quando Nostradamus foi chamado à corte, as duas primeiras partes dessa predição já haviam se realizado. Agora, Henrique era o rei, e um duelo sensacional marcara de fato a primeira parte de seu reinado. O duelo se dera entre dois nobres, Guy Chabot Jarnac e François Vivonne la Châtaigneraie, em St. Germain-en-Laye, no dia 16 de junho de 1547. O rei Henrique estivera presente e assistira à morte de Châtaigneraie. Fleumático, Henrique havia se lembrado do restante da predição e comentado: "Não ligo se minha morte for dessa forma ou de qualquer outra. Até preferiria morrer pelas mãos de seja lá quem for, desde que seja alguém corajoso e valente, e que eu possa manter minha honra". Catarina levara tudo isso bem mais a sério. Tinha chamado Gauric e lhe pedira mais detalhes, e Gauric levantara um horóscopo que aconselhava o rei a evitar combates individuais, em especial no seu quadragésimo primeiro ano de vida, pois estaria particularmente suscetível a um ferimento na cabeça que com certeza o deixaria cego e poderia até custar-lhe a vida.

Com essa profecia ameaçadora pendendo sobre seu marido, Catarina descobriu que Nostradamus tinha escrito a seguinte quadra em sua primeira Centúria:

Le lion jeune le vieux surmontera
En champ bellique par singulier duelle
Dans cage d'or les yeux lui drevera
Deux classes une, puis mouris, mort cruelle.
[O jovem leão triunfará sobre o mais velho,
No campo de combate, em duelo individual
Na gaiola de ouro, os olhos serão perfurados
Dois ferimentos em um, depois uma morte cruel.][1]

O emblema do rei Henrique era o leão, e ocorreu à rainha que Nostradamus também estivesse prevendo a morte do rei num duelo. Outros chegaram a conclusão similar. Em dado momento, essa quadra foi tão discutida na corte francesa que o embaixador inglês alertou a rainha Elizabeth I. Quando, três anos depois, Henrique foi de fato morto em combate individual causado por um acidente numa justa, acidente esse que lhe custara a visão num dos olhos antes de sucumbir, a reputação de Nostradamus como profeta estabeleceu-se com firmeza. Ninguém tinha a menor dúvida de que esse era o evento que ele previra. Quando a notícia se espalhou, uma multidão enfurecida marchou pelas ruas de Paris para queimar sua efígie e exigir que ele fosse entregue à Inquisição sob a acusação de bruxaria. Só a intervenção da rainha Catarina pôde salvá-lo.

Apesar dessa reação imediata, a influência de Nostradamus se disseminou. Começaram a circular histórias de todo tipo sobre sua capacidade como vidente. Uma dizia que um servo da rica família Beauveau perdera um cão valioso que fora deixado aos seus cuidados e chamara Nostradamus para ajudá-lo a encontrar o animal. Nostradamus estava em seu estúdio, determinado a não ser incomodado, mas após algum tempo o ruído das batidas do sujeito à porta esgotaram sua paciência. Ele abriu a janela do andar de cima e, sem esperar para saber qual era o problema, gritou: "Está fazendo alarde demais por causa de um cachorro perdido – procure na rua Orléans: você o encontrará numa coleira". Segundo essa história, mais tarde o servo encontrou o cão onde Nostradamus previra que ele estaria.

A reputação de Nostradamus provocava desafios. Em dada ocasião, estava hospedado no Castelo Fains, na Lorena, quando seu anfitrião, o senhor De Florinville, desafiou-o a predizer o destino de dois leitões do chiqueiro. Nostradamus lhe disse que o leitão preto seria comido por seu senhor, e que o branco seria comido por um lobo. Segundo a história que circulou depois, o nobre instruiu em segredo seu cozinheiro, dizendo-lhe para matar e servir o porco branco aos convidados no jantar daquela noite. Quando o leitão foi servido, De Florinville comentou que nenhum lobo iria comer o porco branco, pois estavam eles, sim, prestes a comê-lo; mas Nostradamus insistiu que iriam, na verdade, comer o porco preto. Com isso, seu anfitrião chamou o cozinheiro e pediu-lhe que provasse que Nostradamus estava errado. Envergonhado, o cozinheiro explicou que, quando tinha começado a assar o porco branco, tal como fora instruído, um filhote de lobo, animal de estimação de um dos guardas do castelo, tirara a carne do espeto. Sem querer desapontar os convidados de seu senhor, o cozinheiro matara o porco preto, que os convidados estavam prestes a comer agora.

Outra história sobre Nostradamus aproxima-se mais de uma autêntica profecia. Enquanto estava na Itália, na estrada perto de Ancona, encontrou um grupo de franciscanos. Para espanto dos monges, lançou-se aos pés de um deles — um jovem frei chamado Felice Peretti — e tratou-o por "Sua Santidade", expressão reservada ao papa. Em 1585, menos de vinte anos após a morte de Nostradamus, Peretti tornou-se o papa Sisto V.

Embora seja possível, ou mesmo provável, que essas histórias sejam apócrifas, não há dúvida alguma sobre sua influência. Tanto seu livro quanto os prognósticos de seu almanaque — totalizando mais de seis mil predições — espalharam sua fama pela França, levando a pedidos de horóscopos e consultas psíquicas por parte de membros da nobreza e de diversas pessoas influentes, no país e no exterior. Após sua morte em 1566, sua fama e influência aumentaram ainda mais. As profecias de Nostradamus são publicadas até hoje, já tendo sido traduzidas para todas as principais línguas do mundo. Durante a Segunda Guerra Mundial, as profecias (algumas forjadas e todas interpretadas de forma tendenciosa) tornaram-se parte da propaganda aliada num esforço para diminuir o moral nazista. Após o ataque de 11 de Setembro às Torres Gêmeas de Nova York, as predições de Nostradamus sobre o evento — várias altamente suspeitas — inundaram a Internet.

Apesar de um interesse que já dura séculos, pouquíssimas pessoas conhecem a fonte das profecias de Nostradamus. Quando surge a questão, se é que isso chega a acontecer, a maioria aceita prontamente a alegação do próprio profeta, de que usou apenas "astrologia judiciária" — uma arte muito respeitável em sua época — para produzi-las. Mas há evidências claras de que Nostradamus mentiu ao fazer essa alegação. Ele não era sequer um astrólogo particularmente bom: os mapas astrológicos desenhados por ele, e que chegaram até nós, contêm vários erros.[2] O motivo dessa enganação parece ter sido o medo da Inquisição. Um trabalho acadêmico investigativo mostrou que as predições lhe foram ditadas por um espírito — evocado por meio de um ritual mágico.

A primeira pista aparece num documento conhecido como Carta a César, uma carta aberta dirigida a seu filho, que na época não contava com mais de poucas semanas de vida e apareceu no prefácio à primeira edição de suas Centúrias. Nela, Nostradamus escreveu:

> Além disso, meu filho, imploro-lhe que não procure empregar seu entendimento em devaneios e vaidades que esgotam o corpo e levam a alma à perdição, perturbando os sentidos mais débeis: até a vaidade da magia mais execrável, denunciada pelas Sagradas Escrituras — com a exceção da astrologia judiciária, pela qual, e por inspiração e revelação divinas, além de cálculos ininterruptos, redigi minhas profecias. Mesmo que essa filosofia oculta não tenha sido reprovada pela Igreja, não quis divulgar suas crenças selvagens, embora muitos volumes que estão ocultos há séculos tenham surgido diante de meus olhos. Temendo o que poderia acontecer no futuro, após lê-los, entreguei-os a Vulcano, e, enquanto o fogo os devorou, a chama que lambia o ar irradiou uma luz incomum, mais clara que a chama natural, como o lampejo de um pó explosivo, lançando uma luminosidade estranha à casa, como se fosse uma súbita conflagração. Para que ninguém seja tentado a usá-los em trabalhos visando a transmutação perfeita, lunar ou solar, de metais incorruptíveis escondidos sob a terra ou o mar, reduzi-os a cinzas.[3]

Embora Nostradamus comece a epístola com a alegação familiar de que suas profecias haviam sido geradas com base na astrologia, na segunda metade da passagem citada ele admite ter possuído "muitos volumes" da tradição ocultista. A natureza desses livros fica clara com as referências à transmutação e a metais incorruptíveis. Eram obras sobre alquimia e magia. Ele as queimou, naturalmente, mas não antes de lê-las. Até a destruição confirma a natureza mágica delas: produziram uma chama incomum. Que livros eram esses? Parte da resposta pode estar na primeira quadra que Nostradamus publicou fora de seu almanaque — Quadra 1, Centúria 1 —, que diz:

> *Étant assis de nuit secret étude,*
> *Seul, reposé sur la selle d'airain,*
> *Flamme exigue sortant de solitude*
> *Fait prospérer qui n'est pas croire vain.*
> [Sentado à noite em estudo secreto,
> Só, apoiado num tripé de cobre,
> A chama exígua sai da solidão
> Tornando bem-sucedido o que é digno de crença.][4]

A isto, seguiu-se:

> *La verge en main mise au milieu de Branches*
> *De l'onde il mouille & le limbe & le pied:*
> *Un peur & voix frémissent par les manches:*
> *Splendeur divine. Le Divin pres s'assied.*
> [O bastão de Branchus na mão, no meio
> A onda molha a barra da túnica e os pés:
> Uma voz trêmula de medo:
> Esplendor divino. O divino se acomoda por perto.][5]

Vale a pena lembrar que esses versos ecoam, quase palavra por palavra, um trecho de *De Mysteriis Egyptiorum* (Dos Mistérios Egípcios), que diz:

> *Foemina in Branchis fatidica, vel sedet in axe, vel manu tenet virgam, vel pedes aut limbum tingit in aquam et ex his modis impletur splendore divino, deumque nacta vaticinatur.*
> [A profetisa de Branchus, sentada com a vara na mão, põe os pés e a barra da túnica na água e deste modo cria o esplendor divino, chamando o deus pelo qual faz seus vaticínios.][6]

De Mysteriis Egyptiorum foi escrito pelo filósofo neoplatônico Jâmblico (ou possivelmente um membro de sua escola) em algum momento do século III. A obra trata de um tipo de "magia superior" que opera através de agentes divinos. Boa parte do texto apresenta a evocação ritual de deuses, demônios e outros espíritos.[7]

A semelhança entre o texto e a quadra inicial de Nostradamus não é uma coincidência. Uma investigação mais acurada das profecias mostra que a conjuração de espíritos era, definitivamente, um de seus interesses. A Quadra 42 da primeira Centúria, por exemplo, revela isso, bem como a familiaridade com outro livro mágico:

> As dez calendas de abril pela medida gótica,
> Ressuscitadas novamente por gente maligna:
> O fogo é extinto e a assembleia diabólica
> Busca os ossos do demônio de Psellus.

O "Psellus" mencionado no verso final é Miguel Psellus ou Pselo, filósofo, teólogo, estadista e neoplatonista bizantino. Seu "demônio" é uma obra que escreveu no século XI, chamada *De Demonibus* (Sobre os Demônios), que contém as seguintes instruções para a conjuração de espíritos:

> Os adivinhos pegam uma bacia cheia de água apropriada para o uso dos demônios. Essa bacia cheia de água parece primeiro vibrar, como se emitisse sons, mas a água da bacia não parece ser diferente da água natural; contudo, tem a propriedade, em virtude do que é infundido nela, de compor versos que a tornam eminentemente apta a receber o espírito profético. Pois esse tipo de demônio é caprichoso, preso à terra e sujeito a encantamentos; assim, tão pronto a água começa a emitir sons, manifesta sua satisfação para aqueles presentes com palavras ainda indistintas e sem sentido; mais tarde, porém, quando a água parece ferver e espirrar, uma voz débil murmura palavras que contêm a revelação de eventos futuros.[8]

Novamente, não é por coincidência que as últimas cinco palavras das instruções associam a conjuração à profecia, além da referência anterior de Pselo ao "espírito profético".

As duas quadras citadas antes, que dão início às Centúrias de Nostradamus, não são profecias. Com efeito, o consenso acadêmico concluiu que são descrições da maneira como suas profecias surgiam. A interpretação da Quadra um é a seguinte:

> Sentado à noite em estudo secreto
> Sozinho, apoiado no tripé de latão
> Quando a chama débil surge da solidão
> Torna possível o que teria sido em vão.

A ela, segue-se a Quadra dois:

> A vara em sua mão é posta no centro de Branchus
> Ele umedece a barra das vestes, suas pernas e pés
> Uma voz faz com que seus braços tremam de medo
> Esplendor divino. O Deus se acomoda perto dele.

O que está sendo descrito aqui é um rito — e não um dos ritos familiares da Igreja, que Nostradamus apoiava ostensivamente. Reunidos, os versos resumem uma cerimônia extraordinária que envolvia um bastão ou vara mágica, um tripé de latão, uma chama pura e o surgimento de um deus em meio à luz divina: em outras palavras, um ritual de evocação.

Apenas com base nas quadras, tem-se a impressão de que as obras de Pselo e de Jâmblico estavam entre os volumes "ocultos há séculos", os quais Nostradamus se sentiu obrigado a destruir. O "Branchus" referido aqui — e nos Mistérios Egípcios de Jâmblico — é Branco de Mileto (Mileto hoje faz parte da Turquia), personagem da mitologia grega que teve por mãe uma mulher fecundada pelo deus do sol Apolo num ato milagroso de felação. Certo dia, o garoto caminhava pela floresta e encontrou seu pai celeste. Comovido pela beleza do deus, beijou-o. Como resultado desse impulso, Branco viu-se dotado na mesma hora do dom da profecia.

Com base nesse mito, os gregos estabeleceram um templo oracular dedicado conjuntamente a Branco e a Apolo em Dídima, ao sul de Mileto. O santuário ficava ao encargo dos brânquidas, grupo de sacerdotes que recebeu o nome do próprio Branco, e dizia-se que as profecias ali produzidas eram uma mescla inebriante de inspiração e loucura.

Os brânquidas parecem ter traído sua confiança, pois acreditava-se que teriam colaborado com o rei persa Xerxes quando este saqueou e queimou o templo em 494 AEC. Persas e sacerdotes fugiram para Sogdiana, antigo país asiático centralizado no vale do rio Zeravshan, atual Uzbequistão. Mas o sacrilégio ficou associado a seus descendentes, quando Alexandre, o Grande, conquistou o país com grandes massacres em 328 AEC. Outra das conquistas de Alexandre, a da própria Mileto, em 334 AEC, resultou numa nova santificação do oráculo. Devido à lembrança de sua traição, não se ordenaram mais sacerdotes brânquidas. No lugar deles, o oráculo passou a ser administrado por autoridades municipais, que anualmente elegiam um profeta. Por volta de 300 AEC, os milésios começaram a trabalhar num novo templo de Branco, idealizado para ser a maior edificação do mundo grego, mas escavações arqueológicas realizadas no início do século XX mostram que ele não chegou a ser concluído.

Jâmblico descreveu a cerimônia no templo com estas palavras:

> A sacerdotisa de Branco senta-se sobre um pilar, ou segura na mão uma vara dada por alguma divindade, ou molha os pés ou a barra de seu traje na água, ou inala o vapor-d'água, e por meio disso fica tomada pela iluminação divina; tendo obtido a divindade, ela profetiza. Com essas práticas, adapta-se ao deus, que recebe vindo de fora.

Em outro ponto de suas obras, menciona que a sacerdotisa de Delfos se sentava sobre um tripé a fim de receber um "raio de iluminação divina". Nostradamus menciona um tripé em suas quadras. Na Carta a César, ele também escreve que o intelecto não consegue perceber nada que é oculto "sem a ajuda da voz misteriosa de um espírito surgido no vapor que flutua sobre o frasco com água e sem a iluminação da chama divina, na qual os eventos futuros são revelados parcialmente, como num espelho".

Com essa evidência textual, fica claro que Nostradamus estava mesmo interessado em magia, um interesse prudentemente oculto tendo em vista a era da Inquisição. Segundo admitiu, ele estudou livros de magia e, embora sugerisse que esses livros fossem obras sobre alquimia, o conteúdo das próprias quadras indica que alguns eram rituais de evocação associados à arte da profecia. As evidências sugerem que as profecias de Nostradamus eram guiadas por espíritos.

Essa conclusão é reforçada por uma outra história relacionada à lenda que gira em torno de seu nome. Segundo o escritor hollywoodiano John Hogue,[9] Catarina de Médici, já viúva, teria chamado Nostradamus ao Château Chaumont em 1560 para obter mais informações sobre o futuro. Nessa visita específica, o profeta decidiu não fingir mais que usava a astrologia judiciária; exigiu um recinto grande e avisou que não deveria ser incomodado. Nele, traçou um círculo mágico no chão, fortalecendo-o com os nomes santos de chancelas de potestades e de anjos. Diante dele, instalou um espelho mágico, uma superfície côncava e negra de aço polido, cujos cantos foram adornados com os nomes YHVH, Elohim, Mitratron e Adonai escritos com sangue de pombo. Ao soar da meia-noite, a rainha adentrou o recinto iluminado debilmente, agora tomado por nuvens de fumaça de incenso. Nostradamus a levou ao círculo mágico e deu início a uma invocação dirigida ao anjo Anael, um espírito que, segundo se acreditava, conferia visões proféticas.

A visão conferida nessa ocasião foi a de um cômodo que, de certo modo, era vizinho àquele no qual se encontravam. Nele, em pé, estava Francisco II, filho da rainha. Ele caminhou uma vez ao redor do recinto e desapareceu bruscamente. Nostradamus interpretou isso como a morte próxima do garoto. Apareceu outro filho da rainha, o menino que se tornaria Carlos IX. Ele deu catorze voltas em torno do recinto; Nostradamus predisse que ele governaria durante catorze anos. Depois, apareceu o futuro Henrique III, que deu quinze voltas pelo cômodo, e depois Francisco, duque de Alençon, cuja imagem rapidamente se transformou na de Henrique de Navarra, homem com quem Catarina queria que sua filha Margarida se casasse.

O interessante nessa história não é a precisão das predições da visão – que poderiam ser fruto de acréscimos posteriores –, mas o fato de Nostradamus ser tido como alguém tão intimamente envolvido com os grandes de sua terra, a ponto de realizar em segurança esse experimento de necromancia. Essa ideia é, em grande parte, correta. Percebe-se claramente que Nostradamus tinha amigos em altas posições, que procuravam seus conselhos e que, com isso, ficavam expostos à influência dos espíritos, embora com certo grau de afastamento. Uma situação similar existia na Inglaterra, onde um cortesão influente tinha à disposição os ouvidos de sua rainha... e também se comunicava com espíritos.

10. O CONJURADOR DA RAINHA

Meus pés são mais rápidos do que o vento e minhas mãos, mais suaves do que o orvalho da manhã... Fui deflorada, mas ainda sou virgem: santifico e não sou santificada. Feliz aquele que me possui: pois à noite sou terna, e de dia cheia de prazer. Sou uma devassa para aquele que me tem, e uma virgem com aquele que não me conhece. Limpem suas ruas, filhos dos homens, e lavem suas casas: santifiquem-se e sejam justos. Joguem fora suas velhas prostitutas e queimem suas roupas, e então virei para viver entre vocês: vejam, terei filhos para vocês.[1]

Essas palavras são de um espírito que revela sua essência ao mago elisabetano, dr. John Dee.

Dee era filho de um oficial menor da corte de Henrique VIII. Nasceu em Mortlake — hoje, parte de Londres, e na época uma pequena aldeia do Tâmisa — no verão de 1527, época em que a Renascença saíra da Itália e abrira algumas das melhores mentes da Europa. Foi estudar em Chelmsford e depois em Cambridge, ainda com 15 anos. Assim como Nostradamus, mostrou-se um estudioso nato. Seu diário registra que ele chegava a passar até dezoito horas por dia imerso em estudos. Com 19 anos, foi nomeado professor-assistente de grego e tornou-se professor convidado do recém-criado Trinity College. Além disso, sofreu uma acusação de feitiçaria.

A acusação foi feita porque ele criou um besouro mecânico voador usado numa peça de teatro. Era fascinado por brinquedos e montava-os com perfeição.

Espectadores supersticiosos alegaram que o besouro só poderia se mover por magia. Dee escapou das acusações sem muita dificuldade, mas em pouco tempo começou a se interessar pelo assunto. Foi para a Universidade de Louvain, na Bélgica, em 1547, e lá conheceu uma obra de Cornélio Agrippa, *Filosofia Oculta*, que o influenciou profundamente. Passou a se interessar pela Cabala, que acumulara elementos cristãos durante a Renascença. Travou amizade com Gerardus Mercator, famoso cartógrafo, e acabou levando para a Inglaterra dois globos de Mercator e vários instrumentos astronômicos recém-inventados. Antes disso, Dee visitou Paris, onde suas aulas sobre Euclides tornaram-se tão populares que lhe ofereceram o cargo de professor. Decidiu recusar a oferta, pois queria voltar à Inglaterra, então governada pelo sucessor de Henrique VIII, rei Eduardo VI, à época com 10 anos. Gozava de reputação tão elevada, que os conselheiros do rei recomendaram-lhe uma pensão. Dee aceitou, mas prontamente vendeu o direito à renda em troca de duas reitorias.

Apesar da fama e das credenciais acadêmicas, dinheiro era um problema para Dee. Influenciado pelo visionário ocultista Girolamo Cardano, começou a estudar alquimia na esperança de transformar metais vulgares em ouro. Porém, o equipamento alquímico era caro, e sua situação econômica piorou depois que seu patrono, o conde da Nortúmbria, foi decapitado. As coisas melhoraram um pouco com a ascensão da rainha Mary ao trono. Seu talento para a astrologia atraiu a atenção real, e ele foi chamado para fazer horóscopos para a rainha e seu candidato a marido, Filipe de Espanha. Talvez seus cálculos astrológicos tenham previsto a brevidade daquele reinado, pois não se esforçou muito para conquistar os favores da rainha. Em lugar disso, fez contato com a irmã mais nova de Mary, Elizabeth, na época praticamente prisioneira em Woodstock. Traçou seu horóscopo (preservado hoje no Museu Britânico), mas deu um passo impensado ao lhe mostrar o mapa natal da rainha. Essa indiscrição foi considerada como evidência de um complô. Dee foi acusado de tentar envenenar a rainha ou de causar sua morte por magia negra. Seguiu-se um julgamento por traição. Embora tenha sido absolvido, a força das acusações o manteve preso até o final de 1555.

Três anos depois, Mary morria e Elizabeth sucedia ao trono. O horóscopo inicial de Dee deve tê-la impressionado bastante, pois ela lhe pediu que

Dr. John Dee, conjurador, astrólogo da corte e conselheiro íntimo da rainha Elizabeth I, era guiado pelos espíritos que evocava.

calculasse uma data auspiciosa para sua coroação. Desse ponto em diante, ele se estabeleceu na corte, firme embora discretamente. Viajou com frequência pela Europa em missões misteriosas para Sir Francis Walsingham, chefe do serviço de Inteligência de Elizabeth, e recebeu o codinome de "007" vários séculos antes de James Bond. Durante seis anos, Dee se dedicou a essas perambulações continentais, talvez espionando, talvez apenas adquirindo conhecimentos esotéricos. Em 1564, porém, voltou à Inglaterra e parece ter se acomodado por uma década, morando na casa de mãe em Mortlake e dedicando-se às suas atividades ocultistas. Entre elas, havia um "espelho mágico", um aparato auto-hipnótico destinado a produzir visões similares às vistas numa bola de cristal. Em 1574, Dee se casou pela primeira vez. Seu envolvimento emocional com a mulher parece ter sido pequeno, pois nem se deu ao trabalho de citar o nome dela em seus diários. Ela morreu apenas um ano depois. No dia de sua morte, a rainha visitou a casa de Dee em Mortlake e exigiu que ele lhe mostrasse seu "vidro mágico". Dee concordou, mas os cortesãos, sem as faculdades clarividentes necessárias para fazer o aparato funcionar, consideraram-no mais divertido do que impressionante.

Dois anos depois, aos 49 anos, casou-se pela segunda vez. Sua escolha recaiu sobre Jane Fromond, uma moça atraente e bem mais jovem do que ele, que era dama de companhia de *lady* Howard de Effingham. O casamento foi, ao mesmo tempo, feliz e frutífero — resultou em oito filhos. Dee continuou a estudar temas esotéricos: seus diários estão repletos de registros de sonhos, batidas provocadas por espíritos e outros fenômenos misteriosos. Em maio de 1581, deu-se um ponto de inflexão em sua carreira. Dee olhou para um cristal e teve uma visão. É importante ressaltar que Dee não era um clarividente nato. Na verdade, volta e meia afirmava não possuir habilidade psíquica alguma. Por isso, ficou muito mais impressionado com essa experiência visionária isolada do que qualquer outro paranormal natural teria ficado. Dee então mergulhou na vidência por cristais com enorme entusiasmo, mas não teve outras visões e acabou sendo forçado a empregar médiuns para trabalhar com cristais em seu lugar.

Todavia, apesar de todo o conhecimento e experiência, John Dee era péssimo para avaliar o caráter das pessoas. Sua primeira opção como paranormal foi um sujeito chamado Barnabas Saul, um patife tão conhecido, que alguns historiadores modernos especulam que ele tenha sido enviado por inimigos de Dee para desacreditá-lo. Seja como for, Saul não durou muito. Teve problemas com a lei, abandonou as experiências ocultistas e sumiu do mapa.

O dr. Dee aprendeu muito pouco com essa experiência. Dois dias após o desaparecimento de Saul, apareceu um irlandês em sua vida que se apresentou como Edward Talbot, oferecendo-se para ampliar os conhecimentos mágicos dele com a ajuda das fadas. Dee ficou espantado com a ideia de se comunicar com essas entidades pagãs. Felizmente, Talbot mostrou-se versátil. Quando Dee confessou que aquilo de que precisava era uma "ajuda em meus estudos filosóficos mediante a companhia e a informação dos anjos abençoados de Deus",[2] Talbot garantiu que ele era o homem certo para a tarefa. Dee então o levou a seu estúdio para um teste. Apesar da natureza incomum de suas pesquisas, Dee era, em essência, um homem religioso. Embora Talbot tivesse seu charme, parte de seu atrativo pode ter sido o fato de representar uma alma a ser salva. Dee deu-lhe um sermão sobre os males da magia negra e explicou que orava pedindo orientação antes de realizar qualquer experimento. Talbot concordou em fazer o mesmo e, após um período de preces entusiásticas, afirmou ter visto o rosto

Evocação de espírito em andamento. Os conjuradores dentro do círculo mágico são o dr. John Dee e (possivelmente) seu médium, Edward Kelley.

de um querubim no cristal. Dee ficou bastante impressionado e identificou a entidade como o anjo cabalístico Uriel.

Foi o começo de um relacionamento duradouro e íntimo que sobreviveu à revelação de que Talbot não era Talbot, na verdade, mas um certo Edward Kelley, nascido em Worcester e aluno de Oxford, até um problema na faculdade, que não ficou muito claro, levá-lo a deixar o curso. Quando conheceu Dee, tinha apenas 27 anos.[3] O relacionamento sobreviveu ainda a uma acusação de fraude feita pela esposa de Dee, que descobriu ser Kelley um fugitivo da justiça, tendo ficado no pelourinho em Lancaster por falsificação,[4] além de outra evidência visível — tinha as orelhas cortadas, castigo reservado a quem raspava metal precioso de bordas de moedas de ouro ou prata. Havia ainda conexões suspeitas com o catolicismo e a possibilidade de ter sido até um padre não conformista.[5]

Teve início uma verdadeira orgia de comunicação com espíritos, tendo Kelley como médium. Após o sucesso inicial com o cristal, o primeiro experimento em grande escala de Dee e Kelley deu-se em 21 de novembro de 1582. O resultado foi o aparecimento de um espírito chamado Rei Camara, que disse a Kelley que precisavam de um tipo específico de pedra santificada, "excelentíssima", para garantirem o sucesso da empreitada. O espírito garantiu que a conseguiriam de imediato. Kelley então olhou pela janela do estúdio e comunicou a presença de um pequeno anjo que oferecia a Dee uma joia brilhante, límpida e reluzente, mais ou menos do tamanho de um ovo. Camara ordenou a Dee que a pegasse. Dee, que não estava vendo nem a pedra, nem o anjo, tampouco Camara, ainda assim caminhou obedientemente até a janela. Quando estava a uns sessenta centímetros da suposta localização da joia, percebeu uma sombra no chão. Abaixou-se e encontrou um cristal. "Guarde-o com sinceridade", orientou o espírito Camara. "Não deixe que nenhuma mão mortal o toque, exceto a sua. Que Deus seja louvado."[6]

Esse aporte, como viria a ser chamado nos círculos espiritualistas, foi o mais perto que Dee chegou da materialização física de algo proveniente do mundo espiritual, e é bem fácil imaginar que o arguto Kelley possa ter deixado o objeto no chão para que Dee o encontrasse. As sessões posteriores concentraram-se principalmente em discussões filosóficas com os espíritos, que para Kelley teriam sido bem mais fáceis de falsificar. Ao tomarmos conhecimento de que os anjos acabaram instruindo os dois a "manter as esposas em comum", é difícil ignorar a conclusão de que Dee, apesar de todo o seu estudo, não teve o bom senso de se proteger contra os planos de um patife. No entanto, qualquer sugestão de que Kelley tenha apenas inventado essas conversas com os anjos encontra problemas.

A julgar pelos apontamentos em seus diários espirituais,[7] fica claro que Dee confiava bastante no trabalho de Agrippa para elaborar os rituais que, conforme esperava, convenceriam os anjos abençoados de Deus a visitar seu estúdio.[8] Dee também possuía uma cópia manuscrita do *Livro Jurado de Honório*,[9] trabalho do século XIII que contém o *Sigillum Dei Aemeth* (Selo do Deus da Verdade), um símbolo complexo usado em evocações. Mas, à medida que seu trabalho com Kelley progredia, os anjos visionários deste davam instruções para a criação de equipamentos e de fórmulas ainda mais complexas. Isso se evidencia ainda mais na série de sessões realizadas em junho de 1583, nas quais um anjo chamado Ave ditou um conjunto de Chamados, ou evocações, aos "Guardiães do Universo".

Seguindo as instruções dos anjos, os dois magos criaram mais de cem tabuletas grandes, cada uma formando um quadrado com 1,25 metro de lado, repletas com um padrão de letras em forma de tabela. Quando fazia contato, Kelley informava a visão do anjo num cristal, junto com os exemplares de tabuletas que o próprio anjo transportava. Então, Kelley transmitia sua posição. Dee localizava a letra na mesma posição em sua tabuleta e a anotava, formando lentamente uma evocação escrita. Como fator adicional de complexidade, os Chamados eram ditados de trás para a frente, para que seu poder não fosse acionado de modo acidental.[10] O resultado desse sistema deveria ser pura algaravia, mas não era. Como descobriram depois os estudantes vitorianos da Aurora Dourada, os Chamados representavam uma "linguagem verdadeira [...] [com] [...] sintaxe e gramática próprias, e as invocações [...] não são meras sequências de palavras, mas frases que podem ser traduzidas, e não apenas transliteradas para o inglês".[11] É (até) possível que Kelley as tenha inventado, pois com certeza foram criadas línguas artificiais: o esperanto é um exemplo moderno desse fato. Mas isso teria exigido um investimento notável de tempo e de esforço, e como, na época, ele estava sempre perto de Dee, é difícil imaginar como poderia ter feito isso sem despertar as suspeitas do próprio Dee. Além do mais, se tivesse mesmo inventado toda uma linguagem, Kelley teria tido de memorizar os Chamados — há 48 deles — tão bem que poderia ditá-los de trás para a frente, na ordem inversa. Para dizer o mínimo, os Chamados sugerem que acontecia alguma coisa nas sessões de Dee além de truques aplicados a um idoso crédulo.

Mas, embora Kelley pareça ter mostrado certo grau de autenticidade em relação à sua mediunidade, as relações entre ambos estavam longe de ser plácidas. Apesar de ter se casado com uma garota local, Kelley teve dificuldades para se assentar e estava sempre fazendo visitas às tabernas e aos bordéis londrinos. Volta e meia, os espíritos o denunciavam a seu empregador, mas Dee tolerava essas ocorrências — e o mau humor de Kelley — porque precisava muito de um médium.

No ano em que Kelley foi trabalhar com ele, Dee teve outra de suas visões. Viu um anjo flutuar do lado de fora de sua janela, segurando um cristal na forma de um ovo. O arcanjo Miguel apareceu e ordenou ao médico que aceitasse esse presente e o usasse. Embora o cristal esteja hoje no Museu Britânico, muitos historiadores desprezam a história de sua origem. Quer achemos que as comunicações fossem autênticas, quer não, certamente Dee acreditava nelas.

Era uma época de milagres e de muita introspecção. Historiadores que consideram Kelley um charlatão ignoram as diversas indicações de sua natureza mediúnica. Como médium, ele próprio sempre estava em dúvida. Na Cracóvia, já havia dito a Dee, com todas as letras, que os "professores" deles eram enganadores que o haviam feito perder tempo durante anos. Mais tarde, conforme Dee registrou: "E. K. teve um acesso, ou sofreu uma tentação, ao duvidar e desconfiar de nossos Instrutores e de suas ações, tendendo a condenar qualquer coisa que eu soubesse ou pudesse fazer. Suporto com paciência todas essas coisas em nome de Deus".

O problema de Kelley era definir se os espíritos eram bons ou maus, e não se existiam de fato. Em seus melhores momentos, ele não tinha muitas dúvidas a respeito, e menos ainda quando um dos espíritos revelou-lhe um mapa-múndi que, mais tarde, descobriu se equiparar à geografia mística esboçada por Cornélio Agrippa. O evento o chocou tanto que ele decidiu pedir aos espíritos malignos de sua magia negra que o ajudassem a se livrar de tudo aquilo, mas depois mudou de ideia e confessou tudo a Dee. Mesmo assim, continuou a questionar a validade das mensagens que recebiam. Dee não compartilhava tais dúvidas, principalmente, ao que parece, porque a língua dos espíritos era piedosa o suficiente para se assemelhar a um sermão. Embora, volta e meia, o conteúdo tratasse de questões materiais. Os espíritos queriam que o mapa da Europa fosse alterado. Exigiam que alguns estados fossem mudados de lugar e que outros fossem destruídos. Não pode restar muita dúvida de que Dee usou cada grama de sua influência para que esses pedidos se tornassem uma realidade política.

Enquanto Dee se preocupava em alterar o contorno do mundo, Kelley tinha os próprios problemas. O arcanjo Gabriel aparecera no cristal para ordenar-lhe que queimasse seus livros de magia. De má vontade, Kelley adotou uma postura intermediária, enterrando-os na semana seguinte. Aparentemente, os espíritos consideraram isso uma vitória moral, pois pressionaram Dee a queimar os livros *dele* em 10 de abril de 1586 (ou melhor, mandaram que Kelley os queimasse por ele). Enquanto a dupla estava com o conde Rosenberg, em 30 de abril, no entanto, todos os volumes foram restaurados milagrosamente, surgindo intactos. Quem é por natureza mais desconfiado pode ver a mão de Kelley nesse "milagre".

Embora aderisse apenas verbalmente aos princípios espirituais de seu empregador e tenha tido períodos de conversão aparentemente autênticos, porém breves, em geral Kelley trabalhou sob o peso de uma velha obsessão: como convencer os espíritos a lhe levar tesouros, ou, no mínimo, a mostrar-lhe como fabricar ouro. De vez em quando, o desespero levaria Dee nessa mesma direção, mas tudo o que recebia eram promessas. Quando insistiu demais no assunto, supostamente lembrando que não poderia esperar para sempre, Gabriel retrucou: "Conversar com Deus por dinheiro é loucura; conversar com Deus por misericórdia demonstra grande sabedoria. Prata e ouro não dou, mas minha bênção é maior do que a substância da terra". Kelley ficou tão incomodado com a resposta que se recusou a continuar com suas vidências no cristal, e o jovem Arthur, filho de Dee, foi forçado a trabalhar como médium. Via leões, homens com coroas e várias outras coisas, mas não ouvia vozes. Não havia muito o que fazer; Kelley teve de recomeçar o trabalho.

Ele olhou bem para o cristal e viu Madimi, um espírito infantil, recebendo a revelação de que ele e o dr. Dee, doravante, deveriam "compartilhar tudo", inclusive suas esposas. Kelley protestou um pouco, demorando para retransmitir essa mensagem. Quando o fez, Jane Dee, que o desprezara desde o dia em que tinham se conhecido, ficou compreensivelmente abalada. Ficou 15 minutos deitada no chão, tremendo e chorando, após o que "explodiu com a fúria da raiva". John Dee também não recebeu muito bem a sugestão, e chegou a repreender o espírito por dar um conselho inadequado. Mas depois parece ter se acostumado à ideia, pois, em 3 de maio de 1587, os quatro envolvidos assinaram um documento comprometendo-se a obedecer às ordens dos anjos. Mesmo assim, as mulheres não ficaram lá muito contentes e exigiram uma sessão de vidência adicional para esclarecer a questão de quem deveria dormir com quem. Kelley se recusou vigorosamente a fazê-lo. A comunicação original tinha de ser mantida.

Infelizmente, não há registros sobre o restante da experiência de troca de parceiros, mas não demorou para os Kelley se afastarem dos Dee. Se isso se deveu à tensão da situação ou apenas à recusa de Kelley em fazer uma nova sessão, é questão de especulação. Ao romper com seu sábio empregador, Kelley voltou a se dedicar à alquimia e chegou a retomar a vidência, aparentemente com certo sucesso, pois sua reputação se espalhou. Mas ele não conseguiu controlar seus piores instintos, acabou se desentendendo com a lei e morreu na prisão.

Dee voltou à Inglaterra, onde foi recebido pela rainha. Porém, apesar dessa indicação inicial de apoio real, na verdade começava a porção descendente de sua carreira. Vândalos tinham entrado em sua casa de Mortlake, saqueando-a e destruindo muitos de seus livros e instrumentos astronômicos. Ele pleiteou emprego à rainha, mas só conseguiu alguma coisa em 1595, quando lhe foi concedida a diretoria do Christ College de Manchester. A julgar por seus registros, não foi uma posição de que tenha gostado muito. A cidade deve ter perdido os poucos atrativos que poderia ter tido quando sua esposa morreu lá, devido à peste.

Todavia, manteve-se fiel a seus interesses ocultistas, escrevendo copiosamente e fazendo registros de seus sonhos. Chegou até a empregar outro vidente, Bartholomew Hickman. Mas, ao que parece, esse indivíduo só lhe dizia o que ele queria ouvir, transmitindo mensagens do arcanjo Rafael que lhe informavam estar prestes a descobrir grandes segredos. Apesar da promessa, isso não aconteceu. Ele morreu discretamente em Mortlake, no quinto ano do reinado de Jaime I, soberano que não tinha muito tempo para magia ou para seus espíritos.

Quanto à sua *persona* pública, o dr. John Dee se esforçou muito para parecer um matemático, estudioso e astrólogo. Com um pouco mais de sutileza, foi, como concluiu num estudo acadêmico: "membro de uma linha de filósofos-magos que derivou de Ficino e Pico della Mirandola".[12] Contudo, embora a magia renascentista do dr. Dee tenha sido tão sofisticada quanto erudita, nunca houve uma ruptura completa com a prática medieval.[13] Por isso, outro de seus biógrafos o chamou simplesmente de "conjurador da rainha",[14] e com certo embasamento: quando uma imagem da rainha empalada por um alfinete foi encontrada nos campos de Lincoln Inn, o Conselho Privado pediu a Dee que usasse sua magia para anular o feitiço. Porém, Dee não gostava muito desse título. Em 1577, ficou tão abalado com os rumores sobre suas atividades que publicou um anúncio negando "relatos variados, inverídicos e infames" de que era um "conjurador ou evocador de demônios [...] sim, o *grande conjurador*; e assim (como diriam alguns) o *arquiconjurador* de todo este reino".[15] Se um conjurador é definido apenas como "evocador de demônios", então Dee tinha razão em fazer tal anúncio; mas, se a definição for um pouco mais ampla, então o anúncio foi insincero. Não há dúvidas de que o dr. Dee esteve envolvido na prática da magia, e de que parte dessa prática consistia na evocação de espíritos.

Para Dee: "a existência de espíritos era tão clara quanto a existência de Deus".[16] E, embora seja possível imaginar um ateu elisabetano, a descrição nunca seria adequada para Dee. Ele era um homem fervorosamente religioso. Quando, por exemplo, soube que tinha feito do núncio papal em Praga um inimigo, sua reação foi: "Deus Todo-Poderoso, Criador do céu e da terra, que é nosso Senhor, nosso preceptor e guia, este Deus será nosso protetor e libertador".[17] Estava intimamente associado aos membros da corte que tratavam da causa da reforma religiosa e, numa Europa despedaçada pelo cisma entre protestantes e católicos, destacava-se como um farol do ecumenismo.[18] Considerava um cristianismo dividido um desastre para o mundo, e esforçou-se muito para sanar essa divisão.

Sua preocupação religiosa invadiu os interesses esotéricos. (Foram os comentários angélicos sobre a corrupção na Igreja Católica que provocaram o desgosto do núncio papal.) Com efeito, podemos dizer que seus interesses esotéricos eram basicamente motivados por interesses políticos e religiosos. Enquanto o bruxo típico da Idade Média buscava a ajuda dos espíritos para encontrar ouro ou sexo, há poucas indicações de preocupações mundanas nos registros de Dee. Seus primeiros diálogos com o espírito infantil Madimi soam, em certos pontos, como uma discussão entre dois estudantes de teologia. Além disso, o contato espiritual era uma "maneira de contemplar o universo em toda a sua glória, compreendendo seu variado e misterioso funcionamento".[19]

A influência dos contatos espirituais sobre seus interesses políticos também era óbvia. Mensagens do Além talvez tenham até ajudado a criar um ponto de inflexão na História. Quando a Armada Espanhola zarpou contra a Inglaterra em 1588, parecia absolutamente invencível. A Espanha afirmava que era a nação mais poderosa da Europa, uma alegação bem embasada. Sua briga com a Inglaterra devida ao poder náutico inglês levou a um confronto que poderia ter acabado com as pretensões de poderio internacional por parte de Elizabeth. Mas as defesas marítimas inglesas mostraram-se inexpugnáveis. Os navios de Drake, auxiliados por um pouco de sorte, esmagaram por completo a Armada. E o homem responsável pelas defesas marítimas da Inglaterra nessa época, por indicação da rainha, era o dr. Dee, que consultava os espíritos quando precisava de conselhos.

A influência política de Dee estava destinada a se espalhar para além de sua Inglaterra natal. Em 1583, o representante do rei da Polônia, o conde Laski, ficou impressionado com as histórias de conjurações de Dee e sugeriu que visitassem Praga para se encontrarem com o imperador Rodolfo II, que também era entusiasta do ocultismo. Dee aceitou a sugestão e, em 1585, ele e Kelley, suas respectivas esposas e os três filhos de Dee embarcaram com Laski para o continente. As andanças durariam quatro anos.

O rei da Polônia, Estêvão Báthory, recebeu-os bem em Cracóvia, onde ouviu com interesse as advertências transmitidas pelo mundo espiritual. Kelley, sempre inquieto, deve ter voltado a alguns de seus velhos hábitos nessa época, pois a história de ter encontrado um pó mágico que fazia ouro em Glastonbury parece muito suspeita, como a de um estelionatário que prepara possíveis vítimas para um golpe. O grupo rumou para Praga, onde Laski apresentou os ocultistas ao imperador Rodolfo. Mais uma vez, as advertências do mundo espiritual foram transmitidas, e é possível que Rodolfo as tenha levado em consideração. Mas Dee estava ficando conhecido demais, algo que o prejudicou. O papa decidiu que ele lidava com necromancia, e o núncio em Praga transmitiu a acusação ao imperador em 6 de maio de 1586. Alguns dias depois, os magos foram instruídos a sair do palácio. A sorte permaneceu ao lado deles, contudo. O czar da Rússia ofereceu a Dee uma casa em Moscou, um salário anual de 12.600 rublos — uma pequena fortuna nessa época — e assegurou-lhe que seria "honrosamente acolhido como um dos principais homens daquela terra". Ao mesmo tempo, o conde Wilhelm Rosenberg fez-lhes um convite para visitarem seu palácio em Trebon. Surpreendentemente, e talvez para humilhação de Kelley, Dee aceitou a segunda oferta. O grupo passou um período pacato de dezoito meses como convidado de Rosenberg na Boêmia.

Pelo que foi exposto, fica claro que, agindo através de Dee e de Nostradamus, os espíritos influenciaram tanto as cabeças coroadas da Europa quanto a rainha da Inglaterra. E eles não eram os únicos canais para essas influências, pois Keith Thomas nos assegura que os experimentos de Dee não tinham nada de únicos.

> Há várias evidências objetivas relacionadas com a fabricação de aparatos de conjuração e com a realização de sessões de conjuração para mostrar que a evocação de espíritos era uma atividade mágica comum. Imaginava-se que os seres espirituais proporcionavam um atalho para riquezas, amor, conhecimentos e toda sorte de poder; e a lenda de Fausto tinha um sentido literal para o público elisabetano e jacobino.[20]

11. ESPÍRITOS DO ILUMINISMO

A tentativa de se evocar espíritos prosseguiu por muito tempo depois da era elisabetana. Exemplares manuscritos do *Lemegeton* (A Clavícula de Salomão) circularam durante o século XVII,[1] enquanto o *Goetia* do dr. Thomas Rudd data do XVIII.[2] As tradições salomônicas não só chegaram ao século XIX, como ganharam força com a formação dos Estudantes Herméticos da Aurora Dourada, uma organização mágica que atraiu alguns membros notáveis e influentes. Evocações salomônicas similares, em geral com certa modificação das técnicas originais, continuam até os dias de hoje, em particular nos Estados Unidos.[3] Mas, embora Elias Ashmole ainda pudesse registrar uma visita a um conjurador em seu diário em 1652[4] – o homem, Jo. Tompson, chamava espíritos e obtinha respostas "numa voz suave" –, já se viam mudanças pela frente.

A grande revolução religiosa da Reforma, que começou uma década antes de John Dee nascer, introduziu uma nova percepção do mundo espiritual. Até então, a doutrina do purgatório fornecia a base teológica para a volta à terra de espíritos dos mortos. Mas os reformistas negavam a existência do purgatório, e, como o céu e o inferno eram estados permanentes, não havia lugar de onde um espírito pudesse voltar. Os poderosos (protestantes) de plantão tomaram o cuidado de avisar que as aparições não deveriam ser aceitas tal como se apresentavam. Assim, o fantasma visto por Sir Thomas Wise no reinado de Jaime I causou controvérsias entre o arcediago local, que imaginou ter sido a visão de um anjo, e o teólogo Daniel Featley, que declarou se tratar de um espírito maligno.[5]

Mas as visões de fantasmas como esse, naturalmente, eram a própria essência do problema. Fosse qual fosse a doutrina proposta pelos teólogos sobre os espíritos, as pessoas ainda os viam. E, levando em conta as correntes intelectuais da época, não nos surpreende descobrir que entre aqueles que tiveram as visões mais influentes houvesse um membro de uma nova raça: um cientista.

Emanuel Swedenborg nasceu em Estocolmo, na Suécia, em 29 de janeiro de 1688. Seu pai era um sacerdote luterano que chegou a ser bispo. A mãe, filha de um rico dono de mineradora, que era sócio de diversas minas de ferro, sendo quase certo ter ajudado o neto no começo de sua carreira. Emanuel, o terceiro de nove filhos, foi um adolescente muito inteligente. Tendo estudado em casa, inclusive latim e provavelmente hebraico, entrou na Universidade de Uppsala com apenas 11 anos e escolheu cursar faculdade de filosofia – à época, um curso amplo, que envolvia todas as ciências naturais. Um ano depois de formar-se, em 1710, zarpou para Londres, na Inglaterra, cidade que era, então, a vanguarda em trabalhos das ciências naturais. Lá, estudou matemática, cálculo – ciência recém-desenvolvida por Newton – e mecânica aplicada, além de formar boas relações com alguns dos principais estudiosos do mundo, como os astrônomos John Flamsteed e Edmund Halley.

No final de 1712, Swedenborg deixou a Inglaterra e foi ao continente em busca de mais conhecimentos científicos. Em Leiden, conheceu Anton van Leeuwenhoek, que começara a trabalhar na invenção pioneira do microscópio. Em Paris, discutiu questões técnicas com os principais luminares da matemática e da astronomia. Voltando para casa no final de 1714, mandou para o cunhado uma lista de invenções que lhe ocorreram durante suas viagens. Entre elas, desenvolvimentos científicos prescientes como um "carro voador", um submarino, um sifão, comportas, bombas e, quase um século e meio antes do nascimento de Freud, "um método para conjurar as vontades e afeições da mente dos homens mediante análise".[6]

Swedenborg acabou voltando à Suécia em 1715 com a reputação tão bem constituída, que, no ano seguinte, o rei Carlos XII nomeou-o assessor extraordinário do Colégio Real de Minas. Era um cargo menos impressionante do que parecia, contudo, como ele logo descobriu. O rei morreu em 1718, e, devido à instabilidade política que se seguiu, Swedenborg só assumiu o cargo em 1724. Entretanto, dedicou-se às próprias atividades científicas, ocupando-se com a invenção de um método seguro para transportar navios por terra firme.

Swedenborg, cientista sueco que se tornou místico e cujas comunicações com espíritos permitiram-lhe "ver" eventos a centenas de quilômetros de distância.

Em 1733, pediu licença do cargo de diretor do Colégio Real de Minas para publicar sua primeira obra científica, *Opera Mineralia*, em três volumes. No primeiro livro, desenvolveu uma hipótese nebular para explicar a formação dos planetas (antes dos trabalhos de Kant e Laplace) e uma teoria atômica da matéria. O segundo e o terceiro volumes foram estudos científicos sobre ferro, aço, cobre e latão. Nesse ponto de sua carreira, é quase impossível imaginar que fosse um candidato a contatos espirituais. Mas foi exatamente o que se deu.

Tudo começou com seus sonhos. Swedenborg deu início a um diário de viagens em 1743. As dez primeiras anotações foram dedicadas a experiências em vigília, mas depois ele começou a registrar o conteúdo de seus sonhos. Quase desde o princípio, procurou interpretá-los também. Num exemplo claro, viu-se deitado do lado de uma mulher que imaginou ser seu anjo da guarda. Ela lhe disse que ele cheirava mal, e mais tarde ele interpretou isso como um comentário sobre o estado de sua saúde espiritual. O sonho marcou o início de um período de grandes tentações transcendentais, alternando-se mais tarde com experiências mais positivas, quase místicas. No dia seguinte à Páscoa, por exemplo, caiu prostrado bruscamente no chão ao som de um trovão. Começou a rezar e sentiu logo a presença de Jesus Cristo, que lhe perguntou se estava bem de saúde. Quando Swedenborg respondeu que Jesus deveria saber a resposta, Jesus sugeriu que verificasse sua saúde.

Em outubro, Swedenborg foi tomado por uma profunda sensação de paz. Cristo tornou a aparecer-lhe num sonho, com a advertência de que não deveria fazer nada sem orientação divina. No final de 1744, encerrou seu diário de sonhos, mas não, pelo que se soube, o contato com espíritos. Passou a publicar uma série de livros sobre temas religiosos, em especial a história da criação, nos quais apresentava aquilo que, segundo acreditava, seria o significado mais profundo do livro do Gênesis. (Chegou a retomar seus estudos de hebraico para poder ler melhor suas fontes no original.) Rejeitou a doutrina da Trindade, acompanhando os místicos que diziam ser a unidade a principal característica de Deus, e sugeriu um novo cristianismo, que ampliaria os conceitos originais em vez de substituí-los. Na introdução de um volume seminal, escreveu:

> Os arcanos revelados nas páginas a seguir tratam do céu e do inferno, bem como da vida do homem após a morte [...] foram-me concedidos o diálogo com anjos e a associação com eles, tal como um homem conversa com outro, e também a visão das coisas que estão nos céus e nos infernos, e isto pelo tempo de treze anos, para descrever essas coisas que tenho visto e ouvido pessoalmente.[7]

A obra, que reunida representava uma nova teologia, foi lançada no anonimato, mas em 1759 aconteceu algo que iria pôr em jogo a sua autoria.

Em julho desse ano, Swedenborg tinha voltado de uma viagem a Londres e estava hospedado em Göteborg, na costa oeste da Suécia. Na noite do dia 19, foi jantar com amigos na casa de William Castel, um rico comerciante local. No começo da noite, sentiu-se perturbado e acabou indo sozinho ao jardim para tomar um pouco de ar fresco. Voltou com a notícia de que um grande incêndio havia irrompido em Estocolmo, não muito longe de sua casa. O anúncio pode ter sido recebido com certo ceticismo — Estocolmo distava cerca de quinhentos quilômetros de Göteborg —, mas Swedenborg continuou a fazer um relato do avanço do fogo aos outros convidados, até que, por volta das oito da noite, exclamou aliviado que o fogo fora contido a apenas três portas de sua casa.

Vários convidados tinham casa em Estocolmo, por isso a notícia da curiosa declaração de Swedenborg espalhou-se com rapidez. Quando chegou aos ouvidos do governador da província, ele chamou Swedenborg à sua residência no dia seguinte para que lhe fizesse um relato detalhado e em primeira mão daquilo que teria acontecido. Só em 21 de julho é que chegou um mensageiro de Estocolmo com uma carta relatando o desastre. Os detalhes coincidiram, em todos os aspectos, com o relato feito por Swedenborg dois dias antes. A história não demorou a circular, e Swedenborg conquistou a fama de ter poderes extraordinários. Em pouco tempo, as pessoas começaram a suspeitar de que deveria ser ele o autor dos livros igualmente extraordinários que vinham sendo publicados nos últimos anos.

O fator crucial para nossa tese atual não é a teologia bíblica ampliada proposta por Swedenborg, mas a admissão franca — em seu primeiro livro de teologia — de que suas doutrinas não eram construções intelectuais, mas sim uma direta revelação espiritual, proveniente de fontes mais elevadas. Em sua análise da carreira de Swedenborg, John Selwyn Gummer enfatiza que ele não era dado a transes, tampouco realizava sessões, mas mantinha regularmente comunicação direta com seres celestes, como se estivessem fisicamente presentes. Segundo Gummer, seus textos religiosos, que incluíam tanto uma visita guiada ao céu quanto ao inferno, eram relatos literais de suas experiências. O próprio Swedenborg tinha isto a dizer:

> Sei muito bem que muitas pessoas vão alegar que é impossível conversar com espíritos e com anjos enquanto se está vivo em seu corpo; muitos vão dizer que esse relacionamento deve ser mera fantasia; outros, que inventei essas relações para conseguir crédito; e outros farão outras objeções. Para isso tudo, no entanto, não ligo, pois ouvi, vi e senti.[8]

Embora tenha sido ferozmente criticado em sua época, inclusive pelo filósofo Kant, o legado literário de Swedenborg foi suficiente para garantir-lhe seguidores mais tarde. O primeiro sinal do que estava por vir surgiu dez anos após sua morte, em 1772, quando um clérigo da igreja anglicana chamado John Clowes fundou, em Manchester, a Sociedade para Impressão, Publicação e Circulação dos Escritos do Honorável Emanuel Swedenborg. Clowes traduziu boa parte dos textos de Swedenborg para o inglês e louvou, de seu púlpito, as doutrinas swedenborgianas. Os próprios textos de Swedenborg previram a formação de uma "Nova Igreja", de essência cristã, mas ampliando a mensagem do Evangelho para incluir aquilo que Swedenborg obteve em suas visões celestes. Em maio de 1787, foi fundado o movimento da Nova Igreja. Dois anos depois, muitas igrejas físicas foram abertas pelo país enquanto a primeira Conferência Geral da Nova Igreja era realizada em Londres. Não demorou para que missionários levassem a revelação de Swedenborg a um público internacional. Um dos que a levaram às terras norte-americanas foi o famoso "Johnny Appleseed" (John Chapman).

Apesar de o número de seguidores da Nova Igreja ser relativamente pequeno no século XXI, o conjunto principal da obra visionária de Swedenborg ainda está em publicação, com novas traduções de tempos em tempos. Em decorrência, suas ideias continuam a brilhar como um improvável farol da época iluminista, chamando a atenção de teólogos e, até certo ponto, de esoteristas, novamente por conta de contatos e revelações dos espíritos.

Nem todos os espíritos tinham o mesmo peso que os que apareciam para Emanuel Swedenborg, mas mesmo assim a atividade espiritual permaneceu animada ao longo desse período. A lenda de Fausto, aceita como declaração de verdade literal, sobreviveu mais ou menos intacta até o Iluminismo, depois do que reemergiu sob forma distinta. O interesse pela arte da conjuração cerimonial foi diminuindo de modo gradual, mas o desejo de contatar espíritos, não. Apesar do racionalismo intelectual que tipificou o Iluminismo, seria um erro imaginar que esse período tenha muito em comum com o nosso. Os novos hábitos de observação científica estavam sujeitos a fatores psicológicos; por isso, o exame microscópico de sêmen de jumento revelava pequenos jumentos, e ainda era possível ver sereias tomando banhos de sol em rochedos.[9] O método científico, tal como conhecemos hoje, ainda estava em sua infância, e a mente científica se mantinha aberta para toda espécie de possibilidade fantástica. Um arauto dessas possibilidades foi o médico chamado Franz Anton Mesmer.

Mesmer nasceu em Iznang, perto do lago Constance, na Suábia, em 1734. Estudou em duas universidades jesuítas — Dillingen e Ingolstadt — antes de cursar a faculdade de medicina na Universidade de Viena. Sua dissertação, em 1766, postulava que a atração gravitacional dos planetas influenciava a saúde humana por causa de um fluido invisível que permearia a natureza e o corpo humano — uma ideia que, com quase toda certeza, ele teve com a ajuda de um proeminente médico inglês chamado Richard Mead. Nove anos depois, porém, Mesmer modificou essa teoria: agora, não era mais a gravitação que influenciava o fluido, mas o magnetismo. Ele fez experimentos com base nessa ideia — exigiu que um paciente engolisse um preparado contendo ferro e depois prendesse ímãs ao corpo —, mas, embora parecesse funcionar, o próprio Mesmer modificou novamente sua teoria básica. Na nova versão, substituíra o magnetismo ferroso por um "magnetismo animal", no qual a manipulação direta do fluido produzia resultados terapêuticos. Ao que parece, essa ideia também teria sido corroborada pela prática, e em pouco tempo Mesmer abandonou o uso de ímãs. Em vez disso, passou a manipular o fluido no corpo dos pacientes fazendo "passes magnéticos" sobre eles com as mãos nuas. Como terapia, o método foi espantosamente bem-sucedido. A reputação de Mesmer aumentou, e sua fama se espalhou. Em 1775, foi procurado por um representante da Academia de Ciências de Munique que queria sua opinião sobre o trabalho de um modesto sacerdote austríaco chamado Johann Joseph Gassner, um dos mais eficientes curadores de sua época.

Frei Gassner foi ordenado em 1750 e iniciou seu ministério na pequena aldeia de Klösterle (no leste da Suíça) em 1758. Alguns anos depois, percebeu que ficava com dores de cabeça e tonturas enquanto celebrava a missa e ouvia confissões. O ritmo com que esses sintomas surgiam levou-o a suspeitar de ataque demoníaco. Felizmente, a Igreja tinha técnicas para combater essa eventualidade. Frei Gassner realizou um ritual de exorcismo, fez as devidas orações, e seus problemas desapareceram. Impressionado pelo resultado, começou a exorcizar os doentes de sua paróquia, também com sucesso notável. Em pouco tempo, percebeu que pacientes viajavam de distritos próximos para vê-lo. Entre eles, estava a condessa Maria Bernardine von Wolfegg. Quando ele conseguiu exorcizá-la com sucesso, sua fama se espalhou como fogo na mata.[10]

Gassner distinguia dois tipos de doença: as naturais e as preternaturais. As doenças naturais eram encaminhadas a algum médico. As preternaturais eram divididas em três categorias: *circumsessio*, cujos sintomas pareceriam com os de doenças naturais, mas seriam, na verdade, causadas pelo demônio; *obsessio*, doenças causadas por feitiçaria; e *possessio*, resultante da possessão por espíritos malignos. Em todos os casos, submetia antes os pacientes a um exorcismo de teste, no qual pedia ao demônio para manifestar os sintomas da doença. Se nada acontecesse, concluía que a doença tinha origens naturais e mandava o paciente a um médico. Se os sintomas aparecessem, prosseguia com o exorcismo e expulsava os espíritos que causavam o problema.[11]

Apesar de seus métodos serem muito eficientes em curas, as teorias básicas de Gassner divergiam do novo racionalismo do Iluminismo. Mesmo no apogeu de sua fama, foi foco de intensa controvérsia, e, em 1775, o príncipe-eleitor Karl Theodor nomeou uma comissão de inquérito para investigar suas curas. Mesmer era um de seus membros.

Hoje, é difícil pensar em Mesmer como defensor do Iluminismo, mas o fato é que ele representava novas ideias e métodos que, em meio à época, pareciam estritamente científicos. Com certeza, não era preciso apelar a Satanás e seus asseclas para se justificarem. Mesmer examinou o método de Gassner e demonstrou que tudo o que Gassner poderia fazer, ele (Mesmer) poderia fazer melhor. Sua conclusão foi que, embora Gassner fosse um homem honesto, estava enganado em suas conclusões. Na verdade, suas curas eram feitas por magnetismo animal aplicado de modo inconsciente. O exorcismo não tinha relação alguma com elas.[12] Portanto, no final de 1775, Mesmer baniu os espíritos da teoria médica. Mas os espíritos rechaçaram o banimento, e não tardou para que começassem a assombrar o próprio mesmerismo.

Apesar do (ou talvez devido ao) fato de Mesmer ter obtido curas espetaculares, os médicos de Viena acusaram-no de fraude, levando-o a se mudar para Paris em 1778. O interesse por sua teoria do magnetismo animal se espalhou com rapidez. Em poucos anos, um correspondente da Sociedade Real de Medicina escreveu que "até as mentes mais sóbrias da cidade não falam de nada exceto o mesmerismo", enquanto uma enquete realizada pela sociedade concluiu que poucas cidades do porte da França não tinham o próprio centro de tratamento mesmeriano.[13] À medida que a prática do mesmerismo, profissional e amador, foi se difundindo, o mesmo se deu com os fenômenos associados a ela.[14] O contato espiritual surgiu quando dois irmãos descobriram uma nova forma de mesmerismo sonambúlico (que hoje, imagina-se, tenha sido a hipnose) e viram que um de seus sujeitos conseguia se comunicar com os mortos.[15]

Esse evento não foi isolado. Numa carta para a Société Harmonique de Estrasburgo, a Sociedade Exegética e Filantrópica swedenborgiana de Estocolmo explicou que "anjos" possuíam os sonâmbulos na Suécia, proporcionando assim "a primeira correspondência imediata com o mundo invisível".[16] Em Lyon, o mesmerismo foi absorvido por dois cultos essencialmente espiritualistas: La Concorde e a Loge Elue et Chérie, de natureza secreta. Nas duas organizações, pessoas mesmerizadas canalizavam mensagens de Deus.

As mesas girantes, técnica associada posteriormente ao espiritismo, na qual forças invisíveis faziam que uma mesinha se movimentasse, foram a princípio atribuídas à influência do fluido magnético. Mas, embora alguns mesmeristas vissem nisso apenas a manipulação mecânica do magnetismo animal, outros viram aí uma intervenção espiritual: "Pergunte à mesa, ou seja, ao espírito que está dentro dela; ela lhe dirá que tenho sobre minha cabeça um enorme cano de fluido que se eleva desde meus cabelos até as estrelas [...] e com isso a voz de espíritos em Saturno chega ao meu ouvido".[17]

É claro que a manifestação mesmeriana dos espíritos não foi um fenômeno isolado. Em seu livro *History of Hypnotism* (História do Hipnotismo), Alan Gault afirma sem rodeios: "Um grande tratado mal seria suficiente para esgotar as descrições que os sonâmbulos fazem de seus contatos com os espíritos de pessoas mortas, ou com seres angelicais ou espirituais, e de suas visões do, ou visitas ao, céu ou Hades ou limbo... Não raro, os dois tipos de viagem — astronômica e escatológica — se combinam, e a lua e os planetas são representados como moradas probatórias de espíritos dos mortos. Volta e meia, as viagens são realizadas sob a orientação do anjo da guarda do próprio sonâmbulo, que também cumpre o papel mais mundano de conselheiro médico e moral.[18]

Naturalmente, como professor de psicologia, o dr. Gault estava ciente das alegações do mesmerismo nesse sentido. O subtítulo da seção de seu livro que trata de fenômenos paranormais começa com a palavra *ostensivamente*,[19] e ele toma o cuidado de lembrar que se os seus "sonambulos magnéticos" relatam viagens à lua ou aos planetas, e que "os relatos costumam ser pitorescos [mas] o astrônomo amador procurará em vão neles a antecipação de descobertas modernas".[20] Porém, ele é mais generoso com um dos exemplos mais conhecidos de contato espiritual: *Frau* Friedericke Hauffe, a "Vidente de Prevorst".

Na infância, *Frau* Hauffe tinha visões e sonhos proféticos. Foi ficando cada vez mais introvertida após um casamento arranjado e começou a exibir sintomas de diversas doenças desde os 21 anos.[21] Como seus sintomas pioravam, seu médico receitou "passes e remédios magnéticos", e não demorou para que *Frau* Hauffe julgasse estar sendo magnetizada pelo espírito da avó, já falecida. Fenômenos *poltergeist* aconteciam à sua volta de forma incomum, pois os objetos flutuavam lentamente pelo ar em vez de prescreverem a trajetória normal de quando eram jogados.[22] Mais tarde, "começou a enxergar outra pessoa através daquela para quem olhava. Assim, através de sua irmã mais nova via seu irmão falecido, Henry; e, através de uma amiga, via a forma fantasmagórica de uma velha que ela conhecera na infância em Lowenstein".[23]

Como só os passes magnéticos podiam aliviar os sintomas de suas diversas doenças, a vidente passou cada vez mais tempo nessa condição magnetizada. Isso produziu nela quatro estados distintos: 1) o que parecia ser a vigília consciente normal, mas com sensibilidade psíquica aguçada; 2) um estado magnético que produzia sonhos claros e às vezes proféticos; 3) um estado de transição entre o sono e a vigília (hoje chamado normalmente de "hipnagógico") no qual ela podia escrever e falar uma misteriosa "linguagem interior"; e 4) um estado similar ao número 3, mas com clarividência adicional, o que lhe permitia fazer diagnósticos e prescrever receitas a si mesma e aos outros. Em todos esses estados, ela estava sujeita às aparições.[24] Gault destaca as semelhanças com outros sonâmbulos clarividentes dessa época e acrescenta um detalhe revelador: ela tinha um espírito guardião, sua falecida avó.[25] Nisso, assemelhava-se muito a uma nova categoria de clarividentes que ainda aguardava nas asas da história: o médium espiritualista.

A confusão entre o velho ("supersticioso") e o novo ("científico") na prática do mesmerismo não ajudou muito sua reputação. Em 1784, Luís XVI nomeou uma comissão para examinar os métodos de Mesmer. O relatório foi condenatório. Acharam que Mesmer não conseguira fundamentar suas alegações científicas e concluíram que o fenômeno do mesmerismo não tinha nenhuma relação com qualquer fluido invisível, podendo ser explicado apenas pela imaginação.

Posteriormente, o mesmerismo declinou na França, mas os ingleses, sempre desconfiados das conclusões continentais, continuaram a importar com tranquilidade essa prática no início do século XIX. Na Inglaterra, as habilidades mesmerianas também incluíam a comunicação com espíritos. As irmãs O'Key, que exibiam talentos precognitivos quando mesmerizadas, afirmavam não ter conhecimento exato do futuro, mas este lhes era descrito por um espírito que apareceu pela primeira vez quando uma delas ficou doente.[26] Um experimento mesmeriano no Trinity College, em Dublim, produziu num sujeito mesmerizado o comentário de que grandes mudanças estariam ocorrendo no mundo espiritual, inclusive nas relações entre homens e anjos.[27] Cinco anos depois de a comissão do rei Luís descartar o mesmerismo com a mesma eficiência com que o próprio Mesmer descartara antes o exorcismo, os espíritos voltaram ao cenário político da Europa, causando confusão numa escala sem precedentes.

12. FEITICEIRO REVOLUCIONÁRIO

A Revolução Francesa de 1789 prenunciou as mudanças mais radicais na história política da Europa desde a queda do império romano. Assinalou o começo do fim da monarquia absolutista, do sistema feudal, dos privilégios aristocráticos e da aceitação inquestionável da autoridade religiosa. Sob o ataque prolongado de grupos de esquerda recém-formados, apoiados por uma multidão de descontentes, tanto na cidade quanto no interior, algumas certezas pereceram, sendo substituídas por novos princípios de igualdade, liberdade e direitos de cidadania. Poucos historiadores reconhecem o papel representado pela influência dos espíritos nessas enormes mudanças, nem dando muita atenção a seu intermediário: o vil conde Alessandro di Cagliostro.

Cagliostro nasceu em Giuseppe Balsamo, na Sicília, em 1743, sendo um menino rebelde com notáveis talentos artísticos para complementar sua visão psí-

Cagliostro, vil intermediário para as influências espirituais durante a Revolução Francesa.

quica. Fugiu diversas vezes da escola e, após uma péssima leitura das Escrituras,[1] acabou sendo expulso. Decidindo visitar Roma, apresentou-se como alquimista, no intuito de separar um rico ourives de seu ouro, mas acabou ele mesmo sendo roubado mais tarde, chegando sem um tostão a Roma. Vivia de sua perspicácia e talentos artísticos, e, de algum modo, conseguiu sobreviver.

Mesmo jovem, o interesse de Balsamo pelo ocultismo era profundo. Viu-se atraído por um alquimista grego chamado Altotas, que, em sua busca pela Pedra Filosofal, descobrira um processo valioso para fazer fibra de linho se parecer com seda. Juntos, visitaram Malta, onde Balsamo impressionou tanto o grão--mestre dos Cavaleiros de Malta (que também era alquimista), que esse dignatário lhe deu cartas de apresentação para diversos homens influentes da Itália. Foi a primeira rajada de um ventania que conduziria o jovem ocultista aos salões dos poderosos.

Voltando a Roma, Balsamo conheceu Lorenza Feliciani, com quem se casou. Tratava-se da bela filha de um fundidor de cobre falido, de apenas 14 anos. Viajaram pela Itália, Espanha e França, onde conheceram um homem fadado a se tornar o mais famoso libertino da Europa: Giovanni Jacopo Casanova. De volta à Espanha, Balsamo trabalhou para o duque de Alba, mas um ano depois apareceu com sua esposa em Londres e foi logo preso por dívidas. Lorenza usou de seus bons préstimos com Sir Edward Hales, para que o marido fosse solto. O fidalgo ofereceu-lhe emprego: pintar o teto de sua sede familiar perto da Cantuária. Balsamo aceitou, fez um péssimo trabalho no teto e embarcou com a esposa para a França. No barco, conheceram um advogado francês, Duplessis, que se apaixonou por Lorenza. Ele levou o casal a Paris e permitiu que morassem na residência do marquês de Prie, de quem era administrador. Após dois meses, Duplessis acabou seduzindo Lorenza, e ela se mudou para um apartamento na rue Saint-Honoré. Balsamo denunciou-a prontamente ao rei, e com isso Lorenza foi parar na cadeia em 1773, onde passou um ano.

Independentemente do destino da esposa, a sorte de Balsamo mudou para melhor. Ele inventou uma loção para pele que funcionava mesmo e começou a ganhar dinheiro. Sua reputação como alquimista cresceu, e assim pôde começar a receber alunos que lhe pagavam. Quando Lorenza saiu da cadeia (aparentemente sem rancores pelo homem que a mandara para lá), ele tinha juntado dinheiro suficiente para um retorno exuberante à Itália, dizendo tratar-se do marquês Pellegrini. Entretanto, o tolo foi visitar sua casa em Palermo, sendo então reconhecido pelo ourives que tinha enganado, e acabou preso.

Balsamo acabou voltando a Londres em 1776, mudando seu nome para Cagliostro (que era, na verdade, o nome de um tio siciliano). Nessa visita, tanto ele quanto a esposa tornaram-se maçons, iniciando como aprendizes em 12 de abril de 1777.

Hoje, a Ordem Maçônica apresenta-se basicamente como uma organização de caridade. Embora baseie-se num sistema de iniciações rituais que contém simbolismo profundo e interessante, não pode ser chamada propriamente de ordem ocultista no sentido em geral aceito dessa expressão. A maçonaria não pretende entrar em contato com espíritos nem canalizar poderes esotéricos, mas as mentes atraídas pelo ritual maçônico também costumam ser atraídas pela magia ritual; e é um fato histórico que muitos magos foram maçons. Também é correto dizer que, em séculos passados, a busca de segredos arcanos na maçonaria era realizada com muito mais diligência do que hoje.

Naturalmente, Cagliostro foi ocultista antes de ser maçom, e tratava a maçonaria com a mente de um ocultista. Ele descobriu — ou alegou ter descoberto — um rito maçônico egípcio incomparavelmente mais antigo do que qualquer outro que os maçons de sua época conheciam. Com base nesse rito, fundou a Ordem de Maçonaria Egípcia, liderada por ele mesmo como Grande Copta e aberta apenas a maçons de boa reputação. Talvez para acrescentar um pouco de excitação inofensiva, passou a divulgar o boato de que fora aluno dos profetas fundadores da Ordem, Elias e Enoque, e que por isso teria muitos milhares de anos de idade.

Nessa época, suas próprias habilidades proféticas começaram a florescer, mas ele era, acima e antes de tudo, um mago, tendo adotado a abordagem mágica tradicional de usar crianças muito novas como médiuns para entrar em contato com entidades espirituais e ver o futuro.

Cagliostro começou a percorrer a Europa pregando a maçonaria egípcia e tentando, geralmente com sucesso, convencer maçons mais ortodoxos a adotar seu rito. Seus talentos psíquicos, que podem ter incluído aquilo que hoje chamamos de "leitura a frio",[2] ajudaram-no imensamente no ambiente supersticioso de sua época. Ademais, o Rito Egípcio se encerrava com uma demonstração de clarividência. Isso deve ter sido atraente para os maçons, habituados a falar de assuntos simbólicos como pedra polida e pedra bruta, mas, assim como não restam muitas dúvidas de que Cagliostro atuava bem como paranormal, há menos dúvidas ainda de que fosse um charlatão. Numa demonstração em São Petersburgo, a criança que usou como médium interrompeu bruscamente a apresentação para dizer que tudo aquilo não passava de uma farsa. Cagliostro fugiu para Estrasburgo, na Alemanha, onde sua reputação se manteve intacta. Multidões se alinhavam para ver o Grande Copta em sua charrete preta adornada com símbolos mágicos atraentes.

Confundindo os críticos que o viam como um simples vigarista, Cagliostro montou sua sede num quarto simples de uma das áreas mais pobres da cidade e passou a fazer obras de caridade, curando os doentes e distribuindo esmolas. Sua reputação cresceu imensamente, e não apenas entre os pobres. Entre seus pacientes, havia nobres, como o marquês de Lasalle e o príncipe de Soubise. Este fora abandonado pelos médicos como um caso sem esperança. Cagliostro, no entanto, curou-o em três dias. A baronesa de Oberkirch também o visitou e, apesar de nunca ter confiado totalmente em Cagliostro, foi forçada a admitir que ele tinha clarividência: informou-a da morte da imperatriz da Áustria três dias antes de a notícia chegar a Estrasburgo por vias mais convencionais. Ainda nessa época, Cagliostro conheceu o cardeal De Rohan, que ficou bem impressionado e acabou convencendo-o a ir a Paris.

É curioso observar que a vida de muitos ocultistas famosos segue um padrão parecido. De origem um tanto quanto obscura, passam por períodos de altos e baixos. Depois, vem um período de grande proeminência, seguido de uma queda em desgraça. Comumente, eles próprios são autores de seus infortúnios, mas, no caso de Cagliostro, ele parece ter se envolvido numa sequência de eventos fora do seu controle.

Apesar do título, o cardeal De Rohan era um mulherengo. Quando era bispo de Estrasburgo, a futura rainha da França, Maria Antonieta, passou pela cidade, a caminho de seu casamento com Luís XVI. Mesmo com 15 anos, sua beleza era marcante, e ao lhe dar a comunhão, De Rohan apaixonou-se por ela. A paixão durou bastante, e deve ter até aumentado pelo fato de o marido de

Maria Antonieta ter, durante vários anos, fracassado fragorosamente na tentativa de desvirginá-la — um fato que acabou extrapolando o leito nupcial. Mas, embora De Rohan amasse a rainha, esta não tinha lá muito interesse por ele. Assim que seu marido ascendeu ao trono, ela mandou que De Rohan fosse demitido do cargo de embaixador na Áustria. Também tentou impedir que fosse promovido ao cardinalato, embora sem êxito nesse caso. Há suspeitas de que De Rohan possuía uma faceta masoquista, pois, quanto mais Maria Antonieta tentava humilhá-lo, mais ele gostava dela. Não era, porém, uma atração exclusiva. Quando De Rohan estava com 50 anos, apaixonou-se pela condessa de la Motte Valois (um título que provavelmente não era autêntico), de 25 anos. O relacionamento foi mais satisfatório; ele conseguiu seduzi-la no segundo encontro. A condessa então tornou-se sua amante, e ele a apresentou à corte, onde não demorou para ser uma das favoritas da rainha.

Infelizmente para todos os envolvidos, a condessa havia formulado um plano desagradável para ganhar uma fortuna. Sabendo dos sentimentos do cardeal pela rainha, tentou convencê-lo de que a atitude da rainha mudava e que, lentamente, Maria Antonieta começava a se interessar por ele. Propôs-se a entregar as cartas do cardeal à rainha e a trazer aquelas que, segundo ela, eram as respostas de Maria Antonieta. Na verdade, a rainha não tinha a menor ideia a respeito disso. As cartas do cardeal eram destruídas, e as "respostas" eram falsas.

A razão para esse plano todo era um colar de diamantes que valia 1,6 milhão de *livres*, que a rainha desejava, mas pelo qual não podia pagar. A condessa de la Motte Valois convenceu De Rohan de que ele deveria comprá-lo para a rainha (a crédito), sabendo que seria satisfatoriamente recompensado por sua ação. Na verdade, a condessa planejava fugir com o colar assim que pusesse as mãos nele. Num dado ponto do caso, a condessa combinou um encontro secreto entre De Rohan e a rainha nos jardins de Versalhes. O cardeal, auxiliado por sua miopia, beijou a sandália real sem perceber que o pé dentro dela pertencia a uma jovem prostituta contratada pela condessa.

Os desdobramentos posteriores do "Caso do colar de diamantes" são bem conhecidos. O primeiro pagamento venceu no verão de 1785. A condessa de la Motte Valois forjou uma carta da rainha dizendo ao cardeal que não poderia pagar o valor. Nesse momento, o plano da condessa começou a desmoronar.

Ela tivera a impressão de que De Rohan era fabulosamente rico e confiara em sua paixão pela rainha para fazê-lo pagar o colar com discrição. Até podia ter razão quanto ao interesse do cardeal, mas, por outro lado, De Rohan não tinha como pagar a parcela. Os joalheiros foram procurar a própria rainha, que, naturalmente, não sabia do que falavam. O rei se envolveu na história, e De Rohan foi questionado. Quando o caso todo veio à tona, Maria Antonieta ficou furiosa e insistiu para que todos os envolvidos fossem presos. Entre aqueles que foram apanhados, estava Cagliostro.

Uma interpretação fria da história sugere que Cagliostro era inocente. O pior que se poderia dizer dele é que uma vez, a pedido do cardeal, havia conjurado uma imagem da rainha numa vasilha com água. Apesar de seus protestos, foi parar na Bastilha, onde ficou por quase um ano. Sua esposa também foi presa, mas saiu em liberdade após sete meses. Evidências pouco convencionais sugerem que Cagliostro desejava se vingar. Numa reunião maçônica na casa do conde de Gebelin, teria usado seu conhecimento de numerologia cabalística para fazer uma previsão. O rei Luís, disse, morreria no cadafalso antes de seu trigésimo nono aniversário — "condenado a perder sua cabeça". Sua rainha, Maria Antonieta, teria um destino igualmente desagradável. Definharia de dor, seria presa, passaria fome e seria decapitada.

Quando saiu da prisão, Cagliostro foi banido da França pelo rei. Chegando a Londres, entrou com uma ação contra o diretor da Bastilha, exigindo que este devolvesse o valor que lhe fora subtraído ao ser preso. A ação foi infrutífera e, no que parece mais ter sido um acesso de raiva, ele compôs um panfleto datado de junho de 1786, intitulado *Carta ao Povo Francês*, que afirmava ter sido o rei enganado por seus ministros e ser ele, Cagliostro, totalmente inocente. A carta chamou muita atenção em Paris, provavelmente porque continha duas predições. Cagliostro afirmou que não voltaria à França enquanto a Bastilha não fosse derrubada para se transformar num "passeio público", finalizando o panfleto com estas palavras:

> Sim, declaro a vocês, reinará sobre vocês um príncipe que conseguirá a glória com a abolição das *lettres de cachet*, e a convocação de seus Estados Gerais. Ele perceberá que o abuso do poder, no longo prazo, acaba destruindo

o próprio poder. Não ficará satisfeito em ser o primeiro dentre seus ministros; sua meta será ser o primeiro dos franceses.³

Até para o mais cético dos leitores, o "príncipe" mencionado no parágrafo deve ter dado a impressão de ser Napoleão.

As coisas não iam bem para a nobreza francesa. Embora tenha sido vítima inocente do "Caso do colar de diamantes", a popularidade de Maria Antonieta declinou bruscamente por causa dele. A multidão a vaiava sempre que aparecia em público, e as emoções no país foram se tornando cada vez mais ameaçadoras. A condessa de la Motte Valois, que fora condenada a açoitamento em público e a uma marca com ferro em brasa, aumentou a pressão, dizendo que a rainha estava tendo um caso com o cardeal De Rohan. A *Carta* amarga de Cagliostro só ajudou nesse processo. Uma revolução se configurava na França. O país estava num momento de transição turbulento, e um ocultista que praticava o contato com espíritos parecia habitar o olho do furacão.

Além de banido da França, Cagliostro também não era particularmente bem-vindo na Inglaterra. Após um artigo revelador do *Courier de L'Europe*, um jornal quinzenal anglo-francês publicado em Londres, ele e a esposa foram à Basileia e depois a Turim. A polícia mandou-os embora. Foram a Roveredo, na Áustria, obtendo resultado similar. Estavam em Trento quando o próprio imperador da Áustria interveio, ordenando-lhes que deixassem o país.

Cagliostro resolveu voltar a Roma, onde se esforçou sobremaneira para estabelecer sua curiosa versão da maçonaria. Como era de prever, o Vaticano reagiu com violência. Cagliostro foi detido e preso em 1789. Depois do julgamento, foi transferido para o Castelo San Leo, onde ficou encarcerado em escuridão quase absoluta. A França de onde saíra estava mergulhada no caos de seu período revolucionário. Em 1792, as profecias cabalísticas de Cagliostro se concretizaram como vingança, e Luís foi decapitado. Em 1797, tropas francesas tomaram o Castelo San Leo. Fizeram uma busca pelo mago, agora considerado herói revolucionário. Mas as tropas tinham chegado tarde. Cagliostro morrera dois anos antes, aos 52 anos. Pelo menos, é o que a história ortodoxa registra. Os membros mais crédulos dos escalões ocultistas não têm tanta certeza. Como Grande Copta do Rito Egípcio, Cagliostro tinha ensinado um sistema ambivalente de regeneração moral e física. Segundo o mago francês Éliphas Lévi, seus preceitos de regeneração moral eram os seguintes:

> Você deve subir o monte Sinai com Moisés; deve ascender ao Calvário; com Faleg, subirá o Tabor, e se erguerá no Carmelo com Elias. Deve construir seu tabernáculo no cume da montanha; ele consistirá de três alas ou divisões, mas estas devem se unir, e no centro devem ter três andares. O refeitório deve ser no térreo. Acima dele, deve haver uma câmara circular com doze leitos junto às paredes, e um no centro: este deve ser o lugar do sono e dos sonhos. O cômodo superior deve ser quadrado, tendo quatro janelas em cada uma das quatro faces; e este deverá ser o cômodo da luz. Lá, sozinho, você deve orar durante quarenta dias e dormir quarenta noites no dormitório dos Doze Mestres. Então, receberá os selos dos sete *genii* e o pentagrama traçado numa folha de pergaminho virgem. É o sinal que homem algum conhece, exceto aquele que o recebe. É o caractere secreto escrito na pedra branca mencionada na profecia do mais jovem dos Doze Mestres. Seu espírito deverá se iluminar com o fogo divino e seu corpo deverá se tornar puro como o de uma criança. Sua penetração não terá limites, e grande também deverá ser o seu poder; você deverá entrar naquele repouso perfeito que é o começo da imortalidade: será possível para você dizer, com sinceridade e sem nenhum orgulho: Sou aquele que é.[4]

Lévi considerava essa passagem uma alegoria. Ele acreditava que as três "câmaras" seriam a vida física, as aspirações religiosas e a vida filosófica. As assinaturas dos gênios representariam o conhecimento do Grande Arcano e assim por diante. Mas, apesar de uma espetacular tentativa de evocação de espíritos em Londres, Lévi não era um mago praticante, apenas um estudioso da teoria ocultista. Por isso, não entendeu nada. Porém, antes de examinar o que Cagliostro realmente quis dizer — pois a passagem citada é bem mais interessante do que a algaravia alegórica da interpretação de Lévi —, é importante estudar o sistema adotado pelo Grande Copta para se obter a regeneração física.

Cagliostro propunha um retiro de quarenta dias a cada cinquenta anos. O retiro deveria começar na lua nova de maio, tendo como companhia apenas uma pessoa "fiel". No período de quarenta dias, deveria ser observado um jejum parcial, com um menu que consistia de um grande copo de orvalho (obtido com um pedaço limpo de linho branco em espigas de milho recém-brotadas), seguido por ervas frescas e tenras e finalizado com um biscoito ou casca de pão.

Depois de dezessete dias desse tratamento, Cagliostro previa que a pessoa deveria sofrer um ligeiro sangramento, um sinal de que estava pronta para começar a tomar o "bálsamo de Azoth". Paracelso, médico e alquimista do século XV, compara o Azoth à Medicina Universal, que curaria todos os males, até mesmo a velhice, mas Lévi sugere que Cagliostro teria feito menção ao "mercúrio filosófico", substância alquímica que podia ser extraída de qualquer corpo metálico. Felizmente, ele se referiu a algo diferente do mercúrio comum, pois a dose recomendada de seis gotas, tomadas pela manhã e pela noite, com incremento de duas gotas diárias até o final do trigésimo segundo dia, seria fatal em pouco tempo.

Se o sangramento não começasse espontaneamente no décimo sétimo dia, Cagliostro conta que deveria ser induzido, supostamente por punção ou sangria. No amanhecer do trigésimo terceiro dia, o sangramento deveria se repetir. O indivíduo que seguisse essas árduas instruções devia se recolher ao leito e ficar lá até o final do quadragésimo dia. Na manhã do trigésimo terceiro dia, após o reinício do sangramento, um grão da panaceia universal (composta de "mercúrio astral" e "enxofre de ouro") deveria ser ingerido. Os efeitos desse remédio parecem radicais: um desmaio de três horas, seguido de convulsões, sudorese e muita purificação. Para ajudar a combater tais efeitos, a pessoa deveria tomar um caldo de carne magra com arroz. O ponto alto do trigésimo sexto dia era uma taça de vinho egípcio, e, no trigésimo sétimo, a ingestão do último grão da panaceia universal. Então se seguiria um sono profundo, dizia Cagliostro, no qual cabelos, dentes, unhas e pele seriam renovados. No dia 38, um banho morno, desta vez com as ervas aromáticas usadas antes no caldo. No dia seguinte, dez gotas de "elixir de Acharat" deviam ser ingeridas com duas colheres de vinho tinto. O retiro terminaria um dia depois, com o "idoso renovado, jovem".

Malgrado as evidentes dificuldades envolvidas nesse relato, talvez ele não seja totalmente absurdo. O que Lévi não percebeu foi que os processos de regeneração moral e física eram, com quase toda certeza, dois aspectos da mesma operação. E as instruções de regeneração moral não eram uma descrição alegórica de determinado estilo de vida, como acreditava Lévi. Eram, na verdade, instruções detalhadas de cenas que deviam ser formadas com clareza na imaginação do pretendente durante seu retiro de quarenta dias. A abordagem (e mesmo o conteúdo) é similar à dos famosos Exercícios Espirituais de Santo Inácio de Loyola, praticados pela Ordem Jesuíta, e também à de diversos testes psicológicos praticados por ordens ocultistas nos dias atuais.

Pode ser que esse trabalho interior, que tem efeitos profundos sobre a consciência de qualquer um que se dê ao trabalho de realizá-lo, tenha sido idealizado para esclarecer os diversos pontos obscuros contidos no trabalho exterior (como a natureza exata do bálsamo de Azoth, do mercúrio astral, do enxofre de ouro, do elixir de Acharat e assim por diante). É bem possível, pois tais exercícios tendem a extrair as mais improváveis informações da mente inconsciente e têm contribuído muito para o talento psíquico dos magos. Mas o aspecto mais interessante de todos é a referência aos "sete *genii*". O gênio, ou *djinn*, é um espírito elemental. Tornaram-se conhecidos graças ao livro *As Mil e Uma Noites*, no qual aparecem presos em garrafas por magos, sendo obrigados a conceder desejos em troca de sua libertação. Qualquer que seja nossa posição quanto a essas ficções românticas, a referência a selos recebidos de gênios indica que Cagliostro acreditava que o rito iria ajudá-lo a se comunicar com os espíritos.

O exercício ganha importância histórica na medida em que Cagliostro convenceu o cardeal De Rohan a se submeter a ele, aparentemente sem muito sucesso regenerativo. Mas Cagliostro afirmava que funcionara com ele – e daí os rumores de que teria vivido por vários séculos. Diante desse pano de fundo, há a lenda persistente de que o Grande Copta não teria morrido nas masmorras de San Leo. Em vez disso, teria desejado se confessar, sendo designado um sacerdote para ouvi-lo. Algumas horas depois da partida do padre confessor, o carcereiro entrou na cela e descobriu que o homem que saíra, na verdade, era Cagliostro com as roupas do padre. Este jazia estrangulado no chão da cela. Segundo essa história, Cagliostro viveu muitos anos, supostamente tentando influenciar eventos políticos com a mesma profundidade com que influenciara os da França pré-revolucionária... sob a orientação contínua de seus sete espíritos.

13. A HISTÓRIA SE REPETE

Há paralelos curiosos entre a França pré-revolucionária e a Rússia pré-revolucionária. Como Luís XVI, o czar Nicolau II era um homem essencialmente fraco, agradável nos relacionamentos pessoais, mas sem percepção política. Assim como Luís, Nicolau era o último de uma linhagem secular de monarcas absolutistas, e ambos possuíam um instinto quase fatal para se envolverem com assuntos políticos de que não entendiam, mantendo-se cegos às dinâmicas mudanças sociais prestes a derrubar o trono deles. Esses dois monarcas vacilaram na questão vital da formação de um parlamento funcional, e se casaram com estrangeiras que, como eles próprios, não tinham nenhum senso político, embora insistissem em interferir na vida política de seus países de adoção. Ambos foram aprisionados no final, ambos sendo executados por antigos súditos. De modo similar, houve rumores de que um membro das duas famílias reais teria conseguido escapar. Por fim, as duas cortes imperiais tinham um mago residente. Na França, era o misterioso Cagliostro; na Rússia, o xamânico Rasputin. Os próprios magos tinham diversas semelhanças: ambos eram de famílias de camponeses, ambos haviam perdido o progenitor na infância e ambos possuíam clarividência. Mais importante: ambos mantinham contato com espíritos.

A história da Rússia pré-revolucionária está inextricavelmente ligada à dinastia Romanov, família aristocrática de pequena grandeza até um dia em 1613 no qual Miguel, então com 16 anos, subiu ao trono em sua conturbada terra natal. Os registros da época mostram que ele aceitou sua eleição com enorme relutância, mas, mesmo assim, estabeleceu uma linhagem governante que du-

Grigory Rasputin, cujos contatos espirituais e talentos místicos lhe deram imenso poder sobre o czar e a czarina da Rússia pré-revolucionária.

rou quase três séculos. Os membros da família eram muito religiosos. De acordo com a biógrafa dos Romanov, E. M. Almedingen:

> Os primeiros czares estavam quase sempre atarefados com a hierarquia celeste, e a atividade de governar o país se entremeava às atividades da Igreja. As datas importantes do ano eram organizadas estritamente de acordo com os memoriais dispostos pelo Senhor, pela Mãe do Senhor e a companhia dos santos. O trabalho e o lazer dos czares, suas roupas e alimentos, mesmo sua postura e comportamento, obedeciam ao que, segundo imaginavam, seria a vontade de Deus para eles. Suas esposas nunca compartilhavam seus quartos, e só dividiam o leito com eles nas noites em que isso era sanciona-

do pela Igreja. A época da Quaresma e todos os jejuns secundários propiciavam continência. O mesmo faziam as grandes festas, pois a honra delas seria poluída caso se dedicassem a alguma atividade sexual.[1]

A sra. Almedingen acrescenta, em tom de revelação, que o rigor praticado no século XVII "não desapareceu por completo no século XX". No início do século XX, o czar Nicolau II ocupava o trono russo num período de agitação interna quase sem precedentes na história de seu país. Mas um fator novo e estranho surgira no cenário. Foi muito bem resumido numa caricatura do artista Ivanov, que mostrava o czar e a czarina, pequeninos, sentados como crianças no colo de um grande camponês russo, de feições lúgubres, olhos fundos e hipnóticos, e com uma barba longa e negra. O *cartum* tinha uma legenda satírica: A CASA REGENTE DA RÚSSIA. O camponês era Rasputin.

Grigory Efimovitch Rasputin nasceu, provavelmente no final da década de 1860, na pequena cidade siberiana de Pokrovskoe. Seu pai era dono de cavalos e trabalhava como cocheiro, tendo relativo conforto e posses. De várias maneiras, o jovem Rasputin foi uma criança muito comum. Adorava cavalos e a vida nas vastas estepes, e odiava os estudos, dos quais, como se viu depois, pouco desfrutou. Mas algo de estranho manifestou-se desde cedo nele — tinha a "segunda visão", uma expressão abrangente que designa uma vasta gama de habilidades psíquicas, inclusive a percepção de espíritos.

Provavelmente a mais antiga manifestação de seu talento deu-se antes dos 12 anos, quando ficou doente e febril. Um cavalo tinha sido furtado na aldeia, e diversos homens se reuniram na casa do pai de Rasputin (que na época era chefe da aldeia) para discutir o problema. No decorrer da reunião, o menino se sentou e acusou um dos camponeses. Ninguém acreditou nele naquele momento — seu pai teve de se desdobrar para acalmar o acusado —, mas dois dos presentes ficaram intrigados o suficiente para investigar. Mais tarde, descobriram que o ladrão havia sido o homem indicado por Rasputin. Em outro exemplo de suas estranhas habilidades, sua filha Maria descreveu que, já adulta e em São Petersburgo, seu pai conseguiu detectar instantaneamente um revólver escondido na estola de mão de uma mulher — o que pode muito bem tê-lo salvo de ser assassinado.

Na família havia casos de epilepsia, doença associada em culturas xamânicas à capacidade de conversar com espíritos. A irmã de Rasputin era epilética, e seu filho também teve a doença. É provável que sua irmã tenha morrido durante um ataque epilético: ela caiu num rio enquanto lavava roupas e se afogou. Foi uma época ruim para Rasputin, numa infância que foi tudo, menos feliz, pois sua mãe e seu irmão também morreram nessa época, e a casa da família foi arrasada por um incêndio. Rasputin sobreviveu a diversas tragédias e adquiriu a reputação de libertino na adolescência. Sua abordagem, a julgar pelo comportamento na idade adulta, era extremamente direta. Impelido por uma libido monstruosa — uma característica mais comum nos místicos do que se poderia imaginar —, volta e meia tentava despir as mulheres nos primeiros minutos dos encontros. O dinamismo de sua personalidade era recompensado pelo fato de que muitas delas nem se davam o trabalho de resistir.

Mas o hedonismo sexual não era o único aspecto do caráter complexo que se manifestaria nesses primeiros anos. Colin Wilson, que escreveu uma das melhores biografias de Rasputin,[2] comenta que ele era "movido por uma vontade de poder que fora oprimida em Pokrovskoe". Provavelmente, seria mais acertado dizer que ele era movido pela vontade de obter poderes ocultos, pois o ocultismo se tornaria o polo central de sua vida.

Aos 16 anos, Rasputin teve a oportunidade de visitar o mosteiro de Verkhoture, onde ficou durante quatro meses. Nesse período, entrou em contato com uma seita herética de flageladores, os *khlysty*, que acreditavam na possibilidade de o reino de Deus poder ser alcançado na terra, pelo menos por uma elite. Não se sabe se Rasputin chegou a praticar as técnicas dos *khlysty*, embora seja certo que tenha se sentido atraído por essa doutrina. Se praticou, é possível que tais técnicas tenham aberto as portas de sua mente para experiências visionárias. Aldous Huxley, em seus ensaios gêmeos *As Portas da Percepção* e *Céu e Inferno*,[3] teve muito a dizer sobre esse ponto. Apesar de o trampolim literário de Huxley ter sido uma experiência com mescalina, ele afirma que as drogas não são a única maneira de influenciar a química do corpo rumo a experiências místicas ou pseudomísticas. Práticas como a flagelação, em especial quando os ferimentos não são cuidados nem higienizados, levam a um acúmulo de proteínas em decomposição na corrente sanguínea, bem como a infecções bacterianas. Sob certas circunstâncias, isso pode produzir mudanças bioquímicas que influenciam a função cerebral. É possível que ocorram visões. E Huxley não ficou totalmente satisfeito com a hipótese de tais visões serem alucinações subjetivas. Ele acreditava que poderiam representar, de fato, percepções mais profundas da natureza da realidade.

No mosteiro, Rasputin conheceu também o santo eremita Macário, cuja bênção era ansiosamente buscada pelos peregrinos. Ao que parece, Macário sentiu algo de extraordinário nesse jovem beligerante e deu-se ao trabalho de lhe falar sobre o futuro dele. Não se sabe ao certo se Rasputin aceitou seus conselhos, pois, ao sair do mosteiro, ele voltou com rapidez aos velhos tempos, bebendo, frequentando bordéis e mantendo os olhos bem abertos para descobrir maneiras de conseguir mais alguns rublos — nem todas honestas, a julgar por um breve período na prisão em 1891.

Um ano antes, mais ou menos, Rasputin casara-se com Praskovie Fedorovna Dubrovine, uma garota magra, loira e dócil de uma aldeia próxima. Mais tarde, ela lhe deu um filho. Mas o bebê morreu em seis meses, e Rasputin sofreu uma mudança de caráter. Visitou Macário novamente para discutir o sentido da morte, e começou a ler livros sagrados e a orar. Na primavera, enquanto arava o campo, o surto de compaixão foi recompensado com uma visão da Virgem Maria, que, segundo disse, transmitiu-lhe algo de grande importância. Rasputin plantou uma cruz no local para assinalá-lo, contou sobre a visão para a família e foi correndo pedir uma explicação a Macário. O eremita sugeriu que fizesse uma peregrinação para fortalecer seu poder espiritual. Rasputin concordou e, com o tipo de determinação que aqueles que não são religiosos dificilmente compreendem, pôs-se a caminhar os 3.200 quilômetros que o separavam de uma das mais antigas comunidades monásticas da Europa: a do monte Atos, na Grécia. Mas não se impressionou com o caráter dos monges quando chegou lá e se recusou a se tornar um noviço. Em vez disso, decidiu prosseguir com a peregrinação, caminhando mais de 1.600 quilômetros pela Turquia até chegar à Terra Santa.

A caminho de casa, Rasputin visitou Kazan e foi à catedral. Nela, teve uma experiência que o comoveu profundamente. Sua visão anterior da Virgem fora incomum, pois não estava trajada como os ícones das igrejas locais a representavam. Rasputin guardara esse fato em sua mente, sem conseguir explicá-lo.

Agora, na Catedral de Kazan, viu-se de súbito diante de uma representação da Virgem exatamente como a vira no campo. Se precisava de um motivo para sua peregrinação, certamente seria aquele.

A viagem de ida e volta levou mais de dois anos, e ele voltou para casa tão mudado que nem mesmo sua esposa o reconheceu. Como ocorrera com muitos outros magos, as andanças lhe deram um forte poder pessoal, percebido pelos aldeões. Quando construiu um oratório no quintal e começou a realizar encontros de oração em sua casa, eles compareceram aos montes. Ciumento, padre Peter, sacerdote da aldeia, suspeitou de heresia e denunciou-o ao bispo de Tobolsk. Investigações posteriores não revelaram nada de incomum, mas, se o ambiente onde Rasputin vivia era banal, o mesmo não se podia dizer do homem. Ele tinha um olhar intenso, hipnótico, e parece ter desenvolvido poderes impressionantes de cura. Dizem que conseguia expandir e contrair as pupilas dos olhos à vontade, um truque que deve ter contribuído muito para o magnetismo de seu olhar.

O espírito de andarilho ainda era forte nele, que aparentemente não conseguiu mais se adaptar à vida na aldeia. Durante uma década, viajou pela Rússia, aumentando sua reputação como homem santo e curador. Ocasionalmente, voltava para casa, mas até em Pokrovskoe as pessoas sabiam que ele tinha se tornado um profeta, com uma segunda visão tão desenvolvida que era impossível enganá-lo.

Há momentos na história das nações em que é perigoso exibir poderes psíquicos, pois a pessoa corre o risco de se desgastar, mas também há momentos em que os poderes psíquicos tornam-se interessantes, ficam na moda, e a pessoa que os detém pode correr um perigo até maior – o de se tornar um títere dos ricos e poderosos. Na virada do século, era essa a situação na Rússia. A alta sociedade de São Petersburgo estava fascinada por astrologia, magia, predição do futuro e espiritualismo. Uma das mais entusiásticas seguidoras dessas tendências era a grã-duquesa Militsa, que em dada ocasião parece ter levado a própria czarina a participar de uma sessão com mesas girantes. (Os orientadores espirituais da czarina reprovaram o feito e ela abandonou a prática.) Foi a grã-duquesa, sempre à procura de um novo fornecedor de milagres, que descobriu Rasputin e o convidou para ir a São Petersburgo. Ele aceitou o convite em 1903.

A visita colocou-o em contato com o confessor da czarina, padre John Sergeieff. Embora o sacerdote não se sentisse muito à vontade com fenômenos paranormais, os dois se entenderam bem, provavelmente por compartilharem as mesmas visões políticas ultraconservadoras. Esse fato pode ter contribuído para a aceitação de Rasputin na corte, embora isso ainda fosse levar algum tempo. É bem possível que o verdadeiro momento de mudança tenha acontecido durante a cerimônia de canonização de um monge chamado Serafim, quando Rasputin predisse (com acerto) que nasceria um herdeiro do trono russo no prazo de um ano. Mas ele só veio a conhecer a família imperial dois anos depois, quando se inaugurou um período de sua vida que o tornaria o homem mais influente da Rússia.

Rasputin voltou a São Petersburgo em 1905 e foi acolhido calorosamente pela grã-duquesa Militsa. Numa atmosfera curiosa, na qual quase tudo podia acontecer, Rasputin curou um cão que pertencia ao cunhado de Militsa, e o grão-duque retribuiu pagando a viagem da esposa de Rasputin a São Petersburgo para se submeter a uma cirurgia. Porém, o camponês siberiano de ombros largos não era do tipo que se tornaria marionete de alguém. Seu sucesso não dependia de patronos. Em pouco tempo, seu nome se tornara conhecido na cidade, e multidões formavam filas, literalmente, para vê-lo. Ele fazia coxos andarem, curava outras espécies de doenças e, segundo um relato, transformou magicamente um punhado de terra numa rosa aberta. No dia 1º de novembro, conheceu o czar, que o descreveu em seu diário como um "homem de Deus".

Há muita controvérsia sobre as circunstâncias desse primeiro encontro. Vários biógrafos sugerem que Rasputin dançava, embriagado, num acampamento de ciganos quando chegou um mensageiro com a informação de que o filho do czar estava doente. Rasputin curou o garoto, em parte através de preces a distância, em parte pela fé instantânea. Ao menos uma fonte afirma que ele foi chamado à igreja por seu amigo, padre Sergeieff, que nessa época já havia se convencido de seus poderes terapêuticos. Com efeito, parece pouco provável que tenha acontecido algo muito espetacular na ocasião, e é bem possível que suas habilidades de cura nem sequer tenham sido envolvidas. Porém, se no início foi assim, as circunstâncias mudaram radicalmente nos anos seguintes.

O pivô da influência de Rasputin sobre a família real da Rússia foi o estado de saúde do czarevitch, o garotinho cujo nascimento ele previra. O czarevitch sofria de hemofilia, uma doença sanguínea herdada da avó materna, a rainha Vitória. A condição impede a coagulação normal. Por isso, qualquer ferimento — mesmo um raspão superficial — pode levar a uma hemorragia interna que, se não for detida artificialmente, resulta em morte. Em 1907, o menino ficou gravemente doente, e Rasputin foi chamado, pois os médicos da corte não conseguiram nenhuma melhora. Quase no mesmo instante, o czarevitch começou a se recuperar. O incidente foi tão dramático que Rasputin foi aceito prontamente como milagreiro. Começou a visitar o palácio todos os dias, impressionando o czar com seus poderes e produzindo na czarina uma emoção que beirava a veneração. Nem seu hábito rude de visitar as quatro filhas adolescentes nos próprios quartos, nem o fato de ter seduzido a babá das crianças, abalou a fé da czarina em Rasputin como santo. Ninguém pode culpá-la de todo, pois os talentos de Rasputin eram impressionantes. Em setembro de 1912, por exemplo, enquanto estava afastado de São Petersburgo e a família real passava alguns dias em Belovetchkaya, o czarevitch teve uma hemorragia e envenenamento sanguíneo após um acidente de barco. Quando a febre se instalou, os médicos do czar temeram pela vida do menino, mas a czarina enviou um telegrama para Rasputin em sua cidade, Pokrovskoe, a quase 3.200 quilômetros dali. Em vez de ir correndo ver o garoto, Rasputin apenas mandou um telegrama observando que a condição não era tão séria quanto os médicos haviam imaginado. Quando a mensagem chegou, o garoto começou a se recuperar. E seus poderes não se limitavam à cura. Dois anos antes, ao visitar um amigo (mais tarde, inimigo), o monge Illiodor, Rasputin realizou com sucesso dois exorcismos em mulheres que pareciam possuídas por demônios.

A partir de 1912, porém, a segunda visão de Rasputin — ou talvez seu bom senso — parece tê-lo feito perceber, com clareza cada vez maior, o triste destino que aguardava seus patronos reais. Profetizou que o trono só estaria seguro enquanto ele próprio estivesse vivo. Em dezembro de 1916, com a previsão de sua própria morte pendendo sobre ele, Rasputin escreveu um documento notável, no qual disse, entre outras coisas:

Sinto que deixarei a vida antes de 1º de janeiro... Se eu for morto por assassinos comuns, especialmente por meus irmãos, os camponeses russos, você, czar da Rússia, nada terá a temer, mantenha-se em seu trono e governe, e você, czar russo, não terá que temer por seus filhos, que reinarão na Rússia por centenas de anos. Mas, se eu for assassinado por boiardos, nobres, e se derramarem meu sangue, suas mãos ficarão sujas com meu sangue, durante 25 anos não lavarão meu sangue de suas mãos... Czar da terra da Rússia, se ouvir o som de um sino a lhe dizer que Grigory foi morto, deve saber disso: se foram seus conhecidos que causaram minha morte, então ninguém da família, quer dizer, nenhum de seus filhos ou parentes viverá por mais de dois anos. Serão mortos pelo povo russo... Vou ser morto. Não estou mais entre os vivos.[4]

Essa profecia fatídica realizou-se sob circunstâncias tão bizarras quanto tantas outras na vida do homem que a proferiu. O assassino de Rasputin era, de fato, membro da nobreza: príncipe Felix Yusupov, um homossexual muito bonito que, a julgar por fotografias, lembrava bastante Rodolfo Valentino, ator do cinema mudo. Yusupov convidou Rasputin para visitá-lo em seu palácio na noite de 29 de dezembro, e, apesar de avisos de amigos e dos próprios pressentimentos, Rasputin concordou.

Os detalhes de sua visita à meia-noite lembram um filme de terror. Segundo o próprio depoimento, Yusupov preparou uma sala no porão com garrafas de vinho e um bolo de chocolate propositalmente envenenado com cianureto, um veneno tão poderoso que paralisa em menos de um minuto e mata em menos de quatro. Algumas das taças de vinho também tinham sido polvilhadas com cianureto em pó. Rasputin chegou à meia-noite, ao som de um gramofone que tocava *Yankee Doodle*. Foi conduzido à sala no porão, onde, segundo Yusupov, bebeu vinho envenenado e comeu um pedaço do bolo envenenado, ingerindo mais ou menos trinta gramas de cianureto. Este deveria tê-lo matado instantaneamente — três gramas costumam ser fatais —, mas, em vez disso, ficou à vontade e pediu que Yusupov cantasse. Yusupov, que nutria um respeito saudável pelos "poderes demoníacos" do mago, pediu licença e subiu as escadas para se encontrar com os outros conspiradores, informando-os de que o veneno não tinha funcionado. Discutiram a possibilidade de estrangularem sua vítima, mas abandonaram a ideia e decidiram atirar nele. Um dos homens deu um revólver a Yusupov, e ele voltou ao porão. Rasputin estava sentado, a cabeça pendendo para baixo, reclamando de enjoo e de uma sensação de ardência na garganta. Yusupov sugeriu que rezasse diante de um crucifixo de cristal que havia na sala, e, quando Rasputin se virou, Yusupov deu-lhe um tiro nas costas. Um médico que se encontrava entre os conspiradores examinou-o e declarou que estava morto. Dois dos conspiradores saíram do palácio. Os outros dois, entre os quais Yusupov, subiram a escada e deixaram o corpo na adega.

Yusupov não ficou satisfeito. No fundo, devia ter suspeitas de que aquele milagreiro poderia ser capaz do maior de todos os milagres: voltar à vida. Foi observar o corpo. Ainda estava lá. Sem se deixar levar pela evidência diante dos próprios olhos, Yusupov se inclinou para chacoalhá-lo. Rasputin se levantou e arrancou uma dragona de seu ombro. Aterrorizado, Yusupov correu para o andar de cima, mas Rasputin o seguiu, engatinhando. De algum modo, o "cadáver reanimado" exibia forças quase sobre-humanas, arrombando uma porta trancada para chegar ao pátio externo. Outro dos conspiradores, Purishkevich, correu atrás dele e deu quatro tiros com seu revólver. Dois tiros acertaram Rasputin, e ele tombou mais uma vez. Rapidamente, Purishkevich chutou sua cabeça e, um pouco depois, Yusupov o golpeou com um objeto pesado de metal.

Por incrível que pareça, evidências posteriores mostraram que Rasputin ainda estava vivo nesse momento, embora certamente inconsciente. Para não correrem riscos, os conspiradores amarraram suas mãos e o levaram a um rio próximo, onde o jogaram num buraco aberto no gelo. A água gelada o reanimou, pois ele conseguiu soltar uma das mãos e fazer o sinal da cruz. Contudo, não conseguiu atravessar o gelo que cobria o rio e se afogou.

Este, portanto, foi o homem que aconselhou a liderança russa durante um dos períodos mais críticos da história da Rússia — um ocultista tão poderoso que se mostrou quase impossível de se matar, um membro da sociedade esotérica *khlysty*, um místico com capacidade comprovada de observar os cenários do futuro, um canal para misteriosas forças de cura cuja eficiência se espalhava por milhares de quilômetros, além de um visionário que ouvia vozes de espíritos. Sabemos ainda que o czar e a czarina não eram avessos a escutar tais vozes, fosse indiretamente, por meio dos conselhos de Rasputin, fosse diretamente, pelos próprios experimentos. Nos primeiros anos de reinado do czar, volta e meia ele evocava a sombra de seu pai para lhe pedir conselhos políticos, e há um rumor persistente de que chegou até a entrar em guerra com o Japão por sugestão de mensagens espirituais.

14. GUIAS DIRETOS

Até agora, concentramo-nos principalmente em indivíduos cujos contatos espirituais influenciaram indiretamente o curso da história humana. Mas houve outros que tiveram um papel muito mais central. Um exemplo seria um homem que, segundo muitos acreditam (principalmente os ingleses), teria sido o Anticristo previsto no Livro do Apocalipse.

Em 22 de agosto de 1779, Napoleão Bonaparte, que durante algum tempo foi literalmente prisioneiro no Egito, saiu do país por via marítima. Estava acompanhado por um pequeno grupo de companheiros e, como disse um historiador mais tarde, suas duas fragatas escaparam "surpreendentemente" da interceptação dos ingleses. O termo usado é brando. A fuga de Napoleão, realizada num momento crucial de sua carreira, foi quase milagrosa. E há aspectos claramente estranhos nos bastidores dessa história.

O continente europeu estava em guerra havia cinco anos quando Napoleão concluiu o tratado de paz de Campoformio com a Áustria. Só faltava a vitória na guerra naval com a Inglaterra. Planejou-se então uma invasão à Inglaterra, e Bonaparte foi nomeado para comandá-la. Seu exército encontrava-se reunido ao longo do litoral do Canal da Mancha, mas, após breve inspeção em fevereiro de 1798, Napoleão anunciou que a invasão não iria acontecer. Ponderou que só o domínio do mar, coisa que evidentemente os franceses não tinham, poderia assegurar o sucesso da empreitada.

Há aqueles que acreditam que ele não chegou sozinho a essa conclusão e que, na verdade, teria sido influenciado por poderes além de sua compreensão. Segundo uma lenda popular nos círculos da Wicca, com os franceses prontos para o ataque, grupos de bruxas reuniram-se ao longo do litoral sudeste da

*Napoleão Bonaparte, que pode ter tido uma experiência
com o mundo espiritual enquanto visitava a Grande Pirâmide do Egito.*

Inglaterra e fizeram um ritual idealizado para erguer um "cone de poder". Este levou à mente de Napoleão a convicção de que suas tropas não conseguiriam atravessar aquela estreita porção de água. O experimento foi repetido quase 150 anos mais tarde, quando Hitler parecia pronto para invadir as Ilhas Britânicas. A fonte dessa história, que encontra amplo crédito na comunidade esotérica inglesa, é a autora e bruxa tradicional Patricia (Paddy) Slade,[1] cuja família esteve envolvida tanto no ritual feito contra Hitler quanto naquele feito para Napoleão. A sra. Slade tinha 12 anos na época da ameaça de invasão alemã e ficou sabendo, por seus pais, que tinha havido um sacrifício humano. As bruxas fizeram o trabalho "vestidas com o céu" (ou seja, nuas), mas besuntaram-se de graxa, como os nadadores que cruzam o Canal, para se manterem aquecidas. Uma bruxa mais idosa se ofereceu para doar sua energia vital a fim de que o ritual tivesse mais força, recusando-se a se besuntar de graxa e por fim morrendo de frio. A sra. Slade soube do ritual para deter Napoleão — infelizmente, sem muitos detalhes — por intermédio da avó, que, por sua vez, alegou que sua bisavó tinha participado dele.

A ideia de que uma mente pode ser influenciada dessa forma não é desprovida de fundamento. Investigadores da psique à época da rainha Vitória já afirmavam ser possível induzir um estado hipnótico por telepatia — um fato que foi confirmado recentemente por um cientista russo, o dr. Leonid Vasiliev.[2] Há um pequeno passo apenas entre essa descoberta e a possibilidade de um grupo ocultista ter conseguido influenciar alguém a distância.

Sob efeito de magia ou por meras considerações estratégicas, Napoleão decidiu-se contra a invasão. Em seu lugar, sugeriu que a França atacasse o ponto central do império britânico, invadindo o Egito e ameaçando assim a rota para a Índia. O Diretório francês concordou, provavelmente não por ter achado a ideia brilhante, mas porque estava ficando cansado da popularidade do pequeno general e queria vê-lo pelas costas.

A genialidade de Napoleão e uma dose de sorte tornaram a expedição um grande sucesso. Malta foi tomada em 10 de junho de 1798, Alexandria atacada algumas semanas depois e todo o delta do Nilo foi controlado. Então, no dia 1º de agosto, veio o desastre. A frota de Nelson atacou os franceses ancorados na baía de Abu Qir e destruiu todos os navios franceses. O mito da invencibilidade de Napoleão foi destruído. Porém, e o que é mais importante por ora, é que Napoleão viu-se prisioneiro numa terra que conquistara. A Turquia, que nominalmente era suserana do Egito, declarou guerra à França em setembro. Em fevereiro de 1799, Bonaparte marchou sobre a Síria na tentativa de impedir a invasão turca do Egito. Mas sua marcha foi detida pelos ingleses em Acra, e, em maio, ele foi forçado a recuar.

Num cenário mais amplo, Inglaterra, Áustria, Rússia e Turquia formaram uma nova aliança contra a França. Um dos resultados foi a derrota dos exércitos franceses na Itália, seguida pela retirada quase total desse país. Os desdobramentos não foram nem um pouco populares na França, e um golpe de estado em 18 de junho tirou os moderados do Diretório de então, substituindo-os por jacobinos. A situação ficou confusa, e teve-se a impressão de que o próprio Diretório poderia cair. Isolado no Egito, Napoleão não sabia dessa situação, até que, numa troca de prisioneiros, o comandante britânico na Palestina enviou-lhe uma pasta com jornais ingleses a título de cortesia. Neles, Napoleão descobriu que um membro do Diretório, Emmanuel Sieyes, tinha dito que só uma ditadura militar poderia impedir a restauração da monarquia, e ainda comentado: "Estou procurando um sabre". Napoleão viu-se como esse sabre. Com a determinação que lhe era característica, decidiu voltar à França, mesmo que isso significasse deixar seu exército para trás.

O problema, porém, estava em como chegar lá. O bloqueio de Nelson era sólido e assim se manteve por meses. Mas Napoleão, por motivos que nunca foram explicados, começou a agir como se ele não existisse. Deu ordens para que suas fragatas se preparassem para zarpar, fez todos os arranjos pessoais necessários e ordenou que qualquer mudança nas posições dos navios de guerra ingleses lhe fosse informada de imediato. E foi o que aconteceu. Uma mudança inexplicável no arranjo inglês deu-lhe a oportunidade de que precisava. Dois navios velozes passaram pelo bloqueio, e Bonaparte chegou a Paris em 14 de outubro.

Embora a crise francesa tivesse diminuído, Napoleão se aliou a Sieyes e empreendeu um golpe de estado bem-sucedido nos dias 9 e 10 de novembro. O Diretório foi destituído, sendo formado um consulado composto pelo próprio Napoleão, por Sieyes e um antigo diretor, Pierre-Roger Ducos. Em teoria, cada membro tinha uma parcela igual de poder. Na realidade, Napoleão era senhor do consulado e senhor da França.

O escritor norte-americano A. H. Z. Carr, intrigado pelas ações de Napoleão diante do bloqueio naval, apresentou a teoria de que ele não havia agido às cegas.[3] Carr achava que, de algum modo, ele tivera consciência de influências ocultas no processo histórico às quais poderia recorrer para obter vantagens pessoais. Essa é uma sugestão interessante, que merece ser levada a sério. Um número muito grande de momentos de inflexão na História (como este certamente o foi) parece ter se dado por manifestações extraordinárias de sorte ou do acaso; tantas, na verdade, que somos levados a questionar se a explicação realmente recai no acaso.

Em 1894, por exemplo, Guglielmo Marconi começou a fazer experiências sérias com ondas de rádio na propriedade de seu pai, perto de Bolonha. Heinrich Hertz já tinha produzido e transmitido tais ondas, mas as tentativas de Marconi permitiram-lhe aumentar o alcance delas para mais de 2.400 metros — o suficiente para convencê-lo de que o sistema tinha potencial real como meio de comunicação. Todavia, não recebeu incentivo para dar prosseguimento a seus experimentos na Itália; com isso, em 1896, foi a Londres, onde sua primeira patente foi requerida poucos meses depois. No verão de 1897, o jovem físico demonstrara ser possível comunicar-se a distâncias de quase 20 quilômetros. Em 1899, já tinha conseguido aumentar a distância de comunicação para 120 quilômetros. Alguns especialistas cogitaram que estivesse se aproximando do limite teórico do sistema. Marconi discordou. Em dezembro de 1901, teve sucesso na transmissão de sinais da Cornualha, na Grã-Bretanha, até a Terra Nova, do outro lado do oceano Atlântico. Foi uma demonstração impressionante, não só por causa da distância envolvida como também por ser, teoricamente, algo impossível.

Os especialistas da época estavam a par de dois fatos. O primeiro era que as ondas de rádio viajavam em linha reta. O segundo era que a superfície da Terra era curva. Levando em conta essas informações, era óbvio que, se fossem longe demais, as ondas de rádio formariam apenas uma tangente com a esfera planetária e se perderiam pelo espaço. Um cálculo simples mostrou que, tendo em vista tais fatos, o maior alcance efetivo do rádio deveria ser entre 160 e 320 quilômetros. Diversos físicos fizeram essas contas, e é inconcebível que Marconi as desconhecesse. Mas mesmo assim ele prosseguiu com seus experimentos, e o sucesso não se deveu à sua genialidade, mas sim à sua persistência. Sem que Marconi ou os outros especialistas de 1901 soubessem, havia na atmosfera superior uma camada carregada eletricamente (que hoje chamamos de ionosfera) que refletia as ondas de rádio de volta para a Terra, em vez de permitir que se perdessem no espaço.

Acredita-se que os grandes feitos científicos e tecnológicos de nossa época deram-se graças a pesquisas pacientes e aplicação cuidadosa da lógica científica.

Na verdade, muitas descobertas revolucionárias foram questão de sorte – ou de algo que se parece, de modo suspeito, com o processo que nossos ancestrais chamavam de revelaçao divina. A maioria dos estudantes sabe que as ideias de Darwin sobre a origem das espécies foram antecipadas por Alfred Russel Wallace, naturalista inglês. Bem menos conhecido é o fato de que a ideia da seleção natural ocorreu a Wallace numa inspiração febril, enquanto enfrentava um ataque de malária. August Kekulé idealizou a estrutura da molécula de benzeno durante um sonho que teve em 1865: viu uma cobra mordendo a cauda enquanto girava. A adrenalina foi descoberta quando o dr. K. Oliver tentava testar um aparelho que inventara para medir o diâmetro de uma artéria. Durante esses testes, injetou em seu filho um extrato de glândulas suprarrenais de um novilho e achou ter detectado uma redução no tamanho da artéria. Hoje, sabemos que não foi o que aconteceu. Mesmo assim, ele convenceu um colega cientista a examinar sua descoberta. O extrato glandular foi injetado num cão e deu-se um aumento mensurável na pressão arterial. A ciência médica deu mais um grande passo à frente graças à sorte.

Às vezes, o elemento da sorte se mescla a si mesmo de forma fascinante. Talvez Marconi nunca tivesse descoberto o potencial de longa distância das ondas de rádio se elas não tivessem sido descobertas antes. O homem que as descobriu foi Heinrich Hertz, que teve a sorte de perceber uma faísca minúscula emitida por um aparato que utilizava no outro lado da sala. O desenvolvimento da fotografia, um elemento vital de nossa cultura, deu-se graças à boa sorte. Uma colher de prata deixada sobre uma superfície de metal iodado produziu uma imagem que foi percebida por Louis-Jacques-Mande Daguerre. A descoberta dos raios X foi igualmente acidental. Wilhelm Conrad Roentgen se esqueceu de tirar uma tela fluorescente de uma mesa na qual usava um tubo de raios catódicos. Louis Pasteur admitiu espontaneamente o papel representado pelo acaso em diversas de suas descobertas mais importantes. Toda a estrutura da imunização surgiu por conta do descuido de um de seus assistentes. O homem se esqueceu de uma cultura de cólera aviária, e esta perdeu sua virulência. Mas Pasteur percebeu que ela impedira os frangos de serem infectados pela cepa mais forte. Alexander Fleming passou a buscar um agente antibacteriano desde que descobriu, durante a Primeira Guerra Mundial, que os desinfetantes existentes na época danificavam tecidos. Um mofo transportado pelo ar contaminou uma de suas placas de cultura, e ele percebeu que o crescimento bacteriano em torno dele tinha cessado. O mofo era o *Penicillium notatum*. O cíclotron, peça essencial de equipamento na história do desenvolvimento da energia atômica, funcionou por acidente. Em teoria, deveria ser inquestionavelmente ineficiente, mas um efeito inesperado do campo magnético permitiu que se tornasse uma proposta prática.

Isoladamente, cada uma dessas descobertas teve um efeito revolucionário sobre nossa cultura. Juntas, produziram profundas mudanças no curso da História. Devemos nos perguntar até onde pode chegar o alcance da coincidência em questões tão importantes, em especial pelo fato de essa lista estar longe de esgotar o assunto. Somos praticamente bombardeados pela sensação de que os envolvidos foram *guiados* de alguma maneira.

Com certeza, Napoleão acreditava estar sendo guiado. Entre as descobertas de seus sábios durante a ocupação do Egito havia um texto oracular encontrado no Vale dos Reis, que ele mandou traduzir para o francês, para uso pessoal. Após a derrota de Napoleão em Leipzig, em 1813, o texto foi descoberto por um oficial prussiano num gabinete onde se guardavam curiosidades, sendo traduzido para o alemão. Em 1835, foi publicado na forma de livro e se tornou um fenômeno editorial, permanecendo nas livrarias durante todo o século XIX e sendo republicado pela astróloga Judy Hall em 2003.[4] O oráculo, que gera mais de mil respostas para um conjunto limitado de questões gerais, mostra certa semelhança com outros sistemas divinatórios antigos, em particular o I Ching, que, como vimos, parece ter sido motivado por espíritos. O oráculo pode não ter sido o único contato entre Napoleão e espíritos egípcios. Especula-se sobre a possibilidade de um contato direto durante sua visita à Grande Pirâmide.

Faz tempo que a Grande Pirâmide é considerada um depósito de mistérios ocultos – ou, alternativamente, de conhecimentos científicos conferidos por uma grande civilização, hoje desaparecida da face da Terra. Os investigadores têm se interessado muito pela Câmara do Rei, um cômodo vazio, de teto plano, feito de granito vermelho polido, com cerca de 10 por 5 metros e com 6 metros de altura. Essa câmara, instalada bem no centro da pirâmide, está vazia, exceto por um grande sarcófago aberto de granito polido cor de chocolate.

Quando Napoleão entrou nela com um pequeno grupo de conselheiros em 1798, insistiu em ser deixado sozinho ali por algum tempo. Hesitantes, seus colegas concordaram e saíram, deixando o líder meditar sobre os mistérios do antigo edifício. Pouco depois, Napoleão saiu dali, pálido e abalado, recusando-se terminantemente a discutir o que o teria assustado. Anos mais tarde, pouco antes de morrer no exílio, na pequena ilha atlântica de Santa Helena, recordou a experiência novamente e deu a impressão, por um breve instante, de que a narraria. Porém, mudou de ideia e morreu sem explicar o mistério.

Na ausência de fatos, resta-nos apenas a especulação. Mas estas podem ser orientadas pela experiência do dr. Paul Brunton, escritor inglês que, no começo da década de 1930, foi um dos últimos homens a receber permissão para passar a noite na Câmara do Rei. Ao recordar a aventura,[5] Brunton descreve uma experiência visionária na qual parece ter saído do corpo, aprendendo a mensagem da pirâmide (que os homens precisam buscar a salvação dirigindo a atenção para seu íntimo) com o espírito de um sumo sacerdote do Egito antigo.

A experiência de Brunton está de acordo com uma doutrina esotérica que afirma ser a Grande Pirâmide construída originalmente como aparelho para separar a alma do corpo do iniciado vivo, permitindo-lhe assim conhecer de antemão a vida após a morte — a experiência xamânica essencial. Não interessa se a visão de Brunton foi subjetiva ou alucinatória. É uma realidade observável que certos ambientes causam reações muito semelhantes em pessoas específicas, e a sensação de sair do corpo é bem mais comum do que muita gente imagina — estudos realizados na Inglaterra e nos Estados Unidos mostram que entre 25% e 46% das pessoas afirmam ter tido uma experiência fora do corpo pelo menos uma vez na vida. Temos o direito de nos perguntar se Napoleão, um homem muito religioso, que teria dito que um estado sem religião era como um navio sem leme, também acreditava ter saído do corpo e conversado com um espírito.

Mais uma vez, a realidade objetiva de sua experiência não está sendo questionada, pois uma visão vívida e subjetiva teria sido mais que suficiente para causar um efeito profundo sobre sua mente. Pode tê-lo imbuído de um senso de destino ou de posicionamento histórico. Com certeza, teve ambos na maturidade, e provavelmente não conseguiria ter feito tudo o que fez sem essas noções. Tal como Hitler e Churchill na idade madura, estava ciente da contribuição que poderia dar ao destino das nações. Sua resposta ao anúncio britânico de exílio, em 1815, deixa isso evidente: "Apelo à História!". À luz de tudo o que descobrimos até agora, parece ter sido uma história profundamente influenciada pela intervenção espiritual.

15. EXPERIÊNCIA NORTE-AMERICANA

Naturalmente, a intervenção espiritual nos assuntos humanos não se restringiu ao Velho Mundo. O xamanismo existe na América do Sul desde tempos imemoriais, bem como entre nativos norte-americanos. Mas, quando o século XIX chegou, havia uma coexistência intrigante de antigas práticas espirituais entre os povos indígenas, e contatos e técnicas desenvolvidos mais recentemente pelos colonizadores brancos. Tal como no Velho Mundo, alguns contatos tiveram implicações profundas para o futuro cultural e político do continente. Entre eles, incluem-se as experiências de um jovem muito bem-apessoado chamado Joseph Smith Jr.

Smith viera de uma família que passara por dificuldades. Seu avô, Asael Smith, era de Topsfield, Massachusetts, mas tinha perdido boa parte de suas propriedades com a crise econômica dos Estados Unidos na década de 1780, tendo se mudado para Vermont. Seu filho, Joseph Smith Sr., conseguira se estabelecer como fazendeiro, mas uma série de quebras de safra nos primeiros anos do novo século forçaram-no a se mudar com a crescente família para Palmyra, em Nova York. O terceiro filho de Joseph Smith Sr., Joseph Jr., chegou à idade madura num meio religioso confuso e que, sem dúvida, deve tê-lo aturdido. A mãe, Lucy Mack, era de uma família que havia adotado o *seekerism* — movimento que procurava uma nova revelação para restabelecer o cristianismo autêntico —, embora frequentasse cultos presbiterianos. Seu pai, Joseph Sr., parece não ter seguido religião alguma — recusava-se a frequentar qualquer igreja e ficava com o filho em casa aos domingos. No entanto, a família toda acreditava em visões e profecias, dedicando-se às práticas supersticiosas da religião popular. Enquanto isso, Palmyra era invadida constantemente por uma série de movimentos

Joseph Smith, jovem norte-americano cujos encontros com espíritos levaram à fundação da Igreja Mórmon.

de renovação gerados pelo Segundo Grande Despertar, movimento evangélico cristão que ganhava forças desde 1800.

Com esse histórico, o adolescente Joseph Jr. tornou-se um jovem agradável, com tendências românticas e certo interesse por coisas estranhas como caçadas a tesouros. Dizia ser capaz de localizar ouro enterrado com o auxílio de uma "pedra de vidência" de cristal, e conseguiu convencer algumas pessoas de que era dotado de poderes sobrenaturais. Ao contrário do pai, o jovem Joseph, agora com 14 anos, parecia sentir a necessidade de uma igreja, mas não sabia muito bem a qual deveria se filiar. Ciente do conselho do Novo Testamento, que diz que todo aquele que não tem sabedoria deve perguntar a Deus,[1] foi até a mata

Representação artística do primeiro contato com o anjo Moroni.

para rezar, sendo recompensado com a visão do Todo-Poderoso acompanhado de Jesus Cristo, e ambos lhe disseram, olho no olho, para não se filiar a nenhuma das igrejas existentes, pois todas estavam equivocadas. Ele saiu correndo para contar a novidade a um ministro local, que, como era de prever, desprezou esse encontro espiritual, dizendo que fora apenas uma ilusão.

Entretanto, Smith continuou a acreditar. Seguiu o conselho divino sobre as igrejas, embora mantivesse tanto o interesse pela religião quanto sua prática de orações. Em 1823, foi recompensado com outra revelação espiritual. Enquanto rezava no quarto, pedindo perdão, um anjo chamado Moroni apareceu para orientá-lo sobre o paradeiro de um conjunto de placas de ouro gravadas com a história dos povos antigos da América. Smith descobriu depois que originalmente o texto fora redigido por escribas antigos, inspirados pelo espírito da profecia e da revelação, depois resumido e editado em sua forma final por um profeta e historiador chamado Mórmon. Quando concluiu o trabalho, Mórmon deu o relato a seu filho, Moroni, que deveria guardá-lo. Era aquele mesmo Moroni, transformado num ser glorificado e ressuscitado, que agora aparecia resplandecente diante de Smith.

As placas, disse o anjo, estavam enterradas numa colina não muito distante da fazenda do pai de Smith, em Wayne County. Smith seguiu as instruções e descobriu as placas numa caixa de pedra, junto com uma placa peitoral e um misterioso par de óculos com aros de prata e lentes de cristal como o da pedra de vidência.

Durante quatro anos, o anjo negou permissão a Smith para mover as placas de ouro, após o que, de súbito, concordou. Não só permitiu então que as levasse para casa como o encarregou da tarefa de traduzi-las para o inglês de seu original, que era em "egípcio reformado".[2] Como Smith hesitou, foi-lhe oferecida orientação divina e a informação de que usasse os óculos mágicos que tinha encontrado na caixa de pedra. Com a ajuda deles, segundo a história é contada, ele concluiu a tarefa em três meses — um feito impressionante, pois o volume final tem 588 páginas. Outras fontes sugerem um prazo mais razoável, de três anos,[3] durante os quais dois seguidores de Smith foram visitados pelo espírito de João Batista e ordenados sacerdotes.

As placas descreviam a história milenar de israelitas conduzidos por Deus de Jerusalém a uma terra prometida no Hemisfério Ocidental, alguns séculos antes do nascimento de Cristo. Seus descendentes se dividiram em duas tribos que lutavam entre si, os nefitas e lamanitas, renegados de pele vermelha. As hostilidades foram interrompidas brevemente com o aparecimento de Cristo para os nefitas após a conversão deles ao cristianismo, mas recomeçaram com rapidez, até os nefitas acabarem dominados. Antes de serem exterminados por completo, um de seus generais, chamado Mórmon, reuniu os registros de seu povo e resumiu-os num texto único, que gravou nas placas de ouro. Este Livro de Mórmon foi escondido por seu filho, Moroni — o mesmo Moroni que agora aparecia em forma angelical para revelar sua existência a Smith.

O estilo do livro lembra o do Antigo Testamento, com nomes emprestados da Bíblia ou similares aos dela. Alguns capítulos da Bíblia foram praticamente repetidos. Naturalmente, há a suspeita de que Smith teria composto tudo como uma obra de ficção, na qual as "placas de ouro" são o elemento mais fictício. Ademais, as placas originais desapareceram tão logo foram traduzidas, levadas de volta, segundo Smith, por Moroni. Mesmo assim, não menos do que onze testemunhas mostraram-se dispostas a atestar que as viram, algumas chegando a tocá-las e a examinar as gravações existentes nelas. Hoje, todo exemplar impresso do Livro de Mórmon começa com uma declaração de seu testemunho em dois grupos desiguais:

O DEPOIMENTO DE TRÊS TESTEMUNHAS

SAIBAM TODAS as nações, tribos, línguas e povos a quem esta obra chegar: que nós, pela graça de Deus Pai, e de nosso Senhor Jesus Cristo, vimos as placas que contêm este registro, que é um registro do povo de Néfi, e também dos iamanitas, seus irmãos, e também do povo de Jarede, que veio da torre da qual se tem falado. E sabemos também que foram traduzidas pelo dom e poder de Deus, pois assim sua voz nos declarou; sabemos, portanto, com certeza, que a obra é verdadeira. E também atestamos que vimos as gravações feitas nas placas; e que elas nos foram mostradas pelo poder de Deus, e não do homem. E declaramos sobriamente que um anjo de Deus desceu do céu, trouxe-as e colocou-as diante de nossos olhos, de maneira que vimos as placas e as gravações nelas feitas; e sabemos que é pela graça de Deus Pai, e de nosso Senhor Jesus Cristo, que vimos e atestamos que estas coisas são verdadeiras. E isto é maravilhoso aos nossos olhos. Entretanto, a voz do Senhor ordenou-nos que prestássemos testemunho disto; portanto, para sermos obedientes aos mandamentos de Deus, prestamos testemunho destas coisas. E sabemos que, se formos fiéis em Cristo, livraremos nossas vestes do sangue de todos os homens, e seremos declarados sem mácula diante do tribunal de Cristo, e viveremos com ele eternamente nos céus. E honra seja feita ao Pai e ao Filho e ao Espírito Santo, que são um Deus. Amém.

Oliver Cowdery
David Whitmer
Martin Harris

O DEPOIMENTO DE OITO TESTEMUNHAS

SAIBAM TODAS as nações, tribos, línguas e povos a quem esta obra chegar: que Joseph Smith Jr., o tradutor dessa obra, mostrou-nos as placas mencionadas, que têm a aparência de ouro; e que manuseamos tantas páginas quantas o dito Smith traduziu; e que também vimos as gravações que elas contêm, as quais nos parecem ser uma obra antiga e de curiosa execução. E isso testemunhamos sobriamente, que o dito Smith nos mostrou as placas, pois nós as vimos e seguramos, e sabemos com certeza que o dito Smith possui as placas de que falamos. E damos nossos nomes ao mundo, para atestarmos ao mundo o que vimos. E não mentimos, Deus sendo testemunha disto.

Christian Whitmer
Hiram Page
Jacob Whitmer
Joseph Smith Sr.
Peter Whitmer Jr.
Hyrum Smith
John Whitmer
Samuel H. Smith

O signatário Martin Harris, cujo nome está apenso ao final desses dois depoimentos, era um vizinho rico que Smith tinha, e, malgrado algumas dúvidas iniciais, tornou-se um de seus primeiros seguidores. Ajudou na tradução e, quando esta ficou pronta, hipotecou sua fazenda para financiar a publicação na forma de livro. A data da primeira edição é 26 de março de 1830. Apenas onze dias depois, Smith e um grupo de seguidores organizaram-se formalmente numa entidade legal à qual deram o nome de Igreja de Cristo. Um dos ensinamentos mais importantes era o retorno iminente de Cristo à Terra, um fundamento que levou Smith a um projeto importante: o estabelecimento de assentamentos conhecidos como Cidades de Sião, onde os seguidores poderiam se refugiar das tribulações dos Últimos Dias. Seguindo esse plano, houve uma migração geral rumo ao oeste.

Em Kirkland, Ohio, Smith agiu sob as ordens de outra revelação, criando a Ordem Unida de Enoque, que introduziu a propriedade coletiva entre os mórmons sob a direção geral da Igreja. Contudo, a orientação divina falhou quando ele abriu o próprio banco para facilitar a compra de terras. O banco faliu em pouco tempo, deixando a própria Igreja em sérias dificuldades. Foi emitido um mandado de prisão para Smith sob a acusação de fraude bancária. Smith reagiu levando seus seguidores ao Missouri, onde outra comunidade mórmon já tinha sido fundada.

Pelo que se viu, o Missouri não foi um ambiente tão pacífico. Houve conflitos entre os membros da nova religião e seus vizinhos mais conservadores. Propriedades dos mórmons foram queimadas; mulheres e crianças, assassinadas. Por fim, os mórmons perderam a paciência e começaram a se armar. Foi formado um grupo, conhecido como danita, para proteger a comunidade e vingar-se de malfeitorias contra membros da Igreja. A situação se degenerou, tornando-se uma guerra declarada. E, evidentemente, era uma guerra que os mórmons nunca poderiam ganhar. Depois de uma rendição vergonhosa para 2.500 soldados, Smith foi levado em custódia e acusado de traição. Após vários meses na cadeia e de uma audiência perante o júri, Smith conseguiu escapar enquanto era escoltado até Boone County. Sua autoridade perante os seguidores estava em baixa, e muitos haviam se convencido de que ele era um profeta fracassado. Sua liderança passava lentamente para as mãos de seu antigo advogado, Brigham Young. Quando o governador do Missouri ameaçou exterminar toda a comunidade, com cerca de catorze mil almas, Young conduziu-os em massa até Illinois.

No início, pareceu uma mudança positiva. Durante alguns anos, as coisas se tranquilizaram bastante, e os mórmons tiveram permissão de construir a própria cidade, Nauvoo, onde antes havia uma cidade abandonada. Mas, à medida que aumentavam o número de seguidores e sua influência – anos antes, Smith tinha criado um programa missionário para difundir a palavra de sua revelação –, o mesmo aconteceu com o ressentimento dos vizinhos. Para piorar as coisas, houve dissidências dentro da própria comunidade mórmon. A popularidade de Smith tinha diminuído ainda mais após uma ordem reveladora emitida pela Igreja que permitia a poligamia a alguns poucos eleitos... entre os quais o próprio Smith, evidentemente. Sobre ele, recaíram ainda as suspeitas de obter vantagens pessoais nas compras de terras para a Igreja.

Em meados de 1842, a opinião popular em Illinois voltava-se cada vez mais contra a crescente comunidade mórmon. A imprensa criticou suas aspirações políticas e militares, e houve um grande escândalo quando o guarda-costas de Smith foi acusado de ter atirado no governador do Missouri. Apesar de o guarda-costas ter sido considerado inocente, sujeitos contrários aos mórmons em

Illinois não perderam tempo na divulgação do rumor de que Smith teria previsto a morte do governador. Foram feitas tentativas fracassadas de extraditar Smith para o Missouri; contudo, sua queda final não se deveu a inimigos externos, mas a uma cisão no próprio grupo.

Na primavera de 1844, deu-se uma divisão entre Smith e vários de seus seguidores mais próximos, e dois deles acusaram-no de ter proposto casamento às suas esposas. Isso levou à formação de uma igreja concorrente e ao indiciamento de Smith por uma série de supostos crimes, inclusive poligamia. Smith retaliou ordenando o fechamento de um jornal rebelde, uma iniciativa mal estudada que fez a oposição aumentar, chegando a um confronto militar com o governador de Illinois. Smith e seu irmão, Hyrum, foram presos sob acusações de incitação à desordem e de traição ao estado de Illinois. Enquanto aguardavam julgamento, uma multidão invadiu a cadeia. Hyrum foi morto na hora, e Joseph Smith foi alvejado várias vezes antes de cair de uma janela e morrer.

A vida breve e acidentada de Joseph Smith foi marcada por frequentes — poderíamos dizer, constantes — comunicações com espíritos. Apesar de as mais importantes delas terem sido, sem dúvida, aquelas mantidas com o anjo Moroni, levando à descoberta das placas de ouro, a estrutura inicial da Igreja Mórmon baseou-se numa série contínua de "revelações", segundo as quais as vozes de espíritos guiaram Smith sobre a maneira como sua organização deveria funcionar. Apesar de alguns conselhos serem controvertidos — a regra sobre a poligamia é um exemplo óbvio —, o fato é que uma igreja que tinha exatamente seis membros no dia em que foi fundada, em 1830, elenca hoje mais de 14,1 milhões de adeptos no mundo todo.[4] Embora seja um crescimento impressionante, não faz muita justiça ao poder financeiro da Igreja Mórmon (cujo nome oficial atual é Igreja de Jesus Cristo dos Santos dos Últimos Dias), em particular nos Estados Unidos. Embora a igreja não apresente balanços, uma fonte alega que, se ela fosse uma empresa, ficaria aproximadamente na metade da lista *Fortune 500* das empresas mais lucrativas do país.[5] O poderio financeiro e de voto reflete inevitavelmente a influência política. Em 2012, Mitt Romney, seguidor de Joseph Smith, tornou-se candidato do Partido Republicano à presidência dos Estados Unidos, perdendo a eleição por margem muito estreita.

PARTE III
ESPÍRITOS NO MUNDO MODERNO

Agora, é fácil ver como o curso da história humana foi influenciado, direta e indiretamente, por contatos com espíritos. Mas é igualmente fácil esquecer que a História é um processo contínuo. Assim como incidentes e ações do passado distante continuam a reverberar através dos séculos, incidentes e ações da era moderna contribuem, às vezes de modo drástico, para o desenrolar de nosso futuro.

A intervenção espiritual não pode ser descartada como um produto de eras anteriores e supersticiosas. E, qualquer que seja sua natureza essencial, não sucumbiu ao racionalismo materialista da cultura pós-Iluminismo. Como veremos nesta seção, o contato, a influência e até a intervenção dos espíritos têm prosseguido nos tempos modernos. Alguns podem até mesmo alegar que, na verdade, na era da comunicação de massa, a influência espiritual aumentou.

16. ESTÃO *TODOS* AÍ?

O fundador do mormonismo, Joseph Smith, como a maioria dos profetas, foi e é considerado por seus seguidores como um indivíduo incomum, singularmente talentoso devido aos contatos espirituais. Mas, quatro anos após sua morte, os espíritos já faziam sentir sua presença de novo, dessa vez para pessoas comuns nos Estados Unidos. O que é ainda mais estranho é que esse desenrolar de fatos improvável foi previsto pelos próprios espíritos numa profecia do famoso "Vidente de Poughkeepsie", Andrew Jackson Davis.

Davis, que nasceu na área rural do estado de Nova York em 1826, parecia destinado a uma vida de obscuridade — era aprendiz de sapateiro —, quando então um alfaiate chamado William Levingston lhe pediu que participasse de algumas experiências com mesmerismo. Embora Levingston tivesse aprendido apenas técnicas básicas com um conferencista itinerante, Davis, então com 17 anos, parecia ser o sujeito ideal. Não demorou para exibir poderes paranormais, como a visão remota — capacidade de ler um livro enquanto vendado —, e, mais importante, talento para conversar com espíritos. Essas experiências foram um ponto de inflexão na vida de Davis. Em 1844, travou contato visionário com os espíritos de Swedenborg e do médico grego Galeno. Este fez uma breve propaganda de seu método médico e depois disse a Davis que ele estava destinado a se tornar um curador clarividente. Swedenborg foi além. Proclamou Davis como instrumento de uma revelação vindoura de sabedoria e verdade para toda a humanidade. Levingston e David abriram uma clínica onde David fazia diagnósticos em transe e prescrevia receitas aos doentes.

Um ano depois, Davis iniciou uma série de demonstrações públicas em Nova York que resultaram em 157 leituras canalizadas. Elas impressionaram tanto um rico patrono chamado Silone Dodge que ele encomendou a publicação de um livro a respeito. A carreira de Davis como vidente e clarividente fora solidamente lançada. Continuou a escrever livros, panfletos e a publicar artigos pelo resto da vida, sem deixar o trabalho de curador. Mais tarde, quando uma lei do estado de Nova York proibiu curadores mesméricos, reagiu, inscrevendo-se no United States Medical College, onde obteve os diplomas de antropologia e de medicina – e, com essa medida, pôde prosseguir em sua atividade.

A predição de Davis sobre a pluralidade de contatos espirituais deu-se bem no início de sua carreira, cerca de quatro anos após a visão inicial de Galeno e de Swedenborg. Seguindo as informações de seus contatos espirituais, anunciou que não tardaria para que todos pudessem fazer o que ele fazia, conversando diretamente com os espíritos. Na época, isso parecia pouco provável, mas não demorou para a nova febre do espiritismo se espalhar pelo país.

O espiritualismo moderno, como técnica de contato espiritual e religião de menor alcance, deve suas origens a batidas que aconteciam numa cabana de dois cômodos em Hydesville, Nova York, em 1848.[1] A família Fox do Canadá, dona da cabana, era, assim como os moradores anteriores,[2] perturbada com frequência por ruídos noturnos, até que Kate Fox, a filha mais jovem, estabeleceu comunicação com a fonte dos sons, que depois afirmou ser o espírito de um vendedor ambulante que fora assassinado na casa. Antes mesmo de sua identificação, a sra. Fox já suspeitava que lidava com espíritos, tendo chamado alguns vizinhos para testemunhar os fenômenos. Um deles escreveu:

> Havia cerca de doze ou catorze pessoas lá... Algumas estavam tão assustadas que nem quiseram entrar no recinto... A sra. Fox fez perguntas e ouvi claramente as batidas de que falam. Senti a cama chacoalhar quando o som foi produzido.[3]

Não tardou para que esses poucos vizinhos amigáveis se transformassem numa multidão de curiosos, tão logo a notícia sobre o fenômeno se espalhou. A excitação aumentou quando uma escavação na adega da cabana revelou alguns ossos e dentes, logo apontados como sendo do vendedor assassinado.

Kate Fox e sua irmã Lizzie foram morar com a irmã mais velha, Leah, em Rochester, em Nova York, e os fenômenos — agora bem mais complexos que as batidas originais — as acompanharam. O som de sangue coagulado lançado ao chão era seguido pelo toque frio de mãos de espíritos. Um grupo de metodistas se reuniu, e todos começaram a falar outras línguas, o que fez com que mais ruídos fossem ouvidos. As mesas se moviam sozinhas. Mensagens em código chegavam do Além.[4] No prazo de um ano, outras pessoas passaram a perceber que podiam mover mesas e produzir batidas de espíritos tão bem quanto as irmãs Fox, ou até melhor. A prática daquilo que veio a se chamar espiritualismo* começava a se espalhar.

Davis considerou os fenômenos em Rochester como a concretização de sua profecia.[5] Ele já tinha um número substancial de seguidores, e seu aval fez com que o movimento emergente ganhasse mais impulso. Não demorou para o espiritualismo se espalhar pelos Estados Unidos. Em 1852, a esposa de um jornalista da Nova Inglaterra levou esse conhecimento também à Grã-Bretanha.[6]

Embora não tenha mais o frescor da novidade, a mediunidade à maneira espiritualista ainda é, até hoje, o método mais popular de contato com espíritos na cultura ocidental. Com frequência, veem-se demonstrações na televisão, no Paranormal Channel; centros espiritualistas representam uma religião menos expressiva, mas tenaz em diversas cidades importantes; e até a sessão tradicional, com seus fenômenos associados, foi considerada digna de investigação ao longo de três anos por parte da Sociedade de Pesquisa Psíquica.[7]

Embora o principal foco do espiritualismo sempre tenha sido a comunicação com os espíritos dos mortos, não é incomum que os médiuns se tornem "canais" para "seres superiores", que podem ou não ser humanos. Historicamente, a fundadora da teosofia moderna, Madame Helena Petrovna Blavatsky, seguiu esse padrão, começando sua missão em Nova York pelo contato com "John King", o espírito de um velho bucaneiro, tendo depois a transformado num canal para os ensinamentos de seus Mestres Secretos, altamente evoluídos. Mais recentemente, a médium espiritualista Grace Cooke (1892-1979) começou sua carreira enfatizando a comunicação pós-morte, mas depois fundou a Loja Águia

---

* Embora o termo tenha alguns pontos em comum com o espiritismo francês, que depois encontrou expressão plena no Brasil, é diferente deste. (N.T.)

Branca para promover os ensinamentos espirituais de seu "guia", Águia Branca, que certa vez reencarnara como nativo norte-americano.[8] De vez em quando, por outro lado, indivíduos como Fran Rosen-Bizberg ("Parvati"), sem formação nem treinamento espiritualista, começam a atuar como canais. Rosen-Bizberg é norte-americana e hoje mora na Polônia. Foi educadora até que, em 1997, começou a receber "transmissões" de uma "inteligência superior" extraterrestre originária da constelação de Órion.[9]

Enquanto o espiritualismo ainda engatinhava em meio à população branca dos Estados Unidos do século XIX, uma forma totalmente diferente de intervenção se desenvolvia entre os nativos norte-americanos — intervenção que, em última análise, levaria a um desastre. A primeira indicação do que estaria por vir deu-se entre os profetas-sonhadores (curandeiros ou xamãs) dos índios paiute do norte, tribo localizada ao oeste de Nevada. A visita deles aos mundos espirituais convenceu-os de que os nativos norte-americanos mortos estariam prestes a voltar à Terra. Quando isso acontecesse, iriam expulsar os brancos e devolver aos nativos terras, alimentos e seu modo de vida tradicional. Ao apresentarem a mensagem, os profetas-sonhadores mencionaram um detalhe revelador: essa desejável situação se daria mais rápido com a execução de danças e melodias especiais, apresentadas aos curandeiros em suas visões. Entre elas, havia a versão de uma dança circular realizada por nativos norte-americanos desde a Pré-história. Esse novo formato era conhecido como Dança Fantasma, pois fora idealizado para incentivar a proteção de espíritos dos ancestrais.

A primeira Dança Fantasma parece ter se desenvolvido graças às visões de um curandeiro paiute chamado Hawthorne Wodziwob (Cabelo Cinzento), em 1869. Wodziwob anunciou que tinha viajado à terra dos mortos, onde os espíritos daqueles que haviam morrido recentemente prometeram voltar à companhia dos entes queridos dentro de poucos anos. As danças circulares foram realizadas na comunidade para comemorar essa revelação. Wodziwob continuou a pregar a mensagem durante três anos com a ajuda de um amigo xamã chamado Tavibo. Este, por sua vez, era pai de um garoto chamado Wovoka, que mais tarde ficou conhecido por seu nome em inglês, Jack Wilson.

Wilson era um indivíduo interessante. Na juventude, tivera visões e ouvira vozes que atribuía a Deus, mas passara por tantas dificuldades para interpretá-

Dança Fantasma, pintada a partir de cenas reais, uma entre diversas cerimônias inspiradas por espíritos que se mostraram desastrosas para os povos nativos dos Estados Unidos.

-las que sua família havia procurado a ajuda de um xamã, para lhe oferecer treinamento. Num eclipse solar de 1º de janeiro de 1889, ele teve uma visão particularmente poderosa, na qual se viu diante de Deus e observou muitos ancestrais tribais dedicados a atividades das quais mais teriam gostado em vida. Depois, Deus lhe mostrou a terra prometida, repleta de caça, e lhe disse como o homem de pele vermelha poderia obtê-la. A mensagem central de Deus foi sobre amor. Os membros das tribos foram instados a se amarem mutuamente, a fazerem cessar as guerras entre as tribos e, o que é bastante revelador, a viverem em paz com os brancos. Foram proibidos de mentir e furtar, e tiveram de abandonar as antigas práticas de mutilação tradicionalmente associadas ao luto. Seguindo essas regras, iriam reunir-se de novo com os entes queridos num mundo novo e melhor, onde não haveria doença nem velhice. Basicamente, a mensagem foi a mesma que já havia sido canalizada por vários curandeiros. Houve até a menção a uma dança circular, uma cerimônia de cinco dias que, se realizada em intervalos corretos, aceleraria essa reunião sublime.

Wilson recuperou a consciência e ficou convencido de que, com a ajuda dessa dança, todo o mal seria expulso do mundo, e a terra seria pelo amor, por alimentos e pela fé. Na mesma hora, começou a pregar a mensagem de sua visão, e não demorou para chamar a atenção não só do próprio povo, mas também de tribos vizinhas. O poder de suas palavras foi reforçado pelo surgimento de estigmas em suas mãos e pés. Lentamente, a revelação e a cerimônia que a acompanhava se espalhou pelo rio Missouri, chegando à fronteira com o Canadá, à Serra Nevada e ao norte do Texas. Nesse ponto, assumiu todas as características de um movimento religioso, atraindo um número crescente de convertidos, não apenas entre os nativos norte-americanos como também entre alguns colonizadores brancos.[10] Por volta de 1890, as palavras de Wilson chegaram até os sioux, uma tribo prestes a empreender uma rebelião.

Apesar de a mensagem essencial de Wilson ser claramente sobre paz e amor, algumas das pessoas que a ouviram conseguiram desvirtuá-la. Entre elas, estava o Chefe Urso Chutador, dos sioux lakota, que preferiu se concentrar no conceito de "camisas fantasmas", que, segundo se dizia, eram capazes de repelir balas graças a poderes espirituais.[11] Na época, os sioux estavam em rota de colisão com o governo norte-americano, que havia rompido um tratado e iniciado um curso de ação que deixara os nativos norte-americanos à beira da carestia. Foram enviadas tropas e, quando os sioux começaram a celebrar a Dança Fantasma, um governo nervoso, sem compreender de fato o que acontecia, recusou-se a retirar os soldados. A situação foi de mal a pior, até culminar no massacre em Wounded Knee (Joelho Ferido), quando as camisas fantasmas não conseguiram proteger os sioux.

As mudanças na corrente situação acabaram tornando obsoleta a Dança Fantasma, embora algumas tribos ainda a tenham praticado no século XX. O efeito geral do movimento, porém, foi preparar os nativos norte-americanos para uma acomodação maior junto à população branca, e, até certo ponto, para uma dinamização da conversão dos nativos ao cristianismo — desdobramentos que teriam uma influência extraordinária no curso da história norte-americana.

17. OS ESPÍRITOS VÃO À GUERRA

Na Grã-Bretanha, o período vitoriano foi uma época de contrastes, sendo estes mais óbvios na esfera sexual. As mulheres inglesas do século XVIII foram descritas por um abalado historiador europeu como "dadas à sensualidade, a tendências carnais, ao jogo, à bebida e ao ócio". Mas, quando Vitória já estava firme no trono, a imagem tinha mudado. A ordem do dia era a respeitabilidade. O lugar da mulher era em casa, e a expressão mais elevada de sua feminilidade era a maternidade. Apesar disso, ao mesmo tempo, ela foi dessexualizada, como se dar à luz não tivesse nada a ver com o ato sexual. Foram tomadas medidas para ocultar o fato de que as mulheres tinham pernas. A julgar pelo que se via na moda da época, moviam-se sobre rodas da cintura para baixo. O decote subiu até envolver recatadamente o pescoço.

Em outras esferas, o contraste foi ainda mais forte. A era vitoriana viu a ciência emergir a princípio como uma distração para a aristocracia e tornar-se o sistema de pensamento humano que, um dia, acabaria envolvendo o universo. Quando Darwin publicou sua tese evolutiva, o mundo estava pronto para ela. Houve, é claro, muita controvérsia e oposição. Mas esse fato, em si, era mais uma indicação de interesse — a tese realmente impopular costuma ser apenas ignorada.

A ciência vitoriana era essencialmente materialista, uma disciplina mecanicista com os dois pés plantados com firmeza no chão. Alguns cientistas viram nisso o fim de seu trabalho. Tudo podia ser pesado, medido e categorizado, e seria apenas uma questão de tempo para que o fosse de fato. Com essa imagem do sóbrio cientista vitoriano (uma imagem tão forte quanto a do sóbrio puritano vitoriano), questões sobre espiritualidade eram consideradas supersticiosas

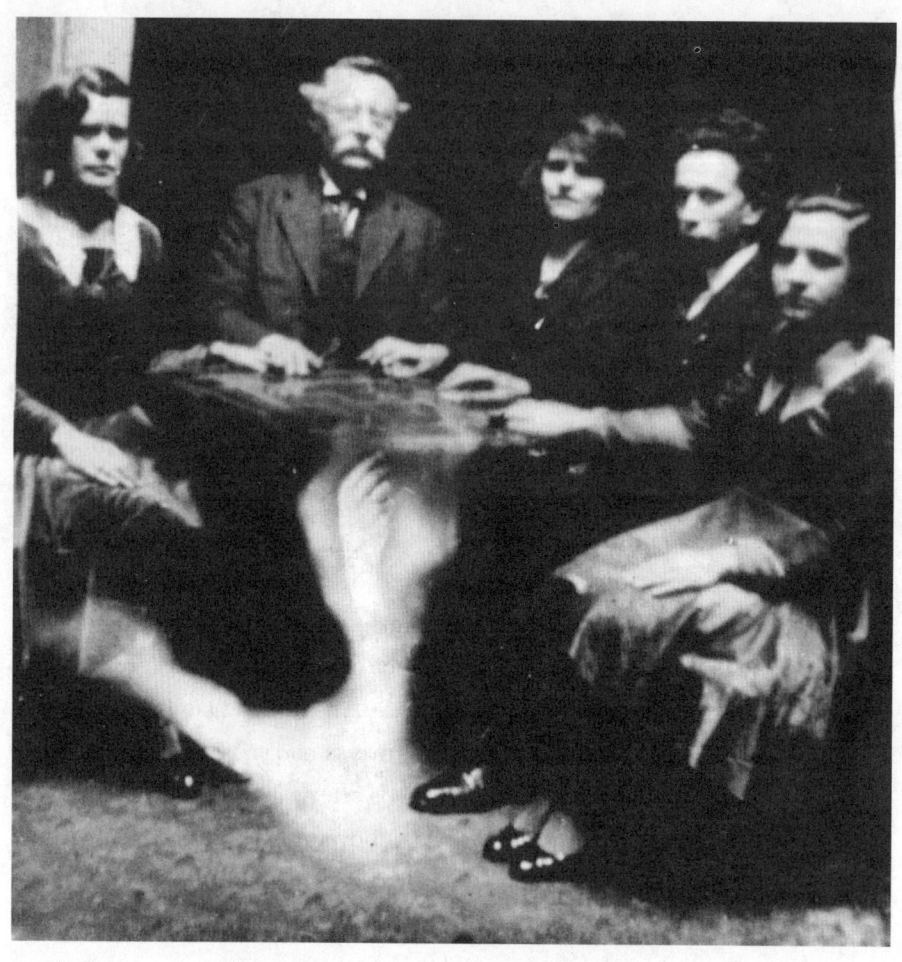

O espiritualismo, baseado em sessões deste tipo, tornou-se um movimento mundial durante a era vitoriana.

e relacionadas aos desajeitados bispos que volta e meia eram caricaturados na revista *Punch*.

No entanto, sob o racionalismo, havia uma sensação de inquietude. Deus fora despachado de seu universo e deixara um vazio monótono. Era um vazio destinado a ser preenchido, ao menos em parte, pelo mundo espiritual. O primeiro médium espiritualista chegou à Inglaterra em 1852, despertando imenso interesse. Um ano antes, o Ghost Club da Universidade de Cambridge fora formado para investigar fenômenos sobrenaturais. Em 1882, foi criada uma organização investigativa ainda mais respeitável: a Sociedade de Pesquisas Psíquicas. O fascínio pelo ocultismo se espalhou como uma epidemia. Em 1855, o médium mais espetacular de todos os tempos, Daniel Dunglas Home, saiu dos Estados Unidos e chegou à Grã-Bretanha, dominando o cenário espiritualista durante quinze anos. Ainda nessa época, a notável russa Helena Petrovna Blavatsky pisou pela primeira vez em solo britânico. No começo, ela também lidou com o espiritualismo, mas não demorou para pregar a própria forma de ocultismo: a teosofia. Ela afirmava ter aprendido artes proibidas aos pés de mestres tibetanos, aos quais ainda servia.

Alguns dos livros mais populares da época tratavam de ocultismo — um barômetro do interesse público. *Ísis sem Véu*, de Blavatsky, e mais tarde sua *A Doutrina Secreta* eram devorados por leitores entusiásticos, malgrado o difícil conteúdo.[1] Dickens publicou sua famosa obra *Um Conto de Natal*, que tratava da volta do fantasma de Marley. Bulwer Lytton, um ocultista aristocrata, produziu *Assombrações*, seguido por *A Raça Futura*, de conteúdo ainda mais estranho, apresentando ao mundo o poder do *vril* e influenciando a filosofia nazista um século depois. Éliphas Lévi, mago francês, visitou Londres e foi persuadido a realizar uma evocação do espectro de Apolônio.[2] Com essa maré à solta pelo país, não é de surpreender que a própria rainha tenha ficado interessada.

Vitória tinha 18 anos quando subiu ao trono, em 1837, uma jovem de criação tão simples que nunca tivera um quarto só para ela. Mas era obstinada e voluntariosa, duas características que a marcariam até o dia de sua morte. O príncipe Alberto de Saxe-Coburgo-Gotha, o homem com quem veio a se casar, percebeu na época que ela "se deleitava com as cerimônias da corte, com a etiqueta e formalidades triviais". Foi uma observação precisa, e, mais uma vez, essa característica se manteve em evidência durante seu longo reinado. Ninguém tratava a rainha de qualquer maneira. Ninguém, exceto John Brown.

Brown, um escocês lúgubre e barbado, deixou sua marca na corte britânica após a morte de Alberto, o amado príncipe consorte da rainha. Tendo em vista esse fato, Brown não parecia alguém capaz de influenciar Vitória, mas fez exatamente isso. Comandava o palácio e, ao contrário de primeiros-ministros e chefes de Estado, tinha acesso imediato à presença real. Brown horrorizava os cortesãos com seus modos rudes e ganhou um lugar secundário na história graças à maneira como falava com a rainha. Raramente usava a expressão "Vossa

Majestade", tratando-a simplesmente de "mulher": "Suba neste cavalo, mulher"; "Cuidado com o degrau, mulher", e assim por diante. O mistério estava no fato de Vitória, que enfatizava tanto a formalidade, aceitar um tratamento desse tipo por um instante apenas que fosse. Por certo, jamais teria tolerado algo semelhante de seu primeiro-ministro predileto, Benjamin Disraeli, que precisava manipulá-la com elogios elaborados. Tampouco aceitaria um tratamento assim de membros da própria família. Para a rainha, o decoro era tudo, e a pessoa do monarca, sacrossanta. Mas Brown lançava mão de intimidades, e, quando morreu, poucos anos antes da própria Vitória, esta afirmou que perdera o único amigo de verdade que tinha neste mundo. Chegou a ordenar a construção de uma estátua em sua memória.

Brown não era popular na corte. O príncipe de Gales, filho mais velho de Vitória, Eduardo, nutria um desprezo particular por ele, e, assim que subiu ao trono, mandou derrubar a estátua. Essa aversão pode ter sido questão de ciúme, pois o relacionamento entre Eduardo e a mãe tinha momentos tensos, mas, se a reação de Eduardo pode ser explicada com facilidade, a natureza do relacionamento entre John Brown e a rainha era mais misteriosa. Os mexeriqueiros da época ficaram tão intrigados que concluíram que Brown devia ter feito de Vitória sua amante — ela era chamada de "sra. Brown" pelas costas —, embora fosse pouco provável, tendo em vista seu caráter e o imenso amor que sentia pelo marido — amor que, para dizer o mínimo, deve ter aumentado após a morte deste. Voltando à questão, não há evidências concretas que apoiem essa opinião. Uma explicação mais provável é que o controle exercido por Brown sobre Vitória tenha se baseado, assim como o domínio de Rasputin sobre a czarina, no mundo sombrio dos contatos espirituais.

Como tantos de seus súditos, Vitória foi levada pela onda da prática espiritualista que tomou o país nos primeiros anos de seu reinado. O Palácio de Buckingham foi palco de diversas sessões, e tanto a rainha quanto seu consorte dedicaram-se a mesas girantes e experimentos do gênero. Paranormais e médiuns foram apresentados a Vitória, que mostrava grande interesse pelo talento deles. Um desses indivíduos foi a clarividente Georgiana Eagle, que demonstrou seus poderes à rainha na Osborne House, na Ilha de Wight, em julho de 1846. A rainha ficou tão impressionada que mandou gravar um relógio para a srta. Eagle em homenagem à sua "meritória e extraordinária clarividência". Mas a paranormal morreu antes que o presente pudesse ser dado, e depois o relógio foi entregue a Etta Wriedt, médium norte-americana de voz direta. Tendo isso tudo como pano de fundo, deu-se a maior tragédia da vida de Vitória. Seu marido morreu em 14 de dezembro de 1861.

Vitória propusera casamento ao elegante príncipe Alberto em outubro de 1839, tendo se casado com ele em 10 de fevereiro do ano seguinte. No início, estava determinada a não lhe dar nenhum papel na governança do país (embora fosse uma monarquia constitucional, a influência real na política era consideravelmente maior no século XIX do que é hoje), mas foi abrindo mão da decisão gradativamente. Em seis meses, Alberto tinha acesso aos despachos parlamentares. Durante a primeira gravidez de Vitória, ganhou a própria chave das caixas que continham informações sobre assuntos de Estado, em geral reservadas apenas aos olhos dos monarcas reinantes.

Apesar da imagem que ficou gravada através dos anos, Vitória estava longe de ser puritana — em particular na juventude. Alberto, por outro lado, foi descrito pelo duque de Wellington como alguém "extremamente rígido e fanático pela moralidade". Sua personalidade era forte e dominante, e a influência de suas atitudes sobre Vitória, embora gradual, foi profunda. Não é exagero dizer que ele criou um programa de treinamento para a rainha. Ensinou-lhe as virtudes do trabalho árduo e como administrar os negócios; ensinou-lhe que deveria insistir em participar das indicações de ministros; ensinou-lhe a ter decoro. De sua posição original, que parecia ser quase a de um adorno, tornou-se um poder muito grande por trás do trono — a ponto de muitos historiadores se referirem ao período como "monarquia albertina". Vitória o adorava; pedia-lhe conselhos e seguia-os com frequência em quase todas as decisões importantes. Então, quando os hábitos haviam se estabelecido com firmeza, após um período de 21 anos, tudo terminou. Alberto contraiu febre tifoide e morreu após um breve período de enfermidade, em 13 de dezembro de 1861. A maior influência de Vitória se fora. Ela não tinha mais a quem recorrer. Diante do choque da perda, mergulhou nos horrores de um colapso nervoso que durou dois anos.

Vitória se recolheu nesse período, abrindo mão do controle sobre as engrenagens da política britânica, mas, mesmo quando emergiu da pior fase de sua doença emocional, foi incapaz de aceitar a mudança que havia ocorrido. Em vez de aprender a se manter sobre os próprios pés, usando seu reconhecido talento para julgamentos, continuou a se comportar como se Alberto ainda estivesse vivo. Quando precisava tomar decisões, tentava adivinhar o que Alberto teria feito e usava isso como parâmetro. Pelo menos, é assim que a situação foi vista por historiadores ortodoxos, embora possa haver muito mais por trás disso. Pouco depois da morte de Alberto, um médium de 13 anos de idade, Robert James Lees, realizou uma sessão em Birmingham na qual, segundo se afirmou, o espírito do príncipe consorte apareceu com a mensagem de que desejava conversar com sua esposa, a rainha. O episódio recebeu certa publicidade, porque um dos presentes era editor profissional. O relato publicado da sessão foi levado a Vitória.

Malgrado seu interesse anterior pelo espiritualismo, a rainha não era nem um pouco crédula. Sabia que comumente a morte de uma figura pública era seguida por comunicações espúrias. Além disso, sua posição a obrigava a uma postura discreta. Ela instruiu dois membros da corte a participar da próxima sessão de Lees, mas avisou-os de que não deveriam usar o próprio nome nem revelar sua posição como emissários da corte. Se os cortesãos não acreditavam em vida após a morte, a sessão deve ter sido um choque. A voz sobrenatural produzida por Lees foi reconhecida de imediato como a do consorte falecido. Mais surpreendente ainda foi o fato de o espírito dirigir-se aos cortesãos pelo nome verdadeiro deles. Por fim, hesitantes, foram forçados a admitir que tinham sido enviados pela rainha.

Ao que parece, seguiram-se muitas evidências materiais, inclusive detalhes íntimos da vida palaciana que só Alberto poderia conhecer. Os cortesãos ficaram impressionados. Porém, antes que a rainha pudesse agir, recebeu uma carta do jovem Lees. Essa carta foi um exemplo de escrita automática. Segundo a teoria espiritualista, o espectro do falecido assume o corpo – ou a mão, pelo menos – do médium por tempo suficiente para escrever uma mensagem. Nesse caso, a mensagem fora assinada por um apelido carinhoso usado apenas entre Alberto e a esposa, estando repleta de detalhes pessoais. Vitória ficou plenamente convencida de que ela representava uma comunicação espiritual autêntica. Mandou chamar Lees na mesma hora, e ele realizou uma sessão no palácio.

A voz de Alberto surgiu através do médium e se dirigiu à sua viúva, que ficou encantada. Lees fez, ao todo, nove visitas ao Palácio de Buckingham, e suas sessões impressionaram tanto a rainha que ela lhe pediu que fosse morar no palácio como médium residente. Lees recusou a oferta, aparentemente com base em conselhos de seus guias espirituais, mas não deixou a rainha sem conforto. A mensagem final de Alberto transmitida pelo intermediário assegurou-lhe que outro médium fora escolhido para manter intacta a linha de comunicação. Esse médium era "o garoto que costumava carregar minha [a de Alberto] arma em Balmoral".

Alberto sempre sentira certa aversão por cidades grandes, em especial por Londres. Desde a primeira viagem de Vitória feita de trem, em 1842, o casal fazia questão de se afastar da capital sempre que podia. Após três visitas à Escócia, que ambos adoraram, alugaram a Casa Balmoral, perto de Ballater. Em 1852, a propriedade foi adquirida, e, quatro anos depois, o Castelo de Balmoral estava concluído. Vitória sempre havia gostado da Escócia, e alguns períodos passados em Balmoral ensinaram-na a gostar também dos escoceses. Ela e seu consorte moraram nas Highlands "com grande simplicidade e descontração", como escreveu lorde Grenville. Alberto caçava. E o garoto que carregava sua arma era John Brown.

Depois das revelações de Lees, Brown foi chamado e assentou residência em Balmoral. E lá ficou como médium e companhia constante de Vitória por mais de trinta anos. Ao que parece, quando ela queria saber de que modo Alberto lidaria com determinada questão, não precisava usar a imaginação, como supõem os historiadores. Brown preparava uma sessão, e o príncipe falecido dizia o que pensava. Vitória manteve registros detalhados dessas sessões, e, após a morte de Brown, escreveu uma monografia sobre ele e quis publicá-la. Mas a ideia foi abortada por seu secretário particular, Sir Henry Ponsonby, e pelo dr. Randal Davidson, então decano de Windsor, que ficou tão incomodado com a ideia que ameaçou pedir demissão do cargo de capelão da corte. Em vez de correr o risco de causar um escândalo, Vitória abandonou a ideia. Ponsonby pegou os diários particulares de Brown e os destruiu. Mas a grande operação de sigilo não foi tão completa quanto deveria ter sido. Anos depois, Jorge VI encontrou o registro detalhado de uma sessão com John Brown que, de algum modo, conseguiu se manter intacto. Leu-o com muito interesse e mencionou o fato a seu terapeuta vocal, Lionel Logue. A história acabou vazando e se tornou pública graças a um jornalista inglês bastante popular, Hannen Swaffer, que também era espiritualista. Apesar das revelações de Swaffer, o interesse da rainha Vitória pelos contatos com espíritos não impressionou muito o público, e menos ainda historiadores e biógrafos que tratam do período vitoriano. Portanto, é difícil encontrar material de referência sobre essa história fascinante.

O interesse de Vitória pelo espiritualismo chegou aos dias de hoje, produzindo um adendo curioso à história. O retrato dramático mais recente do relacionamento entre a rainha e seu servo é o filme *Sua Majestade, Mrs. Brown*, estrelado por Billy Connolly e Judy Dench, embora ele não contenha menção alguma à conexão espiritualista. Mas antes, em 1975, a Independent Television da Grã-Bretanha levou ao ar um documentário apresentado em vários capítulos, baseado na vida de Eduardo VII. O ator que fez o papel de Brown na série foi William Dysart, um homem com grande interesse em pesquisas paranormais e mediunidade. Em maio de 1973, um amigo de Dysart foi a uma sessão do médium inglês de voz direta Leslie Flint e gravou uma voz que dizia ser a de Brown. Quando Dysart ouviu a gravação, ficou tão intrigado que fez uma cópia para seu uso. Alguns meses depois, quando lhe ofereceram o papel de Brown na série de televisão, usou a gravação como base para interpretar o personagem e imitou cuidadosamente a voz sempre que apareceu na tela.

Porém, a importância de pessoas como Brown, Lees e Eagle supera em muito seu valor como entretenimento. A vida política da França, da Rússia e agora da Grã-Bretanha, no último século, aproximadamente, parece ter sido profundamente influenciada por vozes de espíritos. E a história não termina aí.

Dezessete anos após a morte da rainha Vitória, o Armistício, que encerrou o maior conflito militar que o mundo já tinha visto, foi assinado num vagão de trem em Rethondes, na França, em 11 de novembro de 1918. Dois dias antes, o imperador alemão, o cáiser Guilherme II, fora convencido a pedir asilo na Holanda, poupando-se de ser capturado e provavelmente executado, mas acarretando com isso a queda da monarquia na Alemanha.

Guilherme passou a viver em Doorn, sumiu rapidamente dos holofotes internacionais e assumiu, com aparente facilidade, o estilo de vida de um cavalheiro do interior. Morreu em 4 de junho de 1941, embora sua morte tenha sido um tanto quanto obscurecida por notícias mais importantes. Sua Alemanha natal estava de novo em guerra — e se saindo razoavelmente bem, ao que parecia —, sob a orientação de um novo líder. Foi um fim curiosamente destituído de grandes emoções para a carreira de um homem que, em sua época, foi considerado pessoalmente responsável — e quase sozinho — pela eclosão da Primeira Guerra Mundial.

Hoje, porém, os historiadores tendem cada vez mais a considerar que Guilherme foi cúmplice da guerra, e não seu instigador. O próprio cáiser pode ter compartilhado essa opinião, caso a descrição de seu exílio, escrita por Lewis Spence, for digna de crédito. Em sua obra, redigida pouco antes da morte do cáiser, Spence afirmou que Guilherme "passou a maior parte de seu tempo na privacidade de sua biblioteca principesca", e não, como se poderia supor, estudando política, história ou assuntos militares. Spence diz que a biblioteca era constituída exclusivamente de livros de ocultismo. Muitas das obras versavam sobre a maçonaria (um aspecto marginalizado do ocultismo na maioria de suas manifestações modernas), mas também havia volumes e volumes de obras sobre sociedades menos palatáveis e mais arcanas como os Illuminati e o Culto a Lúcifer.

O cáiser aposentado estava, na visão de Spence, perturbado:

> Em sua idade avançada, o ex-imperador da Alemanha procura incansavelmente nas páginas de livros místicos pistas e indícios que possam levá-lo a compreender melhor as forças que não apenas o seduziram e conduziram-no à guerra, mas que, em virtude de seus próprios defeitos intrínsecos e irracionalidades furiosas, traíram-no e levaram-no à derrota e ao exílio. Toda obra publicada que aparentemente possa ajudá-lo nessa busca é vasculhada com minúcia, na esperança de que possa lançar alguma luz, por mais vaga que seja, sobre a identidade dos líderes escondidos de uma junta secreta e oculta que, segundo está convencido, foram responsáveis pela calamidade de 1914 e pelo fiasco de 1918.[3]

A citação vem de uma obra rara, hoje esgotada, chamada *The Occult Causes of the Present War* (As Causas Ocultas da Guerra Atual), sendo a "guerra atual" o conflito de 1939-1945. Apesar do estilo floreado e de evidências escassas para sustentar sua tese central, as intuições de Spence merecem respeito, pois o cáiser esteve de fato envolvido com o ocultismo durante seus dias de poder, e não há motivo para supor que tivesse abandonado esse interesse após a abdicação.

Guilherme nasceu em 27 de janeiro de 1859 em Potsdam, sendo filho de Vitória (filha mais velha da rainha Vitória da Grã-Bretanha) e do príncipe coroado Frederico, que depois se tornou o imperador Frederico III da Alemanha. A criança nasceu com o braço esquerdo defeituoso, e mesmo na vida adulta o membro não adquiriu o tamanho normal — um fato que costuma ser mencionado em análises psicológicas de seu comportamento. O menino se tornou um homem de comportamento estressado, inquieto e irresoluto, com um senso de dever inculcado por um tutor calvinista, eventualmente em conflito com suas inclinações naturais. Em 1881, casou-se com a princesa Augusta Vitória de Schleswig-Holstein, que depois lhe daria seis filhos e uma filha. O imperador Guilherme I, avô do cáiser, morreu em 1888. Frederico assumiu o trono, mas estava morrendo de câncer. Guilherme tornou-se cáiser aos 29 anos de idade.

Não demorou para que o novo imperador se desentendesse com seu chanceler, Otto von Bismarck. Naturalmente, Bismarck fora o principal responsável pelas políticas que tinham criado o império alemão, mas estava ficando velho. Guilherme deve ter chegado à conclusão de que ele estava perdendo o jeito. Seja como for, o cáiser mandou Bismarck demitir-se do cargo de chanceler nos primeiros meses de 1890. Seu sucessor, Leo Graf von Caprivi, tentou, sem sucesso, encontrar uma política que fosse aceitável tanto para o Reichstag quanto para a aristocracia, personificada por Guilherme. O príncipe Chlodwig von Hohenlohe-Schillingsfurst, o próximo a ocupar o cargo, tampouco teve sucesso. Em 1900, o antigo ministro do Exterior, Bernard Furst von Bulow, era o chanceler. Era homem de confiança do cáiser, mas não fez nada muito significativo para resolver os problemas internos da Alemanha (relacionados principalmente à rápida industrialização do país). Contudo, instituiu para o cáiser uma política bem testada por vários outros líderes que tinham problemas domésticos — o desvio da atenção pública para questões mais excitantes no exterior.

O desempenho de Guilherme na política externa era tosco e negligente. Desenvolveu a mania de interferir em conflitos internacionais que não tivessem muito efeito sobre o bem-estar da nação alemã. Em 1911, isso quase o levou à guerra por causa da Crise de Agadir. Em 1914, enfim, as coisas foram longe demais.

Durante o primeiro conflito mundial, o cáiser Guilherme foi o comandante supremo das Forças Armadas e, embora pareça ter deixado a maior parte do trabalho para seus generais, não fez nada para desencorajar seus planos grandiosos, o que afastou a chance de um acordo de paz. Hoje, os historiadores especulam sobre sua motivação e acabam fornecendo respostas de caráter psicológico, tendo sido uma atividade compensatória para seu braço defeituoso ou a exteriorização de conflitos internos ocasionados por uma mãe dominadora e um pai passivo. Sem dúvida, todos esses fatores tiveram seu papel no drama internacional que custou tantas vidas. Mas, em sua maioria, os historiadores que não acreditam em demônios costumam subestimar a influência exercida sobre o cáiser por um homem que, durante anos, considerou-se um canal para forças demoníacas.

Houston Stewart Chamberlain, como é possível deduzir de seu nome, não era alemão. Seu pai era um almirante inglês, embora tenha sido criado por parentes na França e em Genebra, motivo pelo qual o francês se tornou sua primeira língua. Aos 15 anos, um prussiano chamado Otto Kuntze foi nomeado seu tutor e começou na mesma hora a encher a cabeça do menino com as glórias da raça germânica. Aos vinte e poucos anos, ele, que fora um aluno brilhante, estudava assuntos mais edificantes como filosofia, história natural, medicina, física e química. Mas o amor que lhe fora instilado pelas coisas alemãs mostrou-se muito forte, e ele saiu de Genebra aos 27 anos para ir a Bayreuth, onde teve a sorte de conhecer o grande compositor alemão Richard Wagner, com cuja filha acabou se casando. Em 1885, mudou-se com a primeira esposa para Dresden, onde seu processo pessoal de germanização se completou. Em 1889, foi morar em Viena, e em 1909 voltou a Bayreuth, onde morou até morrer, em 1927. Seu casamento com Eva, filha de Wagner, deu-se em 1908, três anos após divorciar-se da primeira esposa.

Em 1º de abril de 1897, Chamberlain começou a escrever um livro chamado *Gundlagen des Neunzehnten Jahrhunderts* (*Fundamentos do Século XIX*). Em 31 de outubro de 1898, o maciço manuscrito estava pronto. Ao ser publicado no ano seguinte, tinha 1.200 páginas. Malgrado seu volume, teve nada menos que oito tiragens na década seguinte. Chamberlain viu-se famoso em sua Alemanha adotiva. Ainda era famoso na era de Hitler, muito depois de sua morte. Por volta de 1938, sua obra magna vendera mais de 250 mil exemplares.

Fundamentos do Século XIX é um livro que pretende mostrar a chave da História, e a chave é uma compreensão das raças. Qualquer interpretação sobre eventos contemporâneos, argumenta Chamberlain, pode ser obtida estudando-se o legado histórico que os influenciaram. Ele viu esse legado na legislação romana, na personalidade de Cristo e na filosofia e arte dos gregos. Afirmou que os povos que transmitiram esse legado foram os judeus, os alemães e os latinos do Mediterrâneo. Mas só as duas primeiras eram raças puras, e só os alemães foram dignos de sua herança. Aos olhos de Chamberlain, foi o teutão que salvou a humanidade da noite escura da Idade Média, e foi no teutão que se depositou a única esperança real do mundo contemporâneo. Mas ele usou a expressão de forma ampla, acolhendo nela tanto os celtas quanto os eslavos, e até mesmo aqueles que, de qualquer outra raça, tivessem uma postura filosófica teutônica. Ainda assim, achou que a importância de qualquer nação dependia diretamente da proporção de sangue teutônico de seu povo. Chamberlain se esforçou para afirmar que não era antissemita e condenou essa atitude, comum na Alemanha, como algo "estúpido e revoltante". Mas se esforçou ainda mais para mostrar que Cristo não era judeu, alegando que suas origens na Galileia e sua dificuldade para falar aramaico indicavam, no mínimo, uma grande proporção de sangue não semita, para não dizer totalmente ariano.[4]

O livro de Chamberlain também traçou a história racial do judaísmo, mostrando a mistura de sangue semita, hitita e amorita. Esse cruzamento final é que levou a cepa ariana para a linha sanguínea. Segundo Chamberlain, os amoritas eram "altos, loiros e magníficos", mas sua presença racial deu-se tarde demais para ajudar. Os judeus eram uma raça bastarda — Chamberlain usa a curiosa palavra *negativa* nessa conexão —, que, lamentavelmente, não tinham uma religião autêntica. Em contraste claro com essa imagem triste, havia o retrato dos alemães, que teriam herdado as melhores qualidades dos gregos e dos indo-arianos, além de serem a pedra fundamental dos planos de Deus para o futuro do mundo.

Entre os leitores mais ávidos de Chamberlain achava-se o líder da nação alemã, o cáiser Guilherme. O historiador norte-americano William Shirer diz que o livro havia deixado o político extasiado.[5] Foi enviado um convite para que visitasse o palácio, e os dois se tornaram bons amigos. Que havia um elemento místico na amizade é um fato inquestionável. Boa parte da correspondência subsequente sobreviveu, repleta de frases como: "Foi Deus que mandou seu livro para o povo alemão, e você, pessoalmente, para mim", e "Vossa Majestade e seus súditos nasceram num santuário consagrado".

Com o estreitamento da amizade, Chamberlain alimentou continuamente as visões de glória do cáiser, incentivando-o a assumir uma postura cada vez mais extremista, em particular quanto a questões de política externa. Afinal, o cáiser era a personificação viva de um povo destinado a se tornar o senhor do mundo. Essa causa, para Chamberlain, era "sagrada", como lembrou Guilherme quando a Primeira Guerra Mundial irrompeu. A Alemanha, disse, conquistaria o mundo "por ser intrinsecamente superior". À primeira vista, não seria muito mais que a arenga de um louco racista, mas o curioso é que Chamberlain não se considerava o autor de *Fundamentos do Século XIX*. Achava que a obra fora escrita, por seu intermédio, por um demônio. E a conclusão não era metafórica. Ele considerava o processo idêntico àquele pelo qual os médiuns espiritualistas produziam mensagens do Além, permitindo que seus corpos fossem tomados por entidades incorpóreas.

Chamberlain sentiu a presença de demônios na maior parte de sua vida. Eles o impeliam incessantemente a estudar e escrever. Esse impulso explicou a atitude inquieta que demonstrou no decorrer de sua vida de estudante, indo da música para a filosofia, desta para a botânica e depois para a história. Em 1896, um demônio o atacou enquanto andava de trem: foi forçado a interromper a viagem, trancando-se por oito dias num quarto de hotel em Gardone e produzindo uma tese sobre biologia. Muitas de suas obras foram escritas dessa maneira. Entrava em transe e trabalhava febrilmente, sem dar muita atenção ao próprio conforto ou ao ambiente. Depois, lia o material com uma sensação de surpresa, incapaz de reconhecê-lo como obra sua. *Fundamentos do Século XIX* foi um livro escrito assim, fruto de uma possessão demoníaca que durou dezenove meses.

Se essa fosse uma obra de ficção e nossa descrença natural em demônios fosse posta de lado, poderíamos estar esperando agora, com certa impaciência, pelo herói de nossa história, que certamente seria um representante místico das Forças da Luz. Na verdade, essa figura apareceu na forma do intendente-geral Helmuth von Moltke, chefe do Estado-Maior Imperial do exército alemão.

Von Moltke era estudioso do misticismo medieval, particularmente da história do Santo Graal. Além disso, era amigo pessoal de Rudolph Steiner, um ocultista genial que ensinou como a evolução individual poderia ser otimizada mediante exercícios e técnicas esotéricas. Não sabemos se Von Moltke praticou ou não essas disciplinas místicas, pois, como a maioria dos ocultistas, estava mais cético quanto à aplicação de seus estudos do que quanto aos estudos em si. Mas é provável que o tenha feito; e sabe-se que suas percepções foram profundas o suficiente para que ficasse muito abalado com a influência que Chamberlain exercia sobre seu cáiser.

À medida que a Europa avançava inexoravelmente para a guerra, Von Moltke, na qualidade de chefe do Estado-Maior, supervisionava a complexa mobilização das forças alemãs. Estava à sua escrivaninha, no quartel-general na Konigsplatz, quando foi tomado por uma das experiências esotéricas mais dramáticas de sua carreira. Mergulhou num transe espontâneo de nove minutos, que depois os médicos do exército consideraram apenas fruto de tensão e exaustão. Von Moltke interpretou a experiência de outro modo e legou às gerações futuras a descrição de uma visão intrigante e impressionante.

Foi como se sua mente voltasse no tempo até o século IX, onde se viu observando incidentes na vida do pontífice medieval, papa Nicolau I. Entremeada a essa cena, teve uma curiosa compreensão do processo histórico e o entendimento de que o mundo de séculos passados não obedecia às mesmas regras rígidas da física que governavam o planeta em 1914. Na época do papa Nicolau, a humanidade parecia ter sido abençoada com uma consciência ampliada, numa experiência consciente e expandida sobre os reinos espirituais e realidades transcendentais.[6] Mas também parecia que tal estado de consciência não iria durar. Para que os homens pudessem desenvolver o intelecto analítico e para que o método científico assumisse um lugar apropriado na evolução de nossa espécie, fazia-se necessário estreitar a atenção. O papa Nicolau anteviu esse desenvolvimento e predisse, em caráter privado, a época em que o povo da Europa teria apenas a percepção da realidade tridimensional. A experiência direta dos mundos espirituais se tornaria prerrogativa de alguns poucos. Para as massas, o único sustento seria a religião *revelada*; mesmo nesse campo, as atividades das Hierarquias Infernais se esforçariam muito para convencer os homens de que o mundo físico era a única realidade. Apesar de a escala temporal desse desenvolvimento melancólico ser medida em séculos, ele era visto, em última análise, como uma necessidade temporária. Chegaria o dia em que a evolução reabriria os centros psíquicos da humanidade, permitindo de novo a percepção direta dos mundos espirituais.

Durante sua visão, Von Moltke percebeu uma coisa ainda mais intrigante. Notou o efeito da reencarnação no processo histórico. Pareceu-lhe que determinadas personalidades reapareciam na Terra em certas épocas, geralmente em grupos que atuariam em dramas paralelos, em períodos históricos distintos. No papa Nicolau, reconheceu uma antiga encarnação de si mesmo, enquanto seus cardeais e bispos agora eram membros do Estado-Maior alemão. Mais tarde, já consciente, tudo isso lhe pareceu improvável, mas o conceito foi perturbador demais para que o descartasse. Anos de análise cuidadosa mostraram-lhe que havia, sim, paralelos entre as duas situações. Para dar um exemplo, tanto os papas medievais quanto o Estado-Maior alemão estavam afastados do mundo material, e, mais importante ainda, ambos encontravam-se vitalmente preocupados com o futuro da Europa.

Talvez o aspecto mais perturbador da visão tenha sido a predição clara do mergulho que a humanidade estava prestes a dar no materialismo. Era como se a humanidade adormecesse lentamente. As origens espirituais tinham sido esquecidas. Antes empírica, a realidade de planos e dimensões superiores tornara-se nebulosa e acabara sendo negada. O acaso puro e simples era evocado para explicar tanto o processo histórico quanto o evolutivo. Na Primeira Guerra Mundial, prestes a se deflagrar, nações inteiras de sonâmbulos preparavam-se para se chacinar mutuamente. Talvez esse processo fosse uma necessidade espiritual, destinada a fazer a humanidade despertar de novo pelo sofrimento, mas ainda assim era uma necessidade pouco palatável. Von Moltke saiu dessa visão muito abalado.

A experiência deve ter tido um efeito profundo no comportamento de Von Moltke. Mas, apesar da revelação de que essa guerra longa e difícil seria necessária, a história mostra que ele fez o que podia para abreviar a duração do conflito. Entretanto, seus esforços foram infrutíferos diante das circunstâncias. O plano alemão fracassou triste e rapidamente, e a guerra entrou no impasse horrendo exemplificado pelos Campos de Flandres. O fracasso levou à dispensa de Von Moltke, que foi substituído como chefe do Estado-Maior pelo general Eric von Falkenhayne. Von Moltke morreria em 1916.

Porém, sua história não termina com sua morte. A viúva dele, Elza, ficou convencida de que ainda podia se comunicar com o falecido, tendo produzido uma extensa série de mensagens que, segundo afirmam alguns ocultistas, ainda circulam na forma de fotocópias em diversas das principais sociedades secretas modernas. As mensagens vieram como profecias: a derrota da Alemanha na guerra de 1914-1918, a queda dos Romanov e o estabelecimento de um regime comunista na Rússia, a ascensão do fascismo como credo internacional e o estabelecimento de Adolf Hitler (cujo nome ele citou) como *Führer* da Alemanha. Havia ainda a referência a uma figura familiar nessas comunicações. Von Moltke predisse que seu arqui-inimigo oculto, Houston Stewart Chamberlain, seria uma das primeiras figuras influentes na Alemanha a acolher Hitler como o novo messias. Nessa, assim como em suas outras predições, o espírito de Von Moltke foi muito preciso. Nenhuma dessas profecias foi proferida a esmo. Foram apresentadas como resultado essencial de uma visão nada ortodoxa da História; como resultado de processos de longo prazo iniciados séculos antes, acelerados pelas diversas reencarnações de personalidades que estiveram intimamente envolvidas nos dramas anteriores. Resultaram de comunicações de um espírito desincorporado.

Em duas décadas, esses espíritos desincorporados tornaram a trabalhar numa guerra.

18. OS ESPÍRITOS E O *FÜHRER*

A Primeira Guerra Mundial, iniciada em 1914, terminou quatro anos depois com a assinatura de um armistício num vagão de estrada de ferro fora de uso, na floresta de Compiègne. Meses depois, em 1919, a situação foi formalizada no Tratado de Versalhes, que exigiu da Alemanha suas antigas possessões coloniais, imensas reparações financeiras e a admissão de culpa por todo o triste episódio. Nesse mesmo ano, um veterano de guerra de 30 anos chamado Adolf Hitler filiou-se ao pequeno e obscuro Partido dos Trabalhadores Alemães. Dois anos depois, tornou-se líder dele. Nessa ocasião, o partido fora reorganizado, expandido e renomeado: agora, chamava-se Partido Nacional-Socialista dos Trabalhadores Alemães, ou, mais concisamente, partido dos nazistas. Em 1923, esse partido recebeu um novo recruta chamado Heinrich Himmler.

O aparecimento de Himmler no cenário político alemão — ele já era o líder de uma SS ainda em estado embrionário quando foi eleito para o Reichstag em 1930 — mostra que a influência dos espíritos ainda era evidente na política europeia no período nazista e também durante toda a Segunda Guerra Mundial. Há evidências até de que talvez não tenha se limitado a Himmler.

No início da década de 1930, clubes dedicados a várias espécies de assuntos esotéricos brotaram por toda a Alemanha — havia 52 deles só em Berlim.[1] Atraíam uma ampla gama de pessoas influentes de diversas camadas sociais, entre elas militares, médicos, empresários, banqueiros e artistas. Entre as atividades, havia sessões que tentavam contatar entidades espirituais. Uma indicação de sua possível influência pode ser deduzida do fato de o anfitrião de uma dessas sessões ser um aristocrata rico que tinha assento na diretoria da I. G. Farben, o grande conglomerado da indústria química.

Não há dúvida alguma quanto à popularidade das comunicações espirituais e de outras práticas ocultistas na Alemanha antes da Primeira Guerra Mundial. Na devastação do período logo após a guerra e durante a longa crise econômica e inflacionária que se seguiu, o interesse por esses assuntos aumentou, na verdade, pois as pessoas buscavam escapar de seus problemas cotidianos e encontrar um sentido mais profundo para a própria vida. O país fervilhava com médiuns e paranormais — estima-se que o número deles ultrapassasse vinte mil — ansiosos para atender à demanda. Um exemplo desse grupo é Hermann Steinschneider, que adquiriu fama em Berlim como paranormal dramático com o nome artístico de Erik Jan Hanussen.

Nos primeiros estágios de sua carreira, Hanussen não afirmava nada além do talento para enganar as plateias usando aparatos de cena bem montados, mas, no final da década de 1920, tudo tinha mudado. Agora, Hanussen afirmava ser dotado da verdadeira paranormalidade, que lhe permitia a comunicação com forças espirituais e a capacidade de profetizar. Em certa ocasião, pouco depois de se mudar para Berlim, saído de sua Viena natal, entrou em transe num museu e fez contato com o espírito de uma mulher afogada cuja luva era um dos objetos em exibição. Em outra ocasião, foi visitado pelo espectro da esposa, Betty Schostak, que acabara de morrer num hospital. A pergunta sobre se a mediunidade de Hanussen era autêntica ou apenas um ardil para aumentar sua reputação tem gerado certa controvérsia. Seu biógrafo mais recente, Arthur J. Magida, parece convencido de que seu psiquismo nada mais era que uma mistura de leitura dedutiva e truques. Mas os truques sempre fizeram parte das técnicas xamânicas tradicionais, e, em diversas ocasiões, a investigação científica de médiuns[2] levou à conclusão de que paranormais autênticos recorrem ocasionalmente à fraude quando seus poderes não os ajudam. É certo que a segunda esposa de Hanussen, Therese, estava convencida, após quatro anos de intimidade promovida pelo casamento, de que seu marido tinha mesmo talentos paranormais. Ela o vira curando doentes, afirmara que ele usava clarividência para ajudar a polícia a solucionar crimes e acreditava que tinha salvado sua vida insistindo para que mudasse de cadeira em um café — momentos depois, outro cliente tentara o suicídio atirando contra si mesmo. A bala havia ricocheteado e acertado o lugar onde Therese estava sentada antes.³

Apesar de ser judeu, Hanussen tornou-se firme apoiador dos nazistas, tanto antes quanto depois de sua tentativa de controlar a Alemanha, no início da década de 1930. Um relatório preparado em 1943 pelo Escritório de Serviços Estratégicos dos Estados Unidos afirma que ele não só se encontrava regularmente com Hitler, como o orientava na arte de falar em público com eficiência.⁴ Não há evidências a sugerir que Hanussen tenha tentado influenciar diretamente o *Führer* com mensagens espirituais, mas certamente tentou influenciar outros nazistas do alto escalão, como o conde Wolf-Heinrich von Helldorf, chefe da tropa de choque de Berlim. Em 26 de fevereiro de 1933, lotou sua casa com nazistas proeminentes para uma sessão à meia-noite, na qual uma médium em transe — a atriz Maria Paudler — previu o incêndio no Reichstag que ocorreria no dia seguinte. Como é quase certo que esse incêndio tenha sido uma operação do tipo "falsa bandeira", armada pelos próprios nazistas, os historiadores especulam que Hanussen fosse suspeito de trair um segredo. Seja como for, um mês após a sessão, três homens, quase certamente membros das SA de Helldorf, levaram-no até uma floresta a trinta e poucos quilômetros de Berlim, alvejaram-no doze vezes e enterraram seu corpo numa cova rasa.⁵

O fato de Hitler também manter contato com espíritos foi atestado por um ex-nazista, presidente do senado de Danzig, Hermann Rauschning. Em 1939, Rauschning, não mais nazista então, publicou *Gespräche mit Hitler* (Conversas com Hitler), publicado depois em inglês sob o título *Voice of Destruction* (Voz da Destruição) nos Estados Unidos e *Hitler Speaks* (Hitler Fala) no Reino Unido. Nele, afirma ter conversado diversas vezes com Hitler, tendo o seguinte a dizer sobre o *Führer*:

> Hitler estava se entregando a forças que o levavam para longe — forças de uma violência sinistra, destrutiva. Achava que ainda tinha liberdade de escolha, mas fazia muito que estava preso a uma magia que pode ser descrita, não de maneira metafórica, mas de fato, como a de espíritos malignos.⁶

Rauschning prosseguiu, registrando o interesse patente de Hitler pela magia e pelo ocultismo, chegando a sugerir que o *Führer* tivesse certo grau de mediunidade pessoal: segundo uma história, Hitler acordara certa noite aos gritos, tendo sido despertado por uma aparição no canto de seu quarto.

Certamente, o retrato que Rauschning fez de Hitler como uma personalidade mediúnica com profundo interesse pelo ocultismo teve outras fontes. Com 18 anos, em outubro de 1907, Hitler se matriculou na Academia de Artes de Viena e foi recusado como aluno, pois seus esboços de teste foram insatisfatórios. Mas, em vez de voltar para casa, ficou em Viena, e, à medida que seu dinheiro minguava, foi se degradando até praticamente equivaler a um vagabundo. Nesse período, compartilhou um quarto com um estudante chamado August Kubizek, que depois disse o seguinte sobre o jovem Adolf:

> Fiquei chocado com uma coisa estranha que não tinha notado antes, mesmo quando conversava comigo em momentos de grande excitação. Foi como se outro ser falasse em seu corpo, e isso mexeu tanto com ele quanto comigo.[7]

Essa é a descrição clássica de uma personalidade mediúnica. Os interesses de Hitler pelo ocultismo foram confirmados por Otto Wagener, proeminente oficial nazista que se tornou confidente próximo de Hitler entre 1929 e 1933. Wagener apresentou-o à teoria da força ódica, desenvolvida pelo barão Karl von Reichenbach em meados do século XIX. Von Reichenbach ensinou que todos tinham uma fonte de poder que se irradiava na forma de raios invisíveis para criar uma espécie de campo de força áurico em torno do corpo. Hitler gostou da ideia e a adotou rapidamente para si:

> Wagener, é como se escamas caíssem dos olhos quando ouvimos essa teoria pela primeira vez. Preciso ler os textos desse Reichenbach.[8]

O escritor inglês Trevor Ravenscroft afirmou que sua fonte era o dr. Walter Johannes Stein, cientista vienense e seguidor de Rudolf Steiner. Segundo Stein, pelo relato de Ravenscroft, Hitler atingira estados superiores de consciência mediante o uso de drogas, tendo estudado ocultismo medieval e magia ritual.[9] Se isso for verdade, vale a pena comentar que qualquer trabalho de magia medieval teria envolvido, com quase toda certeza, a evocação de espíritos, pois os grimórios da época não lidavam com muito mais que isso. Além do mais, diz-se que Stein afirmou ter Hitler sido iniciado numa forma secreta de ocultismo ocidental baseada em lendas arturianas.

Ravenscroft afirmou que o dr. Stein conheceu Hitler intimamente em Viena e que costumava discutir questões esotéricas com ele, mas críticos como o jornalista investigativo Eric Wynants questionaram a fonte, sugerindo que Ravenscroft nunca teria encontrado Stein pessoalmente, comunicando-se com ele através de um médium após sua morte — o que equivale a descartar qualquer informação obtida como fantasiosa.[10] Mas, qualquer que tenha sido a origem do material, o fato é que essa indicação de treinamento em magia por parte de Hitler na juventude é consistente com a realidade da prática esotérica. Gerações de ocultistas ocidentais, até os dias de hoje, têm treinado usando técnicas secretas ocultas no Ciclo do Graal.[11]

O fato de Hitler ter descoberto essas técnicas sem ajuda teria sido realmente notável. Mas ele pode ter sido orientado por um ocultista mais experiente. Segundo Ravenscroft, seu mentor esotérico na época era um livreiro pouco agradável e corcunda chamado Ernst Pretzsche, que afirmou ter ajudado vários estudantes a trilhar a conturbada estrada que leva ao conhecimento do ocultismo. Num dado momento da jornada pessoal de Hitler, Pretzsche teria sugerido um atalho perigoso: o cacto de peiote. O peiote é uma planta alucinógena que contém cerca de 28 alcaloides, dentre os quais o principal é a mescalina. Hoje, peiote e mescalina costumam ser considerados parte do problema de drogas da sociedade moderna. Essa visão, embora bastante precisa, é pouco feliz. Uma tradição antiga sugere que algumas drogas psicodélicas, usadas adequadamente, podem abrir janelas válidas para outras dimensões da realidade. O uso apropriado envolve uma preparação física e psicológica, além da ingestão da droga em circunstâncias controladas, geralmente ritualísticas. A tradição era bem conhecida dos nativos do México, onde Ernst Pretzsche passara boa parte da vida. O peiote era venerado como a manifestação de um deus e usado como um aspecto prático da religião.

Quando Hitler ingeriu o peiote, segundo afirmou Ravenscroft, sua mente já havia sido preparada por meditações graduais e exercícios de imaginação conduzidos por Pretzsche. Por isso, talvez seja um erro considerar sua experiência como uma viagem recreativa. É provável que ele acreditasse que o cacto o tornaria capaz de sentir alguma coisa sob a superfície da realidade, divinizando seu relacionamento pessoal com o universo. Os detalhes dessa experiência de Hitler com o peiote só são conhecidos graças a algumas alusões feitas ao dr. Stein. A partir delas, Ravenscroft montou uma reconstrução dramática e concluiu que Hitler descobrira que o peiote era "o cálice do espírito do Anticristo".

Essa fraseologia exagerada acaba levando à descrença, mas acontecimentos mais recentes confirmaram definitivamente o interesse de Adolf Hitler pelo ocultismo.

Na primavera de 2001, o vice-secretário-geral da Académie Diplomatique International, Timothy W. Ryback, pôs os olhos pela primeira vez no que restou da biblioteca pessoal de Hitler. Cerca de 1.200 volumes foram apreendidos pelas tropas norte-americanas das residências particulares de Hitler em Munique, Berlim e Obersalzberg logo após a guerra e transportados através do Atlântico para serem guardados na Divisão de Livros Raros da Biblioteca do Congresso... onde ficaram praticamente despercebidos e sem muitas consultas durante mais de meio século. Ryback descobriu que menos da metade das obras guardadas no Edifício Thomas Jefferson em Washington tinham sido catalogadas, e, dentre essas, apenas duzentas estavam disponíveis *on-line*. Uma investigação posterior levou a outros 80 livros de Hitler guardados na Universidade Brown em Providence, Rhode Island, que os recebera como doação no final da década de 1970. Entre eles, havia várias obras sobre ocultismo adquiridas por Hitler em Munique na década de 1920.[12]

Ryback examinou atentamente a coleção toda. Entre outras obras interessantes, descobriu *Foundations of the Nineteenth Century* (*Fundamentos do Século XIX*), de Houston Stewart Chamberlain, o mesmo autor inspirado por demônios cujas ideias influenciaram profundamente o cáiser. Talvez mais importante, porém, é o fato de ter descoberto que alguns volumes levavam anotações do próprio Hitler, uma indicação clara de seus 66 interesses específicos. O livro com mais anotações, tendo às margens 66 comentários, é uma curiosa obra de um tal dr. Ernst Schertel, assinada e dedicada pelo autor a Hitler. O nome do livro que tanto fascinou Hitler era *Magische: Geschichte/Theorie/Praxis*, ou, traduzindo: *Magia: História/Teoria/Prática*. Nele, o dr. Schertel escreveu: "Só fazendo magia, por meio da prática e da experiência, identificaremos a divindade e aprenderemos a ser um só com ela". E no começo da página final do livro: "A primeira coisa, a mais importante, é a comunhão com o demônio".[13]

19. MUSEU DE CONTATOS ESPIRITUAIS

Quanto mais de perto examinamos o fenômeno da influência dos espíritos, mais dramático — e às vezes quase inacreditável — torna-se o panorama. Em tempos que gostamos de chamar de mais crédulos, o ocultismo estava por toda parte, e em nenhum lugar era mais evidente do que nos salões dos poderosos. Os exemplos já citados mal arranham a superfície. Um hipotético Museu de Contatos Espirituais teria em seus domínios o caso do alquimista e mago do século XVII, o dr. Lamb. Em dada ocasião, como registram documentos contemporâneos, Lamb teria recebido Sir Miles Sands e um tal sr. Barbor, fazendo uma árvore aparecer em sua sala; depois, teria conjurado por meio de magia três pequenos espíritos com machados, que a cortaram. Parece se tratar de um truque ou um caso de hipnotismo, mas o sr. Barbor — contrariando as instruções — aparentemente guardara no bolso uma lasca de madeira dessa árvore. Naquela noite, ele e a esposa foram então atormentados por manifestações *poltergeist*, até ele jogar a lasca fora, e só assim a casa ficou em silêncio.

O dr. Lamb foi um ocultista influente, médico pessoal do poderoso duque de Buckingham e amigo íntimo do rei. Em 1640, sua reputação sinistra provocou uma revolta, e, após perseguirem-no de Londres à Cruz de São Paulo, a multidão apedrejou-o até a morte. Quando a notícia do incidente chegou aos ouvidos do rei Carlos I, ele cavalgou pessoalmente para ajudar o amigo, mas chegou tarde demais. Contudo, ficou tão irritado que multou a cidade em seiscentas libras por não ter punido os líderes da revolta.

Como seu antecessor, Carlos II também recebia influências esotéricas. Seu capelão era Joseph Glanvill, aluno de Oxford e ocultista cujo interesse pela para-

Carlos II da Inglaterra, um dos muitos monarcas que estiveram sob a influência dos espíritos.

normalidade era tão grande que alguns o chamam de pai da pesquisa psíquica. Ele participou de diversas sessões no Castelo Ragley, lar de lady Anne Conway, e, supõe-se, trouxe mensagens do Além para o rei.

Dois séculos antes, em 1441, um julgamento envolvendo bruxaria revelou outras evidências de ocultismo em posições privilegiadas. Entre os acusados estavam a duquesa de Gloucester e Roger Bolingbroke, estudioso de fama mundial em sua época. Bolingbroke era alquimista e astrônomo (o que, com quase toda certeza, significava também ser astrólogo). Gozava de considerável influência pessoal junto ao duque de Gloucester, e sua reputação deu-lhe uma influência mais difusa sobre um público bem mais amplo. Apesar de os procedimentos judiciais de julgamentos de bruxaria terem tornado as evidências que apresentavam claramente suspeitas, Bolingbroke parece ter sido mesmo um mago praticante, pois seus implementos rituais foram encontrados. Os tribunais não aceitaram suas atividades, que, conforme se alegou, visavam assassinar o rei a distância. Bolingbroke foi enforcado, decapitado e esquartejado. A duquesa, acusada de necromancia, bruxaria ou feitiçaria, heresia e traição, saiu-se relativamente bem. Após uma penitência pública em Londres, ficou na cadeia pelo resto da vida.

E tampouco, como vimos, a influência do ocultismo ficou confinada à Inglaterra. Perto dali, a primeira bruxa da Irlanda pertencia à aristocracia. Lady Alice Kyteler sofreu várias acusações em 1324. Escapou do escândalo zarpando para a Inglaterra, mas sua empregada, Petronilla de Meath, foi açoitada e depois queimada viva. Um pouco mais longe dali, o rei da Suécia contratou quatro bruxos, em 1563, para marchar com seu exército contra os dinamarqueses. A tarefa deles consistia em provocar tempestades para confundir o inimigo.

Com certeza, esse museu hipotético teria também em seus domínios um espantoso escândalo mágico que surgiu na França em 1398, quando o duque de Órleans foi acusado de travar um pacto com o diabo para assassinar o rei. O monarca, que já possuía grande grau de loucura, tentou combater fogo com fogo e convocou algumas bruxas para curar sua doença. Com o insucesso de seus feitiços, dois magos, que também eram monges beneditinos, foram chamados para tentar aplicar seus talentos. Ao fracassarem, acabaram sendo decapitados.

O museu deveria incluir, ainda, a vida dos primeiros papas, pois vários deles eram praticantes dedicados de magia. Entre eles, Benedetto Caetani, que se tornou papa em 1294. O primeiro ato de Caetani foi encerrar seu antecessor, o idoso papa Celestino V, no Castelo de Fumone. O velho morreu pouco depois, e houve quem dissesse que Caetani mandou matá-lo. Como papa Bonifácio VIII, não demorou para que Caetani tivesse cada vez mais inimigos. Muitos franciscanos se voltaram contra ele. O poeta Jacopone da Todi também se opôs a ele (e foi preso por suas queixas). Quando o papa publicou uma bula proibindo a cobrança de impostos do clero, viu-se em maus lençóis com os reis da Inglaterra e da França. O rei Filipe IV da França mostrou-se particularmente ativo em sua oposição. Atacou o cerne das receitas papais, proibindo a exportação de divisas da França e expulsando comerciantes estrangeiros. Os Colonna, influente família romana na qual havia dois cardeais, causaram ainda mais problemas com uma insurreição que culminou no assalto à mão armada dos tesouros papais. Bonifácio foi à luta, mas precisou de um ano de amargos conflitos para forçar os Colonna a se submeter. Embora não tenham sido excomungados, seus bens foram tomados, e o papa se recusou terminantemente a readmitir os cardeais em seus cargos. Os Colonna revoltaram-se de novo e, incapazes de enfrentar Bonifácio em termos militares, fugiram para a França, onde continuaram a conspirar com o descontente rei.

Em 1301, Filipe aprisionou o bispo francês, Bernard Saisset de Pamiers, para fúria de Bonifácio, que emitiu outra bula (com o fascinante título de "Escuta, filho"), censurando o rei e exigindo a libertação do bispo. Filipe manteve a postura de desafio. Foi feita uma reunião secreta no Louvre, em Paris, na qual o conselheiro de Filipe, Guillaume de Nogaret, exigiu que Bonifácio fosse denunciado pelo conselho geral da Igreja, dirigindo-se depois à Itália, para tentar provocar uma rebelião. Embora esta nunca tenha acontecido, Nogaret viu-se envolvido numa operação para prejudicar o papa. Quando descobriu que Bonifácio estava prestes a assinar uma bula anunciando a excomunhão de Filipe, decidiu sequestrá-lo. Buscou a ajuda de alguns cardeais, de um dos Colonna — Sciarra — e de diversos dignitários civis de Anagni, cidade onde Bonifácio passava o verão. Nenhum deles gostava muito do papa, e o plano do sequestro funcionou como um relógio. Infelizmente para Nogaret, porém, os cidadãos de Anagni pensaram melhor e montaram uma missão de resgate dois dias depois, com sucesso. Mas Bonifácio fora espancado e maltratado por Sciarra Colonna (que queria matá-lo), morrendo em 11 de outubro de 1303, pouco depois de seu regresso a Roma.

Parece incrível, mas a morte não conseguiu acabar com seus problemas. Em 1310, sete anos depois de Bonifácio ter morrido, Filipe realizou um julgamento em Avignon. O réu foi o papa morto, que agora enfrentava acusações de assassinato, sodomia e, a mais séria de todas, associação com demônios. Testemunhas e mais testemunhas entraram no tribunal para falar desses crimes. Mesmo em vida, havia rumores sobre a prática de feitiçaria por parte do papa. Muitos acreditavam que ele teria nomeado um demônio como conselheiro pessoal, consultando-o sobre questões espirituais e políticas. Agora, estava sendo acusado de ter mantido contato não apenas com um, mas com três demônios. Um lhe fora ofertado por uma mulher anônima, outro por um húngaro e o terceiro por seu homônimo, Bonifácio de Vincenza. Testemunhas disseram que o papa dera a esse terceiro demônio o nome de "Bonifácio" porque ele achava graça em pensar que Bonifácio fora dado a Bonifácio por Bonifácio. Outros acusadores contaram que Bonifácio levava um espírito num anel.

Naturalmente, tudo isso parece ridículo para ouvidos modernos – o tipo de absurdo medieval, baseado em ingenuidade e superstição, que alimentou a Inquisição e provocou a caça às bruxas na Europa. Também não resta dúvida de que o julgamento foi uma farsa de inspiração política. O rei Filipe, cujos problemas financeiros o levariam mais tarde a atacar os Cavaleiros Templários, tentava pressionar o papa da época, Clemente V, que morava em Avignon. Ele queria o apoio de Clemente para um plano lunático que o colocaria à frente de um vasto império cristão centrado em Jerusalém. Quando Clemente cedeu, após um ano, o julgamento foi prontamente encerrado.

A maioria dos historiadores modernos se contenta com isso. Aceitam que as acusações contra Bonifácio eram inventadas e fantasiosas. Embora o assassinato possa ter sido uma possibilidade, e Bonifácio não tenha sido o primeiro papa (nem o último, na verdade) a ser suspeito de sodomia, hoje ninguém leva a sério as acusações sobre demônios. Todavia, há elementos nas evidências que podem nos levar a questionar se não deveríamos dar um pouco mais de crédito a seus acusadores. Esses elementos referem-se às supostas conversas que o papa mantinha com um espírito. Quando precisava de seus conselhos, segundo as testemunhas, ele se trancava no quarto. Pouco depois, poderiam ser ouvidos sons sibilantes, seguidos de ruídos como o de gado em disparada. Aqueles que ficavam do lado de fora sentiam o chão tremer com violência sob os pés.

Por incrível que pareça, os primeiros colonizadores dos Estados Unidos relataram basicamente os mesmos fenômenos quando presenciaram a Cerimônia da Tenda que Treme, dos índios algonquim do Canadá. Estudos antropológicos

*Papa Urbano VIII, do século XVII, que empregou um mago
para evocar espíritos que lhe davam conselhos.*

confiáveis confirmaram depois aquilo que antes parecera um grande exagero ou uma história fictícia. Quando um pajé algonquim queria consultar seus espíritos, primeiro era amarrado pelos membros da tribo, envolvido num manto e posto, aparentemente indefeso, numa grande tenda em forma de barril reservada para fins cerimoniais. A tenda não era uma estrutura frágil. Era construída em torno de estacas da espessura de troncos de árvores, atadas para lhe dar solidez. Porém, alguns minutos depois de o pajé ser colocado lá dentro, a tenda começava a tremer. Geralmente, os primeiros sinais de movimento eram acompanhados por sons sibilantes, seguidos de um rumor grave e assustador, como uma manada de búfalos em disparada. Depois disso, a tenda começava a tremer com violência cada vez maior, até o chão ao redor passar também a tremer. Então, o espírito tomava posse do pajé que estava dentro dela e respondia a perguntas que lhe eram feitas pela tribo. Aparentemente, um papa medieval teria sido flagrado no mesmo tipo de experiência espiritual xamânica. E não foi o único.

Quando Maffeo Barberini se tornou papa, em 1623, mostrara-se tão astuto em fazer amigos quanto seu antecessor, Bonifácio, o fora para reunir inimigos. O novo papa, Urbano — o oitavo a adotar esse nome —, era de uma família aristocrática de Florença e seguira uma carreira eclesiástica distinta. Aprendera a arte da diplomacia e sabia como fazer as pessoas gostarem dele. Como papa, apoiou a França, dedicou-se a programas de construção, fortaleceu a capacidade militar do papado e adquiriu o ducado de Urbino. Não tardou para os estados papais dominarem a Itália central. Foi um patrono das artes que teve êxito e brilho em tudo o que fez, até cometer o erro de declarar guerra ao duque de Parma, em 1642. Antes disso, porém, Urbano já lidava com espíritos.

O interesse surgiu de um conjunto curioso de circunstâncias. Em 1626, alguém deixou vazar (ou forjou) um documento importante: o horóscopo do papa. A suspeita devia recair sobre os espanhóis, pois a Espanha reprovava claramente o apoio que o pontífice dava à França. Qualquer que tenha sido o responsável, porém, o vazamento era potencialmente nocivo. O horóscopo predizia que Urbano morreria em algum momento em 1628. Os cardeais espanhóis, então, começaram a fazer preparativos ostensivos para eleger um sucessor. À medida que a data fatal prevista se aproximava, Urbano parecia ficar cada vez mais inquieto. Com a morte rondando-o de perto, contratou um mago.

O nome do mago era Tommaso Campanella. Nascido em Nápoles (que na época era um reino), tornara-se monge dominicano com 14 anos. Sete anos depois, fora preso por heresia. Era apenas o começo de uma carreira bastante pitoresca. Assim que foi solto, viu-se de novo na prisão, tendo tido tempo apenas para conhecer Galileu, o grande astrônomo. Do conforto de sua cela em Pádua, começou a escrever livros que enfureceram tanto o papa Clemente VIII, que Campanella foi transferido para as prisões da Santa Inquisição em Roma. Isso equivalia a uma sentença de morte, mas ele escreveu às pressas outro livro no qual declarava que Clemente deveria se tornar líder do mundo inteiro, e o papa o libertou em 1595. Então, ele perambulou pelo país arranjando encrencas e prevendo grandes mudanças sociais para o ano 1600. A doutrina atraiu seguidores, muitos dos quais dominicanos como ele, mas as autoridades agiram com eficiência implacável e, em 1599, Campanella estava de volta à cadeia, desta vez sob tortura. Escapou dela fingindo-se de louco.

Campanella passaria boa parte do resto da vida entrando e saindo da cadeia. Mas sua convicção de que papas davam excelentes líderes mundiais atraiu o interesse de Urbano, que agora ocupava o trono papal. Na época, a associação entre Campanella e astrólogos e místicos dera-lhe fama como mago. Portanto, não demorou para os rumores começarem a se espalhar. O papa e o desonrado herege dominicano estavam se encontrando em segredo. Mas... para quê? Um improvável plano político? Uma ligação homossexual? A especulação foi ficando cada vez mais alucinante, embora ninguém conseguisse descobrir o que ocorria de fato. Urbano e Campanella, na verdade, estavam envolvidos em rituais de evocação à meia-noite. Estavam chamando espíritos.

Aparentemente, os espíritos levaram bem a sério a ameaça astrológica sobre o papa, pois recomendaram a realização de um ritual planetário – um ato de magia cerimonial destinado a influenciar um eclipse vindouro da lua e a trocar os aspectos que haviam aparecido no horóscopo de Urbano por outros, mais favoráveis. Sem dúvida, o próprio Urbano acreditou que a operação fora um sucesso, pois viveu bem mais do que a predição e morreu pacificamente em Roma no verão de 1644. Assim como o "espírito no anel" de Bonifácio, a ideia de se usar "magia planetária" para influenciar um horóscopo parece esquisita hoje em dia. Mas não foi esse o problema. Um papa do século XVII não era apenas um líder espiritual. Era um homem com imenso poder político – em termos atuais, uma mescla entre um presidente norte-americano e um aiatolá iraniano. Suas ações influenciavam o destino de nações. É espantoso pensar que um homem assim baseou o que considerava uma decisão de vida ou morte no conselho de um espírito.

Espantoso ou não, muitos outros papas seguiram seu exemplo. Um deles, Honório III, teria escrito um grimório, um manual de magia, que ensinava a evocar espíritos maléficos. A dinastia Borgia, em particular, mostrou sinais de interesse pelo ocultismo, com estreita relação ao talento familiar para venenos. Envenenamentos e os recônditos mais sombrios da prática esotérica costumavam andar de mãos dadas, como mostra o caso da Chambre Ardente (Câmara

Ardente) no reinado de Luís XIV, que mereceria um lugar de honra no mencionado museu. Tudo começou como uma investigação sobre o uso disseminado de venenos pela nobreza francesa. Em 1673, dois sacerdotes de Notre Dame disseram à polícia que ficaram sabendo, pelo confessionário, que um bom número de fiéis de seu rebanho achava o assassinato um caminho de fuga eficiente para as dificuldades matrimoniais. É verdade que, em respeito à ética do confessionário, não mencionaram nomes; contudo, quatro anos depois, Nicholas de la Reynie, comissário de polícia de Paris à época, descobriu uma quadrilha internacional de envenenadores. A organização, que tinha paralelos estruturais com as modernas quadrilhas de traficantes, era liderada pelo aristocrático François Calaup de Chasteuil, que a administrava ao lado de um advogado, um banqueiro e diversos amigos da nobreza. Os venenos eram contrabandeados para Inglaterra, Portugal e Itália, e distribuídos por toda a França através de uma rede de intermediários.

Quando a polícia entrou em ação, encontrou grandes depósitos de veneno. Mas De Chasteuil escapou. Apesar do interrogatório rigoroso de seus colegas, não foi possível apurar a extensão da organização. Então, em 1679, uma policial disfarçada descobriu que uma cartomante chamada Marie Bosse não só comercializava venenos, como também todos os seus clientes pertenciam à aristocracia. Investigações que se estenderam por vários meses logo mostraram que centenas de cortesãos, literalmente, usavam venenos. O rei Luís XIV, chocado, concordou em formar um tribunal paralelo (a Câmara Ardente) para analisar as acusações. Uma das primeiras testemunhas foi outra paranormal, Catherine Deshayes, a viúva Montvoison, que entrou para a história como "La Voisin".

O interrogatório de La Voisin ampliou a rede de investigação, revelando a informação de que o aborto era uma das principais preocupações dos envolvidos – uma testemunha afirmou que La Voisin tinha posto fim a cerca de 2.500 gestações indesejadas. Em maio de 1678, a Câmara Ardente condenou Marie Bosse e outra cartomante, La Dame Vigoreux, a morrerem na fogueira. O filho de Marie Bosse, François, foi enforcado. O julgamento foi reservado no caso de La Voisin e de outra paranormal profissional, La Lepere. As investigações prosseguiram, com a tomada de outros depoimentos. Com o passar do tempo, foi ficando cada vez mais evidente que a corte real estava completamente infil-

*Representação bem criativa da notória Missa Negra, cerimônia
destinada a manter contato com espíritos demoníacos.*

trada por traficantes de veneno, entre eles diversas damas de companhia das amantes do rei. Em 23 de janeiro de 1680, a Câmara Ardente agiu com rigor e prendeu nada menos do que oito aristocratas, inclusive a favorita do rei, Madame de Polignac. Mas o veneno não foi tudo. Uma testemunha chamada Lesage estendeu a investigação até campos mais esotéricos, ao acusar três sacerdotes de realizarem a notória Missa Negra – um ritual destinado a fazer contato com o demônio – sobre os corpos de garotas nuas. Em fevereiro de 1680, o abade Mariette foi preso, sendo acusado de fazer estatuetas de cera e de sacrificar pombos. Mas havia outra paranormal envolvida, uma cartomante chamada La Filastre. Ela mencionou um ritual no qual sacrificou uma criança e depois admitiu ter participado de uma Missa Negra. Implicou outros dois sacerdotes, os abades Cotton e Deshayes. Seu próprio bebê recém-nascido foi sacrificado numa cerimônia mágica, sendo a mencionada missa celebrada sobre a placenta.

As evidências foram ficando cada vez mais estranhas à medida que mais e mais pessoas iam sendo presas. Os juízes tomaram conhecimento de que Madame de Lusignan se masturbava na floresta de Fontainebleau com a ajuda de um círio pascal — como parte de um procedimento mágico envolvendo um sacerdote nu. Foram descritas três missas eróticas, e numa delas o padre Tournet manteve relações sexuais com uma jovem no altar. O padre Davot foi acusado de beijar cerimonialmente a genitália de uma mulher nua durante uma missa que celebrava. O abade Guibourg invocou os demônios da luxúria, Astaroth e Asmodeus, quando elevou a hóstia. Às vezes, essas cerimônias destinavam-se apenas a assassinar bebês de maneira ritualística, para que os corpos pudessem ser usados em diversas poções e pós esotéricos. Mas outras, ao que parece, eram encomendadas por senhoras da aristocracia para influenciar o rei. Uma descrição peculiar e detalhada de uma dessas cerimônias chegou até nós. Conduzida pelo abade Guibourg, a cerimônia destinava-se a fazer um amuleto amoroso para ser usado no rei por Mademoiselle des Oeillets, uma de suas amantes.

Mademoiselle des Oeillets assistiu ao ritual na companhia de um ocultista que, ao que tudo indica, orientou o abade. Para esse procedimento, foi preciso coletar e misturar os fluidos sexuais de um homem e de uma mulher. Como Mademoiselle des Oeillets parecesse bem disposta a cooperar, estando em seu ciclo menstrual na época, doou um pouco de sangue menstrual para o cálice. Guibourg masturbou o amigo dela e guiou seu sêmen até o cálice. Então, foi adicionado um pó feito com sangue de morcego e enriquecido com farinha. O abade Guibourg recitou uma conjuração para Astaroth, engarrafou a mistura e a entregou a Mademoiselle des Oeillets, que a levou. Presume-se que a tenha dado para Luís, que de nada suspeitou.

Enojado, o rei suspendeu a Câmara Ardente em agosto de 1680. Suas descobertas vinham se tornando muito embaraçosas. As investigações secretas prosseguiram por mais algum tempo, com foco principalmente nas atividades da antiga amante do rei, Madame de Montespan, que, pelo que se soube depois, era o principal expoente do caso todo. Anos depois, em 1709, os registros da Câmara foram queimados por ordem de Luís XIV. Mas algumas cópias escaparam das chamas, deixando-nos hoje com mais evidências do papel representado pelos espíritos nessa história.

Uma seção especial do Museu de Contatos Espirituais, naturalmente, teria sido dedicada a exibições da era moderna. No verão de 1904, por exemplo, um turco de Altai chamado Chot Chelpan ouviu a voz de um espírito envolto num manto branco montado num cavalo também branco. O espírito falou numa língua desconhecida, mas outros espíritos traduziram suas palavras. O espírito prometeu que uma época de mudança se aproximava e disse que suas ordens ao povo de Altai seriam transmitidas em breve à filha de Chelpan. Pouco depois, a garota confirmou que ouvira vozes de espíritos, e Chelpan começou a pregar um novo credo político-religioso para seu povo. Um dos fundamentos era que todo o dinheiro disponível seria gasto em armas e munição, que seriam usadas para derrubar os senhores russos da Sibéria. Mais tarde, os russos acabaram prendendo Chelpan, mas a prisão veio tarde demais: nessa época, ele já tinha atraído literalmente milhares de seguidores, que se espalharam pelas fortalezas da Mongólia e combateram as autoridades com guerrilhas até a chegada da Revolução Russa.

A Revolução Russa não conseguiu, durante algum tempo, refrear o entusiasmo pela rica tradição de pensamento ocultista e de práticas espiritualistas que caracterizaram o país durante séculos, mas, na segunda década do domínio comunista, a proibição implacável e a repressão política impossibilitaram qualquer expressão aberta dessa tradição. Mostra que a União Soviética tinha e continua a ter essa característica, uma face ateia e materialista ao mundo, que não tem muito espaço para o sobrenatural. Porém, apesar das negativas oficiais da realidade espiritual, há indicações claras de que a influência ocultista não foi extinta, e sim apenas removida para um plano oculto. Para cada teosofista e antropósofo que deixou o país após suas crenças serem proibidas, muitos outros ficaram em casa, preferindo só esconder suas crenças, enquanto mantinham contato com aqueles que tinham fugido. A professora de ciências culturais, Birgit Menzel, revela[1] que, segundo os registros do KGB, a ordem secreta dos Templários Rosa-Cruzes em Moscou e São Petersburgo, com sua doutrina de base espiritual, manteve-se ativa até 1937. E essa não foi a única ordem ocultista a despertar a fúria soviética oficial. A influência dessas ordens mostrou-se tão problemática, que o Kremlin criou um grupo de "agentes especiais para questões ocultistas" no intuito de acabar com elas. A tentativa fracassou. Na década de 1970, viu-se o ressurgimento declarado da doutrina oculta da Cabala e várias outras de inspiração espiritual entre intelectuais, escritores, artistas, poetas e músicos soviéticos. Se essa renascença atingiu o *establishment* político e influenciou a Guerra Fria, é algo que não sabemos.

Uma exposição modesta, porém significativa, do citado museu teria de ser dedicada aos diários de W. L. Mackenzie King, publicados em 1980 e evidenciando o fato de que, durante décadas, ouvira vozes de espíritos, inclusive uma que dizia ser de sua mãe e outra que afirmava ser de Franklin D. Roosevelt. King foi o primeiro-ministro do Canadá entre 1921 e 1930 e entre 1935 e 1948. No segundo mandato, Roosevelt, já falecido, contou a King que ele era mais sábio do que o primeiro-ministro britânico à época da guerra, Winston Churchill, e que Churchill deveria escutar os conselhos de King. Churchill ficou furioso quando King, motivado por sua recém-confirmada sabedoria, enviou-lhe o texto da mensagem. Também seriam apresentados nessa exposição os jornais que disseram que o presidente italiano da Comissão Europeia, Romano Prodi, usara um tabuleiro Ouija em 1978 para entrar em contato com um amigo político que havia morrido no ano anterior.[2]

Nessa mais nova exposição seria mostrado ainda um fascinante apanhado de relatos da mídia indicando que nos Estados Unidos o presidente Obama sentira-se compelido a pedir pessoalmente desculpas à sra. Nancy Reagan, viúva do falecido presidente Ronald Reagan, por ter dito que ela estivera envolvida em sessões espíritas. Relatos da mídia também afirmaram que a secretária de estado de Obama, Hillary Clinton, estivera envolvida (enquanto seu marido era presidente) na canalização do espírito de Eleanor Roosevelt. Parece que a primeira alegação não tinha nada de verdade: aparentemente, o interesse da sra. Reagan por astrologia e paranormalidade levaram o presidente a fazer uma brincadeira pouco agradável. Mas a alegação sobre a sra. Clinton teve procedência bem menos definida. O escritório dos Clinton emitiu rapidamente um comunicado oficial negando as informações veiculadas, afirmando que a sra. Clinton dedicara-se apenas a um "exercício intelectual" de imaginação visual. Mas acabou vazando a informação de que sua guia nesse exercício tinha sido Jean Houston, atualmente uma das mais respeitadas praticantes espirituais dos Estados Unidos. Houston tem doutorado em psicologia e religião, e está profundamente envolvida no Movimento do Potencial Humano. Em 1984, passou a apresentar seminários sobre as antigas escolas de mistério, que, segundo algumas autoridades, ensinavam técnicas de contato espiritual. Os exercícios desenvolvidos pela dra. Houston têm metas bastante parecidas, embora não envolvam narcóticos, sonhos ou transes, mas sim, como alegou corretamente a sra. Clinton, a imaginação visual. No entanto, quem quer que conheça um pouco as técnicas do ocultismo vai hesitar em dizer que a imaginação é meramente um "exercício intelectual". Há escolas de mistério modernas que afirmam ser o uso controlado da imaginação um método válido de contato com espíritos.[3]

A exposição deveria contar também com um manual do *jihad on-line*, que teria sido escrito por Samir Khan, cidadão norte-americano morto num ataque com drones ao Iêmen em 2011, e publicado sob os auspícios da Al-Qaeda.[4] Além de conselhos previsíveis sobre como viver em cavernas e manter-se discreto, o autor dedica todo um segmento a discussões sobre espíritos, conhecidos no mundo árabe como *jinns* (ou também *djinns*):

> Antes de vir para o *jihad*, sabia da importância de *adhkar* [a recordação de Alá mediante certas frases e súplicas], mas não tinha experiência alguma. No primeiro dia em que me encontrei com os *mujahidin*, antes de o sol se pôr, um *mujahid* me disse para fazer *adhkar*; ele me explicou que o governo apóstata da Arábia Saudita tem pessoas que trabalham com *jinns* maléficos que espionam os *mujahidin* e revelam sua posição. Fiquei chocado e não consegui acreditar nisso. Mais tarde, outros *mujahidin* confirmaram a mesma coisa, e até alguns *shuyookh*, que disseram que o mesmo acontece com os apóstatas do Iêmen. Eles usam *sihr* (magia) para combater os *mujahidin*. Porém, pela graça de Alá, há muitos *jinns* bons que protegem e defendem os *mujahidin*. É o mundo do invisível, e Alá sabe o que faz. Por isso, é imperativo que você comece a memorizar os *adhkar* da manhã e da noite, praticando-os diariamente, sem desculpas para deixar de fazê-los, nem por um só dia que seja. Você precisa fazer isso para se proteger de *shaytan* e dos *jinns* do mal que trabalham para os *shayatin* entre os homens.[5]

Essa aceitação fácil, até descontraída, dos espíritos nos dias de hoje não deve surpreender ninguém. Qualquer leitura atenta da História apresentará um panorama de homens e mulheres em posições de poder que foram influenciados por artes ocultas ou as praticaram, quase sempre comunicando-se com espíritos. Devemos imaginar que seus interesses esotéricos sejam divididos em compartimentos? Ou será mais provável que vozes do Além guiaram suas decisões políticas e, com isso, o destino de nações?

Diante dessas circunstâncias, a pergunta fundamental apresentada na Introdução — até que ponto o contato com um "mundo espiritual" influenciou o curso da história humana? — foi respondida. Agora, está claro que, o que quer que sejam esses espíritos, certamente a influência deles foi grande. Mas, até aqui, concentramo-nos exclusivamente nas consequências sociais, políticas e religiosas do contato espiritual. Para compreender plenamente tais implicações, contudo, será preciso examinar o impacto pessoal de tais comunicações.

PARTE IV

CONTATO — TEÓRICO E PESSOAL

Quem são essas Vozes? De onde vêm? O que desejam? Para onde estão nos levando? À luz da História, são perguntas importantes, mas que quase nunca são feitas, muito menos respondidas. No que diz respeito à natureza dos espíritos, o mundo pode ser dividido em dois campos contrastantes: os verdadeiros crentes, que aceitam os espíritos como entidades independentes, e os céticos devotados, que preferem afirmar que os espíritos simplesmente não existem.

Mas está claro que os espíritos *existem*, pelo menos como fenômeno experiencial recorrente. Logo, a pergunta fundamental passa a ser: *qual é sua verdadeira natureza?* Nesta seção, vamos nos concentrar primeiro na experiência do contato como base para avaliação de diversas teorias, na busca por uma resposta que levará a uma conclusão totalmente inesperada e de vasto alcance.

20. CONTATOS IMEDIATOS DE GRAU ESPIRITUAL

No verão de 1912, uma dona de casa norte-americana chamada Emily G. Hutchings sugeriu a sua vizinha, Pearl Curran, que poderia ser divertido experimentarem um tabuleiro Ouija. Hoje, o nome Ouija é marca registrada da empresa de jogos Parker Brothers, mas o tabuleiro está longe de ser um Banco Imobiliário ou um Risk. No seu desenho clássico, ele reúne as letras do alfabeto, os números de 0 a 9 e as palavras *Sim* e *Não*. A primeira dessas palavras é que dá nome ao tabuleiro: Ouija é uma combinação do *oui* francês com o *ja* alemão, palavras que significam "sim". O tabuleiro vem com um ponteiro em forma de coração, apoiado em rolamentos. Em termos teóricos, ao apoiarmos a mão de leve no ponteiro, este se movimenta sozinho. Ao fazê-lo, às vezes ele soletra mensagens, movendo-se sobre letras relevantes. Em outras palavras, um tabuleiro Ouija é um dispositivo idealizado para se contatar espíritos.

Nem Emily nem Pearl tinham um tabuleiro Ouija, mas conseguiram um com uma amiga. Não foi sem certa surpresa que ele funcionou, e Emily recebeu o que teria sido uma mensagem de um parente falecido. Estimulada pela comunicação, comprou um tabuleiro, e ela e Pearl começaram uma série de sessões bastante amenas.

Apesar de os resultados não serem nada espetaculares no início, as duas amigas persistiram e, depois de algum tempo, começaram a receber mensagens da mãe de Emily e do pai de Pearl, ambos falecidos. O interesse pelo tabuleiro não recebeu a aprovação dos respectivos maridos. O sr. Hutchings, agnóstico, provocava-as sem piedade. O marido de Pearl era cristão devoto e discordava abertamente daquilo que considerava necromancia. Mesmo assim, as mulheres continuaram a usar o tabuleiro, e, mais ou menos um ano após o início das experiências, Pearl recebeu uma mensagem que, como descobriu depois, seria um ponto de inflexão muito importante em sua vida. Veio de um espírito que se apresentou como Patience Worth.

Patience alegava ter sido uma menina pobre do interior, nascida em Dorset, Inglaterra, em 1649. Mais tarde, emigrou para os Estados Unidos, onde foi morta num ataque aos índios em 1694. Apesar de ter recebido uma educação básica, tinha a ambição de ser escritora e, como se viu depois, demonstrou talento mais do que suficiente para tanto. O espírito de Patience deu início ao minucioso processo de ditar uma vasta produção literária a Pearl Curran, letra após letra, através do tabuleiro. Em cinco anos, o volume total resultante da comunicação atingira o espantoso número de quatro milhões de palavras, incluindo poemas, contos, peças e romances. Quando terminou, o volume produzido foi suficiente para ocupar 29 volumes encadernados – o equivalente a uma enciclopédia de porte.

E o material não era medíocre. Um romance de trezentas mil palavras sobre a infância de Cristo tornou-se um sucesso de vendas e provocou uma resenha no *New York Times*, que o considerou "um livro maravilhoso, belo e nobre". Outro, ambientado na Inglaterra do século XVII, foi descrito pelo *Los Angeles Times* como uma "obra-prima". Vários de seus poemas foram acolhidos por prestigiosas antologias, e um deles ganhou um concurso nacional de poesia. Tudo isso torna-se ainda mais espantoso quando se sabe que a própria Pearl Curran não tinha talento para escrever, não se interessava muito por literatura e estudara apenas até o nono ano.

Apesar de os contatos com Patience Worth revelarem sem sombra de dúvida um padrão literário bem mais elevado que o da maioria das sessões comuns, encaixaram-se no padrão típico do espiritualismo do século XIX e do início do século XX. Embora Pearl Curran nunca tivesse se visto como médium nem mantivesse relação alguma com o movimento espiritualista, a entidade com quem se comunicava declarava-se claramente como o espírito de alguém falecido. Desde que as Irmãs Fox haviam presenciado as primeiras batidas em New Hampshire, praticamente todas as tentativas de comunicação com os espíritos visavam estabelecer contato com parentes mortos ou indivíduos como Patience, que, embora não tivesse parentesco com a médium, afirmava ter sido um ser humano normal, alguém que havia vivido na Terra. Mais recentemente, porém, esse padrão começou a mudar.

A transformação vindoura já se prenunciava na época vitoriana. Quando Madame Helena Petrovna Blavatsky fundou a Sociedade Teosófica em 1875, afirmou que sua autoridade provinha, em última análise, dos Mestres Secretos, indivíduos altamente evoluídos que se comunicavam com ela mediante um corpo de sabedoria esotérica. Esses Mestres eram adeptos mágicos e espirituais que acompanhavam o progresso da humanidade como um todo e, ocasionalmente, interferiam no mecanismo da evolução de maneira secreta. Essas alegações foram levadas a sério por algumas das mentes mais brilhantes de sua época. Até mesmo um relatório altamente desfavorável sobre seu talento psíquico produzido pela Sociedade de Pesquisas Psíquicas em 1885 não alterou muito o interesse pelas doutrinas de Blavatsky — um interesse presente até hoje, incorporado por uma florescente Sociedade Teosófica.

Blavatsky era uma russa que começou a se dedicar ao espiritualismo após escapar por pouco da morte por afogamento. Afirmava ter poderes paranormais e demonstrava talentos mediúnicos. Apesar disso, seus Mestres Secretos não eram espíritos no sentido convencional da expressão. Embora se comunicassem por telepatia de tempos em tempos, também eram capazes de enviar cartas da Índia, por exemplo, às vezes pelo correio comum, às vezes por *aporte*.[1] Embora Blavatsky não acreditasse que os Mestres Secretos fossem desencarnados, outros ocultistas não tinham tanta certeza. Os Estudantes Herméticos da Aurora Dourada pertenciam a uma ordem oculta vitoriana que, segundo a tradição, teria sido fundada com base numa carta-patente emitida por um adepto alemão. Mas seus primeiros líderes — em particular o pitoresco S. L. MacGregor Mathers — acreditavam-se orientados por Chefes Secretos que eram perfeitamente equivalentes aos Mestres Secretos de Blavatsky, exceto pelo fato de existirem em outra realidade espiritual e tomarem forma material em raras ocasiões.

A Aurora Dourada foi o primeiro exemplo, em tempos históricos recentes, daquilo que se chama de escola de mistério "contatada" — uma organização esotérica de ensino ou de treinamento dirigida, em última análise, diretamente por uma ou várias entidades espirituais. Com certeza, não foi a última: diversas organizações ocultistas hoje em atividade afirmam ter a mesma proveniência. Mas o trabalho ocultista sério é, quase por definição, interesse de uma minoria, e só na década de 1930 é que as doutrinas dos guardiães secretos da humanidade começaram a se disseminar um pouco mais. Um dos veículos mais conhecidos dessa disseminação foi a médium Grace Cooke. Grace era a nona filha de uma grande família vitoriana, que perdera a mãe aos 7 anos de idade. Apesar de a família ser protestante, o pai de Grace foi a uma sessão após a morte da esposa, e a médium, sra. Annie Boddington, apresentou uma mensagem tão convincente da mãe de Grace que ele se converteu ao espiritualismo. Em seguida, Grace e o restante da família o seguiram. Ainda criança, Grace começou a demonstrar dons psíquicos e mediúnicos — fez sua primeira interpretação espiritual para um estranho aos 13 anos — e, durante aquela que parece ter sido uma infância solitária, foi visitada por uma presença reconfortante à qual chamava simplesmente de "velho".

Faz parte da doutrina espiritualista o fato de todo médium ser acompanhado por um "guia", uma espécie de guarda-costas psíquico que age como porteiro, vetando, organizando e filtrando quem dentre os mortos pode se comunicar com os vivos. Em geral, tais guias são vistos como entidades poderosas e evoluídas. Ivan, marido de Grace Cooke, comentou[2] certa vez que eles exigem "aquela sabedoria suave que deriva da proximidade com Deus". Quando Grace deu início à própria carreira como médium pública no final da adolescência, ficou claro que o "velho" que a visitara era, na verdade, uma manifestação visionária de seu guia, uma entidade chamada White Eagle (Águia Branca).

A partir desse início relativamente modesto como guardião psíquico dos portais, White Eagle evoluiu e, depois de algum tempo, tornou-se muito parecido com os Mestres Secretos de Blavatsky. Alegou estar em contato com uma Fraternidade de Adeptos residente no Himalaia (ou ser um deles), e começou a usar Grace Cooke como veículo para um conjunto de ensinamentos destinados a auxiliar no bem-estar da humanidade. Na década de 1930, o foco da vida de Grace Cooke tinha mudado. Ela se concentrou cada vez menos na preocupação espiritualista com a sobrevivência à morte física e cada vez mais nos ensinamentos espirituais provenientes de White Eagle. Em 1936, ela e seu marido Ivan criaram a White Eagle Lodge, descrita como uma "igreja cristã não denominacional fundada para dar expressão prática aos ensinamentos de White Eagle".

Mais tarde, à igreja seguiu-se o White Eagle Publishing Trust, destinado basicamente a imprimir as palavras de White Eagle. Com esses dois veículos, a doutrina esotérica da Fraternidade de Adeptos atinge hoje centenas de milhares, talvez milhões, de pessoas pelo mundo afora. Provavelmente, seria válido dizer que muitas, talvez a maioria, dessas pessoas considera White Eagle um espírito incorpóreo, mas, segundo Ivan Cooke:

> O contato entre White Eagle e sua médium é sempre feito por meio de projeção. Ele vive [...] nas montanhas do Oriente e pode se projetar, ou sua influência, através de metade do planeta até ela usando, como outros iniciados, seu corpo etérico. Por isso, embora viva num corpo físico [...] ele é capaz [...] de atuar no mundo etérico que permeia este globo físico.[3]

Grace Cooke já morreu, mas as comunicações com White Eagle continuam graças à mediunidade de seu círculo familiar próximo. Não fica claro se o próprio White Eagle ainda ocupa um corpo no Himalaia. O que fica claro é que esta forma de "mensagem espiritual" vem sendo disseminada para mais gente do que em qualquer outra época, desde os dias da *Ilíada*. E o fenômeno continua a crescer.

Na década de 1960, uma jovem escritora norte-americana chamada Jane Roberts achou que, com o surgimento do "poder da flor" e a renovação do interesse por coisas espirituais, poderia haver mercado para um livro sobre o desenvolvimento de percepção extrassensorial, ou PES. Como parte da pesquisa para o livro, comprou um tabuleiro Ouija e, em dezembro de 1963, iniciou uma série de experiências com a ajuda de seu marido, o artista Robert F. Butts Jr.

Seu primeiro contato foi com o espírito de um professor de inglês chamado Frank Withers, que morara com a esposa Ursula em Elmira, Nova York, vindo a morrer em 1940. À primeira vista, pareceu uma comunicação *post-mortem* bem objetiva, do tipo espiritualista, mas, na sessão seguinte com o Ouija, Withers ampliou o cenário, revelando que esse professor norte-americano fora apenas uma de suas encarnações. Numa vida bem anterior, como soldado na Turquia do século VI, conhecera tanto Jane como seu marido. Os três também tinham sido amigos em encarnações na Dinamarca.

Esse desdobramento interessante avançou ainda mais com a terceira sessão com o Ouija. Frank Withers disse-lhes que preferia ser chamado de "Seth", nome mais apropriado à totalidade de seu ser do que o nome que casualmente lhe fora dado na encarnação terrestre mais recente. Ao mesmo tempo, sugeriu novos nomes para Jane e o marido. Esses nomes — "Ruburt" para Jane e "Joseph" para Robert — estariam, segundo ele, mais associados à essência espiritual de ambos do que aqueles que usavam nessa existência mundana. Ganhar um novo nome não é algo incomum nos círculos ocultistas, nos quais se acredita que o indivíduo deva buscar o nome que expresse com mais plenitude sua essência mais profunda. É algo menos comum num contexto mais amplo, apesar de alguns grupos religiosos adotarem essa prática em suas convenções.

Seth, como logo se descobriu, era muito mais do que um professor de Inglês. No mínimo, era um Professor (com um "P" maiúsculo firmemente posicionado) na tradição de White Eagle e dos Mestres Secretos de Madame Blavatsky. A doutrina de Seth fundamenta-se, de modo geral, no conceito de que os seres humanos encarnam fisicamente a fim de aprender e evoluir, mas que há oportunidades ainda maiores de desenvolvimento pessoal em outros níveis superiores de existência. A ênfase está na ética e no karma.

Jane e seu marido começaram a manter sessões regulares com o Ouija. Nisso, aconteceu algo curioso. Jane descobriu que, em vez de ter de esperar as respostas dadas letra por letra, elas começavam a ser formuladas em sua mente quase no mesmo instante em que fazia alguma pergunta. Como tinha certeza de que não criava as respostas, ocorreu-lhe que estariam sendo implantadas telepaticamente por Seth. A ideia deixou-a em pânico. Nunca havia pensado em si mesma como médium, e não tinha certeza de se gostaria de sê-lo. Robert a tranquilizou. Achava que ela deveria seguir o curso dos acontecimentos. Com o tempo, Jane relaxou. O Ouija foi um passo curto, mas importante, que a levou à escrita automática — um método bem mais eficiente e satisfatório do que o Ouija. Mais tarde, concordou em realizar sessões, e não demorou para que começasse a canalização direta de voz.

A mediunidade por voz direta é uma das atividades esotéricas mais espetaculares, datada da época de grandes profetas e sibilas. O médium permite uma possessão benigna pela entidade espiritual, que usa suas cordas vocais para conversar diretamente com o consulente ou para ditar, e às vezes gravar, mensagens específicas. Em geral, a possessão é marcada por mudanças na postura, na expressão facial, na linguagem corporal e na voz. Às vezes, embora raramente, as testemunhas relatam o que se chama de "obscurecimento", fenômeno no qual a forma espiritual relevante parece se sobrepor como uma névoa sobre o canal físico.

Como a maioria das pessoas envolvidas com essa forma de comunicação, Jane passou por períodos de dúvida — um padrão que costuma se repetir com outros médiuns —, mas os superou, na maior parte das vezes com a ajuda do próprio Seth. O resultado, em dois meses, foi um texto datilografado de 230 páginas com o material de Seth. Foi o primeiro exemplo de uma produção que continua até hoje. Assim como Patience Worth, os textos foram publicados posteriormente e atraíram um interesse notável, a ponto de vários dos livros de Seth se tornarem sucesso de vendas, dando a Seth e a Jane Roberts fama internacional.

Blavatsky e MacGregor Mathers eram ocultistas entusiasmados. Grace Cooke praticou durante anos a mediunidade espiritualista. Pearl Curran e Jane Roberts lidaram com tabuleiros Ouija. Às vezes, porém, o contato espiritual pode se dar de modo totalmente inesperado e sem a presença de nenhuma das mencionadas características. Aconteceu algo assim com um jovem londrino, Ian Graham, no começo da década de 1980.

Embora tivesse algum interesse por temas como astrologia e praticasse meditação, Ian não se via nem como ocultista, nem como médium. Sua formação religiosa era convencional — a família pertencia à Igreja da Escócia. Mas, aos 29 anos, o nome White Bull (Touro Branco) apareceu em sua mente numa sessão de meditação. Anos antes, o cantor *pop* Tommy Steele tinha gravado uma música divertida chamada *Little White Bull* (Pequeno Touro Branco). Ian ouvira a gravação quando criança e agora não conseguia tirar a música da cabeça. Foi o começo bizarro de algo que mudaria sua vida, como se viu depois.

Algumas semanas depois da sessão de meditação, ele ouviu falar no termo "canalização" pela primeira vez, uma palavra que tinha entrado em moda e que descrevia lições espirituais recebidas por pessoas como Grace Cooke e Jane Roberts. Esse contato vinha se tornando tão comum, que precisava ser diferenciado do fenômeno familiar da mediunidade, que objetivava uma comunicação muito mais direta com os mortos. Um amigo tinha visitado um dos novos "canalizadores" e contado a Ian como fora a sessão. Ian tinha se mostrado bastante cético — considerara ser algum golpe —, mas ficou intrigado, a ponto de encomendar uma leitura canalizada para si mesmo. A entidade que entrou em contato disse-lhe que queria que ele se tornasse membro de seu grupo.

Era uma oportunidade boa demais para se desperdiçar, e Ian voltou na semana seguinte. A sessão começou com uma meditação e, no momento em que fechou os olhos, viu-se num acampamento de nativos norte-americanos. Achou que fosse uma visão sem sentido, opinião que se consolidou na medida em que a entidade parecia lhe mostrar um acampamento. Estava certo de que tudo não passava de sua imaginação quando, de repente, a entidade lhe mostrou um índio alto que segurava seu cavalo ao lado de uma árvore. "Esse é meu amigo White Bull", disse a entidade. "Ele vai trabalhar com você."

O passo derradeiro deu-se menos de um mês depois, enquanto Ian meditava. Teve a sensação de que suas mãos cresciam e de que seu corpo se expandia. Também lhe pareceu que a estrutura óssea de seu rosto mudava. Então, uma voz que não era a sua usou sua boca para anunciar: "Sou White Bull".

Tendo frequentado uma escola particular de alto nível, Ian Graham poderia muito bem ter sido corretor da Bolsa ou cirurgião. Em vez disso, viu-se iniciando uma carreira como canalizador. Durante muito tempo, mal acreditou no que acontecia. Nos dois primeiros anos, foi assaltado por dúvidas, estando razoavelmente convencido de que White Bull era algum tipo de ficção criada por ele mesmo e de que o ato de canalização era puramente ilusório. Mas não tardou a descobrir que os conselhos dados por White Bull aos clientes eram úteis, e volta e meia permitiam-lhes enfrentar sérias crises. Descobriu também que os conselhos nem sempre eram os que ele daria. Foi ficando cada vez mais difícil manter-se cético.

Diante de tudo isso, torna-se evidente que algo extraordinário acontecera com Ian Graham, uma coisa que ia muito além de suas dúvidas iniciais. De várias maneiras, ele era como os primitivos gregos do estudo de Julian Jaynes. Sua vida foi ficando cada vez mais concentrada num contato espiritual específico e bem pessoal, preparado para oferecer conselhos e orientação quando necessário. O que Ian – e outros como ele – tinham de diferente dos gregos antigos era a capacidade de resistir à voz. Enquanto os heróis da *Ilíada* pareciam incapazes de negar algo a seus "deuses", mesmo quando as ordens divinas os levavam a situações destrutivas, os canais modernos mantêm sua autonomia.

Após as dúvidas iniciais, Ian Graham firmou-se como canalizador profissional e, para dizer o mínimo, tem sido muito bem-sucedido. Um fluxo constante de consulentes passou a procurá-lo em seu apartamento em Londres, e com isso foi tendo cada vez menos tempo para si mesmo. Nessa altura, o ceticismo era o menor de seus problemas. Foi ficando cada vez mais magoado com White Bull. De certo modo, o espírito tomara conta de sua vida. Seus amigos começaram a lhe pedir para conversar com White Bull, quando Ian queria conversar com eles sendo ele mesmo. Para quem conhecia gente nova todas as semanas, era uma existência solitária. Além disso, uma existência curiosamente ausente, pois passava boa parte do tempo em transe. Havia dias em que, segundo ele próprio admite, tinha acessos de raiva e discussões furiosas com White Bull. Às vezes, recusava-se a canalizá-lo.

Com o tempo, Ian Graham e White Bull acabaram chegando a um meio-termo benéfico para ambos. Ian decidiu que queria seguir a carreira de professor e conferencista, mas concluíram que isso se daria em adição a seu trabalho como canalizador, e não no lugar dele. Ian se mudou para a França e começou a organizar seminários e grupos sobre temas espirituais.

Embora palestras e seminários tenham ficado em segundo plano, hoje Ian Graham é um canalizador conhecido e respeitado no âmbito internacional, com admiradores particularmente entusiásticos na Bélgica, Alemanha e Holanda. A influência de White Bull é ainda maior. Um vale na Nova Zelândia ganhou seu nome e, na Bélgica, há uma gravadora que se chama White Bull. Seus conselhos sobre temas criativos têm sido procurados por um cineasta norte-americano, e ele contribuiu para a coreografia de um balé apresentado na Ópera de Paris. O primeiro livro ditado por White Bull, publicado em oito línguas e contendo sua sabedoria, tornou-se uma bíblia para seus seguidores internacionais.

Grace Cooke tinha uma formação espiritualista, e por isso não surpreende muito o fato de ter desenvolvido um contato espiritual. Blavatsky e Mathers eram ocultistas praticantes cujas técnicas normalmente produziam experiências desse tipo. Mas Jane Roberts, Ian Graham e até mesmo Pearl Curran — apenas três dentre muitos dos que podem ser estudados — parecem representar uma tendência diferente. São pessoas sobre as quais se lançou o contato espiritual, digamos assim. Mais importante é o fato de a atual tecnologia de comunicação permitir que as palavras de cada espírito atinjam um público maior do que em qualquer outra época da história humana. Caso a tendência continue, talvez vejamos uma influência espiritual sobre questões humanas comparável à da antiguidade. Nessas circunstâncias, é útil examinar com detalhes alguns contatos espirituais para ver o que os espíritos podem ou não fazer, valendo-nos das experiências daqueles que mantêm um contato mais íntimo com eles — médiuns e magos. Talvez um ponto de início interessante seja o mais notório mago de todos, o "homem mais pervertido do mundo": Aleister Crowley.

Em 1906, quando o poeta inglês Victor Neuburg estudava em Cambridge, ficou sob a influência de Crowley, iniciado da Ordem Hermética da Aurora Dourada. Neuburg sentiu uma atração muito forte por Crowley, e não apenas por sua erudição em magia. Crowley era bissexual e iniciara o jovem escritor num relacionamento homossexual. Em 1908, compôs poemas para seu "meigo mago" que deixavam poucas dúvidas sobre a extensão de seus sentimentos.[4]

Três semanas antes dos exames finais, Neuburg foi a Londres e se iniciou na ordem mágica de Crowley, a Astrum Argentinum, jurando "na presença desta assembleia assumir a grande e solene obrigação de manter inviolados os segredos e mistérios desta Ordem". No verão de 1909, estava na casa de Crowley às margens do Lago Ness (Loch Ness), praticando magia ritual e tendo o traseiro espancado por urtigas pontiagudas. No final do outono desse ano, os dois amantes zarparam para o norte da África e aportaram em Argel no dia 17 de novembro. Tomaram um bonde até Arba e depois foram a pé até Aumale, onde

Aleister Crowley, mago inglês moderno cujo contato com o espírito de Aiwass levou-o a proclamar um "Novo Éon" e a fundar uma nova religião.

chegaram em 21 de novembro. Lá, Crowley comprou vários cadernos para Neuburg. Seu plano era fazer com que Neuburg os usasse para registrar os resultados de um procedimento de magia enoquiana.

Crowley levava na mochila a cópia das Chamadas Enoquianas que fizera com base nos manuscritos do dr. John Dee no Museu Britânico — encantamentos longos numa língua obscura que, segundo se diz, evocaria certas energias e espíritos. Já tinha feito experiências com duas delas e agora estava determinado a descobrir o que aconteceria caso usasse as demais. Ao longo de vários dias e noites, trabalharam com as Chamadas até que, em 6 de dezembro, chegaram àquele que é conhecido como o Décimo Aethyr, área da realidade mágica habitada pelo "poderoso demônio" Choronzon, Senhor dos Poderes do Caos.

No começo da tarde, percorreram a pé uma distância considerável, desde a cidade de Bou-Saada até atingirem um vale de areia fina. No deserto, traçaram um círculo mágico de proteção, selado com as palavras *Tetragrammaton*, *Ararita* e *Shadai el Chai*. A primeira é uma referência ao nome de Deus (JHVH), que tem quatro letras e, segundo a tradição mágica, não deve ser pronunciado em voz alta. *Ararita* é uma fórmula mágica associada a problemas de pele segundo os textos do próprio Crowley,[5] enquanto *Shadai el Chai* é um nome hebraico de deus que os magos associam ao *mudra chakra*, um centro sexual sutil do corpo humano. Além do círculo, Crowley e Neuburg traçaram um triângulo na areia fina do vale e também o fortaleceram com nomes divinos. Essa figura visava confinar qualquer entidade espiritual que pudesse aparecer. Então, Crowley sacrificou três pombos que levara para que a energia liberada desse a Choronzon algo com que se manifestar.

Neuburg entrou no círculo. Crowley, sob um impulso que magos mais experientes teriam considerado bizarro, entrou no triângulo. É possível que Crowley, tão excêntrico na prática da magia quanto em tantos outros aspectos de sua vida, quisesse saber como era a sensação de ser possuído por um demônio. Jean Overton Fuller, que escreveu a biografia de Neuburg, considerou que nessa época Crowley tinha "deixado de ser completamente são".

Neuburg começou a cerimônia recitando o seguinte juramento em voz alta:

Eu, *Omnia Vincam*, candidato à *Argentinum Astrum*, prometo solenemente por minha honra mágica e juro por Adonai, o anjo que me guarda, que defenderei este círculo mágico da Arte com pensamentos, palavras e ações. Prometo ameaçar incontinenti com a adaga e mandar voltar ao triângulo o espírito que tente escapar dele; e golpear com a adaga qualquer coisa que possa tentar entrar neste Círculo, mesmo que pareça ser o corpo do próprio Vidente. E estarei fortemente alerta, armado contra força e ardil; e preservarei com minha vida a inviolabilidade deste círculo. Amém. E convoco meu Santo Anjo da Guarda para testemunhar este juramento, e, se eu o quebrar, que possa perecer esquecido por ele. Amém e amém.[6]

Então, Neuburg realizou o Ritual Menor de Banimento do Pentagrama. Essa cerimônia breve, que teria aprendido com Crowley, que, por sua vez, a teria aprendido com a Aurora Dourada, é um método a fim de se preparar um lugar para um trabalho de magia. Basicamente, tem o mesmo papel que a assepsia de uma sala de cirurgia antes da operação. Com o local devidamente preparado, Crowley, com um manto negro de mago, fez a Chamada Enoquiana com sua voz aguda e um tanto anasalada:

> Os trovões do julgamento e da ira estão numerados e guardados no Norte, à semelhança de um carvalho cujos ramos são ninhos de lamentação e choro, dispostos para a Terra que arde noite e dia: e vomitam as cabeças de escorpiões e o enxofre vivo, misturado com veneno. São os trovões que, 5.678 vezes (em sua 24ª parte) num momento, rugem como uma centena de poderosos terremotos e como mil vezes tantas ondas, que não repousam nem conhecem o eco do tempo. Uma rocha traz um milhar, assim como o coração do homem faz seus pensamentos. Desgraça! Desgraça! Desgraça! Desgraça! Desgraça! Desgraça! Sim, Desgraça para a Terra, pois sua iniquidade é, foi e será grande. Venha! Mas não seus sons poderosos.[7]

Neuburg ouviu a voz de Crowley gritar "Zazas, Zazas, Nasatanda Zazas", seguida de uma série de blasfêmias. Neuburg olhou para o triângulo e encontrou uma bela mulher, um tanto parecida com uma prostituta que conhecera em Paris. Ela começou a chamá-lo com voz suave e a fazer gestos sedutores. Neuburg a ignorou. Então, a mulher pediu desculpas por tentar seduzi-lo e se ofereceu para pôr sua cabeça sob os pés dele como sinal de sua disposição para servi-lo. Neuburg também ignorou esse gesto.

O demônio – Neuburg considerou que a mulher fosse um deles – transformou-se rapidamente num idoso e depois numa cobra, que, com a voz de Crowley, pediu-lhe água. Sem se abalar, Neuburg exigiu "em nome do Altíssimo" que o demônio revelasse sua verdadeira natureza. A coisa respondeu que era o Mestre do Triângulo e que seu nome era 333. Essa é uma referência à gematria, aspecto da Cabala no qual os números são substituídos por letras de um nome e somadas para a apresentação de um código final. O exemplo mais conhecido aparece no livro bíblico do Apocalipse de São João, onde o Anticristo tem o número "666" – o dobro do número do demônio de Neuburg.

Começou uma discussão curiosa entre Neuburg e a criatura. Neuburg chamou seu Santo Anjo da Guarda e o de Crowley. O demônio afirmou que conhecia ambos e que tinha poder sobre eles. Neuburg exigiu com firmeza que ele revelasse sua natureza, e enfim o demônio admitiu que seu nome era Dispersão e que não podia ser superado em discussões racionais.

Equipado com o livro de exercícios que Crowley lhe dera, Neuburg tentava anotar tudo isso enquanto, ardilosamente, o demônio havia empurrado areia sobre a linha do círculo e pulado sobre ele na forma de um homem nu. Seguiu-se uma cena extraordinária. Os dois, agora atracados, rolaram sobre a areia. Neuburg tentava desesperadamente esfaquear o demônio com sua adaga mágica. A criatura, por sua vez, tentava mordê-lo na nuca. Por fim, Neuburg levou certa vantagem e empurrou o demônio novamente para o triângulo. Tornou a traçar a parte do círculo que fora apagada pela areia. Depois de comentar que o décimo Aethyr era um "mundo de adjetivos" e não existe substância nele, o demônio pediu licença para sair do triângulo e pegar suas roupas. Neuburg negou o pedido e o ameaçou com a adaga. Após novas discussões, o demônio acabou desaparecendo, e Crowley, em seu manto negro, tomou seu lugar. Acenderam uma fogueira para purificar o local e depois apagaram tanto o círculo quanto o triângulo. No total, a cerimônia durara duas horas, deixando ambos esgotados.

Como esse relato foi extraído por Jean Overton Fuller das anotações originais de Neuburg, temos aqui uma descrição completa, feita por uma testemunha ocular, daquilo que acontece quando se realiza uma evocação mágica. Mas Crowley teve uma experiência de contato espiritual anterior, mais importante, que parece um pouco mais fácil de ser aceita e indica até que ponto podem chegar as consequências desses contatos.

Em 1903, o renomado pintor Gerald Kelly apresentou sua irmã a Crowley. Os dois se afeiçoaram rapidamente. Rose, com 29 anos, era viúva, mas não estava mais de luto: era noiva de um norte-americano chamado Howell, flertava com um advogado chamado Hill e planejava ter um caso com um terceiro admirador chamado Frank Summers. Segundo Tobias Churton: "Crowley imaginou que ela devia ser bem inteligente *e* ter uma cabeça oca: bem o seu tipo".[8] Incapaz de perder a oportunidade de escandalizar, Crowley propôs-lhe casamento — só como formalidade —, para se livrar dos inconvenientes Howell e Hill, depois do que ela poderia ter o caso que planejara com Summers. Rose concordou, e, após um namoro de dezenove horas, os dois se casaram em Dingwall, em 12 de agosto. Apaixonaram-se imediatamente um pelo outro, e todos os planos para o caso de Rose foram abandonados. Em vez disso, saíram num giro turístico por Paris, Marselha, Nápoles e, finalmente, Cairo. Lá, visitaram a Grande Pirâmide, e, em 23 de novembro, Crowley usou suas conexões na administração anglo-egípcia para lhes proporcionar uma visita particular à Câmara do Rei. Determinado a animar a lua de mel, Crowley evocou elementais do ar, e a câmara se encheu com uma luz azulada. Apagaram a única vela no local, mas a luz durou até a aurora. Para Rose, foi o primeiro contato com espíritos, embora, como se veria depois, não seria o último.

Em março de 1904, o casal ainda estava no Cairo, saindo do hotel e mudando-se para um apartamento próximo ao centro da cidade. No dia 16 desse mês, Crowley tentou recriar a magia na Câmara do Rei evocando um espírito consideravelmente mais impressionante do que os elementais do ar: Deus em pessoa. Rose, que estava grávida, não viu nada, mas sentiu alguma coisa "esperando por ela".[9] Crowley resolveu realizar seus rituais dia e noite durante uma semana. Aparentemente, foi uma boa decisão, pois, no dia seguinte, Thot, antigo deus egípcio da magia e da escrita, apareceu. A entidade inspirou tanto Rose, que ela produziu uma mensagem psíquica para Aleister revelando que ele tinha ofendido o deus egípcio Hórus e que agora precisava invocá-lo. Foram prometidos resultados positivos para o fim de semana.

Crowley ficou atônito diante do fato de Rose ter ouvido falar em Hórus, e dispôs-se a descobrir até que ponto ia seu conhecimento. Os resultados de sua investigação foram impressionantes:

> Rose sabia que a natureza de Hórus era "força e fogo"; sabia que sua presença se caracterizava por uma luz azul profunda. Reconheceu seu nome em hieróglifos. Sabia das "relações" passadas entre Crowley e Hórus na Aurora Dourada... Conhecia seu perfil, suas cores, "seu lugar no templo", suas armas, sua conexão com o sol, sabia que seu número era cinco e escolheu-o entre os três primeiros, e depois entre cinco símbolos diferentes e arbitrários... As chances contrárias a passar por todos esses testes eram imensas.[10]

Imensas ou não, Crowley decidiu fazer mais um teste. Soltou Rose no Museu Boulaq com instruções para que identificasse esse deus nas diversas exposições. Ela passou por diversas imagens de Hórus sem nenhum comentário, e de súbito exclamou: "Lá está ele!" Apontou para uma antiga estela funerária que mostrava Hórus sentado com um disco solar sobre ele, também um símbolo de Hórus. Para Crowley, o duplo simbolismo de Hórus foi significativo, mas não tanto quanto o número da estela no catálogo: 666, o número da Grande Besta no livro bíblico do Apocalipse, com quem Crowley se identificava por completo. Desse momento em diante, ele começou a levar Rose muito a sério como sensitiva. Rose fez o mesmo. Passou a aconselhar Crowley sobre a melhor maneira de evocar Hórus e, embora de vez em quando a experiência mágica dele se mostrasse contrária àquilo que ela dizia, Rose afirmava que os rituais deviam seguir exatamente suas instruções, prometendo, mais uma vez, resultados no fim de semana.

O dia seguinte era sábado, início do fim de semana, mas, embora Crowley seguisse as instruções, o ritual não produziu resultado algum. Domingo, porém, foi bem diferente. Quando Crowley completou a evocação, Rose apresentou uma mensagem revelando que era o Equinócio dos Deuses, ponto de partida de uma nova era, a Era de Hórus, que substituiria a antiga era associada a Jesus Cristo e ao cristianismo. Crowley, Rose declarou em transe, fora escolhido como o vínculo com os novos deuses. Essa estonteante mensagem não foi dada por Hórus, mas por uma entidade chamada Aiwass. Crowley não soube dizer se se tratava de uma entidade espiritual ou não:

> O único ponto a se determinar é se Ele é um Ser desencarnado ou [...] um ser humano, presumivelmente assírio, com esse nome. Simplesmente não sei, e não posso deduzir com argúcia, porque não conheço os limites dos poderes desse Ser.[11]

Não demorou para que descobrisse a resposta sozinho. Duas semanas depois, Rose apresentou outra mensagem em transe, notavelmente objetiva: nos três dias seguintes, Aleister teria de entrar no templo de seu apartamento precisamente ao meio-dia, escrever o que ouvisse e parar exatamente à uma da tarde.

Mais uma vez, Crowley fez o que lhe fora dito. No dia 8 de abril de 1904, ele entrou no templo[12] e se sentou à escrivaninha, equipado com sua caneta-tinteiro Swan e com várias folhas de papel no formato carta. O que aconteceu em seguida pode ser descrito melhor com suas próprias palavras:

A voz de Aiwass parece ter vindo do canto mais extremo do quarto, passando sobre meu ombro esquerdo. Pareceu ecoar em meu coração físico de um modo muito estranho, difícil de descrever... A voz tinha um timbre profundo, musical e expressivo, seu tom era solene, voluptuoso, terno, ousado ou o que fosse, conforme a tônica da mensagem. Não um baixo – talvez um tenor melodioso, ou um barítono.

Seu inglês era livre de sotaque nativo ou estrangeiro, perfeitamente isento de maneirismos locais ou de casta, o que me espantou e me deixou até perplexo quando o ouvi pela primeira vez. Tive a forte impressão de que o orador estava no canto em que parecia estar, num corpo de "matéria fina", transparente como um véu de gaze ou uma nuvem de fumaça de incenso. Pareceu ser um homem alto e moreno, com trinta e poucos anos, bem-apessoado, ativo e forte, com o rosto de um rei selvagem e olhos velados para que sua força não destruísse aquilo que via. Seus trajes não eram árabes; sugeriam Assíria ou Pérsia, mas muito vagamente.[13]

Rapidamente, Crowley começou a anotar as palavras que a figura ditava: "Had! A manifestação de Nuit. O desvelar da companhia do céu. Cada homem e cada mulher são estrelas. Todo número é infinito; não existe diferença. Ajude-me, ó senhor guerreiro de Tebas, em meu desvelar diante dos Filhos dos homens!"[14]

À medida que o senhor guerreiro se esforçava para manter o ritmo, a mensagem ficava mais obscura. "Sê tu, Hadit, meu centro secreto, meu coração e minha língua! Contemplai! Isto é revelado por Aiwass, ministro de Hoor-paar-kraat. O Khabs está no Khu, e não o Khu em Khabs. Venerai, pois, o Khabs, e contempla minha luz derramada sobre vós!"[15] Para o próprio Crowley, isso era mais compreensível do que para o leitor comum. Ele sabia, por exemplo, que *khu* era o espírito-alma na mitologia egípcia, enquanto *khabs* representava o "céu estrelado".

Crowley, aparentemente por vontade própria, dividiu a mensagem em versículos numerados, como na Bíblia, para poder ter alguma intuição do significado desse procedimento. De qualquer modo, Aiwass levou-lhe a verdade durante sua primeira sessão juntos. O Versículo 35 do Capítulo 1 explica: "Isto que escreves é o tríplice Livro da Lei".

Conforme a orientação de Rose, Crowley finalizou o trabalho pontualmente à uma da tarde, mas retornou ao meio-dia do dia seguinte, e do outro, para dar continuidade à tarefa. O resultado foi um manuscrito com 6.235 palavras, dividido em três capítulos, que mudou literalmente sua vida. Ele declarava que a "palavra da Lei" era *thelema* ("vontade", em grego) e que a essência de uma vida espiritualizada era "faze o que queres": "Faze o que tu queres será o todo da Lei". A frase fazia ressoar Rabelais, que também defendia o faze o que queres; John Dee, cujos anjos lhe disseram: "faça aquilo que mais lhe agradar"; e até santo Agostinho, que pregava "Ame e faça o que quiser". Crowley, que certamente teria aprovado Rabelais e que acreditava ser a reencarnação do médium de Dee, Kelley, esforçou-se muito para torná-la sua doutrina pessoal, tanto em relação ao próprio comportamento quanto na forma de ensinamento para seus alunos. Como tantas outras doutrinas inspiradas por espíritos, até hoje tem seus seguidores, os telemitas, que admiram Crowley e os magos membros da Ordem da Estrela de Prata, cofundada por Crowley em 1907.

21. TRÊS CONJURAÇÕES

Ao examinarmos contatos pessoais com seres espirituais, precisamos tomar cuidado para não permitir que nossos preconceitos pós-modernos tinjam qualquer reação que possamos ter diante das evidências apresentadas. É relativamente fácil aceitar o relato feito por Crowley sobre a voz de Aiwass como algo que de fato tenha vivenciado. As comunicações mediúnicas desse tipo são tão banais que chegam a passar na televisão. Mas o relato feito por Neuburg sobre a conjuração demoníaca no deserto do Egito pode ser um passo grande demais para os racionalistas. Não estamos mais na Idade Média. Demônios e companhia não teriam sido banidos há muito tempo como superstições primitivas?

O ponto não é se existem demônios como entidades scientes, mas se o *fenômeno* de encontros demoníacos faz parte da experiência humana e se esse fenômeno pode ser induzido mediante uma evocação ritual, por exemplo. Em termos históricos, é claro, não restam muitas dúvidas de que faz parte e de que pode ser induzido. Veja-se, por exemplo, o relato que aparece nos documentos de Benvenuto Cellini (1500-1571), magistral escultor italiano da Renascença.[1]

Em 1533 ou 1534 (a data é incerta), Cellini conheceu um sacerdote siciliano versado na arte da magia ritual que concordou em lhe mostrar uma evocação, não sem antes alertá-lo de modo sinistro sobre seus perigos. A cerimônia se daria nas ruínas do Coliseu romano. Cellini levou seu amigo Vincenzo Romoli, e o sacerdote foi acompanhado por um mago de Pistoia. Os acessórios empregados incluíam trajes cerimoniais, uma vara, diversos grimórios, um pentáculo, incenso, gravetos e folhas de *Ferula assafoetida*. Enquanto os outros observavam, o siciliano desenhou círculos no chão do Coliseu e fortificou-os de maneira cerimonial. Um dos círculos foi deixado inacabado. O mago então conduziu os companheiros por essa passagem, antes de fechá-la e de concluir os preparativos rituais. Cellini e Romoli tiveram de acender uma fogueira no círculo. Ao fazê-lo, foram orientados a queimar muito incenso nela. Enquanto o sujeito de Pistoia segurava o pentáculo, o sacerdote começou um ritual de conjuração. Uma hora e meia depois, ele rendeu frutos. Segundo relato do próprio Cellini, o Coliseu viu-se repleto de "várias legiões" de espíritos.

Cellini mostrou-se satisfeito com a demonstração, mas o siciliano propôs-se a realizar novamente a cerimônia na esperança de obter resultados ainda mais espetaculares. Para isso, fez uma exigência: queria que um garoto virgem a assistisse. Cellini levou um jovem servo, um garoto de 12 anos chamado Cenci.

Romoli voltou ao Coliseu para o segundo procedimento, mas o mago de Pistoia não foi. Seu lugar foi ocupado por outro amigo de Cellini, Agnolino Gaddi. Mais uma vez, os círculos foram desenhados e consagrados, a fogueira acesa e o incenso queimado. O próprio Cellini segurou o pentáculo desta vez, e o sacerdote siciliano começou a invocação. A julgar pelo relato de Cellini, a conjuração — pronunciada numa mistura de hebraico, grego e latim — foi dirigida a demônios que controlavam legiões de espíritos infernais. Muito mais depressa do que antes, o Coliseu ficou lotado de entidades. Cellini pediu-lhes que levassem até ele uma mulher por quem estava apaixonado, uma siciliana chamada Angelica. Os espíritos responderam pela boca do mago que Cellini e ela estariam juntos no prazo de um mês.

Embora tudo parecesse correr bem naquele momento, em pouco tempo a operação começou a dar errado. O mago foi o primeiro a perceber isso. Havia, disse, espíritos demais presentes — talvez mil vezes mais do que o número convocado. E, o que era pior, começaram a se comportar mal. Cenci, de 12 anos, gritou que estavam sendo ameaçados por um milhão dos "homens" mais selvagens que já tinha visto. Quatro gigantes, bem armados, tentavam entrar no círculo fortificado. O sacerdote passou a empreender uma fórmula de dispensa. O garoto começou a chorar e enfiou a cabeça entre os joelhos, convencido de que iriam morrer.

Cellini tentou reconfortá-lo, mas não conseguiu, provavelmente porque ele próprio tremia como uma folha ao vento. O menino berrou, dizendo que o

Coliseu estava em chamas e que estas vinham na direção deles. Num paroxismo de terror, cobriu os olhos com as mãos. O mago interrompeu seu cântico para recorrer a meios mais eficazes. Mandou Cellini e os assistentes empilharem assa-fétida na fogueira, mas os assistentes de Cellini estavam paralisados de terror e não reagiram. Cellini perdeu a compostura e gritou com eles. Isso causou o efeito desejado e, em pouco tempo, as folhas de odor desagradável queimavam alegremente. Os espíritos começaram a fugir "com grande fúria".

Nenhum dos participantes da experiência tinha a intenção de abandonar a proteção do círculo mágico. Aninharam-se juntos até o começo da manhã, quando apenas alguns espíritos ainda estavam por ali, "mas a distância". Com o som dos sinos das matinas badalando nos ouvidos, o grupo desolado saiu do círculo e rumou para casa, tendo o pequeno Cenci desesperadamente agarrado a Cellini e ao siciliano. Dois espíritos os acompanharam, correndo pelos telhados e pela rua.

A última palavra sobre essa experiência notável cabe, alguns séculos depois, a Madame Blavatsky, que escreveu: "O encontro subsequente entre Cellini e sua paixão, conforme predito e provocado pelo ilusionista, no período preciso determinado por ele, deve ser considerado, evidentemente, uma 'coincidência curiosa'".[2]

Outro registro histórico que pode apontar um encontro ainda mais dramático com forças demoníacas é aquele contido em *A True Account of the Jena Tragedy of Christmas Eve* (Relato Verídico da Tragédia de Jena na Véspera de Natal), um inquérito judicial alemão de 1716. A história que conta é uma das mais interessantes e assustadoras nos anais da prática da magia, embora o inquérito em si não tivesse a intenção de investigá-la, mas sim uma morte violenta.[3]

O caso começou cerca de um ano antes do inquérito em si. Um camponês chamado Gessner trabalhava em seu vinhedo quando descobriu uma moeda. O inquérito não registrou o que era, mas ela mostrou-se valiosa o suficiente para levar Gessner a procurar outras. Apareceram mais uma ou duas moedas. Gessner concluiu que deviam pertencer a um tesouro enterrado que o tornaria rico, e se perguntou onde poderia encontrar um grimório para ajudá-lo a descobrir esse tesouro. Muitos grimórios alemães da época continham conselhos para convencer espíritos a revelar tesouros. Na verdade, Gessner tinha um, uma coleção de conjurações chamada *Theosophia Pneumatica* (Teosofia Pneumática), mas perdera-o antes de descobrir as moedas.

Gessner discutiu o problema com um amigo, um alfaiate chamado Heichler, lamentando o fato de não ter mais um grimório que lhe permitisse encontrar o resto do tesouro por meios mágicos. Heichler mostrou-se simpático ao caso. Mais importante ainda, conseguiu apresentar Gessner a um mago praticante, um estudante chamado Weber. Este tinha a fama de possuir diversos implementos rituais e grimórios raros, como a *Clavícula de Salomão* e a *Chave para a Tríplice Coerção do Inferno de Fausto*.

O encontro se deu no quarto de Weber, que compartilhava com um jovem chamado Reche. Gessner pediu a ajuda do mago, mas Weber hesitou. As conjurações eram procedimentos demorados, cansativos, e ele não tinha a intenção de realizar uma, a menos que tivesse certeza de que valeria a pena. Gessner contou a Weber que tinha participado de conjurações antes (o que pode ser verdade) e afirmou que vira o tesouro escondido no vinhedo; ou que, no mínimo, vira seu espírito guardião. Mostrou as moedas, afirmando que conseguira furtá-las, apesar das tentativas do guardião para detê-lo, e passou a descrever outros espíritos que vira no local.

Weber ficou impressionado. Concordou em emprestar seu talento mágico a essa busca, e os dois fizeram um trato, segundo o qual Weber receberia uma parte do tesouro depois que este fosse encontrado.

A essa altura, um sujeito chamado Zenner entrou na história. Assim como Gessner, era camponês, e parece ter entrado na conspiração graças à ajuda de uma mandrágora. Mandrágora é a raiz especialmente preparada da planta com esse nome. O tubérculo contém um narcótico tóxico que, quando não mata, pode produzir visões. No século XVIII, tinha uma reputação temível entre os magos, que acreditavam que ela gemeria de agonia ao ser arrancada. Como a planta não é comestível, era cultivada apenas para finalidades mágicas. Por um acaso da natureza, geralmente as raízes da mandrágora tomam formas humanas: dois braços, duas pernas e uma abundante folhagem que ocupa o lugar dos cabelos. Na magia, o efeito era reforçado com entalhes, e depois a raiz era tratada com fumaça de verbena acompanhada de encantamentos. A mandrágora era considerada um talismã de imenso poder. Zenner, que furtara a sua do marido

Duas mandrágoras, instrumentos mágicos para abrir cadeados de tesouros e ludibriar os espíritos guardiães.

da amante, disse a Gessner, Weber e Heichler que ela podia abrir fechaduras a distância.

Os quatro começaram os preparativos. Trabalhando com base na descrição de Gessner, Weber concluiu que o guardião do tesouro era o espírito Nathael, aparentemente um demônio hebreu. A véspera de Natal, dali a poucos dias, era considerada propícia para conjurações. Weber consultou seus manuais e descobriu que era preciso um número ímpar de participantes. Heichler, o alfaiate, estaria ocupado naquele período pré-natalino e concordou prontamente em não participar. Encontrar um local para o procedimento foi uma operação um pouco mais controvertida. Heichler ofereceu um cômodo vazio em sua casa, mas Gessner protestou. Estava convencido de que os demônios eram ardilosos e receava que pudessem tentar enganar seus conjuradores, assumindo a aparência de moradores da casa. Seria mais seguro, argumentou, realizar a conjuração num lugar mais remoto. Após muita discussão, a escolha recaiu sobre uma pequena cabana de Heichler situada no mesmo vinhedo onde o tesouro estava enterrado.

Então, os conspiradores começaram a falar de tostões da sorte, que, segundo se acreditava, reproduziam-se sozinhos caso a cerimônia adequada fosse realizada sobre eles. Será que o espírito trocaria tostões da sorte por tostões comuns, caso levassem alguns? Decidiram que valeria a pena tentar, embora, segundo os grimórios de Weber, cada participante tivesse de levar um número certo de moedas num saco feito de um material específico e comprado por determinado preço. Heichler concordou em fazer os sacos e os deu à esposa, que, por sua vez, vendeu-os a ele e a seus três colegas pelo preço especificado.

Na tarde da véspera de Natal, Gessner e Weber foram buscar Zenner. Porém, agora que a operação estava próxima, Zenner começou a ficar com medo. Insistiu para que seus companheiros mudassem o local para algum ponto menos isolado e sugeriu que usassem uma casa vazia da qual tomava conta. Os três sujeitos foram inspecionar o lugar e em pouco tempo concluíram que não era adequado. As janelas não tinham venezianas; além disso, Zenner esquecera a chave. Em decorrência, munidos de lanternas e amuletos de proteção, foram à cabana do vinhedo. Antes de entrar, Weber escreveu a palavra *Tetragrammaton* na porta com um lápis.

Os três entraram e descobriram que Heichler tinha deixado um pouco de carvão para o braseiro e uma vela. O braseiro era improvisado: usaram um vaso de plantas, e o fogo produziu tanta fumaça que foram forçados a abrir a porta. Weber traçou um círculo mágico no teto e começou a ler a conjuração de *Chave para a Tríplice Coerção do Inferno de Fausto*. Após algum tempo, passou a se sentir zonzo e desmaiou sobre a mesa. Sua última lembrança foi a de seus dois companheiros olhando-o com curiosidade.

No dia seguinte, Natal, o alfaiate Heichler foi até a cabana para ver o que os três estavam fazendo. Gessner e Zenner estavam mortos. Weber estava vivo, mas parecia enlouquecido. Não conseguia falar. Ao despertar de seu torpor, o melhor que pôde fazer foi grunhir e balbuciar. Heichler chamou as autoridades, que deixaram três vigias na cabana para proteger os corpos até estes poderem ser devidamente examinados. Na manhã seguinte, um dos vigias estava morto, e os outros dois, inconscientes.

O inquérito judicial a partir do qual esse relato foi extraído concentrou-se no destino de Weber e seus parceiros, por isso não há muitas informações sobre a morte do vigia. Mas os arquivos tinham bastante a dizer sobre os aspirantes a magos. O corpo inconsciente de Weber estava coberto por marcas e arranhões. O cadáver de Zenner estava ainda mais apavorante, coberto por grandes vergões e cortes. Sua língua pendia da boca, horrenda, e viam-se várias queimaduras no rosto e no pescoço. Não foi encontrado **nenhum** instrumento na cabana ou perto dela que pudesse explicar tais ferimentos. A única fonte de fogo era o braseiro feito no vaso de flores, mas este não tinha sido tocado e não havia cadáver algum perto dele.

Relatos como este suscitam uma dúvida: como as conjurações eram efetivamente realizadas? Trata-se de uma dúvida problemática pois, apesar da abundância de grimórios instrutivos, há pouquíssimos relatos detalhados, em primeira mão, sobre aquilo que de fato acontecia quando as instruções eram postas em prática. Mesmo assim, o registro de um procedimento desse tipo chegou até nós, sendo particularmente interessante por ter sido escrito por um mago vitoriano cujos livros ainda são leitura obrigatória para os ocultistas ocidentais. E o que é ainda mais interessante é saber que Alphonse Louis Constant, autor francês mais conhecido por seu pseudônimo, Éliphas Lévi, foi, na maior parte da vida, um mago apenas teórico. Seu relato da evocação de Apolônio de Tiana é o único registro da única ocasião em que realizou um experimento mágico prático:

> Na primavera do ano de 1854, fiz uma viagem a Londres para fugir de minha inquietude interior e me dedicar sem interrupção à ciência. Levava cartas de apresentação a pessoas eminentes que estavam ansiosas para obter revelações do mundo sobrenatural. Conheci várias e descobri nelas, em meio à cortesia, certa indiferença ou frivolidade. Pediram-me que fizesse algo maravilhoso, como se eu fosse um charlatão, e fiquei um tanto desestimulado, pois, para falar com franqueza, longe de ter a tendência de iniciar outras pessoas nos mistérios da Magia Cerimonial, afastara-me sempre de suas ilusões e cansaço. Ademais, cerimônias desse tipo requeriam um equipamento caro e difícil de se obter. Mergulhei no estudo da Cabala transcendental e não me preocupei mais com adeptos ingleses; então, voltando

um dia ao hotel, encontrei um bilhete à minha espera. Ele continha a metade de um cartão cortado transversalmente, no qual reconheci de imediato o selo de Salomão. Estava acompanhado por um pequeno papel no qual havia escrito a lápis: "Amanhã, às três horas, em frente à Abadia de Westminster, a segunda metade deste cartão lhe será entregue". Compareci a esse encontro curioso. No local marcado, encontrei uma carruagem estacionada, e, enquanto segurava na mão firmemente o pedaço de cartão, aproximou-se um lacaio, fez um sinal e abriu a porta do carro. Nele, uma senhora em traje preto com um véu espesso; gesticulou para que eu me sentasse ao seu lado e mostrou, ao mesmo tempo, a outra metade do cartão. A porta se fechou e a carruagem partiu. Ao erguer o véu, percebi que a senhora era idosa, de sobrancelhas grisalhas e olhos negros de brilho incomum, com expressão estranhamente fixa. "Meu senhor", disse, com um sotaque inglês marcante, "estou a par da rigorosa lei de sigilo entre adeptos; um amigo de Sir B—L—[4] que o viu sabe que lhe pediram fenômenos e que você se recusou a saciar essa curiosidade. Possivelmente, faltam-lhe materiais; gostaria de lhe mostrar um armário mágico completo, mas antes preciso que me prometa manter o mais inviolável silêncio. Caso não o faça, por sua honra, darei instruções para que seja deixado em seu hotel". Fiz a promessa pedida e a mantive fielmente sem divulgar nome, posição ou moradia dessa senhora, que identifiquei em pouco tempo como uma iniciada, não exatamente de primeira ordem, mas de um grau bastante elevado. Conversamos longamente, e no decorrer da conversa ela insistiu que eu precisava ter experiências práticas para me iniciar completamente. Mostrou-me uma coleção de trajes e instrumentos mágicos, emprestou-me alguns livros raros de que eu necessitava; em suma, determinou-me a tentar, em sua casa, o experimento de uma evocação completa, para o qual me preparei durante 21 dias, observando escrupulosamente as regras ditadas pelo décimo terceiro capítulo do *Ritual*.

Os preparativos terminaram em 2 de julho; a proposta era evocar o fantasma do divino Apolônio para questioná-lo sobre dois segredos, um dos quais de meu interesse e o outro do interesse daquela senhora. Ela esperava participar da evocação com uma pessoa de sua confiança que, no entanto, mostrou-se nervosa no último instante; e, como o Rito Mágico requer indispensavelmente um trio ou uma unidade, fiquei sozinho. O local preparado para a evocação ficava numa pequena torre; continha quatro espelhos côncavos e uma espécie de altar com tampo de mármore branco, envolvido por uma corrente de ferro magnetizado. O Signo do Pentagrama, apresentado no quinto capítulo desta obra, estava gravado e laminado com ouro na superfície de mármore branco; também estava escrito em várias cores sobre uma pele de carneiro nova e branca esticada sob o altar. No meio do tampo de mármore havia um pequeno prato com carvão de amieiro e de loureiro; à minha frente, outro prato sobre um tripé. Eu trajava uma roupa branca, bem parecida com a batina dos padres católicos, mas mais longa e ampla, e sobre minha cabeça havia uma coroa de folhas de verbena, entremeadas por uma corrente de ouro. Segurava uma espada nova com uma das mãos e o *Ritual* com a outra. Acendi duas fogueiras com as substâncias necessárias e comecei a ler as evocações do *Ritual*, primeiro em voz baixa, mas crescendo pouco a pouco. A fumaça se espalhou, as chamas fizeram com que os objetos sobre elas tremeluzissem e depois apagassem, a fumaça flutuando branca e lenta sobre o altar de mármore; aparentemente, senti um tremor de terra, meus ouvidos zumbiram, meu coração acelerou. Pus mais gravetos e perfumes sobre os pratos e, com as chamas aumentando de novo, distingui claramente, diante do altar, a figura de um homem de estatura maior do que o normal, que se dissolveu e desapareceu. Retomei as evocações e me posicionei num círculo que havia desenhado previamente entre o tripé e o altar. Nisso, o espelho que estava atrás do altar pareceu ficar mais profundo e uma forma pálida se esboçou nele, aumentando e parecendo se aproximar pouco a pouco. Por três vezes, e de olhos fechados, invoquei Apolônio. Quando tornei a olhar para a frente, havia um homem diante de mim, envolvido dos pés à cabeça numa espécie de manto que parecia mais cinzento do que branco. Era magro, de aspecto melancólico, e não tinha barba, não correspondendo à ideia que eu tinha de Apolônio. Tive uma sensação anormal de frio, e, quando fui questionar o fantasma, não consegui articular uma sílaba sequer. Com isso, coloquei a mão sobre o Signo do Pentagrama e apontei a espada para a figura, ordenando-lhe mentalmente para me obedecer, e não me alarmar, por força desse signo. Nisso, a forma ficou vaga e desapareceu subitamente. Ordenei que retornasse e senti, por assim dizer, um hálito perto de mim; alguma coisa tocou a mão que segurava a espada e meu braço ficou entorpecido na mesma hora, até o cotovelo. Deduzi que a espada desagradara o espírito, e assim apontei-a para baixo, perto de mim, dentro do círculo. A figura humana tornou a aparecer na mesma hora, mas senti muita fraqueza nos membros, e a tontura me abateu com rapidez, de modo que recuei dois passos para me sentar. Entrei numa letargia profunda acompanhada de sonhos, dos quais tive apenas uma lembrança confusa depois que me recuperei. Por vários dias, meus braços permaneceram entorpecidos e doloridos. A aparição não falou comigo, mas parece que as perguntas que tinha a intenção de fazer foram respondidas por si sós em minha mente. À pergunta da senhora, a voz interior respondeu: Morte!, referindo-se a um homem sobre o qual ela desejava obter informações. Quanto a mim, procurei saber se havia a possibilidade de reconciliação e de perdão entre duas pessoas que ocupavam meus pensamentos, e o mesmo eco inexorável em meu íntimo respondeu: Morto!

Estou apresentando os fatos tal como ocorreram, mas não quero impor a fé a ninguém. A consequência que essa experiência teve sobre mim mesmo deve ser considerada inexplicável. Não era mais o mesmo homem; alguma coisa de outro mundo transferira-se para mim; não ficava mais triste ou alegre, mas sentia uma atração singular pela morte, sem, porém, exibir nenhuma tendência ao suicídio. Analisei com cuidado minha experiência, e, apesar de uma clara repulsa nervosa, repeti o mesmo experimento em outras duas ocasiões, com alguns dias entre elas. Não senti, porém, uma diferença entre os fenômenos a ponto de prolongar uma narrativa que já deve estar bem longa. No entanto, o resultado final dessas duas evocações adicionais, para mim, foi a revelação de dois segredos cabalísticos que poderiam mudar, num curto período, as bases e leis da sociedade como um todo, caso viessem a público.[5]

A história da conjuração no Coliseu contada por Cellini não foi escrita para ser publicada, tampouco para despertar admiração. Estava entre seus documentos pessoais e só foi descoberta após sua morte. A tragédia em Jena foi registrada num inquérito judicial que não tinha outro propósito senão o de determinar a verdade por trás de algumas mortes bizarras. A esse respeito, ouviu-se o dr. E. M. Butler, antigo professor da cadeira Schröder de Alemão da Universidade de Cambridge, dizer que:

> As evidências circunstanciais são muito realistas, e incluem um diagrama da cena; o relato é sóbrio; as declarações da única testemunha sobrevivente são verossímeis; o processo judicial foi bem meticuloso; houve respeito aos fatos conhecidos; por isso tudo, juntamente com a ausência de tortura, sugerem positivamente credibilidade.[6]

Apesar de Lévi ter publicado um relato de suas experiências, também não parece haver nele uma tentativa de autoglorificação. Naquela época, sua reputação já estava bem estabelecida, bem como sua extrema relutância em envolver-se em demonstrações de arte mágica. Certa vez, comentou: "Praticar magia é ser um charlatão; conhecer magia é ser um sábio". Nessa ocasião, deu a impressão de ter sido convencido a ser um charlatão pelas circunstâncias misteriosamente românticas do convite da senhora anônima.

Nesses três casos, não há motivo para concluir que os relatos sejam qualquer coisa além de descrições precisas de experiências humanas incomuns, embora a maneira de como deveríamos interpretar tais experiências ainda estejam em aberto por enquanto. O demônio de Crowley no deserto, o encontro assustador de Cellini e a tragédia em Jena nos fazem perguntar se experiências infernais ainda seriam possíveis na era moderna, de novo com a mesma resposta básica. Os relatos dos norte-americanos Ed e Lorraine Warren, cuja investigação de mais de 3 mil perturbações paranormais inclui o caso que depois ficou conhecido como *Terror em Amityville*, são alguns dentre muitos que atestam a existência de experiências demoníacas até os dias atuais.[7] Crowley não se furtaria a produzir um relato fictício para evidenciar sua reputação como mago, mas devemos nos lembrar de que aquilo que aconteceu no deserto egípcio foi escrito por Victor Neuburg, um personagem mais modesto e confiável.

Precisamos examinar também os conceitos já formados sobre aquilo que acreditamos que os espíritos possam ou não fazer — conceitos esses que podem estar presentes até mesmo em meio àqueles que não acreditam em espíritos, pois derivam de uma imagem consensual formada pela ênfase dada por autores aos diversos relatos de contatos. Mas o consenso não é o retrato todo. Às vezes, os espíritos mostram-se capazes de coisas que raramente são mencionadas na literatura criada sobre o assunto. Podem, por exemplo, fazer mais do que contatos; podem decidir compartilhar, de maneira mais ou menos permanente, o mesmo espaço-tempo daqueles com quem desejam conversar. E, algo ainda mais peculiar, podem até ser doados de um contato para outro.

22. TRANSFERÊNCIAS ESPIRITUAIS, PODERES ESPIRITUAIS

🍃

Dolores Ashcroft-Nowicki nasceu em Jersey, uma das ilhas do Canal da Mancha, numa família que se interessava muito por espiritualismo e ocultismo. Desde pequena, tinha a ambição de ser atriz e cursou a Academia Real de Artes Dramáticas, mas sua carreira profissional estava destinada a seguir um curso bem diferente. O ponto de inflexão deu-se quando ela se filiou a uma organização esotérica chamada Sociedade da Luz Interior, onde conheceu o homem que viria a ser seu mentor espiritual, Walter Ernest Butler.

Butler era um idoso quando Dolores o conheceu. A carreira dele, exercida no Extremo Oriente, dera-lhe a oportunidade de estudar o ocultismo oriental, que combinou com o treinamento na tradição esotérica ocidental — um conjunto de doutrinas e técnicas fundamentadas no hermetismo alexandrino e na Cabala judaica.

Em meados da década de 1960, discórdias internas na Sociedade da Luz Interior levaram à renúncia de diversos membros, e alguns fundaram as próprias organizações. Entre eles, havia um casal, John e Mary Hall, que tinham um sebo de livros em Toddington, perto de Cheltenham, na Inglaterra. Junto com o autor Gareth Knight, outro membro da Luz Interior, os Hall criaram um curso por correspondência de treinamento psicoespiritual e mágico que distribuíam em sua atividade comercial. Com a exceção das seis lições iniciais, escritas por Gareth Knight, o curso era escrito por Butler, que acabou assumindo sua administração quando este ficou tão popular que começou a interferir nos outros negócios dos Hall. No início da década de 1970, ele recebeu os direitos autorais do curso e lentamente começou a transformá-lo numa escola esotérica sem regras muito rígidas. O nome do curso passou de Helios, que antes era o nome da empresa dos Hall, para Servos da Luz. Já mais velho, Butler escreveu vários livros[1] sobre magia e psiquismo, alguns dos quais considerados clássicos do gênero. Uma dessas obras foi dedicada a seu professor, embora não tenha dado aos leitores nenhuma pista sobre o fato de o professor não ser humano.

Para Dolores, foi preciso que o relacionamento tivesse certo tempo para descobrir isso. Butler evitava discutir coisas que, tendo em vista a postura das pessoas na época, poderiam tachá-lo como louco. Mas num dado momento disse a Dolores que o curso Helios tinha sido ditado a ele por alguém a quem deu o nome de Abridor. Repetiu que Abridor era um contato espiritual, mas não deu mais informações. Butler acreditava que Abridor era o Abridor dos Caminhos do antigo Egito, a divindade Upuaut. Apesar de alguns estudiosos descreverem Upuaut como um deus-lobo, outros o identificaram como Anúbis, o deus egípcio dos mortos com cabeça de chacal. Butler era um desses. Usava os nomes Abridor, Upuaut e Anúbis indiscriminadamente.

Ernest Butler era diabético — um problema surpreendentemente comum entre paranormais — e, no final da vida, sua condição se agravou tanto que ele perdeu a circulação numa das pernas, tendo de amputá-la.[2] Mas, antes mesmo disso, preocupava-se em saber quem iria assumir sua escola quando morresse. Fez essa pergunta ao seu contato espiritual, e este lhe disse que um sucessor seria levado até ele. Butler saberia que seria a pessoa certa, porque o sucessor (ou sucessora) contaria a ele o nome secreto de seu contato espiritual — que Butler conhecia —, e também porque essa pessoa diria a Butler que assumiria seu trabalho depois que morresse.

Deve ter parecido uma grande coincidência, pois, enquanto isso acontecia, Dolores Ashcroft-Nowicki via-se bombardeada por referências ao deus egípcio Anúbis. Ela abria um livro aleatoriamente e encontrava uma imagem ou menção a respeito. Via sua figura como motivo decorativo. Começou até a sonhar com ele. Foram ocorrências tão frequentes, que começou a questionar o que estava acontecendo, decidindo perguntar sobre isso a seu mentor espiritual na primeira oportunidade que tivesse.

Dolores e o marido, Michael, voaram até Southampton para apanhar Butler e levá-lo a Londres para uma reunião da Sociedade da Luz Interior. Os três almoçaram num restaurante indiano no alto de Haverstock Hill. Era um belo dia, e sentaram-se depois num banco do lado de fora. Os dois homens conversavam quando Dolores — que desde a infância tinha episódios de psiquismo — percebeu que estava ao lado de uma figura parecida com Anúbis. No começo, não passou de uma sensação, que ela tentou ignorar, mas a sensação aumentou e se tornou uma visão interior clara, quase como se sonhasse acordada. Por fim, ela entrou na conversa e perguntou a Butler se ele conhecia alguma coisa sobre Anúbis. Ele ficou tão espantado que derrubou o cachimbo, vindo este a se espatifar no chão.

A entidade começou a falar com Dolores. "Diga-lhe meu nome", instruiu. "Diga-lhe que você está aqui para assumir a obra dele depois que ele morrer!" Dolores não queria falar nada. Ernest Butler era um homem frágil e idoso, vítima de uma doença crônica. Como jovem bem-educada, não tinha intenção alguma de falar sobre a morte dele. Butler, por sua vez, não deu a entender que queria falar sobre Anúbis. Sugeriu que estava ficando tarde para a reunião e disse que deveriam ir. Levantaram-se e foram andando pela rua. A entidade os seguiu. Ficou repetindo a mesma mensagem: "Diga-lhe meu nome. Diga-lhe que você vai assumir a obra dele depois que ele morrer".

Chegaram a Steele's Road, onde a reunião deveria acontecer. A entidade insistia tanto, que a resistência de Dolores foi vencida. Ela deteve Butler, pondo a mão sobre seu braço, e transmitiu-lhe a mensagem. Ele deu de ombros e comentou: "Você demorou para chegar. Esperava que viesse antes".

Depois da reunião, Dolores e Michael puseram Ernest Butler no trem para Southampton. Pouco antes de partir, ele lhe disse que ela seria a próxima diretora de estudos dos Servos da Luz. Não lhe pareceu uma boa notícia, e ela resistiu durante a maior parte da semana seguinte. A entidade Anúbis reapareceu, e ela a repreendeu por tê-la colocado naquela situação. Começava sua carreira e não se sentia qualificada para ensinar. A entidade lhe disse para não se preocupar, pois ela lhe transmitiria os ensinamentos. Foi o início de uma época cada vez mais estranha para Dolores. Ela continuou a se reunir regularmente com Ernest Butler e absorveu muita teoria dele. Mais importante ainda, ele lhe ensinou técnicas de transe para manter contato com o mundo espiritual. Seus contatos com Anúbis tornaram-se mais frequentes. Em algum momento antes da morte de Butler, em 1978, o espírito falou da possibilidade de se tornar *indweller* (residente). A expressão era nova para Dolores, mas ela logo descobriu que o residente é uma entidade — que não precisa ser necessariamente humana — que forma um vínculo permanente com um ser humano, ocupando essencialmente o mesmo "espaço" mental e compartilhando o mesmo corpo físico. O relacionamento é mutuamente benéfico. A entidade residente ganha a experiência da realidade física e pode, dentro de certos limites, interagir com ela. O anfitrião ganha informações, companhia, orientação e, em geral, certo senso de propósito.[3]

Dolores não tinha lido o livro de Julian Jaynes sobre a mente bicameral quando ouviu falar em residentes pela primeira vez, mas não parece haver muita dúvida de que aquilo que seu contato espiritual sugeria era similar, se não idêntico, aos fenômenos históricos descritos por Jaynes. Como vimos, Jaynes sugeriu que na Antiguidade as pessoas costumavam ser guiadas por vozes de espíritos, que aceitavam como deuses. Havia ali a repetição potencial da experiência no contexto do século XX. Dolores não hesitou nem fez perguntas. No momento em que concordou, o residente entrou nela. Aconteceu tão depressa que ela nem sequer estremeceu. Com esse novo relacionamento com a entidade, ela sentiu a chegada de algo que passou a viver em sua mente e que tem, desde então, compartilhado o espaço dentro de sua cabeça. Tal como aconteceu no contato com Butler, a presença se descreveu como o Abridor dos Caminhos, que afirmou provir do Egito antigo. Embora tivesse consciência do Abridor como se fosse um diálogo interior, às vezes Dolores ouvia uma voz "externa" ou, mais raramente, via uma figura objetiva. Novamente, os paralelos com as descrições históricas de Jaynes são óbvias.

Motivada em parte pelos próprios desejos e em parte pelo Abridor residente, Dolores Ashcroft-Nowicki iniciou uma carreira que, até certo ponto, equivale à de personagens como Blavatsky. Passou a viajar pelo mundo como instrutora profissional de doutrinas esotéricas, magia ritual e outras técnicas de ocultismo. Ela e o marido, Michael, continuaram a administrar a Servos da Luz, e Dolores passou a escrever livros sobre temas esotéricos. Iniciou um extenso programa de palestras, cursos e seminários. Mais de um quarto de século após ter recebido o residente, viu-se envolvida na transferência de outra entidade.

Uma das amigas mais chegadas de Dolores na época era uma professora norte-americana de práticas espirituais chamada Shakmah Winddrum (Anna Branche), que tinha vários seguidores e reputação internacional como oradora carismática e convincente.[4] Conheceram-se numa das palestras de Dolores e ficaram amigas na mesma hora. Pouco depois do evento, o residente que então fazia parte da vida de Dolores, tal como seu marido e filhos, perguntou-lhe se estaria preparada para "carregar" temporariamente um segundo contato espiritual que estava destinado a residir em Shakmah. Diferentemente do Abridor, o recém-chegado não era membro do panteão egípcio, nem nenhum tipo de "deus". Era, sim, um personagem histórico.

As escrituras do Antigo Testamento contam brevemente a história de uma visita ao rei Salomão feita pela rainha de Sabá:

Quando chegou, acompanhada de uma enorme caravana, com camelos carregados de especiarias, grande quantidade de ouro e pedras preciosas, colocou diante de Salomão todas as indagações que havia preparado. Salomão respondeu tranquilamente a todas as questões; nenhuma lhe foi tão difícil que não pudesse esclarecer... Então ela presenteou o rei com 4.200 quilos de ouro e grande quantidade de especiarias e pedras preciosas. Jamais se viu chegar a Israel tamanho carregamento de especiarias quanto o que a rainha de Sabá trouxe e ofereceu ao rei Salomão. A frota de Hirão, que trazia ouro de Ofir, também trouxe dali madeira nobre de sândalo em grande quantidade e pedras preciosas. O rei usou este carregamento de sândalo para produzir balaústres para o Templo, como também harpas e alaúdes para os cantores. Até o dia de hoje nunca mais foi trazida nem vista madeira de sândalo como aquela. O rei Salomão presenteou à rainha de Sabá com tudo o que ela desejou levar para sua terra, tudo quanto solicitou ao rei isto ganhou, além do que lhe dera por sua generosidade real.[5]

Aparentemente, porém, não foi só isso que deu a ela. A visita da rainha de Sabá é descrita em 1 Reis e depois, praticamente com as mesmas palavras, em 2 Crônicas. No poético Cântico dos Cânticos, todavia, há duas passagens que, segundo os estudiosos, lançam mais algumas luzes sobre o encontro histórico. O primeiro diz:

Beija-me o meu amado com os beijos da tua boca, pois teus afagos são melhores do que o vinho mais nobre... Arrasta-me, pois, contigo! Corramos! Leva-me, ó rei, aos teus aposentos e exultemos!⁶

Uma tradição oral antiga e persistente afirma que Salomão e a rainha de Sabá não só se encontraram formalmente como chefes de seus respectivos estados, como se apaixonaram instantaneamente um pelo outro e tiveram um caso breve, mas passional. Quando a rainha voltou à sua terra natal, esperava um filho de Salomão. A localização de sua terra natal ainda é controversa, mas a maioria dos especialistas acredita que ficava em algum lugar da África. Isto também tem apoio numa frase do Cântico dos Cânticos, de tanta intensidade e beleza que continua a ressoar através dos anos:

Estou morena do sol, mas conservo-me bela, ó filhas de Jerusalém; escura como as tendas nômades de Quedar, linda como as cortinas de Salomão.⁷

Na Etiópia, não há controvérsia. A Rainha de Sabá não só teria nascido nesse país, como o filho que teve com o rei Salomão, Menelik, foi o fundador de uma dinastia real que governou a Etiópia até setembro de 1974, quando o último da linhagem, o Imperador Haile Selassie, foi deposto à força num motim da polícia e das forças armadas.

Era o espírito de Menelik que o Abridor queria que Dolores levasse para Shakmah Winddrum. O fato veio sem aviso prévio. Dolores estava nos Estados Unidos para um curso e tomava uma ducha na casa onde estava hospedada. O Abridor lhe perguntou se estaria preparada para "transportar" um segundo espírito por pouco tempo e quando, um tanto confusa, ela concordou, a nova entidade entrou inesperadamente. A experiência de compartilhar a mente com dois residentes foi tão avassaladora que ela começou a chorar. Ainda estava visivelmente abalada quando desceu as escadas e, quando sua anfitriã perguntou o que estava errado, ela lhe pediu uma bebida. A única bebida alcoólica que havia na casa era uma garrafa de licor Amaretto, e Dolores, normalmente moderada para beber, quase acabou com a bebida. No dia seguinte, voou até a Filadélfia para encontrar-se com quem iria receber o novo espírito.

Shakmah não desconhecia os contatos espirituais. Depois de estudar e seguir uma carreira convencional, envolveu-se com atividades esotéricas após ser iniciada no sacerdócio vodu em 1963, no Haiti. O vodu é uma religião que se originou no Haiti, mas que também é praticada em Cuba, Trinidad, Brasil e no sul dos Estados Unidos, principalmente na Louisiana. Suas raízes remontam às religiões tribais da África ocidental, especialmente do Benin, mas contém elementos do catolicismo romano, e estatuetas de santos compartilham o altar com deuses mais antigos. O foco principal da veneração é o deus supremo, Bom Dieu, mas respeitam-se os ancestrais, os mortos em geral e espíritos chamados Loa. Os Loa são deuses tribais africanos e costumam ser identificados com santos da Igreja Católica. (O deus-cobra, por exemplo, é considerado a mesma entidade que o santo padroeiro da Irlanda, são Patrício, que teria expulsado as cobras da ilha.) Os rituais, conduzidos por um sacerdote chamado houngan ou uma sacerdotisa chamada mambo, envolve a invocação dos Loa por meio de tambores, danças, cantos e festas. Nessas cerimônias, é comum ocorrerem transes extáticos, e os Loa costumam possuir os participantes para realizar curas e dar conselhos. A mambo recém-iniciada vivencia o transe extático e a possessão espiritual, embora a possessão seja rigorosamente temporária — nunca dura mais do que a cerimônia em si.

Voltando aos Estados Unidos, Shakmah desenvolveu seu próprio estilo de prática esotérica, misturando a Cabala e elementos espirituais africanos, cristãos e até da França medieval. Em cerimônias particulares, com frequência entrava em transe a fim de se comunicar com os espíritos ancestrais e transmitir diversas doutrinas para seus seguidores. Apesar de tudo isso, ela não tinha experiência com espíritos residentes.

Quando Dolores e Shakmah se conheceram, Dolores lhe disse que estava "transportando algo para ela". Com sua intuição aguçada, Shakmah adivinhou na hora a que estaria se referindo — Dolores lhe falara de Anúbis — mas não queria isso. Em tese, um residente era interessante, mas ela se deu conta de que iria perder qualquer vestígio de privacidade que pudesse ter. Apesar disso, Dolores apoiou a mão sobre seu ombro. Nesse momento, Dolores sentiu a entidade Menelik fluir para fora dela. E Shakmah sentiu outra presença em sua mente.

A possessão espiritual, conforme praticada em religiões extáticas como o vodu, é uma experiência diferente – e, de certo modo, mais fácil – do que a de receber um residente. Com o transe, a consciência do anfitrião sai e o espírito possessor assume o controle. No processo de residência, há o compartilhamento da consciência, um fenômeno bem diferente e que exige a dedicação do anfitrião no longo prazo. O resultado é algo semelhante à ideia bíblica de um "espírito familiar". A descoberta de que tais "familiares" podem ser transferidos conscientemente para um anfitrião diferente é uma surpresa que nos faz questionar as ideias que costumamos ter sobre a experiência do contato.

Um dos depoimentos mais estranhos de testemunhas oculares de contatos espirituais foi escrito por um advogado chamado Henry D. Jencken e apareceu na edição de 1867 da *Human Nature*. Descreve o que aconteceu numa sessão a que compareceu, juntamente com o conde de Dunraven, lorde Lindsay, um tal capitão Wynne e o renomado cientista William Crookes. O trecho relevante dizia literalmente o seguinte:

> O sr. Home entrou no transe que volta e meia é presenciado; levantando-se da cadeira, apoiou-se numa poltrona à distância de um braço e ergueu-se a um metro de altura do chão; percorrendo o recinto suspenso no ar, colocou a poltrona perto do lorde Adare e fez um circuito em torno daqueles que estavam no recinto, levantando-se e abaixando-se ao passar por cada um de nós. Um dos presentes mediu a elevação e passou um braço e uma perna sob os pés do sr. Home. A elevação durou entre quatro e cinco minutos. Ao voltar para sua cadeira, o sr. Home dirigiu-se ao capitão Wynne, transmitindo-lhe fatos que apenas os mortos poderiam conhecer.
>
> A forma espiritual que fora vista reclinada no sofá foi até o sr. Home e o mesmerizou; viu-se uma mão luminosa sobre sua cabeça, a uma distância de 45 centímetros desta. O estado de transe do sr. Home assumiu um caráter diferente; levantando-se gentilmente, dirigiu algumas palavras aos presentes e, abrindo a porta, foi até o corredor; então, uma voz disse: "Ele vai sair por esta janela e entrar por aquela janela". O único que ouviu a voz foi o senhor de Lindsay, e um arrepio o tomou quando ele pensou em como isso poderia acontecer, um feito que a grande altura das janelas do terceiro andar de Ashley Place tornava mais do que perigoso. Os outros presentes,

porém, perguntaram-lhe sobre o que tinha ouvido; ele respondeu: "Não ouso lhes dizer"; e, para espanto de todos, uma voz disse: "Você tem de dizer; diga sem rodeios". Então, ele disse: "Sim, sim, é terrível dizer, ele vai sair por esta janela e entrar por aquela; não se assustem, fiquem em silêncio. Então, o sr. Home voltou ao recinto e, abrindo a janela da sala de visitas, foi empurrado semi-horizontalmente pelo espaço, levado de uma janela da sala de visitas até a janela mais distante do cômodo adjacente. Como esse feito seria realizado a uma altura de uns 20 metros do chão, naturalmente causou arrepios em todos os presentes. O corpo do sr. Home, ao aparecer na janela do cômodo adjacente, foi introduzido no recinto primeiramente com os pés — pois a janela tinha uma abertura de apenas 45 centímetros. Assim que ficou em pé, riu e disse: "Imagino o que um policial diria caso me visse dando voltas como um pião!" Contudo, a cena foi terrível demais, estranha demais para provocar sorrisos; gotas frias de transpiração surgiram nas testas dos presentes, e em todos a sensação de um grande perigo que passou; os nervos dos presentes tinham ficado num estado tal que se recusaram a reagir a uma piada. Agora, uma mudança operara-se no sr. Home, geralmente observável em estados de transe, indicando, sem dúvida, algum outro poder atuando sobre seu sistema. Nesse meio-tempo, lorde Adare fora até a janela aberta no cômodo adjacente para fechá-la — o ar frio, entrando por ela, esfriava o recinto; e, para sua surpresa, descobriu que a janela tinha uma abertura de 45 a 60 centímetros! Isto o intrigou, pois como o sr. Home poderia ter saído por uma janela com apenas 45 a 60 centímetros de abertura? O sr. Home, porém, dissipou suas dúvidas; dirigindo-se a lorde Adare, ele disse: "Não, não, eu não fechei a janela; passei assim para o lado de fora". Uma força invisível sustentou o sr. Home, que ficou praticamente na horizontal pelo ar, impelindo seu corpo pela janela aberta, primeiro pela cabeça, e levando-o de volta ao cômodo, entrando primeiro com os pés, não muito diferente do dispositivo que havia no porão. O círculo em torno da mesa tornou a se formar e uma corrente fria de ar passou sobre os presentes, como se fosse um vento. Isso se repetiu diversas vezes. O jato frio de ar, ou fluido elétrico, ou chame-o do que quiser, foi acompanhado por um assovio alto, como uma rajada de vento no topo de uma montanha ou pelas folhas da floresta no final do outono; o som foi profundo, audível e muito poderoso, e os presentes tremeram, pelo menos os que o ouviram e sentiram. Esse som durou cerca de dez minutos, quebrados em intervalos de um ou dois minutos. Todos os presentes ficaram muito surpresos; e o interesse aumentou por conta das línguas desconhecidas que o sr. Home manifestava agora. Passando de língua para língua em sucessão rápida, falou durante dez minutos em línguas estranhas.

Agora, uma forma espiritual ficou claramente visível; ficou próxima do senhor de Lindsay, vestida, como víramos em ocasiões anteriores, com um manto longo com uma cinta, os pés mal tocando o chão, o perfil do rosto quase invisível, e as vozes, embora suficientemente distintas para serem compreendidas, sussurravam em vez de falar. Outras vozes podiam ser ouvidas agora, e grandes globos de luz fosforescente passeavam lentamente pela sala.[8]

O "sr. Home" de que o relato trata era Daniel Dunglas Home, jovem escocês nascido em 20 de março de 1833. Seus pais eram tão pobres que o entregaram, logo ao nascer, aos cuidados da tia, Mary Cook. Segundo o relato do próprio Home, seu contato com os espíritos começou cedo: seu berço balançava sozinho na casa de seus pais adotivos. Quando ainda era pequeno, os Crooks foram para os Estados Unidos e se estabeleceram em Greeneville, perto de Norwich, Connecticut. No começo da adolescência, teve a visão de um colega de escola que parecia indicar que morrera três dias antes. Mais tarde, chegou uma carta confirmando a morte. Alguns anos depois, a mãe natural de Home, Elizabeth, também emigrou para os Estados Unidos, morrendo pouco mais tarde. Novamente, Home teve uma visão espiritual informando-o da hora da morte.

Home começou a atrair fenômenos *poltergeist* com batidas em casa, tais como aquelas vivenciadas pelas irmãs Fox. Três ministros de denominações religiosas diferentes foram chamados para observar o que estava acontecendo e todos concluíram que o rapaz — agora com 18 anos, estava possuído pelo diabo. Uma mesa se mexia sozinha, as batidas continuaram. Os vizinhos começaram a reclamar e a tia de Home, no limite de sua paciência, expulsou-o de casa.

Ruth Brandon, uma escritora que evidentemente não morria de amores por Home, sugeriu que ele seria um oportunista que pulou no vagão das irmãs

Fox e que, em vez de aceitar dinheiro por suas demonstrações, usava-as para conseguir cama e comida de graça.⁹ Qualquer que fosse a motivação, Home fez sua primeira sessão formal em 1851. Um jornal local disse que uma mesa se mexeu apesar das tentativas de detê-la, e a reputação de Home espalhou-se rapidamente. Começou a viajar pela Nova Inglaterra trabalhando (sem cobrar) como curador e comunicando-se com os espíritos dos mortos. Ele achava que estava "numa missão para demonstrar a imortalidade".¹⁰

Um ano depois, sua fama já se espalhara dramaticamente. Às vezes, realizava seis ou sete sessões num dia, em geral atraindo pessoas proeminentes. Nem todas eram crentes. Um cientista de renome, o professor Robert Hare, investigou seus feitos, assim como o ministro da Suprema Corte, John Worth Edmonds. Ambos concluíram que eram autênticos.

Home nunca foi um homem particularmente saudável, e no início de 1854 descobriu que estava tuberculoso. Seus médicos lhe recomendaram uma mudança de ares e, em março do ano seguinte, zarpou para a Inglaterra. Não demorou para se tornar o queridinho da sociedade londrina, apesar de as reações quanto a seus talentos serem variadas. Robert Browning caricaturou-o no poema Mr. *Sludge the Medium* (Sr. Lodo, o Médium) e o pesquisador psíquico Frank Podmore acusou-o de fraude; por outro lado, William Crookes disse que Home levitara a um metro e meio ou dois do chão, sob luz clara, mais de cinquenta vezes. Enquanto estava em Londres, Home começou a demonstrar um talento ainda mais incomum — a capacidade de alongar partes de seu corpo. Henry Jencken deu o seguinte depoimento:

> Pedi ao sr. Home que pusesse firmemente sua mão sobre uma folha de papel e tracei com cuidado um perfil dela. Na junta do pulso, coloquei um lápis contra o "trapézio", um osso pequeno no final da falange do polegar. A mão se alargou e estendeu gradualmente por dois centímetros e meio, e depois se contraiu e encolheu na mesma medida. Em cada estágio, desenhei o perfil da mão, mantendo a ponta do lápis apoiada com firmeza no pulso. Determinei inequivocamente o alongamento e a contração da mão, e, seja qual for a causa, o fato é esse; e, ao apresentar o resultado de minhas medições e o método adotado para me certificar de que não estou enganado,

apresento, creio, a primeira medição positiva da extensão e contração de um organismo humano.

Sei muito bem que o fenômeno do alongamento foi questionado e não discuto com aqueles que ainda têm dúvidas, apesar de tudo que pode ser dito. Segundo minha própria experiência, passei pelas mesmas fases de dúvida e de franca descrença naquilo que via. A primeira vez em que presenciei esse alongamento, embora tenha medido o pulso, não pude dar crédito a meus sentidos; mas após testemunhar o fato dez ou doze vezes, e isso na presença de cinquenta testemunhas, da primeira à última, que compareceram às sessões onde tais alongamentos ocorreram, todas as dúvidas foram removidas; e o fato de que a capacidade de se alongar não se limita ao sr. Home me foi mostrado alguns meses atrás na casa do sr. Hall, onde, na sessão realizada ali, tanto o sr. Home quanto a senhorita Bertolacci demonstraram o alongamento. A contração e distensão de membros, mãos e dedos descrita acima, testemunhei apenas nesta ocasião, e fiquei muito contente por ter um estudante de Oxford por perto para me ajudar nas medições detalhadas acima.[11]

Embora Jencken tenha presenciado o fenômeno apenas uma vez, a capacidade de alongar e contrair partes do corpo demonstrada por Home foi presenciada por muitas outras pessoas, bem como a aparente capacidade de controlar os efeitos do fogo. Em diversas ocasiões, ele encostou a cabeça em carvões em brasa sem se ferir, e convenceu vários observadores a manusearem os carvões, também sem danos. Além disso, era capaz de manifestar um halo de chamas ao redor da cabeça e de fazer um acordeão tocar sozinho. Este truque era bem comum entre médiuns de sua época; Crookes investigou cientificamente a versão de Home. Num experimento, Crookes demonstrou, numa situação de laboratório, que Home conseguia influenciar o peso de uma prancha apoiada numa balança simplesmente pondo os dedos num copo de água pousado sobre a extremidade da prancha. Nesse experimento, as mãos e os pés de Home foram amarrados e o acordeão posto dentro de uma gaiola de arame, pela qual circulava uma corrente elétrica. Crookes e outras duas testemunhas afirmaram que viram claramente o acordeão "flutuando dentro da gaiola sem apoio visível".[12] Crookes concluiu que, tendo ficado satisfeito graças ao experimento, os fenômenos observados eram autênticos.[13]

Esses poderes paranormais, apesar de sua aparência espetacular, parecem pouco importantes quando confrontados com o fato observável de que, quando um espírito faz contato com um ser humano, algum fator da experiência é convincente de forma quase sobrenatural. Em outras palavras, quando um espírito pede ou ordena, o ser humano contatado sente a compulsão quase inquestionável de obedecer. Em parte, isso ajuda a explicar a espantosa influência exercida pelos contatos espirituais no decorrer da história humana, mas provoca outra questão vital, fundamental: *quem são* essas criaturas que têm sussurrado no ouvido da humanidade ao longo de gerações?

Sabemos, de modo geral, o que afirmam ser e o contexto no qual alegam viver. Análises históricas mostram que diversos temas são comuns a uma variedade de comunicações espirituais. Talvez o mais comum seja o conceito de um conflito primitivo, permanente e cósmico entre as Forças da Luz e as Forças das Trevas. Naturalmente, esse motivo é comum a diversas religiões mundiais. O Livro do Apocalipse do Novo Testamento, ele próprio um documento visionário, afirma:

> Houve, então, uma guerra nos céus. Miguel e seu exército de anjos lutaram contra o Dragão, ao que o Dragão e seus anjos revidaram. Contudo, estes não foram suficientemente poderosos e, dessa maneira, perderam seu lugar nos céus. Assim, o grande Dragão foi excluído para sempre. Ele é a antiga serpente chamada Diabo ou Satanás, que tem a capacidade de enganar o mundo inteiro. Ele e seus anjos foram lançados à terra.[14]

No Livro de Enoque, um dos apócrifos, a guerra está associada ao dilúvio bíblico. A história começa quando anjos rebeldes ensinam técnicas militares aos humanos, um fato que acarreta muito sofrimento:

> E então Miguel, Uriel, Rafael e Gabriel olharam do céu e viram quanto sangue estava sendo derramado sobre a terra, e tantas iniquidades sendo cometidas na terra. E um disse ao outro: "A terra desprovida de seus habitantes clama e seu clamor chega aos portões do céu. E agora a vocês, santos

do céu, as almas dos homens queixam-se, dizendo: 'Levem nossa causa ao Altíssimo'".[15]

E os arcanjos fazem justamente isso:

Então o Altíssimo, o Grande e Santo falou, e mandou Uriel ao filho de Lameque, e disse: "Vai até Noé e dize-lhe em meu nome: 'Esconde-te!' e revela a ele o fim que se aproxima: toda a terra será destruída, e um dilúvio virá sobre toda a terra, e destruirá tudo que há nela. E agora, ensina-o como ele pode escapar, e como sua semente pode ser preservada para todas as gerações do mundo". E novamente o Senhor disse a Rafael: "Amarra a Azazel, mãos e pés, e lança-o na escuridão; e abrindo o deserto que está em Dudael, lança-o nele. Arremessa sobre ele pedras agudas, cobrindo-o com escuridão; lá ele permanecerá para sempre; cobre sua face, para que não possa ver a luz. E no grande dia do julgamento lança-o ao fogo".[16]

O mesmo tema, em linhas gerais, surge no Alcorão quando Deus expulsa o anjo Eblis do céu por este se recusar a venerar Adão, recém-criado. Com a expulsão, Eblis torna-se o Diabo ou Satanás e se volta contra Deus dali por diante, numa representação do mal. O conflito entre luzes e trevas surge novamente na religião hindu, nas divindades benignas e maléficas do budismo tibetano, no conflito entre Ohrmazd e Ahriman do zoroastrismo, no mormonismo, nas sagas nórdicas, na Cabala judaica e na oposição entre Osíris e Set no Egito antigo.

Como tema arquetípico, não perdeu nada de seu encanto. Nos Estados Unidos, proporcionou a base para todo o mito do Velho Oeste. É a base do enredo de filmes como *Guerra nas Estrelas*, de George Lucas. Aparece novamente em obras da literatura, desde os livros mais banais de suspense até os épicos literários de grandes autores. Mas as comunicações espirituais tendem a fazer com que o tema vá mais longe do que suas manifestações na religião ou na literatura. Geralmente, o conflito primal está associado à evolução humana e à ideia de que aqueles que se encontram num caminho espiritual podem ser convocados a assumir posições e a lutar... ou, no mínimo, a evidenciar sua presença. Mas o conflito em si parece ser visto em termos mais sofisticados do que o mero Bem contra o Mal. Costuma ser apresentado como a necessidade de uma consciência mais ampla, de responsabilidade pessoal, de crescimento espiritual, e de uma base ética desenvolvida, como oposição a uma base imposta. Tudo isso, por definição, exige mudanças do indivíduo e da sociedade como um todo. Isto, por sua vez, destaca duas doutrinas que se desenvolvem como fios luminosos em meio a tantas comunicações espirituais.

Uma é a ideia de que a evolução da humanidade está sendo auxiliada, guiada e talvez até direcionada por indivíduos e entidades que se encontram numa posição mais elevada na escada evolutiva do que nós. Esses seres são os Guias do Espiritualismo, os Mestres Ocultos da Teosofia, os Chefes Secretos da Tradição Esotérica Ocidental, a Fraternidade Polar da Loja da Águia Branca. Muitas e muitas vezes, essas comunidades afirmam estar em contato com vozes.

A segunda é a ideia de que a evolução individual – portanto, a evolução da espécie como um todo – está intimamente associada aos processos da reencarnação e do karma. O termo "karma" deriva da filosofia hindu. Sua raiz é um termo sânscrito que significa "atividade", tendo amplitude suficiente para abranger qualquer tipo de ação, pensamento ou sentimento humano. A doutrina do karma sugere que pensamentos e ações são sementes que produzem frutos segundo sua natureza. Bons pensamentos e boas ações geram circunstâncias benéficas para o indivíduo, enquanto mais pensamentos e más ações geram infortúnios. À primeira vista, parece algo ingênuo. Basta observar que pecadores costumam prosperar enquanto os maiores santos são, por vezes, forçados a viver na pobreza e na dor. Para enfrentar esse problema, os expoentes da doutrina kármica sugerem que as recompensas (ou punições) do karma nem sempre são colhidas nesta vida, mas em encarnações futuras. Logo, as doutrinas do karma e da reencarnação acham-se inextricavelmente ligadas.

Uma explicação um pouco mais profunda do karma descreve-o como o mecanismo que condiciona a evolução da alma humana. Pensamentos e ações determinam quem e o que você é, influenciando o caráter, seu nível de evolução espiritual e até que ponto você pode ser vítima de antigos padrões inconscientes de pensamento, emoção e comportamento. Como crenças, desejos e hábitos influenciam as ações, e estas, por sua vez, influenciam as circunstâncias, o mecanismo do karma é entendido como um processo totalmente racional que pode ser identificado com clareza na psicanálise, por exemplo. Nessa visão, o problema do pecador confortável desaparece. As aparências não importam mais. É a vida interior que conta; o príncipe pode estar extremamente infeliz em seu palácio apesar de sua riqueza e poder, e pode estar tão preso a padrões inconscientes de comportamento que quase não se sente vivo. Logo, nesse nível, karma e reencarnação não estão necessariamente ligados. Os expoentes afirmam simplesmente que, *se* a reencarnação é um fato, então a herança de antigos padrões pode muito bem transportar o processo kármico de uma vida para outra.

Tanto o karma quanto a reencarnação são bem-aceitos nos sistemas de crença da Ásia. No Ocidente industrializado, porém, estão associados apenas à tradição minoritária das crenças ocultistas e herméticas.[17] O mesmo pode ser dito do amplo corpo de comunicações espirituais. Embora costumem ser expressas em termos religiosos, sua natureza essencial quase sempre é ocultista. A associação é tão íntima que uma escola de pensamento chega a afirmar que a maioria dos ensinamentos herméticos tem origem no mundo espiritual. Um texto tão fundamental quanto o *Poimandres* começa com as seguintes palavras: "Pareceu ter me encontrado com um Ser mais do que vasto, de dimensões que excedem limites, que me chamou pelo nome e disse: "O que você deseja ouvir e ver, o que quer aprender e conhecer?"[18] Outro texto hermético, o *The Secret Sermon on the Mountain* (O Sermão Secreto da Montanha), é apresentado como um discurso entre Hermes Trismegisto e seu filho Tat quando voltam juntos de uma montanha. Mas não demora para ficar claro que Hermes só está presente na forma espiritual: "Passei por meu intermédio para um Corpo que nunca poderá morrer. E agora não estou como era antes; mas nasci na Mente".[19] Hermes explica que sua forma original foi desmembrada, purgada das "tormentas brutais" da matéria, deixando-o num corpo incolor, imortal, que não pode ser tocado nem medido, embora ainda possa ser visto — quase a descrição clássica de um espírito. A transformação, que é recomendada a Tat, foi acompanhada da chegada de dez espíritos benevolentes (chamados de "poderes" na tradução de Mead).[20]

Há, nas mensagens espirituais, diversos subtextos interessantes. Um deles é a ideia de que, de algum modo, cada um de nós *escolhe* nascer no mundo a fim de aprender. Outra é a de que a evolução pessoal envolve não apenas diversas encarnações, como encarnações fora deste planeta. Uma terceira é a de que os Mestres Espirituais às vezes ocupam corpos físicos — e, quando o fazem, costumam estabelecer relacionamentos com as pessoas que agem como seus médiuns. Embora seja imaginado convenientemente como nativo norte-americano, White Eagle, de Grace Cooke, afirma ter encarnado como tibetano, sacerdote e faraó egípcio, monge e alquimista... e que algumas dessas vidas foram compartilhadas com encarnações anteriores da própria Grace. Seth, de Jane Roberts, ditou um conjunto de ensinamentos que incluem a ideia de que o indivíduo se desenvolve espiritualmente ao longo de diversas encarnações até atingir uma estatura ética suficiente para obter acesso a "planos superiores", nos quais poderes semelhantes aos divinos aguardam por ele. White Bull (Touro Branco) comenta: "O primeiro propósito de sua presença num corpo físico é evoluir espiritualmente" e lembra que a evolução envolve a reencarnação.

Em suma, portanto, a visão de mundo proposta por muitas vozes espirituais sugere que todos nós estamos envolvidos num conflito cósmico entre o bem e o mal. Como somos entidades espirituais, tomamos a decisão de encarnar a fim de aprender e evoluir, tornarmo-nos cada vez mais conscientes e, assim, desempenharmos mais plenamente um papel no grande cenário. Nesse processo, somos auxiliados por entidades, humanas ou não, ainda no mundo espiritual. Sua influência é exercida em nível cultural e pode explicar os padrões peculiares ao longo da História e outras coincidências igualmente interessantes. Ela também atua de modo específico na vida de muitos indivíduos, e alguns deles percebem essa influência e decidem colaborar conscientemente com ela. Ao lado desses ajudantes benignos, há seus adversários, que não desejam o bem da raça humana. Sua influência também se faz sentir cultural e individualmente, como tão bem atesta a possessão arquetípica de políticos como Adolf Hitler.

Há, contudo, um segundo nível de ensinamentos espirituais. Todas as doutrinas delineadas até agora, até o conflito cósmico entre o Bem e o Mal, relacionam-se apenas ao mundo dos fenômenos. Para além dele, há a conciliação dos opostos na Unidade absoluta. Esse conceito, característico de todas as doutrinas místicas, surge de tempos em tempos nas comunicações espirituais. "Na verdade, você existe numa bruma que o isola desta beleza extraordinária, desta unidade completa", diz o espírito coletivo "Mark" numa comunicação com a terapeuta e autora inglesa Jacquie Burgess. "Tudo é uma coisa só. Tudo é uma coisa só, queridos. Esta é a nossa canção". A mesma mensagem emana de

Upuaut: "Na verdade, cada partícula de vida inteligente é um Deus. Você, que lê isto, eu que o ensino, seu vizinho, seu amigo, seu patrão, seu inimigo, todos são partes vivas do Criador, e, portanto, sem exceção, tudo é Deus". White Eagle, White Bull, Seth e vários outros comunicadores estão unidos na crença de que Somos Todos Um.

Haverá alguma justificativa para acreditarmos neles? Em outras palavras: os espíritos são aquilo que afirmam ser?

23. UMA INVESTIGAÇÃO CÉTICA

James Randi duvida dos espíritos. Diz, categoricamente: "Não existem evidências realmente positivas de espíritos hoje em dia".[1] Sua *Encyclopedia of Claims, Frauds, and Hoaxes of the Occult and Supernatural* (Enciclopédia de Alegações, Fraudes e Falsificações do Oculto e do Sobrenatural) *on-line*[2] repete a afirmação e faz pouco de Daniel Dunglas Home, alegando que ele controlava todos os aspectos de suas "sessões-exibição" e que foi "flagrado em fraude diversas vezes". No mesmo verbete, sugere que truques é que moviam o acordeão

James Randi, importante desmistificador de espíritos e de fenômenos paranormais.

espiritual de Home — e que os assistentes eram ludibriados porque ele tocava uma pequena gaita de boca escondida em seu bigode.

Randi, um ilusionista de palco de ascendência canadense e norte-americana, ganhou a vida investigando relatos paranormais e representa a ponta do *iceberg*. Ele tem sido, há muitos anos, a face pública mais conhecida de um movimento que começou, em sua manifestação moderna, com um livro publicado em 1952: *Fads and Fallacies in the Name of Science* (Manias e Crendices em Nome da Ciência), de Martin Gardner. Segundo seu subtítulo, o livro era um estudo da credulidade humana, que investigava "as curiosas teorias de pseudocientistas modernos além dos estranhos, divertidos e alarmantes cultos que os rodeiam". Entre os assuntos tratados, óvnis, terapia por orgônio, dianética, frenologia, reencarnação e vegetarianismo. Depois, Gardner publicou outros livros e muitos ensaios sobre temas similares, estimulando o interesse do público. Durante algum tempo, teve-se a impressão de que ele perdia a guerra — houve um aumento significativo do interesse pela paranormalidade no começo da década de 1970 —, mas, em 1976, um professor de filosofia chamado Paul Kurtz usou uma das conferências da Associação Humanista Norte-Americana como trampolim para a criação de uma nova organização, antes chamada Comitê para a Investigação Científica de Alegações do Paranormal (CSICOP — Committee for the Scientific Investigation of Claims of the Paranormal), rebatizada depois para Comitê para a Investigação Cética (CSI — Committee for Skeptical Inquiry). A organização era — e é — dedicada ao exame crítico de uma ampla variedade de alegações sobre a validade do paranormal. Seu órgão oficial é o *Skeptical Inquirer* (Inquiridor Cético), uma "revista de ciência e razão" bimensal e de âmbito internacional.

Mais ou menos na mesma época em que isso acontecia, James Randi começava a desafiar publicamente paranormais, fazia investigações pessoais e aparecia em diversas publicações. Dezenas de grupos céticos surgiram nos Estados Unidos e no exterior. Um escritor de ciência, dr. Michael Shermer, fundou a Skeptics Society (Sociedade dos Céticos) e lançou a revista *Skeptic*. À primeira vista, esses acontecimentos foram oportunos, e alguns podem até dizer que demoraram. Mas a experiência sugere que o movimento cético não tardou a se mostrar menos interessado no exame científico da paranormalidade do que em desmascarar a paranormalidade a qualquer preço, em geral ridicularizando-a e sugerindo fraudes. Randi expressou com clareza uma das suspeitas mais comuns implícitas no pensamento cético:

> A atividade de ilusionistas [de palco], fazendo maravilhas como entortar colheres, clarividência, precognição e levitação (há muito incluídas como itens no repertório dos ilusionistas) não pode provar nada sobre a verdadeira atividade paranormal – exceto que ela pode ser feita facilmente por meio de truques.[3]

Ele não foi, de modo algum, o primeiro a promover a teoria de que espíritos (e a maioria dos fenômenos paranormais) podem ser explicados por truques. Em 1854, enquanto as notícias sobre as estranhas ocorrências em Hydesville se espalhavam pelos Estados Unidos, Ira e William Davenport, dois irmãos de Buffalo, Nova York, anunciaram que estavam tendo experiências similares e passaram a fazer um *tour* para prová-lo. Foram acompanhados e apresentados pelo dr. J. B. Ferguson, ministro do Movimento de Restauração, que assegurou ao público que tudo que viam era fruto do poder dos espíritos. O que viram foi descrito com detalhes a seu neto pelo ilusionista vitoriano John Nevil Maskelyne, que, quando rapaz, em 1865, testemunhou uma apresentação dos Davenport em Cheltenham, Inglaterra:

> Os Davenport, vestidos de preto [...] entraram no palco entre inúmeros aplausos e se sentaram. Foram amarrados pelas mãos e pelos pés a um banco [...] alguns membros da plateia ajudaram a amarrar e a examinar bem os nós; o armário vazado foi levado ao palco e examinado; e os instrumentos musicais postos no lugar. Então, as luzes se apagaram. Quase no mesmo instante, sinos começaram a badalar, músicas foram tocadas, mãos pareceram flutuar sobre o armário.[4]

Maskelyne, todavia, pediu a um amigo que deixasse aberta uma veneziana e, no fino feixe de luz do sol da tarde, "viu claramente Ira Davenport jogando os instrumentos para fora do armário". Não foi nem a primeira nem a última vez que os Davenport foram expostos, mas "foram em frente, com sóbria dignidade, percorrendo tantas cidades inglesas quantas podiam visitar enquan-

Harry Houdini, mestre em fugas e mágico de palco que passou a parte final da carreira desmascarando médiuns fraudulentos.

to tivessem público".⁵ Em suma, os Davenport eram especialistas em fugas passando-se por médiuns, e em 1910 demonstraram algumas de suas técnicas a Harry Houdini.⁶ Na segunda metade de sua carreira, Houdini dedicou muito tempo e energia a desmascarar a prática mediúnica fraudulenta, e volta e meia fazia demonstrações no palco sobre como os supostos poderes de médiuns podiam ser reproduzidos por meios mecânicos. John Gordon Melton comenta: "A exposição de fraudes no movimento espiritualista prejudicou muito sua reputação, levando-o a ser marginalizado pela sociedade nos Estados Unidos".⁷ A disseminação das fraudes pode ser ilustrada pelo fato de que era possível adquirir "*kits* de sessão" com todos os equipamentos necessários para falsificar fenômenos espirituais. Hoje, esses *kits* ainda podem ser encontrados, e, na verdade, estão muito mais sofisticados. O Box of Delights Séance Kit (Kit de Sessão Caixa de Delícias), por exemplo, inclui garrafas preparadas que podem se mover e girar como se estivessem sendo controladas por mãos invisíveis.[8]

Mas o fato de ser possível duplicar fenômenos espirituais e mediúnicos por meio de truques, algo que tem acontecido com certa frequência, não prova que haja uma fraude universal, motivo pelo qual a investigação científica é tão importante. Naturalmente, há aqueles que alegam que essa investigação vem se realizando desde 1882, quando a Sociedade de Pesquisas Psíquicas foi fundada em Londres para "realizar pesquisas acadêmicas organizadas sobre experiências humanas que desafiam os modelos científicos contemporâneos".[9] No século que transcorreu desde então, de fato a sociedade informou que alguns fenômenos aparentemente espirituais eram fruto de truques, falsificações, mentiras, mal-entendidos, causas naturais, interpretação errônea e fraude; porém, também relatou fenômenos que pareceram autênticos. Esta última categoria é que chamou a atenção do movimento cético, cujos membros estão preocupados com a hipótese de investigações supostamente científicas não terem sido realizadas com o rigor adequado. Em muitos casos, os céticos fizeram as próprias investigações, em geral sobre fenômenos declarados autênticos após exames anteriores. Até agora, *nenhum* caso[10] publicado pelo movimento cético apresentou um fenômeno paranormal autêntico. O resultado foi o desmascaramento geral da obra dos cientistas e acadêmicos que se interessaram praticamente pela pesquisa paranormal.

Um exemplo importante de desmascaramento, mencionado com frequência na literatura cética, é a confissão de fraude feita por Margaret Fox em 1888. O verbete da enciclopédia de Randi sobre as irmãs Fox, cujas experiências formaram a base do espiritualismo moderno, mostra que elas confessaram ter falsificado as batidas estalando as juntas dos artelhos e jogando maçãs no chão. O verbete conclui:

> As confissões públicas nada fizeram para amainar a crença nas irmãs Fox ou no movimento a que deram origem. Os crentes expressaram seu pesar pelo fato de as irmãs terem sido forçadas a mentir, e o espiritualismo continuou como se as confissões das irmãs Fox nunca tivessem acontecido.[11]

Esse verbete contém um pequeno erro, dando a impressão de que mais de uma das irmãs Fox teria confessado — um erro que, infelizmente, é repetido em boa parte da literatura cética. O contexto da confissão é como apresentado a seguir.

Depois do surgimento de batidas em sua casa em Hydesville, as duas irmãs Fox mais jovens, Kate e Margaret, convenceram a irmã mais velha, Leah, de que os fenômenos eram autênticos. Quase na mesma hora, Kate e Margaret deram início a uma carreira como médiuns, tendo Leah como gerente. Durante algum tempo, as duas jovens tiveram um sucesso extraordinário, e suas sessões eram assistidas pelos ricos e famosos, mas as duas começaram a ter sérios problemas com álcool. Nos últimos anos, discutiram muito com Leah, continuaram a beber muito, tiveram problemas pessoais graves e viram as respectivas carreiras — e renda — minguar. Margaret começou a pensar em se matar.

Em 1888, Margaret subiu ao palco da Academia de Música de Nova York para dizer que ela e Kate produziram as batidas em Hydesville estalando as juntas dos artelhos, após o que Leah as forçara a manter a carreira mediúnica. Segundo relatos da imprensa da época, ela denunciou com firmeza o movimento espiritualista chamando-o de "absolutamente falso, do princípio ao fim [...] a mais frágil das superstições [e] a blasfêmia mais perversa do mundo". Demonstrou os estalos nas juntas enquanto era observada por médicos convocados entre os presentes na plateia, e os ruídos foram altos o suficiente para serem ouvidos "por todo o teatro". Sua irmã, Kate, ficou sentada num balcão de frente para o palco durante a apresentação. O silêncio de Kate tem sido considerado pelos céticos como uma manifestação de concordância com as palavras de sua irmã, e daí a ideia errônea de que ambas teriam confessado. O erro — se é que foi um erro — foi pequeno. Para os céticos, a confissão solitária de Margaret foi suficiente para considerar as irmãs Fox e todo o movimento espiritualista como casos encerrados.

Mas, como qualquer policial experiente vai confirmar, uma confissão não é necessariamente prova de culpa. O confessor pode querer atenção, ter instabilidade mental ou estar tentando proteger ou magoar alguém. A confissão pode ter sido fruto de coação, tortura ou suborno. Além disso, é preciso levar em consideração qualquer tentativa feita pelo suspeito para retirar a confissão posteriormente. (Uma estimativa[12] indica que o número de confissões falsas que levam à prisão por crimes nos Estados Unidos chega a 25%.) Mais de um desses fatores estava presente no caso de Margaret Fox. Ela era alcoólatra, solitária e suicida, alguém que passara a vida buscando atenção como médium. Um repórter de Nova York tinha lhe dado 1.500 dólares — um valor bem elevado para a época — para lhe dar uma entrevista exclusiva, confessando a fraude. A denúncia do espiritualismo, de modo geral, pode ter magoado Leah, que, nessa altura, ganhara uma pequena fortuna com o movimento. Além disso, o silêncio da irmã mais nova, Kate, parece não ter indicado concordância, como alegam os céticos. As cartas que escreveu para casa após a confissão expressaram espanto e incredulidade com relação ao ataque ao espiritualismo. A própria Margaret retirou sua confissão, por escrito, no ano seguinte ao da confissão. Em vez de enfrentar esses fatores, a literatura cética costuma dizer que alguns ou todos são meras "desculpas".[13]

Os elementos da confissão apresentam suas próprias dificuldades. Não sabemos nada sobre os "médicos" que saíram da plateia para supervisionar a demonstração com os estalos dos artelhos de Margaret; e, embora ela possa ter feito sons audíveis, é difícil conciliar o estalo da junta de um artelho com a descrição feita por William Crooke dos sons da sala de sessão produzidos por Kate Fox sob condições de teste:

> Esses sons são percebidos em quase todos os médiuns [...] mas com relação à força e à certeza, não ouvi nenhum que chegasse perto dos sons da Senhorita Kate Fox. Durante vários meses, tive oportunidades quase ilimitadas de testar os diversos fenômenos que ocorrem na presença dessa jovem, e examinei em particular o fenômeno desses sons. Geralmente, com os médiuns, é necessário que todos se sentem para uma *sessão* formal antes que se possa ouvir alguma coisa; no caso da senhorita Fox, parece ser necessário apenas que ponha a mão em qualquer substância para que se ouçam batidas altas, como uma pulsação tríplice, às vezes altas a ponto de poderem ser ouvidas a vários cômodos de distância. Desse modo, eu os ouvi numa árvore viva, numa lâmina de vidro, num fio de ferro estendido, numa membrana estendida, num pandeiro, no teto de um carro e no piso de um teatro. Ademais, nem sempre é necessário o contato efetivo; presenciei esses sons saindo do

chão, de paredes etc., mesmo quando as mãos e os pés da médium eram segurados, ou quando ela estava em pé numa cadeira, ou suspensa num balanço pendurado no teto, dentro de uma gaiola de arame e quando desmaiara num sofá. Ouvi-os num *harmonicon* de vidro, em meu próprio ombro e sob minhas próprias mãos. Ouvi-os numa folha de papel, segura entre os dedos por um pedaço de barbante passado por um canto. Conhecendo plenamente as numerosas teorias que surgiram, em especial nos Estados Unidos, para explicar tais sons, testei-os de todas as maneiras que pude, até não conseguir evitar a convicção de que foram ocorrências verídicas e objetivas, não produzidas por truques nem por meios mecânicos.[14]

Um problema mais sutil foi levantado pelo estudioso Robert McLuhan, que se deu ao trabalho de examinar os detalhes da própria confissão. Nela, Margaret Fox afirmou que, quando as batidas começaram em Hydesville, ela tinha 8 anos de idade e sua irmã Kate, seis e meio. Isso não é verdade. Uma declaração da mãe das meninas, feita apenas duas semanas após o começo das perturbações em 1848, descreve Margaret com 14 anos e Kate com 12. McLuhan achou implausível que Margaret tivesse se enganado com relação à sua idade – existe uma distância emocional muito grande entre uma menina de 8 anos e uma de 14 – e tentou descobrir por que ela teria mentido sobre isso. Chegou então à seguinte conclusão:

> O que me fez desconfiar na declaração de Maggie [...] é que ela se esforçou para convencer a plateia de que ela e sua irmã foram capazes de enganar sua mãe. A sra. Fox não entendeu, disse Maggie, "e não suspeitou de que seríamos capazes de fazer um truque porque éramos muito jovens [...] ninguém suspeitou de um truque porque éramos crianças pequenas".
> Maggie também sugeriu que, por serem tão novas, eram flexíveis o suficiente para fazer as contorções físicas necessárias: "Um controle tão perfeito só é possível quando a criança é treinada desde cedo, e aprende, cuidadosa e continuamente, a educar os músculos que ainda vão crescer depois. Uma criança de 12 anos é quase velha demais"... O fato de ela estar ansiosa a respeito sugere-me que ela não tinha vivenciado de fato o cenário a que se

referia. Em suma, estava inventando tudo aquilo, e mudar a sua idade e a da irmã foi uma estratégia que visava fazer com que a história soasse plausível.[15]

É possível questionar por que os céticos que aceitaram tão prontamente a confissão de Margaret não perguntaram quem teria escolhido as meninas numa idade tão precoce, para ensiná-las, "cuidadosa e continuamente, a educar os músculos que ainda vão crescer depois", preparando-as para uma carreira de produtoras de falsos ruídos fantasmagóricos.

McLuhan não se deteve na confissão de Fox quando decidiu investigar fenômenos paranormais. Sendo cético, naturalmente simpatizava com o trabalho de investigação realizado pelo movimento cético e as críticas que este fazia dos cientistas preparados para aceitar alguns fenômenos como autênticos. Mas um exame mais detalhado levou ao desencanto. O momento da virada deu-se com o exame do relato histórico de um surto de fenômenos *poltergeist* em 1772. Os fatos sucintos do caso, descritos minuciosamente num panfleto contemporâneo assinado por seis testemunhas, foram como apresentados a seguir.

Uma Londrina, a sra. Golding, estava em sua sala de visitas em 6 de janeiro quando ouviu o som de porcelana quebrando na cozinha. Sua empregada, Ann Robinson, de 20 anos, foi até ela contar que os pratos estavam caindo da prateleira. A sra. Golding foi investigar e viu-se num verdadeiro turbilhão de atividade *poltergeist*: sons violentos pela casa, objetos lançados como que por mãos invisíveis, um relógio que tombou e quebrou, assim como uma panela de cerâmica com carne salgada. A sra. Golding e Ann saíram correndo da casa para se refugiar na casa da vizinha, mas a violência as seguiu. Elas escaparam temporariamente dela indo até a casa da sobrinha da sra. Golding, mas tudo recomeçou às oito da noite. Pratos caíam do armário, virando-se sozinhos de cabeça para baixo. Quando recolocados, tornavam a cair. O gato foi atacado com ovos. Um pilão e seu almofariz caíram ao chão de uma altura de quase dois metros. Baldes com líquidos começaram subitamente a borbulhar e espumar. Vários outros itens foram jogados, e Ann teve o pé atingido por um bule.

McLuhan descobriu que, segundo o mágico de palco Milbourne Christopher, um cético, William Home, editor, apresentou uma explicação racional alguns anos depois, publicando um artigo no qual afirmava que a empregada, Robinson, havia confessado ter forjado tudo. Ela jogara ovos no gato. Pendurara juntas de porco de modo a caírem por força do próprio peso. Pendurara arame atrás dos pratos para fazê-los cair das prateleiras. Amarrara crina de cavalo a diversos objetos para fazê-los se moverem como que por conta própria. Pusera produtos químicos no líquido dos baldes para fazê-lo espumar.

McLuhan achou isso meio difícil de aceitar, mas ficou convencido, a princípio, porque Christopher, um ilusionista profissional, afirmou que esses truques estavam longe de ser impraticáveis. Porém, as dúvidas começaram a se instalar.

Quanto mais eu pensava nisso, mais ficava intrigado. A questão de prender crinas de cavalo aos objetos me pareceu complicada. Será que a empregada teria embrulhado os pratos com as crinas e atado nós para que se fixassem? Quanto tempo ficaram assim? Teria usado cola? É de se imaginar que ela teria precisado de tempo e de privacidade para preparar tudo sem ser vista... Mesmo que tivesse tido a chance de preparar as perturbações na casa da sra. Golding, será que teria tido a mesma chance de fazê-lo na casa da vizinha? E também na da sobrinha?

É arriscado discutir com um especialista, algo que os próprios cético-ilusionistas gostam de lembrar. Mas Christopher está abusando de sua posição privilegiada: seu cenário não é realista. Prateleiras inteiras de pratos caindo, sendo recolocados e tornando a cair, e outros objetos pela casa ganhando vida ao mesmo tempo, causando danos sérios — isto não sugere ilusionismo, mas sim que alguma coisa está à solta.[16]

Ao rejeitar a explicação do mágico de palco, McLuhan sentiu que tinha atravessado algum tipo de Rubicão, mas não conseguiu se livrar da convicção de que, se alguém estava sendo crédulo nessa história, era o próprio cético. Mais tarde, descobriu que uma característica das investigações mais céticas era que "as explicações de alegações paranormais não precisam ser coerentes [...] *desde que restaurem a normalidade*".[17] Diz McLuhan:

> A ideia de que uma jovem empregada poderia optar por passar seu escasso tempo livre e seus minguados recursos encontrando uma substância química que fizesse borbulhar o líquido no balde de sua patroa, bem como todos esses outros curiosos truques de ilusionismo, ajuda a resolver um problema

incômodo, mas cria outros espantosos. Para que todo esse esforço? Como ela adquiriu o talento para fazer tudo isso sem ser flagrada? Em outras circunstâncias, seria difícil imaginar a jovem pensando nessas coisas por um momento sequer. Contudo, aqui, a alternativa é tão impensável que qualquer ideia funciona, por mais que seja intrinsecamente implausível. Como é possível não ser cético com relação à posição do cético?[18]

A julgar pelos exemplos dados em seu livro sobre o assunto, os céticos afirmam que todos os fenômenos paranormais e todas as comunicações espirituais resultam de fraudes. Além disso, volta e meia a posição cética propõe duas premissas que não são enunciadas: 1) que um exame racional dos "espíritos" precisa necessariamente envolver o exame de "fenômenos espirituais" e 2) que o conceito de espírito deve se submeter a provas físicas. Nenhuma dessas premissas está correta. Muitas comunicações aparentemente espirituais não geram fenômenos físicos, e não estão aptas a serem provadas ou refutadas de maneira satisfatória para um materialista cético.

Antes do surgimento do espiritualismo no século XIX, boa parte dos "encontros espirituais" da humanidade eram assim — experiências pessoais que levavam a teorias de sobrevivência após a morte ou à existência de inteligências e entidades imateriais. No próprio espiritualismo, as comunicações não precisam vir acompanhadas de atividade paranormal: muitas, talvez a maioria, envolvem apenas as palavras pronunciadas por um médium em transe. Logo, muitas das objeções céticas são irrelevantes. A questão nunca foi se os encontros espirituais são "reais" — claro que são reais como fenômenos experimentados —, e sim se as teorias que se propõem a explicá-los estão corretas.

24. A TEORIA BICAMERAL

Julian Jaynes achou que poderia apresentar uma teoria convincente sobre os espíritos. Como foi comentado antes, suas pesquisas levaram-no à conclusão de que antes de 1250 AEC, aproximadamente, os contatos espirituais com a humanidade eram quase universais. Mas chegou um ponto na evolução humana em que as coisas começaram a mudar. Os deuses, por motivos que na época devem ter sido incompreensíveis, passaram a se retirar de modo gradual. Cada vez menos deles caminhavam visivelmente entre os homens. Começaram a se comunicar a distância, de tal modo que só a voz divina podia ser ouvida. Mas mesmo essa voz foi esmaecendo com o tempo. Jaynes localiza essas mudanças ao longo de um período aproximado de mil anos, examinando o que aconteceu com os oráculos da humanidade.

Os primeiros oráculos, segundo acreditava, não eram mais do que lugares específicos aos quais alguém podia ir a fim de ouvir a voz de seus deuses. O ambiente podia ser impressionante, talvez até um pouco assustador, e sons naturais como água corrente ou ventos murmurantes levariam alguém a escutar vozes. Mas não havia sacerdote nem sibila. Se os deuses não estivessem presentes na casa, os oráculos eram áreas de solo sagrado onde a divindade poderia ser persuadida a falar com mais liberdade.

Com o passar do tempo, a natureza desses lugares sagrados sofreu uma mudança sutil. Mais e mais, as vozes foram se recusando a conversar com qualquer um. Suas palavras eram reservadas para sacerdotes ou sacerdotisas que atendiam no local. Não que os espíritos estivessem reticentes para dar conselhos — longe disso. Mas suas vozes só poderiam ser ouvidas por uma elite que levava as instruções dos deuses ao público em geral.

Com a passagem dos anos, nem sacerdotes nem sacerdotisas conseguiam mais ouvir os espíritos, a menos que se submetessem a um período prolongado de treinamento e realizassem cerimônias especiais para convencer as entidades desencarnadas a falar. Nesse ponto, porém, os sacerdotes ainda ouviam os deuses e passavam adiante suas palavras.

Em algum momento em torno do século V AEC, acredita Jaynes, a situação mudou de novo. Agora, sacerdotes e sacerdotisas simplesmente não conseguiam mais ouvir. Tinham de se deixar possuir pelo espírito para que a comunicação acontecesse. Isso exigia um treinamento ainda mais elaborado e um esforço adicional para o médium, que chegava a babar e a ter convulsões por causa da tensão. Todavia, o processo tinha a vantagem de permitir às pessoas ouvir novamente as palavras diretas do deus, embora pronunciadas pela boca de um anfitrião humano.

Infelizmente, esse benefício acabou desaparecendo quando as palavras do deus ficaram tão ininteligíveis que os murmúrios de um médium possuído tiveram de ser interpretados por um especialista experiente e que já tivesse passado pelo processo. Isso marcou a cisão entre sacerdote e profeta, sacerdotisa e sibila. Em síntese, algumas pessoas treinavam para ser médiuns e se dedicavam a carreiras nas quais tinham êxtases convulsivos, enquanto outras se tornavam intérpretes da palavra divina. Com a cisão, houve uma mudança na estrutura do poder, dando ao sacerdote (interpretativo) uma autoridade especial que até hoje é reclamada.

Jaynes acha que a etapa final desse processo de seis estágios se deu quando a habilidade da sibila ficou tão errática que impossibilitou a interpretação. Nesse ponto, os oráculos antigos pereceram. Delfos sobreviveu um pouco mais que a maioria, mas só porque, na opinião de Jaynes, havia uma nostalgia cultural pelos bons e velhos tempos em que os deuses caminhavam e conversavam com os homens.

Mas quem, ou o quê, eram esses "deuses" responsáveis pelo estabelecimento de nossas primeiras civilizações? As descrições que chegam até nós deixam bem claro que não eram os seres espirituais de moral elevada associados a nossas modernas concepções de divindade. Como muitos estudiosos já mostraram, as peripécias dos deuses do Olimpo eram um catálogo de luxúria, cobiça, inveja e agressões — características comparáveis, de modo deprimente, aos piores traços da humanidade.

Mais notável ainda, segundo o ponto de vista atual, é o fato de serem descritos como seres que caminhavam junto aos humanos e conversavam conosco, tal como reis físicos. Isso levou à conjectura, por parte de estudiosos menos ortodoxos da história antiga, de que talvez os deuses não fossem deuses como tal, mas visitantes alienígenas de algum planeta distante cuja tecnologia avançada teria sido confundida com magia ou com milagres. Jaynes também acreditava que os deuses não eram deuses reais, mas não deu atenção à hipótese extraterrestre. Em vez disso, afirmou sem rodeios:

> Os deuses são aquilo a que hoje damos o nome de alucinações. Geralmente, só são vistos e ouvidos pelos heróis específicos com quem estão conversando. Às vezes surgem em meio a brumas [...] como auras visuais que os precedem. Em outras ocasiões, porém, simplesmente ocorrem. Em geral, surgem como eles mesmos, comumente como simples vozes, mas às vezes como outras pessoas relacionadas de perto com o herói.[1]

A ideia, na tese de Jaynes, de que as vozes de espíritos seriam alucinações está intimamente associada com outra premissa. Jaynes estava convencido de que a consciência é uma característica humana adquirida em tempos relativamente recentes. Acreditava que ela seria um desenvolvimento evolutivo com não mais do que três mil anos de idade.

À primeira vista, isso parece pouco provável. A mais antiga civilização conhecida — a suméria — data aproximadamente de 4500 AEC. O Egito dinástico foi fundado por volta de 2925 AEC. Em meados do terceiro milênio AEC, floresceram culturas que usavam metais em Creta, nas Ilhas Cíclades e na parte sul do território banhado pelo Egeu. Até as civilizações relativamente recentes da América do Sul, cujo aparecimento em geral é considerado como posterior a 1500 AEC, surgiram numa época em que, segundo Jaynes, nenhum ser humano do planeta seria capaz de ter pensamentos conscientes. Mas Jaynes, que é professor de psicologia, argumenta que a consciência não é necessária nem mesmo para as tarefas mais complexas. Embora a consciência costume participar de atividades como percepção, julgamento, pensamento, raciocínio, aprendizado e assimilação de experiências, não é, na verdade, necessária para nenhuma delas.

Se, por exemplo, você fechar o olho esquerdo e focalizar o olho direito sobre a extremidade esquerda da página da esquerda deste livro, ainda assim terá consciência da passagem do texto entre as duas páginas abertas. Mas, se posicionar o indicador no começo de qualquer linha e movê-lo lentamente para a direita entre as páginas abertas, verá que existe uma área na qual a ponta do dedo some, reaparecendo novamente um pouco depois. Esse truque de ilusionismo está relacionado à estrutura física do olho humano, que tem um ponto cego em seu campo de visão. Como não gostamos de pontos cegos, preenchemos as lacunas quando eles surgem, um processo semelhante ao de um computador que preenche a parte faltante de uma imagem mediante deduções feitas sobre o resto dela. "Preenchido", o antigo ponto cego torna-se parte de sua percepção. E tampouco é fruto de ilusão. Embora a percepção não se dê mediante o processo normal, ou seja, com a luminosidade chegando à retina, ainda é uma analogia válida com aquilo que está na página impressa. Faça o olhar percorrer a linha horizontal e você será capaz de lê-la, sem ter de se preocupar com lacunas. Embora seja válido, porém, é uma percepção na qual a consciência não tem papel algum. Em outras palavras, você não percebe o ponto em branco e pensa que precisa preenchê-lo. O processo é totalmente inconsciente. Logo, a consciência nem sempre é necessária para a percepção.

A ideia de que o juízo é uma função consciente foi derrubada pelo psicólogo Karl Marbe no remoto ano de 1901 por meio de um experimento simples. Marbe pediu que um assistente lhe entregasse dois objetos pequenos e devolveu o mais leve deles depois de analisar cuidadosamente a maneira como chegou a essa decisão. Percebeu que estava ciente de muitas coisas a respeito dos dois objetos: a sensação contra a pele, a pressão para baixo exercida sobre a mão por causa da reação à gravidade, as irregularidades em suas formas e assim por diante. Mas no que concerne ao juízo desejado, percebeu que a resposta simplesmente estava lá, aparentemente inerente aos próprios objetos. Na verdade, o juízo foi feito pelo sistema nervoso central, num nível totalmente inconsciente.

Uma tentativa feita por outro cientista, H. J. Watt, de encontrar falhas no experimento de Marbe acabou levando à descoberta verdadeiramente espantosa de que o pensamento, aparentemente a atividade humana obviamente mais consciente, também não é um processo consciente. Watt suspeitou que julgar um peso não era algo inconsciente de fato, mas uma decisão consciente que se dava com tanta rapidez que os sujeitos de Marbe simplesmente se esqueceram de que a tinham tomado.

Para tentar provar sua teoria, criou uma série de experimentos de associação de palavras que permitiam ao processo ser secionado e examinado em quatro partes distintas. Os resultados desses experimentos mostraram que, se o sujeito soubesse de antemão o que era necessário fazer, o pensamento tornava-se totalmente automático. Surgia por conta própria assim que a palavra de estímulo era pronunciada. Como diz Jaynes, a pessoa pensa antes de saber no que deve pensar. Noutras palavras, os pensamentos não são conscientes. Em decorrência, nesse caso, como em muitos outros, a consciência não é necessária para nossos pensamentos.

Aparentemente, ela também não é necessária para o raciocínio. O célebre matemático francês Jules-Henri Poincaré disse à Sociedade de Psicologia de Paris que, numa viagem, solucionou um de seus problemas mais difíceis:

> Os incidentes da viagem fizeram com que me esquecesse do trabalho matemático. Após chegar a Coutances, entramos num ônibus... No momento em que pisei no degrau, ocorreu-me a ideia, sem que nada em meus pensamentos anteriores pareçam ter levado a ela, de que a transformação que eu usara para definir as funções fuchsianas era idêntica às da geometria não euclidiana.[2]

O processo pelo qual Poincaré chegou a essa conclusão não exige consciência. Tampouco os processos pelos quais foram descobertas as estruturas do átomo e da molécula de benzeno, ou a solução para o problema mecânico da construção de uma máquina de costura viável. Nesses três exemplos, as soluções surgiram em sonhos.

O aprendizado também não exige consciência. Na verdade, em alguns tipos de aprendizado, a participação da consciência acaba bloqueando o processo. Isso se aplica em especial àquilo que chamam de "aprendizagem de sinais", também denominado condicionamento ou, menos pejorativamente, de aprendizagem por experiência. Se você soprar o olho de alguém, essa pessoa vai piscar – é um reflexo involuntário. Se apontar um feixe de luz para o olho logo antes de soprar e o processo for repetido várias vezes, o olho começa a piscar com a luz, antes do jato de ar. O corpo do sujeito aprendeu que o estímulo está chegando e o antecipa, piscando. Mas não há envolvimento da consciência nesse processo de aprendizado. No que diz respeito ao sujeito, tudo acontece, pura e simplesmente. Além disso, se o sujeito tenta acelerar o processo piscando conscientemente após o lampejo de luz, o reflexo se dá mais devagar, se é que chega a ocorrer.

Podemos aprender muito mais do que ações reflexas sem a intervenção da consciência. Um estudo de caso encantador foi apresentado por Lambert Gardiner em *Psychology: A Study of a Search* (*Psicologia: Estudo de uma Pesquisa*), que fala dos alunos de uma classe de psicologia que resolveu ensinar seu professor que preferiam que ele ficasse em pé à direita do auditório. Toda vez que se movia para a direita, eles prestavam mais atenção ao que ele dizia e riam mais de suas piadas. Embora estivesse completamente inconsciente do que estava acontecendo, não tardou para que apresentasse a aula bem à direita do auditório, a ponto de quase sair pela porta.

Volta e meia, a assimilação da experiência está associada com a consciência – e, de fato, houve época em que os psicólogos *definiam* a consciência como a assimilação da experiência. Mas isso foi há muito tempo. Muito provavelmente, você usa um telefone e aplica toda a luz da consciência aos diversos números que digita. Mas você consegue dizer, sem olhar, que letras estão associadas a cada número do teclado? Você escova os dentes todas as manhãs: quantos dentes ficam visíveis no espelho do banheiro enquanto você os escova? Você é capaz de relacionar, também sem olhar, os objetos de adorno que tem na sua estante? Algumas tentativas como essas indicam com rapidez que a consciência é um instrumento muito pobre para assimilar as experiências cotidianas.

Muita gente percebe na mesma hora se um relógio da casa para de funcionar, mesmo que seu tique-taque não tenha impregnado sua consciência ao longo dos anos. Só perceber o funcionamento do relógio quando ele para parece uma piada, mas demonstra claramente que a assimilação da experiência (o fato de o relógio parar) pode muito bem acontecer sem a consciência. Isso fica demonstrado com mais clareza ainda pelo uso da hipnose em situações como o sumiço das chaves do carro. Em transe, as pessoas podem ser persuadidas a se recordar do lugar onde as deixaram, embora não tenham noção consciente de sua localização. A experiência de deixar as chaves em algum lugar não foi registrada de modo consciente, mas mesmo assim foi registrada com precisão.

Fica claro, assim, que a consciência é desnecessária para a sobrevivência, mesmo num dia muito agitado. Com efeito, observa-se que a consciência não só é desnecessária na vida cotidiana, como fica inesperadamente ausente de boa parte dela. Ao dirigir um carro, por exemplo, o motorista não está mais ciente das diversas complexidades envolvidas. Ele não pensa conscientemente em pisar no freio, mudar de marcha ou deslocar o volante por tantos centímetros no sentido dos ponteiros do relógio. Essas coisas, no que diz respeito à consciência, apenas acontecem — embora a consciência possa se sobrepor a qualquer uma delas, ou a todas, à vontade. O mesmo se aplica a atividades como andar de bicicleta, esquiar, datilografar ou operar máquinas, por mais complexas que sejam, com as quais estamos familiarizados. É como se, na vigília, estivéssemos acompanhados por um robô invisível ao qual podemos delegar o controle de funções com as quais preferimos não nos envolver pessoalmente.

A forte pressão pela sobrevivência leva-nos a delegar o máximo que podemos ao robô, pois em geral ele pode executar as tarefas bem melhor do que o indivíduo. Todos se lembram da época em que estavam aprendendo a dirigir. Cada operação precisava ser levada a cabo conscientemente, com um investimento significativo de memória e de atenção. Era preciso lembrar de pisar na embreagem antes de engatar uma marcha. Era preciso estimar (ou ler num mostrador) a rotação do motor a fim de que essa operação pudesse ser feita confortavelmente. Era preciso julgar as distâncias e a largura do veículo de modo exato e contínuo. O processo era um pesadelo, e, enquanto era realizado conscientemente, o motorista dirigia mal e com dificuldades.

O mesmo processo fica evidente no bebê que está aprendendo a andar. É um processo que nos dá pena, repleto de tropeções e quedas. Mas todo adulto já foi isso, um animal bípede que consegue engatinhar, mas não andar. Com o instinto e incentivos, aprendemos, mas aprender — neste caso, bem como em tantos outros — significou entregar o controle ao robô. Com relação a andar, dominamos a técnica tão bem que, diferentemente do ato de dirigir, a consciência não consegue interferir no processo. O fato curioso é que os adultos não têm mais a menor ideia de como é andar. Eles decidem onde querem ir, claro, e quando, mas o processo que estabelece seu equilíbrio, contrai seus músculos e promove controles de *feedback* sutis e contínuos está tão fora de nosso alcance quanto a superfície da lua.

Evidentemente, se há coisas, como dirigir um carro, que o robô consegue fazer melhor, há coisas como andar que o robô pode fazer perfeitamente e o indivíduo não consegue. Este fato nos estimula a delegar cada vez mais tarefas ao controle do robô. Às vezes, isso é feito de maneira consciente. O zen-budismo, aplicado a coisas como a prática do arco e flecha, é um bom exemplo. Estimula-se o praticante do zen a não mirar no alvo, mas a "ser um só com ele", deixando o alvo "atrair a flecha".[3] Na verdade, é um processo onde entregamos o arco ao robô, que é bem mais habilidoso e preciso do que o arqueiro. Sistemas de esporte mais modernos, como o tênis mental — que permite aos jogadores ensaiarem sua técnica imaginariamente antes de pô-la em prática fisicamente —, visam, em essência, o mesmo resultado. Atletas de todos os tipos concordam prontamente quando se diz que atingem seu ápice quando deixam de pensar — e de se preocupar — com seu jogo.

Enquanto estamos discutindo características motoras, a situação é aceitável. Na verdade, é absolutamente necessária. O problema surge quando o robô começa a pensar. O pensamento robótico não é nem um pouco incomum. Há exemplos crassos abundantes no discurso da política e da religião, em que praticantes entusiasmados entoam lemas uns para os outros, sob a impressão confortável de que estão mantendo uma discussão. Com efeito, estão simplesmente sentados na arquibancada de uma batalha entre robôs.

Outros exemplos são mais sutis e, consequentemente, mais perigosos. Quantas vezes já não nos flagramos repetindo como papagaio uma opinião que, na verdade, era a de um jornalista cuja coluna lemos naquela manhã? Quantas vezes as palavras refletiram uma reação impensada a algum estímulo que afetou as pessoas de uma maneira que elas nem sequer começaram a compreender? Quantas vezes passamos o dia com um vizinho falando do tempo ou do jardim sem outro impulso consciente além do apertar do botão *play* num gravador? Em todas essas situações familiares, quem falou mesmo foi o robô.

É triste dizê-lo, mas o robô é uma criatura extremamente útil, sempre disposta a tirar o fardo dos ombros conscientes. Respira, anda, dirige o carro, fala, até pensa por nós, e, a menos que tomemos muito cuidado, segundo dizem os psicanalistas, vive a vida por nós. Para o professor Jaynes, porém, essa volta à vida robótica e inconsciente é uma regressão evolutiva, um reflexo pessoal da maneira como as coisas eram antes para toda a humanidade. Antes de 1000 AEC, aproximadamente, todos entregavam sua vida *inteiramente* ao robô, sem ter esperança alguma de despertar para assumir o comando. A consciência, tal como a conhecemos, simplesmente não existia.

Nesse curioso estado psicológico, os humanos passavam de uma existência primitiva de caçadores-coletores para o desenvolvimento da agricultura, a criação de aldeias, depois vilas e, mais tarde, civilizações urbanas... sem um único pensamento consciente. Mas não sem ajuda. Segundo Jaynes:

> Vontade, planejamento, iniciativa [eram] organizados sem qualquer consciência, e depois eram "contados" ao indivíduo em sua linguagem familiar, às vezes com a aura visual de um amigo familiar, de uma figura de autoridade ou "deus", ou eventualmente apenas como uma voz. O indivíduo obedecia essas vozes alucinadas porque não conseguia "enxergar" sozinho o que precisava fazer.[4]

Esse é um conceito excitante que pode ajudar a solucionar o dilema das vozes ouvidas por tanta gente ao longo da História. Mas haverá evidências para apoiá-lo?

Jaynes usou a escavação feita em 1959 de um sítio mesolítico em Eynan, a vinte quilômetros do mar da Galileia, em Israel, como fundamento importante para suas conclusões. Os restos descobertos pertenciam à cultura natufiana (que recebeu o nome de outro sítio em Israel), mas eram diferentes de tudo o que se vira antes. Os natufianos eram caçadores-coletores, e, até então, imaginava-se que usassem armas de pedra lascada e vivessem na entrada de cavernas. Mas as escavações revelaram evidências que mudaram completamente o cenário. O que os arqueólogos encontraram não era um sítio de nômades, mas uma cidade permanente — a primeira de três que seriam encontradas —, com casas circulares feitas de pedra. Entre as estruturas nessa comunidade primitiva, encontrava-se aquele que, segundo Jaynes, seria o mais antigo exemplo conhecido de túmulo real. Suspeita-se que essa estrutura pode ter sido construída em estágios, e cada estágio assinalaria uma forma de desenvolvimento religioso. Na câmara mais interna, e portanto mais antiga, havia dois esqueletos. Um era de uma mulher usando um adorno de cabeça feito de conchas. O outro pertencia a um homem adulto. Os arqueólogos analisaram a natureza elaborada do túmulo e concluíram que os indivíduos ali enterrados deveriam ser o primeiro rei do mundo e sua consorte.

Jaynes foi além. Alegou que esse não seria apenas o primeiro rei do mundo, mas o primeiro *deus*-rei do mundo. Para compreender por que ele chegou a essa conclusão, precisamos incluir, no contexto de sua teoria, a ideia de que, na época em que a cultura natufiana floresceu, a humanidade não tinha consciência.

Como seria esse estado? Já vimos com que facilidade qualquer um de nós pode entrar no modo robótico, mas hoje essa condição é sempre temporária. Despertamos com frequência suficiente para aceitar que a vigília é nosso estado natural. Na verdade, para muitos de nós, ela parece ser nosso único estado, pois as fases de comportamento robótico tendem a ser esquecidas. Ademais, um acesso robótico não nos priva por completo da consciência — só da consciência da tarefa que o robô esteja executando. A lanterna de busca em nossa mente acaba se dirigindo para outro lugar, para pensar em outro problema, planejar o dia no escritório, fantasiar sobre um ente querido. Ela não desliga nunca. Mas, quando o robô assumia inteiramente o controle, tal como Jaynes acredita ter sido o caso na maior parte da história da humanidade, as coisas eram bem diferentes.

Jaynes afirmou que essas pessoas viviam sem nenhuma noção de ego, nenhum "fluxo de consciência" joyciano a manter um diálogo interior. O estado inconsciente influenciava sua experiência da memória. Obviamente, não havia nada parecido com uma recordação consciente, nenhuma decisão a ser lembrada, nenhum esforço para procurar a palavra na ponta da língua. Uma função sempre era e sempre seria uma questão de estímulo e reação. E, quando se viam numa nova situação, eram orientados pela voz da autoridade.

Esse é um dos aspectos mais interessantes da teoria de Jaynes. Hoje, "ouvir" ou "ver coisas" em geral sugere a necessidade de tratamento num hospital psiquiátrico, mas tais sintomas indicam apenas insanidade em pessoas profundamente perturbadas — e, às vezes, nem nelas. Malgrado a escassez de pesquisas formais sobre o assunto, uma enquete com base em 15 mil entrevistas mostrou que 7,8% dos homens saudáveis e 12% das mulheres saudáveis tiveram alucinações. As alucinações visuais foram duas vezes mais frequentes do que as auditivas, e a maior incidência deu-se entre as idades de 20 e 29 anos. Diferenças nacionais revelaram que russos e brasileiros tiveram muito mais alucinações do que a média geral. Em todos os casos, as pessoas envolvidas tinham saúde física e mental.

A descoberta de que é possível remover partes do cérebro direito sem interferir no bem-estar geral do paciente levou os primeiros psiquiatras a concluir que boa parte do hemisfério direito do cérebro era desnecessária, pura e simplesmente. Jaynes acreditava que o espelho da Área de Wernicke no hemisfério direito servia para organizar a experiência — incluindo as interações com figuras de autoridade, como chefes tribais — e codificá-la em "vozes" admonitórias. Estas, por sua vez, eram transferidas pelo *corpus collosum* e recolhidas, ou seja, "ouvidas", pela Área de Wernicke no hemisfério esquerdo. Em suma, o "Wernicke" do hemisfério direito era um gerador de alucinações, mas as alucinações propriamente ditas eram benéficas e orientadas para a sobrevivência.

É fácil compreender a necessidade de um mecanismo de codificação que permita ao indivíduo beneficiar-se da experiência. Sem ele, talvez não conseguíssemos sobreviver. Mas, depois que compreendemos a natureza dos dois hemisférios, fica fácil compreender como esse mecanismo específico de codificação levou à crença nos deuses. Segundo nossa perspectiva atual, podemos compreender que as mensagens transmitidas pelo *corpus collosum* foram uma amálgama de experiências pessoais de vida com as instruções dos superiores tribais ou familiares do indivíduo. Mas não foi assim, evidentemente, que eles vivenciaram a experiência. A transferência para a Área de Wernicke fazia com que fossem ouvidas tal como ordens pronunciadas e confundidas com o discurso objetivo. A "voz" poderia até ser a de um parente, vivo ou morto, de um sábio, chefe, rei ou alguma outra figura de autoridade, mas, fosse qual fosse a forma com que se apresentasse, sempre traria a numinosidade adicional do hemisfério direito do cérebro. Até hoje, o contato com esse hemisfério — na forma de uma inspiração, por exemplo — provoca uma sensação de reverência. O hemisfério esquerdo, pobre e banal, não é usado nos fogos de artifício da criatividade. A sensação desse contato, dado na forma de instruções alucinatórias, deve ter sido tão notável, que não foi à toa a conclusão de nossos ancestrais de que ouviam um deus. Chegaram a essa conclusão, imaginou Jaynes, se não em Eynan em 9000 AEC, então num momento e num local bem próximos. Mas foi Eynan que nos proporcionou a evidência. No túmulo do rei, os ossos da mulher indicam que ela foi acomodada mais ou menos como se espera, deitada de costas para o repouso eterno. O homem, não. Foi enterrado soerguido e apoiado por pedras.

À primeira vista, é difícil entender por que uma tribo se daria ao trabalho de fazer isso com o corpo de seu rei morto. Mas Jaynes imaginava ter achado a resposta. Enquanto o rei vivia, sua voz — a voz da autoridade imediata — era incorporada às alucinações de seus seguidores. Quando morreu, a voz permaneceu. Para seus seguidores, a conclusão era óbvia. O rei não estava morto. Deixaram sua cabeça levemente erguida para poder continuar a lhes dar ordens. E, num dado momento, sua evolução intelectual chegou a um ponto que lhes permitiu chegar a uma conclusão ainda mais importante. Como a voz alucinatória continha a numinosidade associada ao hemisfério direito, a tribo acabou percebendo que um rei morto era um deus-rei.

Depois desse início primitivo, brotou praticamente todo o edifício religioso do pensamento humano. A crença na sobrevivência à morte, em espíritos ancestrais e na realidade de uma divindade ou divindades — tudo se apoia nessa base alucinatória, ela mesma incrustada em nossa estrutura cerebral. Nossos ancestrais não precisavam de fé. Conheciam essas coisas através da experiência pessoal.

O fundamento psicológico da teoria de Jaynes baseia-se parcialmente na descoberta de que o cérebro humano divide-se em dois hemisférios, cada um com uma função específica e um modo próprio de atividade mental. Em suma, há duas identidades dentro do crânio. Em geral, uma coopera com a outra tranquilamente. Em 95% da população, o hemisfério esquerdo está associado com o pensamento lógico, o raciocínio, a fala e a consciência. O hemisfério direito é a metade criativa da dupla, proporcionando funções como intuição, valores estéticos, visões e sonhos — coisas do inconsciente. É importante compreender que as "entidades" que "habitam" *ambos* os hemisférios são capazes de pensar e raciocinar, mas aquela que os seres humanos mais percebem e consideram como sua identidade é personificada pelo hemisfério esquerdo.

No hemisfério esquerdo, há três áreas relacionadas com a função da fala. A mais importante é a Área de Wernicke, uma parte do lobo temporal esquerdo situada acima e atrás do ouvido esquerdo. Ela armazena e processa vocabulário, sintaxe, significado e compreensão. Destrua-a num adulto, e ele não será mais capaz de falar com coerência. Mas, se toda a parcela do hemisfério direito correspondente à Área de Wernicke for removida — como já foi feito cirurgicamente para tratar certas condições —, não acontece muita coisa. Habilidades como falar e pensar verbalmente não são afetadas.

Esta, portanto, é a explicação dada por Jaynes para a natureza e a origem dos espíritos. Em uma síntese simples, essas vozes espirituais são alucinações autogeradas, e o mundo espiritual está firmemente localizado na maleável matéria cinzenta do hemisfério direito do cérebro. Mas, embora soe racional, é uma explicação que não se sustenta.

A primeira vez que Julian Jaynes resumiu suas ideias sobre a consciência emergente da humanidade foi numa palestra na Associação Norte-Americana de Psicologia em Washington, em 1969. A receptividade foi tão positiva que ele se sentiu estimulado a publicar um trabalho bem mais completo em 1976. Apesar do título discreto e difícil de memorizar, *The Origin of Consciousness in the Breakdown of the Bicameral Mind* (*A Origem da Consciência no Colapso da Mente Bicameral*) gerou tanto interesse que foi publicado em brochura. A reação da crítica foi generosa, para dizer o mínimo. Uma resenha sugeriu que sua teoria poderia se tornar a ideia mais influente apresentada na segunda metade do século XX. Outra disse que suas evidências eram "convincentes". Uma terceira comparou-o a Freud em sua capacidade de gerar uma nova visão acerca do comportamento humano. Contudo, por mais impressionante que fosse, há furos no caso apresentado por Jaynes.

Embora tenha sido o fato de ter lido a *Ilíada* que o fez pensar pela primeira vez na origem da consciência humana, Jaynes decidiu iniciar suas evidências históricas com o sítio funerário mesolítico de Eynan. Esse foi seu primeiro erro. Na década de 1960, quando Jaynes começou a examinar a evidência, o consenso arqueológico da Pré-história baseava-se na premissa de que as estruturas políticas e as crenças religiosas eram mais ou menos semelhantes às dos tempos históricos. Especificamente, presumia-se que os governantes, fossem chefes tribais ou reis primitivos, eram homens.

Essa premissa estava tão arraigada que, quando os arqueólogos descreveram seu estudo sobre a Creta minoica, referiram-se constantemente a uma linhagem de reis, malgrado o fato de nunca ter sido encontrada uma única representação de governante do sexo masculino. Quando as evidências a favor do envolvimento de mulheres na vida política ficaram fortes demais para serem ignoradas, foram justificadas pela sugestão de que as mulheres podem ter ficado incumbidas do poder enquanto seus maridos estavam no mar. Mais uma vez, a conclusão não teve o apoio das evidências. Esse chauvinismo onipresente, mesmo que seja quase inconsciente, até hoje caracteriza a arqueologia. Por certo, é uma característica da análise do sítio funerário de Eynan feita por Jaynes.

No túmulo, os arqueólogos escavadores encontraram dois esqueletos humanos, um masculino e um feminino. Tendo em vista a natureza sofisticada da estrutura, obviamente seriam personagens importantes. Jaynes presumiu também ser óbvio que o homem era o mais importante dos dois. O homem é que fora identificado como rei e, como estava enterrado de maneira incomum, a fundamentação para a teoria da voz alucinatória estava bem assentada. Como rei, representava em vida a figura suprema de autoridade. Seus sujeitos bicamerais (inconscientes) funcionavam sob as instruções de seu líder e, quando este morreu, a dor da perda fez com que tivessem alucinações com sua voz. Na verdade, não há absolutamente nenhuma evidência a sugerir que o homem era o mais importante dos dois, mas sim o contrário: a mulher é que vestia um adorno de cabeça. A única coisa significativa sobre o homem – o que parece muito pouco importante se despojada das especulações complexas de Jaynes – é que ele não foi enterrado deitado. Sua cabeça estava apoiada num travesseiro de pedras, com outras pedras empilhadas na parte inferior de seu corpo.

Desde a época em que Eynan foi escavada pela primeira vez, vêm sendo reunidas evidências substanciais de que nossos ancestrais remotos acreditavam, quase exclusivamente, numa divindade feminina. Em Çatal Hüyük, por exemplo, James Mellaart descobriu restos de templos neolíticos datados aproximadamente de 6500-5800 AEC. Grandes figuras de deusas aparecem em alto-relevo nas paredes. Uma série de estatuetas de pedra e terracota encontradas nesses templos representam figuras femininas, às vezes acompanhadas por leopardos. A principal divindade desse povo neolítico era uma deusa, evidentemente, uma senhora dos animais. Seu caráter foi claramente revelado numa placa de xisto entalhada que representava duas cenas: um casamento sagrado e uma mãe com seu filho. Em Hacilar, perto do lago Burdur, uma cultura um pouco posterior revelou outras estatuetas de deusas associadas a felinos.

A ideia de que nossos ancestrais acreditavam que Deus era mulher foi uma pílula amarga para os arqueólogos. Eles foram mudando de posição: da hipótese de divindades femininas representarem uma aberração local, para a ideia de que pode mesmo ter existido um culto à deusa, até, finalmente e com enorme relutância, à posição atual, segundo a qual a Pré-história foi caracterizada por uma veneração quase mundial à Grande Deusa. Como as estruturas políticas são desdobramentos do pensamento humano, e o pensamento humano é um desdobramento da crença humana, é provável que na época da adoração da Deusa as mulheres estivessem investidas de autoridade temporal. Isso significa que, no sítio funerário de Eynan, é bem mais provável que a mulher deitada com o adorno na cabeça fosse a rainha da comunidade do que o homem. Na melhor hipótese, pode ter sido um consorte com algum prestígio, mas provavelmente sem muita autoridade real. Do mesmo modo, pode ter sido filho da mulher ou o equivalente natufiano de um parceiro eventual. Nessas circunstâncias, o apoio na cabeça não teria importância alguma.

Mas esse não é o único ponto fraco no caso de Jaynes. O aspecto psicológico de sua tese geral baseia-se na premissa de que o colapso da mente bicameral deu-se principalmente com a invenção da escrita. Na época em que desenvolveu suas ideias, o consenso ortodoxo era de que a escrita foi inventada na Suméria em algum momento do terceiro milênio AEC. Isso se coadunava bem com suas outras evidências, que parecem mostrar uma mudança gradual na atividade mental humana desde essa época até 1300 AEC, quando o colapso bicameral se disseminou e ficou bem evidente. Em 1979, porém, surgiram indicações de que a escrita teria sido inventada bem antes do que admitia o consenso ortodoxo. Os pesquisadores norte-americanos Allan Forbes Jr. e T. R. Crowder encontraram uma escrita até então não identificada incorporada à arte paleolítica superior. É de notar que essa descoberta inesperada não seja uma série de glifos toscos, mas tenha todas as indicações de um alfabeto desenvolvido. A implicação é que a escrita mais antiga deve ter precedido o Paleolítico Superior por uma margem substancial.

Essas descobertas norte-americanas foram apoiadas por um volume crescente de evidências provenientes de outros campos. Ainda em 1956, outro pesquisador norte-americano, o professor Charles Hapgood, mandou seus alunos analisarem diversos mapas antigos que pareciam apresentar algumas características curiosas e anômalas. Embora tenha publicado os resultados de seu trabalho em 1966, estes não foram bem recebidos — sequer discutidos abertamente — pelos colegas acadêmicos. E isso não deve surpreender. Hapgood concluiu, contra o consenso sólido de sua época, que os mapas continham evidências de uma civilização avançada (sem paralelo na Europa antes da segunda metade do século XVIII) que florescera na Era Glacial.

Segundo se convencionou, a última Era Glacial terminou há cerca de dez mil anos. Para ter florescido durante essa era, logicamente a civilização perdida de Hapgood precisaria ter se estabelecido numa época bem mais remota. Isso também parece ter apoio em abundantes evidências.

No alto dos Andes bolivianos, por exemplo, encontram-se as ruínas ciclópicas de Tiahuanaco, antiga cidade construída usando técnicas arquitetônicas e de engenharia que a tornaram à prova de terremotos, algo que mesmo hoje temos dificuldade para igualar. Em virtude da sofisticação das construções, no início os arqueólogos supuseram que Tiahuanaco teria uma origem recente e dataram sua fundação em 150 AEC, com um padrão de crescimento que se estendeu até 900 EC. Entretanto, essa datação não resistiu a estudos sérios. O problema é que uma vasta área de Tiahuanaco — chamada Kalasasaya — funcionava como observatório astronômico. A maioria dos arqueólogos modernos aceita isso sem questionamentos, mas um deles, Arthur Posnansky, resolveu usar as antigas observações registradas nas pedras para datar o sítio. Suas estimativas iniciais indicam que a cidade funcionava em 15000 AEC.

Ruínas de Tiahuanaco, na Bolívia, que segundo alguns teriam mais de dezessete mil anos.

Apesar de sua descoberta ter sido aceita pelo governo boliviano, os colegas acadêmicos de Posnansky não se mostraram muito convencidos. Um deles, um astrônomo alemão chamado Rolf Muller, mostrou que os cálculos poderiam apontar facilmente para uma data em torno de 9300 AEC. Mesmo esse cálculo indicaria a existência de uma sofisticada cultura urbana com técnicas avançadas de construção na Era Glacial, exatamente como Hapgood previu a partir de seus mapas. Mas o próprio Muller entendeu que a evidência também *poderia* ser interpretada para apoiar a data anterior sugerida por Posnansky. A única razão real para questioná-la é que ela pareceu incrível.

Incrível ou não, a datação de 15000 AEC para Tiahuanaco foi superada por uma datação muito curiosa da antiga civilização egípcia apresentada pelo sacerdote ptolomaico Maneto. Ao contrário do que se pensa na egiptologia moderna, que data a unificação do Egito e a fundação do período dinástico aproximadamente em 3100 AEC, Maneto afirmou que antes dos faraós que conhecemos houve uma linhagem de monarcas pré-dinásticos que governou por um período próximo a catorze mil anos. Se esse número estiver correto, dataria a civilização egípcia em dois mil anos antes da "fantástica" data calculada por Posnansky para Tiahuanaco — novamente, nas profundezas da Era Glacial.

Como a civilização perdida de Hapgood não foi datada com precisão, é interessante ver que Maneto afirmou que os governantes pré-históricos foram precedidos por uma dinastia de "Reis-Hórus" que remontaria a outros quinze mil anos. Ainda assim, esses números extraordinários são conservadores se comparados com aqueles apresentados numa fonte muito mais antiga, o Papiro de Turim. Esse papiro, que parece ter sido escrito por volta de 1400 AEC, concorda mais ou menos com Maneto, indicando um reino de 13.400 anos para os faraós pré-dinásticos. No entanto, os Reis-Hórus teriam iniciado seu reinado cerca de 23 mil anos antes, dando para o Egito antigo uma data de fundação por volta de 36400 AEC. Nem é preciso dizer que, embora a egiptologia aceite as duas fontes como guias confiáveis para os reis do Egito dinástico, descarta as datas anteriores como fantasiosas.

Nos últimos anos, porém, a visão ortodoxa tem sofrido ataques cada vez mais violentos. Os críticos têm falado do mistério, há muito aceito e há muito também ignorado, que cerca o desenvolvimento da cultura egípcia. A arqueologia do Vale do Nilo não indica os desenvolvimentos esperados, estágio após estágio, que levam primitivos caçadores-coletores até sofisticados moradores urbanos. Em vez disso, toda a edificação — inclusive as técnicas de engenharia que construíram as pirâmides — parece ter brotado do nada. Como isso é manifestamente impossível, fez-se a sugestão de que a civilização teria se desenvolvido em outro lugar e migrado para o vale por volta de 3100 AEC. Se essa sugestão for correta, decorre daí que a civilização em si seja mais velha — possivelmente bem mais velha — do que é aceito pelo consenso ortodoxo.

O apoio para essa visão não foi dado por um egiptólogo, mas por um geólogo. Pediram ao professor Robert Schoch, de Boston, que datasse a Grande Pirâmide de Gizé com base nos padrões de desgaste causado pelas intempéries, e ele apresentou uma data mínima de 5000 AEC. Achou que haveria uma clara possibilidade de ser até dois mil anos mais velha. Essas datas podem parecer conservadoras se comparadas com aquelas apresentadas no Papiro de Turim, mas mesmo assim têm milhares de anos a mais do que admite o consenso ortodoxo.

Embora figuras como a Esfinge e ruínas misteriosas como Tiahuanaco tenham capturado a imaginação do público, representam apenas a ponta de um *iceberg* de evidências que indicam hoje a existência de uma cultura pré-histórica bem mais sofisticada do que se costuma acreditar. Essa evidência é examinada bem mais detidamente em dois de meus livros anteriores.[5]

Extraía-se cobre na Sérvia, antes do sílex. Há minas pré-históricas de cobre no Lago Superior e na Califórnia, Arkansas, Novo México, Missouri, Illinois, Indiana, Georgia, Nova Jersey e Ohio. Também foram encontradas fundições pré-históricas de ferro. Extraía-se manganês perto de Broken Hill, na Zâmbia, há 28.130 anos.

Em 1987, os arqueólogos Lawrence Barfield e Mike Hodder, da Universidade de Birmingham, escavaram uma sauna pré-histórica. Outra foi descoberta nas Ilhas Órcades.

Há evidências de que o cavalo foi domesticado na Europa em algum momento antes de 15000 AEC. Um desenho rupestre em La Marche, na França, mostra um cavalo com bridão, assim como entalhes pré-históricos encontrados na gruta de Marsoulas e em S. Michel d'Arudy.

Túmulos na Nova Caledônia e na Ilha de Pines, no sul do Pacífico, continham mais de quatrocentos cilindros artificiais de *cimento* com treze mil anos de idade. Há estradas pré-históricas pavimentadas em Iucatã, na Nova Zelândia, no Quênia e em Malta. Há um tanque de água no Sri Lanka com uma superfície equivalente à do lago Genebra. Há mais de 273 mil quilômetros de aquedutos subterrâneos com milhares de anos no Irã.

E não são apenas as evidências que apontam para uma civilização pré-histórica de alto nível, dotada de capacidade técnica significativa. Há indicações claras de que nossa espécie tem uma história sobre o planeta muito mais longa do que a ciência ortodoxa admite atualmente. Em 1969, por exemplo, doze pegadas fósseis datadas de 1.000.000 AP foram descobertas entre Woolongong e Gerringong, na Austrália. Um ano depois, operários que construíam uma represa perto de Demirkopru, na Turquia, descobriram um grupo de pegadas humanas impressas na cinza vulcânica. Têm 250 mil anos. Em 1997, artefatos humanos com 116 mil e 176 mil anos de idade foram encontrados no sítio Jinmium no Território do Norte da Austrália. Descobertas na Sibéria, Inglaterra,

França e Itália indicam a habitação humana desses países antes de 1.000.000 AP, época em que a maioria dos cientistas ortodoxos acredita que os primeiros hominídeos (*Homo erectus*) estavam apenas começando a sair da África. Inglaterra, Bélgica, Índia, Paquistão e Itália são apenas alguns dos países que produziram armas e outros implementos em estratos mais antigos do que os dois milhões de anos normalmente atribuídos à evolução do *Homo habilis*, o primeiro usuário de ferramentas.

Tudo isto — e torno a enfatizar que o que mostrei representa apenas uma pequena reunião de exemplos escolhidos em meio a um grande conjunto de evidências — parece tornar caso encerrado a simplista progressão linear da evolução humana sobre a qual Jaynes desenvolveu suas teorias. Se você aceitar a imagem ortodoxa da Pré-história, é fácil compreender por que ele achou que as comunidades primitivas de caçadores-coletores — que, supostamente, representariam o maior desenvolvimento da humanidade antes de 7000 AEC, aproximadamente — eram caracterizadas por uma mente bicameral. Também é fácil identificar as linhas de evidência que o levaram a concluir que o aparecimento de comunidades urbanas de grande porte (por volta de 5000 AEC) começou a pressionar as antigas estruturas bicamerais, enquanto o desenvolvimento da escrita acabou levando-as ao colapso.

Depois que se percebe que o cenário ortodoxo dessa progressão linear está errado, aquilo que parecia ser uma evidência de apoio à teoria de Jaynes cai por terra. Se a civilização urbana e a invenção da escrita foram fatores cruciais para o desenvolvimento da consciência, então a consciência não se desenvolveu entre 3000 e 1300 AEC, mas sim com o surgimento de uma civilização avançada — e, segundo Hapgood, global — nas profundezas remotas da Era Glacial.

Porém, as novas ideias sobre a Pré-história lançam dúvidas apenas sobre o surgimento da consciência idealizado por Jaynes. Deixam intacto, no entanto, todo o seu corpo de pesquisa sobre a experiência humana de vozes e visões. Isto é bem estranho, pois significa que o exame da história antiga feito por Jaynes revelou algo extraordinário. Mostrou, a partir da análise de inscrições e de textos, que houve um momento na história registrada em que praticamente todos podiam ouvir vozes de "espíritos" e, às vezes, ter visões de "espíritos". Ele também mostrou que essa habilidade se atrofiou lentamente — ou, se preferir, que os "espíritos" se afastaram de modo gradual. Sua análise sugere que desapareceram junto com o último dos grandes oráculos. Mas sabemos que não foi o que aconteceu. Ao longo da história humana, para o bem ou para o mal, as vozes nunca cessaram. Nessas circunstâncias, temos razão em perguntar se a raça humana é insana, pois nossas objeções à teoria de Jaynes referem-se apenas à sua postulação da mente bicameral. Elas deixam em aberto, no entanto, a possibilidade de as alucinações se originarem em outro lugar.

25. ESPÍRITOS DA MENTE PROFUNDA

Em 1895, Carl Gustav Jung, então com 20 anos, começou a estudar medicina na Universidade da Basileia, mas eventos em sua juventude já haviam dirigido sua atenção para a possibilidade de uma carreira em psiquiatria, uma profissão que, na época, não era tão bem-aceita. Cinco anos depois, trabalhava no Burghölzli, hospital psiquiátrico em Zurique, fazendo pesquisas para sua tese de doutorado, mais tarde publicada com o título de *On the Psychology and Pathology of So-Called Occult Phenomena* (*Sobre a Psicologia e a Patologia dos Fenômenos Ditos Ocultos*). O objeto de sua pesquisa foi sua prima de 15 anos, Helene Preiswerk, que começou a fazer experiências com mesas girantes em julho de 1899 e um mês depois já mostrava sinais de sonambulismo mediúnico. Jung participou de suas sessões quase desde o começo, anotando com cuidado os fenômenos que ela produzia.

O primeiro contato espiritual de Helene foi com Samuel Preiswerk, seu avô, que ela não chegou a conhecer em vida. Testemunhas que o conheceram disseram que ela apresentava a voz e os gestos com precisão. Ao que parece, ela era o que o movimento espiritualista chama de "médium de voz direta" — ou seja, os espíritos assumiam o controle de suas cordas vocais enquanto estava em transe e falavam diretamente com os participantes por seu intermédio. Dessa maneira, ela "trouxe de volta" diversos membros falecidos da família, vários dos quais falavam alto-alemão impecável, em contraste marcante com o dialeto da Basileia falado por Helene. As sessões foram tão impressionantes que as pessoas começaram a lhe pedir conselhos, algo que, pela idade dela, não seria de espe-

O jovem C. G. Jung, que concluiu seu doutorado com uma tese sobre mediunidade.

rar. Em pouco tempo, começou a exibir uma mediunidade diferente, na qual mantinha-se consciente do ambiente, mas assumia uma nova *persona* chamada Ivenes, que era discreta, digna e mais madura.

Em setembro de 1899, alguém lhe deu de presente um exemplar de *A Vidente de Prevorst*, de Kerner, e suas manifestações tornaram a mudar. Ela passou a se magnetizar com passes de mesmerização durante as sessões e, talvez como consequência, começou a falar uma língua totalmente desconhecida.[1] Em sua *persona* de Ivenes, afirmou ter visitado Marte, onde vira pessoalmente os grandes canais e as máquinas voadoras de sua civilização avançada.[2] Afirmou ter feito viagens interestelares, além de ter visitado mundos espirituais onde recebeu instruções de "espíritos claros" e orientou "espíritos sombrios". Jung comentou que os espíritos que se manifestavam por meio dela eram geralmente de dois tipos distintos — renitentes e exuberantes —, segundo as flutuações de humor da personalidade de Helene, que era um tanto volátil.

Enquanto isso, Helene começou a apresentar recordações detalhadas do que seriam suas vidas passadas. Fora uma mártir cristã na época de Nero, uma nobre francesa do século XIII chamada Madame de Valours, que foi queimada como bruxa, uma jovem seduzida por Goethe e várias outras. Em muitas dessas encarnações, teve filhos, que por sua vez tiveram descendentes; assim, num período de poucas semanas, ela formou uma complexa rede de genealogias que chegavam até sua própria época. Às vezes, essas linhagens ficavam bem complicadas. Como mãe do filho ilegítimo de Goethe, por exemplo, ela se tornou a bisavó de Jung.[3] Como Madame de Valours, foi mãe de Jung numa encarnação anterior. E outras complexidades viriam a seguir. Em março de 1900, começou a elaborar a própria cosmologia. Nessa época, Jung parou de frequentar suas sessões, mas seis meses depois Helene foi flagrada cometendo fraudes ao começar a produzir *aportes*, pequenos objetos que teriam sido transportados misticamente à sala de sessões por ajudantes espirituais.

Jung interpretou a totalidade dos fenômenos produzidos por Helene à luz das teorias psiquiátricas alemã e francesa da época, com base em desenvolvimentos e experimentos datando de mais de um século, época em que Franz Anton Mesmer imaginava que suas curas eram realizadas por intermédio de um fluido invisível. Seu principal discípulo, Armand-Marie-Jacques de Chastenet, marquês de Puységur, pensava de forma diferente. No verão de 1785, quando a Loja Maçônica de Estrasburgo lhe pediu que transmitisse a seus membros os princípios do magnetismo animal, ele sintetizou toda a doutrina em duas palavras: *crença* e *desejo*. "Acredito que tenho o poder de acionar o princípio vital noutros homens; quero usá-lo; esta é toda a minha ciência, todos os meus meios."[4] Ele interpretou certas condições e suas curas em termos de processos psicológicos, e não físicos. Ao fazê-lo, embora este fato raramente seja reconhecido, assentou as bases da moderna teoria psiquiátrica.

Puységur também desenvolveu uma técnica prática. A cura por mesmerização baseava-se principalmente na produção de uma série de crises no paciente, que então tinha convulsões violentas, melhorava de saúde e finalmente era curado. Enquanto Puységur tentava induzir uma crise convulsiva num camponês de 23 anos chamado Victor Race, cuja pequena crise respiratória ele tratava, o paciente teve uma reação muito peculiar. Em vez de ter convulsões, entrou num estado de sono no qual parecia estar consciente de tudo que acontecia à sua volta, podia responder perguntas e, na verdade, parecia mais alerta e inteligente do que em seu estado normal de vigília. Quando Mesmer foi consultado a respeito, não se mostrou nem um pouco impressionado e considerou o novo estado como uma "crise de sono" — uma dentre diversas crises mesméricas, e nada importante. Errou em tudo. O novo estado nada tinha a ver com o sono. Não era apenas uma de várias crises mesméricas; na verdade, nem era uma crise mesmérica. E, em última análise, mostrou-se mais importante do que o próprio mesmerismo. Sem querer, Puységur tinha descoberto a arte da hipnose. Seus experimentos com essa técnica convenceram-no rapidamente de que o verdadeiro agente de cura não era um misterioso fluido magnético, mas o exercício da vontade do magnetizador.

E não foi o único presságio do que estaria por vir. No final da vida, na última metade do século XIX, Justinus Kerner, o parapsicólogo que investigara a famosa Vidente de Prevorst, entrou em depressão. Para se distrair, começou a fazer borrões de tinta em folhas de papel, que depois dobrava ao meio. Fez deduções sobre as formas resultantes, chamando as figuras produzidas de *klecksographien*, que disse serem fantasmas e monstros, cada um com o próprio espaço no Hades. Seu livro sobre o assunto, publicado postumamente e também chamado *Klecksographien*, tornou-se mais tarde a inspiração para Hermann Rorschach desenvolver o moderno teste psicológico dos borrões de tinta.

Mais ou menos na mesma época, o neurologista francês Jean-Martin Charcot ganhava renome internacional por seu trabalho no Hospital Salpêtrière em Paris. Sua realização mais notável foi ter conseguido fazer a Academia Francesa de Ciências aceitar o hipnotismo e sua investigação da paralisia traumática,[5] que ele demonstrou ter, algumas vezes, raízes psicológicas desconhecidas pelo paciente. O próprio hipnotismo foi estudado, e a descoberta de aspectos como sonambulismo e sugestão pós-hipnótica implicou a existência de uma área da mente que normalmente o indivíduo não percebe. Não demorou para Charcot postular a existência de "ideias fixas" inconscientes, que atuariam como núcleos das neuroses. Apesar de ainda não haver sido desenvolvida nessa época uma teoria do inconsciente como um todo, certamente havia uma aceitação crescente do fato de que certos aspectos e certas áreas mentais encontravam-se além do alcance da consciência individual.

Um fator importante que influenciou as teorias psicológicas emergentes foi a onda de espiritualismo que saiu dos Estados Unidos e atravessou o Atlântico, varrendo a Europa do século XIX. Técnicas como escrita automática, vistas pelos médiuns como método de comunicação com espíritos, eram cada vez mais investigadas pelos neurologistas por permitirem uma visão íntima do funcionamento da mente humana. Outras práticas, tradicionalmente associadas com contatos espirituais, incluíam o emprego de espelhos pretos, bolas de cristal e até vasilhas com água. Um experimento consistia em desenhar um círculo branco num piso preto e depois mandar o paciente olhar para ele até ter visões e alucinações. A combinação da hipnose com essas técnicas dava resultados praticamente garantidos, e assim, por volta da década de 1880, até os fundadores da Sociedade para Pesquisas Psíquicas chegavam à conclusão de que esses métodos eram mais eficientes para se detectar o conteúdo oculto da mente de um sujeito do que a comunicação com espíritos. Foi só uma questão de tempo antes que a nova psicologia começasse a investigar a própria mediunidade.

Um dos primeiros a fazê-lo foi Theodore Flournoy, médico, filósofo e psicólogo que tinha o cargo de professor de psicologia na Universidade de Genebra, na Suíça. Era um homem com algum interesse por pesquisas psíquicas, mas tratou o assunto do ponto de vista do psicólogo experimental. Seu princípio norteador, inspirado em *Hamlet*, era "Tudo é possível...", ao qual adicionou cautelosamente uma modificação: "O peso da evidência deve ser proporcional à estranheza do fato". Em dezembro de 1894, Flournoy foi convidado por outro colega da universidade a participar de uma sessão particular realizada por uma médium suíça chamada Catherine Muller. A julgar pelos relatos, era uma figura impressionante, alta, bonita, uma mulher de 30 anos com cabelos e olhos negros que estava tão convencida da verdade do espiritualismo que nada cobrava por suas demonstrações. Na primeira sessão, certamente impressionou Flournoy ao lhe falar com precisão de eventos ocorridos na família dele antes de seu nascimento. À primeira vista, parecia ser uma informação que ela não teria como saber, mas Flournoy não estava nem um pouco satisfeito com a possibilidade de não haver uma explicação racional. Começou a investigar minuciosamente o histórico de Muller e descobriu que houve uma breve conexão entre os pais dela e os pais dele. Concluiu que, por isso, ela poderia ter ouvido falar dos eventos que mencionara, de maneira totalmente explicável.

Todavia, Flournoy não suspeitou de fraude. Como psicólogo, supôs que a explicação mais provável foi que ela se esquecera dos eventos havia muito, mas que, de algum modo, as memórias haviam sido acessadas na atmosfera peculiar da sessão. Decidiu prosseguir em suas investigações e tornou-se um frequentador assíduo das demonstrações mediúnicas de Muller. Ao mesmo tempo, a mediunidade de Muller passou por uma mudança. Nas sessões originais, ficava acordada enquanto descrevia visões psíquicas dos espíritos que apareciam para ela e produziam batidas que continham mensagens. Agora, ela entrava num profundo estado de transe, lembrando-se de cenas de vidas anteriores e manifestando mudanças de personalidade nesse processo. Flournoy continuou a investigar esses fenômenos e publicou suas conclusões num livro chamado *From India to the Planet Mars*[6] (*Da Índia ao Planeta Marte*), que continha um relato detalhado das experiências de Muller e a análise de seu conteúdo.

O que emergiu dessa colaboração foi bem estranho. Muller fez contato com um guia espiritual chamado Leopold, que aparentemente teria reencarnado como Cagliostro, mago italiano do século XVIII. Volta e meia, a entidade a possuía totalmente durante as sessões, passando a dar a Flournoy sugestões sobre como reagir às revelações feitas. As revelações se distribuíam em três ciclos distintos. No primeiro deles, Muller recordou-se dos detalhes de uma vida passada na Índia do século XV, onde vivera como Simandini, uma princesa árabe, casada com Sivrouka, um potentado hindu. A vida acabou quando Sivrouka morreu e Simandini foi obrigada a cometer *sati** na pira funerária dele. Muller afirmou que Flournoy era a reencarnação de Sivrouka e lembrou-o de diversos incidentes da vida que tiveram juntos. O segundo ciclo teve um fim igualmente triste: Muller foi possuída pela personalidade reencarnatória da rainha francesa Maria Antonieta, executada na guilhotina por traição em 16 de outubro de 1793. O terceiro ciclo foi bizarro. Envolvia a vida em Marte. Muller afirmou ter visitado o planeta em espírito e o conhecia intimamente. Apresentou provas, descrevendo sua topografia e seus habitantes; carros sem cavalos e sem rodas, emitindo faíscas enquanto deslizavam; casas com fontes no telhado; um berço cujas cortinas eram um anjo de ferro com asas abertas. Seus habitantes eram exatamente como as pessoas da Terra, exceto pelo fato — um tanto chocante para a época de Flournoy — de que as pessoas dos dois sexos usavam o mesmo

---

* Antigo costume hindu, hoje proibido, segundo o qual a esposa viúva se comprometia a se sacrificar viva na pira funerária do marido morto. (N.T. Fonte: *Wikipédia*)

traje, composto por calças largas e uma blusa comprida, acinturada e decorada com desenhos variados.

Foi um filão rico para análises, e Flournoy o explorou completamente. Descobriu que os principais detalhes confirmáveis da encarnação indiana de Muller foram extraídos de um livro, *História da Índia*. As fontes para sua suposta vida como Maria Antonieta também foram fáceis de encontrar. Não demorou para ficar claro que muitas das informações transmitidas por Muller saíram de livros que lera na infância — dos quais, com toda a certeza, se esquecera. As paisagens claras de Marte, entendeu Flournoy, seriam "romances da imaginação subliminar"[7] gerados pela concretização de desejos e por lembranças esquecidas. Ademais, sua investigação sugeriu que cada "encarnação anterior" foi elaborada sobre aquilo que chamou de "reversão" — uma regressão involuntária a um estágio de vida anterior. Suas fantasias marcianas originaram-se no início da infância, sua "encarnação" indiana foi formada em sua personalidade com 12 anos de idade, e Maria Antonieta surgiu quando ela era uma garota de 16 anos. A análise feita por Flournoy da linguagem marciana que Muller sabia escrever e falar convenceu-o de que tinha a estrutura do francês. Após a publicação de seu livro, um especialista em línguas confirmou que o conteúdo era, na verdade, uma forma distorcida do húngaro, a língua natal do pai de Muller. O guia espiritual da médium, Leopold, seria, segundo Flournoy, uma subpersonalidade inconsciente de Muller que emergira de seu estado subliminar, liberado pela experiência de transe. Concluiu que suas visões começaram como "simples fenômenos entópticos" produzidos naturalmente pela retina e depois transformados em alucinações sob a influência da sugestão. As batidas e os movimentos de mesas deviam ser, imaginou Flournoy, produzidas pela própria Muller através de movimentos musculares involuntários. Ele desdenhou ainda mais das habilidades aparentemente paranormais de Muller, como falar sânscrito enquanto manifestava detalhes de sua encarnação na Índia:

> Ninguém ousa lhe dizer que seu grande protetor invisível [Leopold] é apenas uma aparição ilusória, outra parte dela mesma, um produto de sua imaginação subconsciente; e nem que as estranhas peculiaridades de suas comunicações mediúnicas — o sânscrito, as assinaturas identificáveis de pessoas

falecidas, o milhar de revelações corretas de fatos desconhecidos dela – são apenas lembranças esquecidas de coisas que ela viu ou ouviu na infância.[8]

Flournoy usou esta investigação, e outras, para chegar a conclusões importantes sobre a mente subliminar, a mediunidade e os contatos espirituais de modo geral. Estava convencido da extraordinária criatividade da mente subliminar: uma de suas pacientes era uma jovem mãe que se mostrou capaz de ditar fragmentos filosóficos bem mais sofisticados do que seu nível aparente de conhecimentos poderia permitir. Ele achou que a mente subliminar atuaria como mecanismo de compensação, apontando para Muller como uma mulher bem-educada e ambiciosa que, frustrada por seu *status* socioeconômico, criou fantasias complexas como forma de realização de desejos. Ele também acreditava que tais fantasias costumam ter um elemento lúdico. Um intérprete das deduções de Flournoy disse, em síntese: "A maioria dos médiuns não tem a intenção de enganar, só querem brincar, como meninas com suas bonecas, mas às vezes a vida fantasiosa ganha o controle".[9]

Enquanto Flournoy investigava a mediunidade em Genebra, Sigmund Freud começava a desenvolver seu próprio conceito de mente inconsciente em Viena. O próprio Freud desprezava qualquer coisa que lembrasse ocultismo, mas Jung não tinha essas preocupações e começou a investigar a mediunidade de sua prima com entusiasmo. Mas foi um entusiasmo temperado pelas doutrinas de seu mentor, Flournoy. Em consequência, Jung classificou os talentos mediúnicos de Helene Preiswerk em quatro categorias: sonambulismo, semissonambulismo, escrita automática e alucinações. Tentou descobrir as fontes de suas fantasias e considerou que uma delas deveria ser a obra de Kerner sobre a Vidente de Prevorst, enquanto outra seriam conversas entreouvidas da cosmologia de Kant. Como Flournoy, atribuiu as oscilações nas mesas durante sessões à própria médium, através de "movimentos musculares involuntários". Uma de suas conclusões mais intrigantes foi a de que a *persona* de Ivenes representaria Helene como adulta e emergiu devido à intuição de que ela morreria precocemente. Com efeito, ela morreu prematuramente de tuberculose em 1911.

As conclusões finais de Jung foram muito parecidas com as de Flournoy. Em sua tese, usou frequentemente expressões como *histeria* e *eptileptoide*. Em geral, chamava os sujeitos de seus estudos de "pacientes". Mencionou o álcool como fator possível num dos casos de fenômenos mediúnicos[10] e resumiu o processo mediúnico com as seguintes palavras: "As impressões recebidas no sonambulismo continuam a operar no subconsciente, formando desdobramentos independentes até chegarem à percepção como alucinações".[11]

As descobertas de Flournoy e de Jung, mais tarde, foram aceitas quase sem questionamento pela disciplina florescente da psicologia analítica, pela psicologia convencional e pelo pensamento científico moderno. Embora Jung tenha mudado de posição com relação a espíritos em sua maturidade, até hoje a opinião consensual considera os espíritos tal como Jung e Flournoy há mais de um século. São alucinações da mente profunda. As variações sobre o tema são abundantes. Quando a acadêmica Elizabeth M. Butler analisou a conjuração de Cellini, chegou à conclusão de que tudo acontecera exatamente como Cellini descrevera... mas com ressalvas. O relato da conjuração que ela publicou começa com a observação de que havia um forte elemento visionário na natureza de Cellini[12] – que não representa necessariamente uma percepção clarividente de espíritos. Por exemplo, ela chegou à conclusão de que o Barqueiro que Cellini viu durante uma doença grave "certamente derivou" da descrição de Caronte feita por Dante em *Inferno*.[13] Ademais, ela questiona com entusiasmo a autenticidade das manifestações e o mago envolvido. Quanto a este, não sugeriu nada tão tosco quanto a teoria da lanterna mágica apresentada por outros críticos,[14] mas lembrou que em nenhum momento do relato Cellini afirmou categoricamente ter visto ou ouvido pessoalmente os demônios. Se não o fez, e se seus companheiros Romoli e Gaddi permaneceram em silêncio sobre a questão, só podemos nos basear nas declarações do mago e, mais particularmente, do garoto Cenci.

Embora Butler seja justa o suficiente para deixar em aberto qualquer questionamento sobre fraudes cometidas de modo deliberado, sua posição não deixa muita dúvida no tocante a uma explicação:

O que devemos pensar da boa-fé do mago?... Ele devia [...] acreditar [...] em magia, e presumivelmente em suas próprias realizações e poderes. Para mim, está claro o que fez; e, como muitos outros, sofreu alucinações por causa de suas invocações e do incenso.[15]

Parece, porém, que a expressão *alucinação* não deve ser entendida da maneira como foi usada por Flournoy e Jung. O relato de Cenci foi menosprezado em função de ele ser "muito impressionável" e de a imaginação visual ser muito mais forte na infância do que na vida adulta. Butler sugere que é exatamente por isso que as crianças costumam ser associadas a experimentos mágicos desse tipo. "E foi a partir de Cenci que o pânico se espalhou pelo círculo; o próprio mago, obviamente, viu-se afetado pela voz de uma criança aterrorizada."[16] Assim, embora possa ter parecido espetacular segundo o relato de Cellini, a conjuração do Coliseu só aconteceu na imaginação dos participantes, talvez com um pouco de histeria em massa para ajudar. Opiniões desse tipo acham-se tão entranhadas que poucos críticos modernos param para lembrar que essas "alucinações" espirituais são vistas simultaneamente por mais de uma pessoa ou ficam associadas a determinado lugar de modo recorrente. Um exemplo seriam as assombrações da "Dama Cinzenta", com frequência relatadas em lugares da Antiguidade espalhados pelo mundo.

26. ENCONTROS PESSOAIS

A manhã do meu trigésimo segundo aniversário foi um desses dias sem nuvens de julho, incomuns para a Irlanda. Na época, eu morava sozinho na casa da portaria da Hamwood Estate em Dunboyne, no condado de Meath, que eu alugava dos proprietários. Uma das vantagens desse aluguel era poder usufruir de um agradável jardim murado, criado no século XV, mas bastante renovado na época vitoriana. Resolvi fazer uma pausa em meu trabalho para ler um pouco ao sol. Por volta das onze horas, equipei-me com um livro de bolso, uma jarra de suco fresco e um tapete que estendi no jardim. Vinte minutos depois, lia meu livro quando apareceu uma jovem vindo da casa principal. Aparentava trinta e poucos anos, tinha cabelos escuros e era bonita. Estava vestida formalmente, com uma roupa mais adequada para a noite do que para uma manhã ensolarada de verão. Lembro-me de ter pensado que talvez houvesse uma festa na casa principal e que ela poderia ser uma das convidadas experimentando sua roupa. Veio caminhando pelo jardim e, ao se aproximar, saudei-a, mas, para minha surpresa, ela me ignorou. Observei-a ao passar e prosseguir pelo gramado, até chegar a um muro baixo situado mais ou menos a três metros de onde eu estava deitado. Então, enquanto a observava, ela desapareceu. Foi exatamente como no efeito do teletransportador em *Jornada nas Estrelas*: ela reluziu, esmaeceu e acabou desaparecendo por completo, deixando uma faísca momentânea no ar.

Fiquei chocado — o arrepio que senti levantou os cabelos na nuca. Durante alguns instantes, continuei a olhar, atônito, e depois me levantei e corri pelo gramado, pensando insensatamente que ela pudesse ter caído do pequeno muro. Mas não havia ninguém lá. Depois de um breve momento, com o coração disparado, estava preparado para aceitar o fato de ter visto um fantasma.

Quase quarenta anos depois, tive outra experiência paranormal. Acordei no meio da madrugada e vi uma figura alta ao pé da minha cama. Por alguma razão, não senti medo. Creio que estava bem acordado: estava na cama, com minha esposa do meu lado, e na minha mente não tive dúvidas de que sonhava. Ao mesmo tempo, porém, estava ciente de que não me encontrava em meu estado de consciência normal: a criatura que olhava para mim não estava presente fisicamente, pelo menos não da maneira como costumo definir "fisicamente". Teve início uma forma de comunicação não verbal. Eu me sentiria tentado a descrevê-la como telepática, embora não fosse a telepatia que costumo imaginar. Não havia uma voz na minha cabeça. Apenas soube, de uma só vez, o que a entidade queria que eu fizesse, e por quê. No meu quarto, a cama está alinhada na direção norte-sul. Há duas janelas na parede a leste. A nordeste de minha casa, a uns 24 quilômetros, há um sítio megalítico conhecido como Círculo de Pedra Castleruddery, um conjunto desorganizado de quarenta pedras com cerca de noventa metros de diâmetro e duas enormes rochas de quartzo (quinze toneladas) que fazem o papel de portal de entrada. O círculo é rodeado por um relevo baixo de terra e diversos espinheiros. Além dele há um fosso, que não fica mais visível do chão. Estimativas oficiais datam o sítio de 2500 AEC. Para chegar fisicamente ao círculo, seria preciso dirigir durante meia hora, virar na rodovia N81 a oito quilômetros a nordeste de Baltinglass e seguir as placas.

Mas, naquele momento, tive a impressão de que a parede leste do meu quarto estava transparente. Podia ver o campo próximo de casa como uma planície aberta, e até mesmo o círculo de pedras iluminado pelo luar. A entidade me conduziu pela paisagem até eu me ver em pé dentro do círculo. Nesse lugar, tive encontros visionários com criaturas altas e de pele prateada e com outras que se pareciam com a "gente pequena" da mitologia irlandesa, antes de a entidade me levar de volta para casa.

Qualquer que seja a explicação para essas experiências, está claro que foram essencialmente *diferentes*. Na primeira, a mulher pareceu sólida, física, e, exceto pela anomalia de seus trajes, completamente normal. Mas ela não se comunicou, mesmo quando falei com ela. Foi como se estivesse absolutamente alheia à minha presença. Na segunda visão, a entidade, embora presente objetivamente em meu quarto, não pareceu nem sólida, nem normal. Não só estava consciente da minha presença, como se comunicou habilmente comigo, de mente para mente, de modo que fui capaz de compreendê-la sem dificuldade. Os dois encontros podem ser considerados razoavelmente espirituais, mas seriam mesmo espíritos? Será que certas "visões espirituais" não chegam a envolver espíritos?

Mais tarde, perguntei aos proprietários de Hamwood se alguém já havia relatado visões de fantasmas no jardim. Disseram-me que não, mas, não fosse por isso, minha experiência tinha indicadores daquilo que os pesquisadores paranormais chamavam informalmente de "Dama Cinzenta".

As Damas Cinzentas não precisam ser necessariamente figuras femininas, podendo assumir a forma de aparições masculinas, animais fantasmagóricos e, às vezes, objetos inanimados como carruagens ou automóveis. São, de longe, a forma mais relatada de encontro fantasmagórico. Mais de duzentos estão relacionados a um único *site* da Internet dedicado a lugares assombrados no Reino Unido,[1] uma lista que nem de longe esgota o assunto. Essas visões variam muito e geralmente ocorrem para mais de uma pessoa ao mesmo tempo. A Dama Cinzenta da Biblioteca Willard de Evansville, Indiana, por exemplo, foi vista pela primeira vez por um vigia no final da década de 1930, mas continuou a ser vista de tempos em tempos por funcionários e visitantes até recentemente. (A última visão registrada foi em agosto de 2010.) Um exemplo mais típico é o da Dama Cinzenta de Levens Hall, uma suntuosa residência inglesa localizada ao sul de Kendal, em Westmoreland. Levens Hall é uma mansão elisabetana construída por volta de 1586, e os relatos de sua Dama Cinzenta remontam a vários séculos: na época em que carruagens com quatro cavalos eram a forma habitual de transporte da aristocracia, suas aparições súbitas assustavam os cavalos. Hoje, ela assusta motoristas, que freiam para não atropelar uma figura que simplesmente desaparece.

Uma das principais características de fantasmas do tipo Dama Cinzenta é que, tal como a jovem no jardim, nunca conversam com ninguém, mesmo quando lhe dirigem a palavra; não se comunicam nem demonstram que percebem a presença de carruagens, carros ou seres humanos que frequentemente topam com essas figuras. Um membro da família Bagot, donos de Levens Hall, atravessou a aparição com sua bicicleta sem interromper sua caminhada. Outra característica comum é que costumam aparecer exatamente no mesmo lugar, geralmente em determinada hora do dia ou em certa data. Em Levens Hall, a aparição sempre surge na estradinha que leva à casa. Na Igreja de São Miguel e Todos os Anjos em Rycote, Oxfordshire, invariavelmente a fantasma desliza de um banco da igreja e desaparece numa parede de pedra.

Uma pista para o que acontece com essas aparições pode estar na experiência da escritora e investigadora paranormal Sheila St. Clair. A srta. St. Clair narra[2] um avistamento de Dama Cinzenta durante sua visita a uma mansão irlandesa. Nesse caso, o fantasma era de um homem, embora se comportasse tipicamente como uma Dama Cinzenta, ignorando Sheila ao andar em sua camisa de dormir de um lado do quarto para o outro antes de sumir pela parede. O caso teve detalhes interessantes e talvez significativos. Um é que o fantasma caminhava em pleno ar a uma altura estimada em 75 centímetros acima do piso do cômodo. Outro é que os donos da mansão confirmaram depois que antigamente havia uma porta na parede no lugar onde o fantasma desaparecia, mas essa porta fora selada havia mais de cinquenta anos. Outro ainda é que antes o piso original do cômodo ficava num nível bem mais alto, mas fora rebaixado na época vitoriana para eliminar carunchos. A impressão que Sheila teve foi que o fantasma não assombrava o quarto onde ela tentava dormir, mas sim que caminhava pelo recinto tal como este era antes, com os pés firmemente plantados no piso original, e que saiu por uma porta que era visível em sua época.

Casos deste tipo – e são muitos – levaram pesquisadores paranormais a desenvolver a teoria de que fantasmas do tipo Dama Cinzenta não são fantasmas (no sentido de espíritos dos mortos), mas algum tipo de registros de dados naturais, até agora inimagináveis, gravados em um aspecto do local assombrado e capazes de ser "reproduzidos" quando as condições são favoráveis. O que seria esse meio de gravação ainda é uma incógnita. Aventou-se como possibilidade um tipo específico de pedra, bem como materiais naturais e artificiais como tijolos, argamassa e madeira. O arqueólogo e radiestesista Tom Lethbridge, que investigou o assunto a fundo, sugeriu que, como muitas dessas visões são relatadas perto de água – lagos, rios, pântanos e outros –, o elemento portador pode ser um campo elétrico gerado pela umidade.

A teoria ainda precisa ser comprovada, embora tenha ganhado aceitação ampla entre pesquisadores paranormais, mas há várias evidências sugestivas a apoiá-la. Um exemplo histórico fala da Batalha de Edgehill, primeiro embate importante entre realistas e cabeças-redondas na Guerra Civil inglesa. A batalha, que envolveu cerca de catorze mil[3] homens armados, foi travada em 24 de outubro de 1642. A luta feroz durou três horas, e tanto o exército real quanto o parlamentarista sofreram grandes baixas. Dois meses depois, um grupo de viajantes, guiados por pastores locais, aproximava-se do local da batalha pouco depois da meia-noite quando ouviram o som de tambores, seguidos por gemidos de dor. Subitamente, surgiram exércitos fantasmagóricos,[4] portando os estandartes familiares das forças reais e parlamentaristas, reproduzindo, na sequência, a ação de seu confronto anterior.

As testemunhas correram até a cidade próxima, Kineton, e acordaram um juiz de paz chamado William Wood, que, por sua vez, acordou seu vizinho, o reverendo Samuel Marshal, e juntos os dois colheram depoimentos. Na noite seguinte (um domingo), um grupo grande da cidade e de paróquias vizinhas foi a Edgehill para investigar. Cerca de meia hora após a chegada do grupo, os exércitos de fantasmas tornaram a aparecer para reproduzir a batalha. Na noite seguinte, o público foi maior ainda, mas nada aconteceu. No fim de semana seguinte, porém, a batalha fantasma voltou a ser travada tanto na noite de sábado quanto na de domingo. O fenômeno continuou todos os fins de semana durante várias semanas.

No começo de 1643, um impressor chamado Thomas Jackson publicou a história, que chegou aos ouvidos do rei, em Oxford. Este ficou tão intrigado que enviou ao local seis investigadores de confiança sob o comando do coronel Lewis Kirke. Depois de entrevistar testemunhas variadas, os homens do rei quiseram ver por si mesmos. Disseram não só que as histórias eram verídicas, como chegaram a identificar os rostos de alguns indivíduos, como Sir Edmund Varney, morto na batalha original. Mas evidentemente não estamos lidando com os espíritos dos mortos neste caso, pelo simples fato de que, embora muitos homens tenham morrido em Edgehill, muitos mais sobreviveram e estavam vivos em outros lugares da Inglaterra, enquanto seus fantasmas ainda lutavam no local da antiga batalha.

A teoria do "registro natural" parece ganhar apoio de um fato curioso: aparentemente, há um limite para a idade dos fantasmas avistados nas Ilhas Britânicas. Em 1709, o reverendo Thomas Josiah Penston estava caminhando numa região conhecida como Norfolk Broads quando um exército romano espectral passou marchando por ele e desapareceu. Em 1988, um operário realizando reparos numa galeria subterrânea da cidade inglesa de Bath viu um romano atravessar o local e desaparecer parede adentro. Mas a era romana parece assinalar um ponto demarcatório para os fantasmas britânicos. A invasão romana começou em 43 EC, quando as legiões entraram num país que vinha sendo densamente povoado desde a Pré-história. Porém, relatos de pictos, anglos, saxões ou outros são praticamente inexistentes, e grupos de caçadores paleolíticos nunca foram registrados. Tende-se a pensar menos em termos de espíritos e mais num registro que se desgasta. Os pesquisadores paranormais Eric Maple e Lynn Myring registraram — infelizmente sem precisar o local ou fornecer mais detalhes — um caso que reforça essa percepção. A primeira visão relatada, no século XVIII, foi o de uma mulher usando um vestido e sapatos vermelhos. O próximo, ocorrido cerca de setenta anos depois, mostra-a usando rosa. No século XIX, ela já era uma típica Dama Cinzenta, vestida de branco. Em 1939, foram relatadas pegadas fantasmagóricas e o farfalhar de um vestido, sem avistamento visual. Quando a casa foi demolida, em 1971, tudo que restava era a vaga sensação de sua presença.[5]

Uma teoria alternativa ao postulado do registro natural foi apresentada pelo escritor norte-americano Whitley Strieber enquanto falava de meu avistamento do fantasma no jardim murado. Em seu programa de rádio *Dreamland*, sugeriu que a jovem não era nem um registro natural nem um espírito, mas um exemplo de "lapso temporal". Imaginou uma vitoriana caminhando pelo jardim quando uma falha na estrutura do tempo permitiu-me vislumbrá-la em seu jardim antes que a lacuna tornasse a se fechar. Curiosamente, há exemplos bem documentados desse tipo de ocorrência. Em janeiro de 1912, por exemplo, enquanto ainda era jovem, o renomado historiador Arnold Toynbee escalou um dos dois picos gêmeos de Farsalos, na Grécia. Lá, "escorregou num bolsão do tempo" (palavras dele) e viu-se na época em que as forças de Filipe da Macedônia enfrentaram as legiões romanas nesse local, em 197 AEC. O clima havia mudado: em vez do sol claro, havia agora uma bruma pesada que se entreabriu para que pudesse ver o ataque macedônio colina abaixo. Enquanto observava, os romanos localizaram um ponto fraco no flanco macedônio, mandaram seus homens em bigas e atacaram com tal ferocidade que Toynbee teve de virar o rosto para não ver o massacre. Quase no mesmo instante, a cena desapareceu e ele se viu de volta ao presente, pacato e ensolarado. Nos meses seguintes, Toynbee teve diversas experiências similares – em Creta, em Éfeso, na Lacônia e nas ruínas de Mistras, em Esparta. A experiência foi tão profunda que o inspirou a escrever seu monumental *Um Estudo da História*, obra com doze volumes.[6]

Apesar da reação subjetiva de Toynbee, é possível classificar pelo menos algumas dessas experiências na mesma categoria que a batalha de Edgehill, mas outros relatos parecem apontar bem mais conclusivamente para a sugestão de Strieber sobre lapsos temporais. Um deles diz respeito a um inglês chamado P. J. Chase, de Wallington, em Surrey, que estava caminhando por uma estrada em 1968 quando topou com duas pitorescas cabanas com teto de palha e malvas-rosa nos jardins. Uma delas tinha a data de 1837. No dia seguinte, Chase mencionou as cabanas a um amigo, que afirmou que elas não existiam. Quando Chase voltou ao ponto onde vira as cabanas, descobriu que seu amigo estava certo: as únicas edificações eram duas casas de tijolos. Todavia, uma moradora antiga da localidade confirmou que as cabanas *tinham* existido, mas foram demolidas para dar lugar às casas alguns anos antes.

O escritor Colin Wilson descreve[7] um lapso temporal ainda mais específico ocorrido na Igreja de Fotheringhay, em Northamptonshire, envolvendo uma professora de Cambridge, a sra. Jane O'Neill, que visitou a igreja no começo do inverno de 1973. Lá, passou algum tempo admirando um quadro da Crucificação atrás do altar, do lado esquerdo da igreja. A obra tinha no alto um arco contendo uma pomba com asas estendidas. Mais tarde, no quarto do hotel, ela mencionou o quadro para uma amiga chamada Shirley, que afirmou que nunca vira esse quadro, embora visitasse com frequência a igreja. Preocupada com a reação de Shirley, a sra. O'Neill telefonou para a gerente dos correios da cidade, que confirmou que não havia nenhum quadro da Crucificação lá, embora *houvesse* uma prancha atrás do altar com a pintura de uma pomba.

Um ano depois, Jane O'Neill voltou à Igreja de Fotheringhay e encontrou seu exterior tal como se lembrava dela, mas o interior era um edifício diferente, bem menor do que recordava. Tal como a gerente dos correios disse, não havia pintura da Crucificação, e a pomba atrás do altar era totalmente diferente daquela que vira antes. Então, a sra. O'Neill entrou em contato com um historiador de Northamptonshire, que lhe disse que a Igreja de Fotheringhay original fora demolida em 1553 e que a edificação atual fora erguida em seu lugar. Uma pesquisa adicional confirmou que a igreja em que a sra. O'Neill entrara em 1973 era aquela que fora demolida mais de quatro séculos antes.

Outros exemplos do fenômeno de "lapso temporal" incluem as experiências de duas professoras vitorianas que aparentemente entraram num fluxo de tempo diferente enquanto visitavam o antigo palácio de Maria Antonieta em Versalhes, perto de Paris, França, e o do Marechal do Ar, Sir Victor Goddard, que parece ter avançado com seu biplano quatro anos futuro adentro.[8] Seja um "lapso temporal", seja um "registro natural", a única preocupação de nossa investigação atual é mostrar que certo tipo de experiência, geralmente classificada como um encontro com um espírito, pode não ser nada daquilo que conhecemos atualmente por essa expressão. O que quer que possamos dizer sobre essas aparições, fica claro que o fenômeno da Dama Cinzenta tem um impacto muito pequeno, se é que tem algum, sobre a história humana, no mínimo pelo fato de os espectros de Damas Cinzentas nunca se comunicarem. Mas a situação é um pouco menos clara no tocante a outra possível manifestação espiritual.

27. O *GEIST* QUE *POLTERS*

Quando trabalhava como jornalista, na juventude, fui enviado para investigar um incidente numa fazenda situada no distante condado de Armagh, Irlanda do Norte. O que disseram ao meu editor é que alguém tinha jogado um monte de pedras no telhado da fazenda durante a noite, quebrando uma janela. O fazendeiro suspeitou de uma família vizinha com quem tinham desentendimentos. À primeira vista, parecia uma dessas discussões sem sentido que às vezes acontecem entre vizinhos, mas quando cheguei ao local percebi que era algo bem diferente. Naquele meio-tempo, tinha havido um segundo ataque com pedras, desta vez à luz do dia. O fazendeiro e seu filho estavam na sede naquele momento e saíram correndo para flagrar o malfeitor. Quando chegaram ao galpão enquanto o ataque ainda estava acontecendo, não viram ninguém, tampouco havia um lugar próximo que pudesse servir de esconderijo. As pedras que caíram – o telhado era de ferro corrugado – pareciam sair do nada. Quando entrevistei o fazendeiro, ele acrescentou um detalhe revelador. Quando as pedras pararam de cair e eles voltaram para dentro de casa, várias xícaras caíram de uma prateleira na cozinha sem razão aparente. Houve mais um incidente do mesmo tipo mais ou menos uma semana depois, mas a chuva de pedras foi bem mais leve e não houve incidentes dentro de casa. Depois disso, o fenômeno cessou completamente. Apesar de breve, o caso envolveu elementos suficientes para se determinar que o "ataque" não viera de um vizinho, mas de um *poltergeist*.

Colin Wilson, que dedicou um livro inteiro ao assunto, estima que haja mais de mil casos registrados de atividade de *poltergeist*. É possível que o mais antigo, ocorrido no final do século IX, tenha certa semelhança com o caso que investiguei como repórter. Segundo o relato transmitido pelos *Annales Fuldenses*,[1] o fenômeno começou numa fazenda — desta vez perto de Bingen, no Reno — e envolveu o arremesso de pedras por uma mão invisível. Mas os eventos não terminaram aí. À chuva de pedras, seguiram-se batidas nas paredes, às vezes tão violentas que toda a casa tremia; e, pouco depois da colheita, os produtos agrícolas do fazendeiro pegaram fogo misteriosamente. A notícia dos ataques chegou ao bispo de Mainz, que concluiu que espíritos do mal agiam por lá e enviou uma equipe de padres exorcistas para livrar-se deles. Quando o ritual começou, os sacerdotes foram atingidos por pedras.

Nos anos seguintes, muitos compartilharam a conclusão do bispo sobre fenômenos *poltergeist*. A própria palavra *poltergeist* deriva do alemão e pode ser traduzida como "fantasma ou espírito barulhento", e, embora nem sempre tenha sido considerada uma entidade maléfica, costuma ser descrita como "encrenqueira" ou "travessa". Atividades típicas de *poltergeist* são chuvas de pedras, de lama, poeira e diversos objetos pequenos; batidas e outros ruídos; movimentação de móveis; deslocamento e, ocasionalmente, levitação de adornos, talheres, porcelana e outros do gênero; e pequenos incêndios. No final da década de 1970, os parapsicólogos britânicos Alan Gauld e A. D. Cornell realizaram uma análise computadorizada de casos, desde 1800 até os dias atuais. Cerca de 63 características típicas de *poltergeist* foram identificadas, inclusive a movimentação de pequenos objetos (64%), atividades noturnas (58%), batidas (48%), a movimentação de objetos maiores (36%), e a abertura e fechamento de portas e janelas (12%). Em apenas um quarto de todos os casos, a atividade durou mais de um ano.[2]

A estatística bruta transmite muito mal a violência e a variedade de muitos dos eventos de *poltergeist*. Num caso relativamente moderno, um *poltergeist* anunciou sua presença aos McGrath, uma família de agricultores do condado de Westmeath, Irlanda, em agosto de 1981, com ruídos no telhado. A isto, seguiram-se lâmpadas elétricas acendendo-se e se apagando e pequenos objetos domésticos mudando de lugar misteriosamente. Os fenômenos cessaram no Natal, mas recomeçaram no Ano-Novo. Como no caso do condado de Armagh que investiguei, caíram pedras sobre o telhado. Baldes e tampas de batedeiras de manteiga foram atirados pela fazenda por mãos invisíveis. Os McGrath chamaram um sacerdote que abençoou a casa, mas, embora a atividade tenha cessado por algum tempo, recomeçou após duas semanas. Um irmão do proprietário foi "perseguido" por um balde de plástico e viu um fio elétrico agitando-se violentamente, embora não houvesse vento para movê-lo. Portas se abriam sozinhas, sapatos eram tirados de casa e deixados do lado de fora, uma janela foi quebrada, a lenha para fogueira foi mexida e uma escova de cozinha foi parar no telhado — como uma filha dos donos descobriu quando ela caiu em sua cabeça.

Um exemplo ainda mais extremo — e um caso que se tornou um clássico da literatura *poltergeist* — foi registrado pelo reverendo Joseph Glanvil em 1666. Glanvil conta que foi a uma casa em Wiltshire,[3] onde encontrou "duas meninas discretas deitadas em suas camas, com idades entre 7 e 11 anos". Havia um misterioso som de arranhões saindo de trás do travesseiro. Glanvil sabia que o ruído não podia estar sendo feito pelas meninas — suas mãos estavam à vista. Vasculhou o quarto sem encontrar a causa, mas depois encontrou um saco de linho com alguma coisa mexendo-se em seu interior, como um rato ou camundongo. Virou o saco do avesso, mas ele estava vazio.

Glanvil investigou o histórico dos sons misteriosos que tinha ouvido. Cinco anos antes, em março de 1661, um magistrado chamado John Mompesson estava julgando casos na aldeia de Ludgershall, East Wiltshire, quando a rotina do gabinete foi perturbada pelo som de tambores. Mandou o meirinho investigar e descobriu que o som estava sendo produzido por um remendão chamado William Drury, que chegara à aldeia alguns dias antes. Drury tinha requerido a assistência pública com base em documentos assinados por magistrados importantes, mas até então o pedido lhe fora negado. Mompesson mandou que levassem o remendão até ele, examinou os papéis e declarou que eram falsificações. Assim, mandou Drury para a cadeia até a próxima audiência dos assizes e confiscou seu tambor.

Poucos dias depois, o remendão fugiu. Por falta de coisa melhor para fazer com o tambor, o meirinho mandou-o para o juiz Mompesson. Chegou à residência de Mompesson em Tidworth enquanto ele estava em Londres. Quando voltou para casa, seus servos, aterrorizados, disseram-lhe que foram ouvidos ruídos e batidas na casa durante três noites seguidas. O magistrado suspeitou de intrusos e foi dormir com uma pistola carregada. Quando os ruídos começaram, Mompesson saiu da cama brandindo sua arma. Correu até o cômodo de onde saíam os sons e descobriu que estes haviam ido para outro recinto. O magistrado os seguiu. Os ruídos se moveram novamente. Não tardou para que os perseguisse pela casa toda. Por fim, passaram para o lado de fora. Mompesson desistiu, voltou para a cama e ficou deitado ouvindo os ruídos. Entre eles, ouviu claramente os sons de um tambor.

Os ruídos prosseguiram noite após noite, geralmente durante horas, até pararem subitamente. Durante três semanas, fez-se silêncio; depois, os ruídos começaram novamente, piores do que antes, em geral parecendo acompanhar os filhos de Mompesson. Nesse ponto, outros fenômenos *poltergeist* começaram a se manifestar. Pequenos objetos moviam-se sozinhos. Mãos invisíveis arrancaram uma bandeja de pão de um servo. Um ministro chegou para rezar e os sons ficaram mais intensos, acompanhados pelo odor de enxofre ardente. Em pouco tempo, a casa de Mompesson ficou repleta de batidas, explosões, portas batendo e luzes misteriosas. Em dada manhã, o cavalo do magistrado foi encontrado deitado de costas com uma pata traseira enfiada na boca. Um visitante teve sua espada arrancada da bainha. Outro descobriu que as moedas em seu bolso tinham ficado escuras. O ferreiro da cidade foi atacado por tenazes. O espírito ganhou uma voz. Testemunhas alegam que ele gritava: "Uma bruxa! Uma bruxa!" pelo menos cem vezes. O conteúdo de latas de cinza e de penicos era esvaziado nas camas das crianças. Embora menos intensos, os fenômenos ainda estavam se manifestando cinco anos depois, quando o reverendo Glanvil fez sua visita.

Um caso na atual Pontrefact, cidade histórica de West Yorkshire com um ativo mercado, teve características incomuns. Quando Colin Wilson foi investigá-lo em 1980, descobriu que as perturbações, catorze anos antes, começaram com uma queda de temperatura, o tremor de uma janela e uma extraordinária chuva de pó fino e branco dentro da casa localizada no número 30 da East Drive. O pó não caía do teto; parecia manifestar-se do nada, a alguma distância abaixo dele, de modo que, quando os moradores se levantavam, a cabeça deles ficava acima do alto da nuvem de pó. Ao mesmo tempo, começaram a se formar poças de água no chão, que tornavam a aparecer mesmo depois de serem secadas. Uma investigação mostrou que o chão sob o linóleo estava seco, mas as poças continuaram a aparecer mesmo depois de a água ser cortada. Antes de isso acontecer, deu-se outro problema com a água: uma espuma verde saía das torneiras e das descargas dos vasos sanitários. Uma máquina de fazer chá instalada na pia, acionada por botão, começou a funcionar sozinha. O botão era ligado e desligado como se fosse acionado por um dedo invisível, e folhas de chá caíam sobre a pia até o reservatório ficar vazio. Além disso, começou a aparecer açúcar nas áreas de trabalho da cozinha. Além desses fatos estranhos, outros exemplos mais representativos da atividade *poltergeist*: um estrondo num corredor, uma lâmpada acendendo sozinha, uma planta separada de seu vaso e levada até a metade de uma escada, enquanto o vaso era lançado ao andar de cima. Ruídos de explosões, uma cristaleira tremendo na cozinha e um guarda-roupa que oscilou, balançando sem motivo aparente.

Depois dessa breve e violenta explosão que durou dias, as manifestações cessaram durante dois anos e recomeçaram com o movimento de uma manta levada do quarto até o pé da escada. Em seguida, vasos de plantas levantaram-se sozinhos e caíram no corredor com grande estrondo. Um pincel e um balde de cola foram jogados ao chão, um rolo de papel de parede contorceu-se como uma cobra, uma vassoura ergueu-se do chão, um lambrequim de madeira foi arrancado da parede e jogado pela janela. Após esses fenômenos, além de outros ainda mais violentos, a família Pritchard, que morava na casa, concluiu compreensivelmente que, como tantas outras vítimas do fantasma barulhento, lidavam com um espírito – que chamavam de sr. Ninguém. Mas será que havia mesmo um espírito envolvido nesses fenômenos?

Outro caso bem atestado de "assombração" por *poltergeist* desafia conclusões simplistas. Rosenheim é uma cidade pequena a sudoeste de Munique. Em novembro de 1967, o sistema de iluminação no escritório de um advogado alemão chamado Sigmund Adam começou a apresentar sérias falhas. Lâmpadas de neon queimavam e explodiam com tanta regularidade que ele instalou um medidor especial. Este registrou surtos de corrente súbitos e inexplicáveis. A companhia de eletricidade local, a Stadtwerke, foi chamada para investigar e concluiu que havia algum problema nas linhas de transmissão. Instalaram um cabo direto, mas as lâmpadas continuaram a explodir. Sigmund Adam mandou instalar um gerador e trocou as lâmpadas frias por lâmpadas comuns, mas o problema continuou. O mistério ficou ainda maior quando testou seu medidor numa pilha de 1,5 volt. Ela mostrou uma tensão impossível de três volts. Ele ainda estava imaginando o que deveria fazer quando chegou a conta de telefone, mostrando um aumento enorme em seu nível habitual de telefonemas. Técnicos da companhia telefônica instalaram um monitor que mostrou que alguém estava fazendo chamadas durante horas a fio à razão de quatro, cinco ou até seis vezes por minutos — mais depressa do que seria fisicamente possível.

Um repórter local foi investigar. Quando uma lâmpada saiu do soquete no momento em que ele estava saindo, concluiu que havia um espírito envolvido e escreveu uma matéria sobre o fantasma de Rosenheim. Quando a história chegou à imprensa nacional, chamou a atenção de um dos principais parapsicólogos da Europa: o professor Hans Bender do Instituto de Pesquisas Paranormais de Friburgo. Bender montou uma investigação e nela as lâmpadas oscilaram sem motivo algum, quadros viraram na parede e um arquivo pesado foi movido por mãos invisíveis. Mas, como se descobriu, o espírito não era um espírito. Bender percebeu que todos os fenômenos pareciam associados a uma adolescente, Anne-Marie Schaberl, que entrara para a empresa dois anos antes, saída diretamente da escola. A conexão não era sutil. Os surtos de corrente só aconteciam quando ela estava no escritório. Quando caminhava por um corredor, as lâmpadas do teto começavam a oscilar. Adam reagiu à descoberta despedindo a moça. Não parece haver dúvidas de que Schaberl, uma adolescente tensa, tristonha, desconfiada e agressiva, era a causa de todos os problemas. Os fenômenos pararam por completo quando ela saiu, mas começaram no escritório onde foi trabalhar. Quando foi jogar boliche com o noivo, o equipamento eletrônico parou de funcionar. Foi contratada por um moinho, mas saiu da empresa quando uma pane no maquinário causou a morte de um colega.

Este não foi o único caso do tipo. Enquanto o *poltergeist* de Rosenheim agia na Alemanha, houve um surto numa distribuidora de produtos populares em Miami, na Flórida. Foram relatados cerca de duzentos incidentes distintos envolvendo o deslocamento de itens nas prateleiras e quebras de produtos. Quando os parapsicólogos J. G. Pratt e W. G. Roff foram investigar, concentraram sem demora o foco das perturbações num funcionário da expedição chamado Julio, de 19 anos. Como Schaberl, era um indivíduo frustrado e com forte pendor para a hostilidade, para a qual não conseguia dar vazão. Outro caso norte-

-americano, ocorrido alguns anos depois, mostrou o mesmo padrão básico. Um casal idoso que morava em Olive Hill, no Kentucky, teve tantos bens danificados por um *poltergeist* que foi forçado a se mudar. O *geist* os acompanhou e uma investigação profissional mostrou que os fenômenos estavam associados ao neto do casal, Roger, então com 12 anos. O garoto provocou 179 incidentes, inclusive a levitação de uma mesa de cozinha muito pesada, que não só pulou no ar como girou cerca de 45 graus antes de baixar sobre os espaldares das cadeiras próximas. Os investigadores perceberam que o número de incidentes diminuía na proporção inversa de sua distância do garoto.

Casos como estes levaram à teoria de que os eventos de *poltergeist* têm pouca relação com espíritos. O historiador e acadêmico Richard Cavendish resume a posição:

> Como os incidentes com *poltergeist* costumam acontecer perto de pessoas vivas, os parapsicólogos tendem a considerá-los exemplos de psicocinese, ou PK. Como os incidentes com *poltergeist* são recorrentes e surgem inesperada e espontaneamente, em geral são chamados de "psicocinese espontânea recorrente", ou RSPK. Parecem-se com casos inconscientes de PK, pois normalmente a pessoa que parece provocá-los não tem noção de seu envolvimento. Algumas pessoas estão convencidas de que os fenômenos RSPK devem-se à atuação de uma entidade incorpórea como o espírito de uma entidade falecida ou um "demônio" que se apegou a uma pessoa viva e que causa os incidentes por PK. Contudo, como não há evidências desses espíritos exceto pelos fenômenos em si, a maioria dos parapsicólogos é da opinião que os fenômenos de *poltergeist* são exemplos de PK inconsciente exercida pela pessoa ao redor da qual ocorrem.[4]

Apesar de Cavendish estar correto ao afirmar que a maioria dos investigadores paranormais adere à teoria da "PK inconsciente", há evidências de que talvez a teoria não se aplique a todos os casos. A PK é definida como o "movimento de objetos físicos pela mente, sem o uso de meios físicos". O fato de o talento ser recorrente, espontâneo ou inconsciente não muda isto. Logo, como "movimento de objetos físicos pela mente" explica estes relatos:

- Em 1877, atividades numa fazenda em Derrygonnelly, Irlanda, foram investigadas por Sir William Barrett, físico e fundador da Sociedade para Pesquisas Psíquicas, que relatou: "Mentalmente pedi, sem dizer palavra alguma, para que se produzisse determinado número de batidas, o que aconteceu. Para evitar qualquer erro ou ilusão de minha parte, pus minhas mãos nos bolsos do meu sobretudo e pedi que fossem produzidas tantas batidas quantos fossem os dedos que mantive abertos. Foi o que aconteceu". Barrett repetiu o experimento quatro vezes sem erros. O foco da atividade *poltergeist*, nesse caso, era Maggie, de 20 anos, filha dos donos da casa. Mas, se ela estivesse usando PK inconsciente para produzir as batidas, também deveria estar usando alguma outra coisa — presumivelmente telepatia — para responder às perguntas silenciosas de Barrett.
- Em 1952, Hans Bender, o parapsicólogo que lidou com o caso de Rosenheim, foi chamado para investigar uma ocorrência de *poltergeist* na casa do prefeito de Neudorf, em Baden, Alemanha. Nesse caso, três testemunhas viram quando um punhado de pregos apareceu a vinte centímetros do teto antes de caírem ao chão. A origem dos pregos era um armário trancado na cozinha. O problema era óbvio: como os pregos saíram do armário sem danificar a estrutura deste ou os próprios pregos? Como passaram pelas paredes e pelo teto sem deixarem furos: Bender ficou particularmente interessado por esse fenômeno — que é bem frequente em casos de *poltergeist* —, e acabou postulando a existência de um "espaço superior", ou uma quarta dimensão da matéria, que permitiria "liberdade de movimento" e explicaria a aparente penetração da matéria pela matéria. Seja qual for a validade desse postulado, podemos dizer com confiança que havia algo mais do que PK no caso.

Há alguns anos, investiguei pessoalmente um breve incidente *poltergeist* envolvendo uma mulher de Dublin que reclamou de uma "presença invisível" em sua casa. No começo, foi apenas uma impressão sem fenômenos específicos, mas quando ela subiu a escada para tomar um banho sentiu alguma coisa peluda, como um pequeno animal, roçando-a enquanto entrava na banheira. Disse para si mesma que estava imaginando coisas, mas enquanto estava no banho a criatura queimou seu braço e a mordeu na perna. Quando saiu correndo do banheiro, foi empurrada com tanta violência que caiu escada abaixo, felizmente sem se ferir gravemente, ficando apenas com escoriações. Ela me mostrou as marcas da mordida e da queimadura. Aquela era uma pequena ferida na parte interna da coxa, como a mordida de um gato ou de outro animal de tamanho similar. Esta era circular, como se alguém tivesse apagado um cigarro aceso em seu braço. Apesar de os ferimentos com certeza poderem ter sido infligidos por ela mesma e de ninguém tê-la visto cair da escada (embora eu tenha confirmado que dois de seus filhos a encontraram no pé da escada, desacordada), não vejo motivo para que tivesse inventado uma história tão ridícula. Além disso, fenômenos similares foram relatados numa ampla variedade de casos, inclusive num ocorrido em Indianápolis, Indiana, onde a avó da casa foi "mordida" invisivelmente catorze vezes e uma das filhas, uma vez.

As atividades *poltergeist* continuam a ser relatadas até hoje. Em 2004, alguém provocou uma série de incêndios perto de uma ferrovia em Canneto, na Itália. Apesar de ter sido proposta depois uma explicação racional, parte da aldeia precisou ser evacuada. Em 2007, vídeos da suposta atividade *poltergeist* em Barnsley, Inglaterra, foram postos no YouTube. No ano seguinte, os vereadores de Easington, no condado de Durham, Inglaterra, pagaram parte dos honorários solicitados por um médium para exorcizar um *poltergeist* de uma propriedade em Peterlee. Em 2011, o jornal *Sun* publicou uma série de artigos sobre o *poltergeist* de um conjunto habitacional que produziu uma série de fenômenos típicos, como jogar vasos e panelas, lançar cadeiras ao ar, acender e apagar luzes e arrancar as portas de armários de suas dobradiças.[5]

É difícil entender como o simples movimento de objetos físicos com a mente pode produzir mais do que uma fração dos fenômenos descritos neste capítulo. Há ainda o problema dos *poltergeists* que têm voz. O tamborileiro fantasma de Tidworth gritava continuamente "Bruxa!" enquanto testemunhas de vários outros casos mencionaram ter ouvido obscenidades de "entidades" que se apresentavam como sendo demoníacas. Também é correto dizer que em algumas ocasiões, felizmente raras, o foco da atividade *poltergeist* acabou sendo morto por sua própria PK. Provavelmente, o melhor exemplo documentado foi o caso norte-americano da Bruxa Bell. A vítima foi um fazendeiro chamado John Bell, que morava com sua esposa Lucy e seus nove filhos no condado de

Robertson, no Tennessee. As perturbações começaram em 1817 com sons de batidas e de arranhões, que a família acreditou que fosse a atividade de ratos nas paredes da casa. Geralmente, aconteciam à noite e foram aumentando gradualmente de volume até que membros da família começaram a se levantar e a acender lâmpadas para investigar. Quando o faziam, os ruídos cessavam. Depois de algum tempo, começaram a ocorrer fenômenos mais tipicamente paranormais. Lençóis eram arrancados das camas por mãos invisíveis, cadeiras eram viradas para baixo, pedras eram lançadas misteriosamente. Após um ano, aproximadamente, a atividade ficou tão constante e tão extrema que todos os membros da família estavam sem dormir. A casa toda tremia sob o impacto dos ruídos, e os cabelos dos moradores eram puxados com violência.

Um vizinho, James Johnson, descobriu que o *poltergeist* parecia saber que estavam lhe dirigindo a palavra, mas as tentativas de fazê-lo parar com as atividades só pioraram as coisas. Os filhos dos Bell eram apedrejados ao voltar da escola, e tanto eles quanto os visitantes sofriam tapas sonoros, mas invisíveis, no rosto. Arquejos misteriosos acabaram se transformando numa voz baixa, sussurrante, capaz de fazer comentários aleatórios. Betsy, de 12 anos, filha de Bell, começou a ter falta de ar e desmaios; a língua de seu pai inchou e sua mandíbula ficou tão travada que volta e meia ele não conseguia comer.

O sussurro baixo do *poltergeist* se transformou em diversas vozes diferentes e bem audíveis. Todas alegavam ser espíritos; uma se identificou como um indiano cujos ossos não tinham sido enterrados adequadamente, e outro como uma bruxa chamada Velha Kate Batts. Quatro membros da família da Velha Kate manifestaram-se com suas próprias vozes e se apresentaram como Cachorro Preto, Matemática, Cipocrifia e Jerusalém. Às vezes, essas entidades pareciam bêbadas, e nessas ocasiões o recinto se enchia com o cheiro de uísque. A Velha Kate parecia não gostar nada de John Bell, e prometeu atormentá-lo pelo resto da vida.

Os Bell chamaram um mago local que prescreveu um vomitório para Betsy. Imediatamente, a criança vomitou alfinetes e agulhas de latão enquanto a voz da bruxa, irônica, disse que em breve ela poderia abrir uma loja. Os fenômenos foram ficando cada vez mais extremos. A cabeça de um escravo doméstico ficou coberta de saliva. Um trenó foi arrastado três vezes em volta da casa. Os sapatos de John Bell foram arrancados várias vezes e ele recebeu um golpe violento no rosto. A bruxa cantava músicas irônicas, provocando-o e amaldiçoando-o. Após três anos desse tratamento nefasto, Bell teve um colapso nervoso e ficou acamado. Na manhã de 19 de dezembro de 1820, a família o encontrou em coma. Quando seu filho, também chamado John, descobriu uma garrafa incomum no armário de remédios, a bruxa se vangloriou dizendo que dera ao sr. Bell um remédio durante a noite, que o "consertara". Ele morreu no dia seguinte.

Também é difícil comparar boa parte dos fenômenos da Bruxa de Bell com a atual teoria da PK. Com certeza, a entidade se manifestou como um espírito, e depois como vários espíritos. Cada um falava com uma voz diferente e exibia uma *persona* individual. Embora a comunicação entre a família Bell e as entidades fosse limitada – a "bruxa" lançava apenas ameaças, maldições e impropérios –, cerca de 16% dos casos pesquisados por Alan Gauld e A. D. Cornell apresentaram comunicação inteligente entre o *poltergeist* e o agente, às vezes incluindo dados que o agente não tinha. Talvez seja interessante lembrar que as batidas ouvidas na casa das irmãs Fox, que deram origem ao movimento espiritualista, acabaram informando que o "espírito" envolvido era de um vendedor ambulante que fora assassinado e cujo corpo fora enterrado no porão. No verão de 1848, o irmão mais velho das garotas, David, organizou uma escavação no porão de Hydesville que desenterrou ossos e dentes humanos. Tudo isso se situa bem além de qualquer efeito conhecido de PK, ou mesmo teórico, a menos que ampliemos a definição de PK para incluir a aparente capacidade de fazer milagres. Qualquer exame desapaixonado das evidências deve sugerir que o fenômeno é bem mais complexo do que a teoria da PK poderia implicar. Embora o caso de Rosenheim pareça totalmente explicável em termos de PK inconsciente, outros *poltergeists* certamente não parecem. Manifestam-se como entidades independentes, bem separadas dos indivíduos desafortunados que assombram.

Nesses casos em que podemos descartar fraude, lapsos temporais, alucinações do hemisfério direito, alucinações da mente profunda e PK recorrente, espontânea e inconsciente, será possível que os espíritos sejam simplesmente espíritos, afinal?

28. O LIMIAR DE VACILAÇÃO

Agora, está bem claro que a expressão *espírito* abrange uma gama de fenômenos díspares. Além disso, muitas investigações imparciais sobre o tema colidiram com alguma coisa que os pesquisadores psíquicos chamam de "limiar de vacilação". O limiar de vacilação é definido como o ponto no qual a pessoa deixa de ser imparcial ou de mente aberta e descobre que é impossível acreditar em alguma coisa, quaisquer que sejam as evidências. Com efeito, geralmente o limiar de vacilação costuma fazer com que a pessoa deixe de levar em conta as evidências. Para muita gente, a telepatia fica aquém de seu limiar de vacilação e, por isso, pode ser investigada plenamente, enquanto leprechauns ficam além, e por isso não são investigados. Em nossa cultura pós-moderna, parece que os espíritos ficam bem em cima desse limiar. Mesmo aqueles que suspeitam de que possa haver algo de concreto nos relatos vão ignorar inconscientemente as evidências que ficarem abaixo de seu limiar de vacilação.

Um exemplo é a dra. Elizabeth M. Butler, que concluiu que a conjuração do Coliseu de Cellini aconteceu apenas na imaginação de seus participantes. É interessante observar que Butler descobriu (e depois ignorou) a evidência que contraria tal conclusão. A partir de pistas internas do texto de Cellini, ela deduziu que o mago siciliano pode ter usado o *Lemegeton* como manual de instrução para sua cerimônia. O *Lemegeton Clavicula Salomonis* (A Clavícula de Salomão) era, com certeza, um grimório popular na época de Cellini, e, com partes de seu conteúdo remontando ao século XIV, ou antes,[1] pode ser considerado típico dos manuais de feitiçaria da época. Em sua forma mais completa, a obra consiste de cinco partes, das quais a primeira, chamada *Goetia*, contém as fórmulas para vincular-se a espíritos do mal – justamente os demônios com quem o feiticeiro de Cellini estava tentando manter contato.

Depois de relacionar – e descrever brevemente – os 72 "poderosos reis ou príncipes" comandados pelo lendário rei Salomão, o livro detalha a construção de um círculo mágico, de um triângulo de evocação, um anel mágico, um frasco de latão e diversas figuras em pergaminho, todas usadas para controlar os espíritos. Então, vem a primeira conjuração:

> Eu o invoco e conjuro, ó espírito [NOME] [...] por aquele a quem todas as criaturas são obedientes e por este nome inefável, Tetragrammaton Jeová... que você fale comigo, *visível e afavelmente*, com voz Clara e Inteligível, e sem nenhuma ambiguidade. Vinde, pois, pelo Nome Adonai Zebeoth.[2] (Grifos do autor.)

Caso o espírito se mostre intransigente, o livro recomenda uma segunda conjuração, que inclui as instruções: "venha agora pacífico, visível e afável [...] para manifestar aquilo que desejo falar com voz perfeita e clara, Inteligível para meu entendimento etc.".[3] A isto, pode se seguir uma "obrigação", que exige que o espírito venha rapidamente de todas as partes e lugares do mundo, esteja onde estiver, e apareça diante do círculo "visível e falando afavelmente com uma voz Inteligível para meu entendimento".[4]

Essas conjurações poderosas são consideradas suficientes para se chamar um espírito, a menos que esteja acorrentado no inferno; neste caso, o mago deve evocar seu rei e exigir que ele "leve, force e obrigue [NOME] a vir diante de mim neste Círculo, numa forma bela e agradável, sem causar dano algum a mim ou a qualquer outra Criatura".[5]

Se o rei não quiser cooperar, o mago pode recorrer ao equivalente mágico da violência e começar a lançar maldições sobre o espírito, ameaçando-o com fogo, excomunhão e a destruição de seu selo, a menos que "venha imediatamente e apareça visível, amigável e cortesmente diante de mim neste Círculo e Triângulo, em forma bela e agradável, e não terrível, assustadora ou daninha para mim ou para qualquer outra criatura na face da Terra e dê Respostas racionais às minhas perguntas e realize todos os meus desejos nas coisas que lhe forem pedidas".⁶ Quando (finalmente!) o espírito aparecer, deve ser preso para "permanecer afável e visível diante deste círculo".⁷

Uma abordagem um pouco diferente é usada na evocação de anjos que devem, segundo a seção "Arte Paulina" do *Lemegeton*, ser chamados num cristal. Mas aqui também se dá ênfase à aparição visível. A conjuração pede educadamente que o anjo:

> ... mostre-se visível e simplesmente em sua pedra de cristal, à vista de meus Olhos, falando com voz Inteligível e compreensível... Invoco, adjuro, ordeno e poderosamente o chamo [...] à aparição visível [...] e ordeno que Transmita seus Raios visíveis e perfeitos para a minha visão: e sua voz para meus Ouvidos, nesta e através desta pedra de Cristal: Que eu possa vê-lo plenamente e ouvi-lo perfeitamente ao falar comigo... Portanto [...] desça e mostre-se visível e perfeitamente numa forma bela e agradável diante de mim nesta pedra de Cristal: à visão de meus Olhos, falando com voz Inteligível e para meu entendimento.⁸

Na Parte IV do *Lemegeton* (A Arte Almadel de Salomão), há uma descrição rara daquilo que se deve esperar quando o espírito aparece de fato: "E quando aparece [...] desce primeiro sobre o sobrescrito no Almadel, como se fosse uma Névoa ou Bruma".⁹ Para que a bruma forme uma aparição visível, exige-se que o operador queime três grãozinhos de "mastique", cujo odor vai convencer o espírito a começar a falar. Se isto não fizer com que apareça plenamente, o mago deve usar um selo de ouro e fazer certas marcas nas velas usadas nessa cerimônia, uma ação que certamente torna a evocação um sucesso. O texto acrescenta um detalhe interessante: quando o espírito se vai, "enche o lugar com um aroma adocicado e agradável que pode ser sentido por longo tempo".¹⁰

Duas coisas ficam óbvias ao se estudar o *Lemegeton*.

A primeira é que a evocação de espíritos não é fácil: são apresentadas várias técnicas alternativas, baseando-se claramente na hipótese de que as anteriores não irão funcionar. A segunda é que a expressão *visível* soa como um tambor em cada evocação. O que o operador deseja e espera é a aparição *visível*. Ver é crer, e, se o espírito não for visto com os olhos físicos do mago, então é preciso tentar uma segunda conjuração — e uma terceira, e uma quarta — até o espírito aparecer. A própria localização da aparição é especificada. No caso dos anjos, a imagem flutua desde as profundezas de um pedaço de cristal. No caso dos demônios, são conjurados no triângulo mágico do qual não podem escapar senão quando o feiticeiro os libertar. Também não há a menor sugestão de que a criatura no triângulo seja uma visão. Aquilo que aparece é um ser físico que surge nebulosamente, na forma de uma bruma ou névoa, e depois se solidifica gradualmente.

Para uma prova de que a entidade realmente fica sólida, podemos recorrer ao *Grimorium Verum*, que recomenda que lhe seja dado um pedaço de pão ou uma noz antes que ela torne a desaparecer.[11] Instruções para a descoberta de tesouros que aparecem no mesmo grimório destacam a natureza corpórea do demônio manifestado, que tem solidez suficiente para deixar pegadas ao caminhar. O operador recebe uma instrução: quando o espírito aparecer, "Você seguirá Lúcifer, ou o espírito que ele vai enviar em seu lugar, colocando seus pés sobre suas pegadas e acompanhando seus passos".[12] Mesmo quando os anjos são conjurados em cristais, espera-se que apareçam de tal forma que possam ser vistos pelo olho físico. O *Lemegeton* insiste repetidamente na clareza e na inteligibilidade: esses espíritos divinos precisam ser vistos e ouvidos quando ocupam o cristal de visão.

A partir dessas informações, fica bem claro que o autor do *Lemegeton* e, por extensão, aqueles que o usam não estavam preocupados com a imaginação subjetiva, nem com a imaginação vívida da infância evocada como explicação por Butler. Eles visavam a observação clara do espírito, nada menos que isso. Essa postura é reforçada por frequentes referências ao fato de que o espírito (particularmente espíritos demoníacos) deve se manifestar com boa aparência e não prejudicar ninguém. O operador não queria se assustar com um demônio feio, cuja capacidade de causar danos físicos nunca foi questionada.

Entra em jogo outro fator ao se considerar a natureza dos espíritos evocados. A ideia de Cellini de consultar o feiticeiro siciliano parece ter sido fruto de mera curiosidade. Ele estava interessado em magia e queria ver por si mesmo o que aconteceria se uma evocação de espíritos fosse realizada por um profissional. Mas não foi uma motivação típica. Magos que se davam ao trabalho de chamar espíritos costumavam querer coisas tangíveis. Diversos grimórios, entre os quais o *Lemegeton*, chegavam a relacionar espíritos específicos para tarefas específicas. Surgat, demônio associado ao domingo, conseguia uma pedra que tornava o usuário invisível;[13] o anjo Sophiel conferia o conhecimento sobre ervas[14] e Lucifuge Rofocale "tem o controle, que lhe foi investido por Lúcifer, sobre todas as riquezas e tesouros do mundo" — pelo menos, segundo o *Grand Grimoire*.[15] O *Livro da Magia Sagrada de Abramelin o Mago* tem longos catálogos de espíritos, controláveis por meio de quadrados mágicos, para questões específicas como visões, informações científicas, predições, extração de água de minas, produção de lenha, controle climático, obtenção de livros, alimentos ou vinhos, segredos amorosos e até a evocação de outros espíritos.[16]

Como as instruções para evocação de espíritos aparecem em alguns dos primeiros textos mágicos da época medieval[17] e o objeto dessa atividade quase sempre foi eminentemente prático, a postura do mago fica clara. Longe das criaturas imaginárias sugeridas por Butler, os feiticeiros da época medieval e da Renascença pensavam nos espíritos como entidades objetivas, angelicais ou diabólicas, que podiam ser comandadas e postas a trabalhar por meios técnicos ou mediante a assistência de Deus. A morada natural de algumas entidades era outro nível da realidade (céu ou inferno), enquanto outras — espíritos da natureza e outros semelhantes — tinham residência terrestre. Ambos, no entanto, tinham a habilidade, se chamados à presença do mago, de assumir a forma material que desejassem e de realizar tarefas práticas, geralmente auxiliados por talentos mágicos inatos. A ideia de que os espíritos podem ter uma realidade objetiva parece ficar além do limiar de vacilação do dr. Flournoy, para não falar de muitos de seus leitores profissionais. Apesar de ser simpático à sua médium, em nenhum momento Flournoy pensou que seus espíritos poderiam ser algo mais do que elaborações do inconsciente. Como Butler, obteve evidências em contrário, mas as menosprezou ou ignorou. Ao falar do espírito-guia de Muller, Leopold, ele menciona que a entidade foi chamada por "pessoas cultas" durante a ausência da médium. Como Leopold é apresentado como um aspecto da mente inconsciente de Muller, é razoável esperar que isso seja um exercício fútil, mas Flournoy acrescenta com suavidade: "Naturalmente, eles obtêm respostas, pela mesa ou por outros meios, e isso causa complicações imprevistas".[18] Mas não para as teorias de Flournoy: as complicações que observa não seriam mais do que ciúme por parte da médium, por seu guia comunicar-se com outras pessoas. Sobre as batidas, o limiar de vacilação de Flournoy também é evidente. Ele atribui as batidas a movimentos musculares involuntários pela médium, mas não fala do problema das batidas *quando a médium não está presente*. E, mais claramente ainda, descreve um caso em que a cadeira de Muller foi puxada "por mãos invisíveis" — com certeza, algo bem além do alcance de "movimentos musculares involuntários". Em outro momento, Flournoy comenta sobre sua capacidade de falar sânscrito, de produzir as assinaturas identificáveis de pessoas falecidas e de revelar um milhar de fatos corretos desconhecidos dela, e depois descarta tudo isso como "lembranças esquecidas e antigas de coisas vistas ou ouvidas na infância". Flournoy não apresenta provas desta afirmação, mas o limiar de vacilação de gerações de psicólogos ortodoxos garantiu que isso se firmasse como um fato.

Ao mesmo tempo, a crítica à teoria psicológica ortodoxa não constitui necessariamente uma prova da existência dos espíritos. Parece não haver muita dúvida de que existe um aspecto psicológico em muitos fenômenos espirituais, e em muitos casos uma simples alucinação seria a explicação mais óbvia. Mas também é possível afirmar que *todos* os aspectos dos encontros e das comunicações com espíritos são alucinações se ignorarmos muitas evidências habituais. Um psicólogo que descobriu que não podia mais ignorar as evidências foi Carl Jung.

Jung começou sua carreira psiquiátrica concordando com Flournoy, achando que as comunicações espirituais produzidas pela mediunidade eram basicamente o médium conversando consigo mesmo, ou, para ser mais preciso, com sua mente subconsciente. Mas Jung era demasiadamente honesto em termos intelectuais para se apegar a opiniões fora de moda, mesmo que fossem suas, e, com o tempo, sua experiência de vida levou-o a revisar suas ideias iniciais sobre espíritos.

Em 1925, visitou aquela que na época era a África oriental britânica numa expedição organizada pelo governo britânico para a realização de entrevistas etnográficas com o povo bugishu que vivia na região a oeste e ao sul do monte Elgon. Jung, então com 50 anos, tinha já um grande interesse pelo paranormal e não perdeu tempo em fazer perguntas sobre espíritos a seus anfitriões. Mas, quando levantou o assunto durante uma conversa, "caiu um silêncio mortal sobre o grupo. Os homens olharam para longe, olharam em todas as direções e alguns deles se levantaram".[19] O líder somali que acompanhava Jung e o chefe da tribo conversaram durante alguns instantes, e então o líder chamou Jung de lado e sussurrou furiosamente em seu ouvido: "Por que você foi falar nisso? Agora, terei de interromper a reunião".[20] O incidente foi uma lição objetiva para Jung, ensinando-o a nunca usar a palavra *seleteni* ("fantasmas" ou "espíritos") se pudesse evitá-la. Ainda durante sua visita, veio a descobrir a razão.

Certa manhã, enquanto visitava a fonte de água perto do acampamento de Jung, uma jovem nativa desmaiou por causa de um aborto séptico e foi levada de volta para casa com febre alta. Os outros membros da tribo não acreditavam muito nos remédios que os visitantes europeus podiam oferecer, nem no pajé local. Resolveram chamar um curandeiro de outra aldeia. O homem chegou e começou a farejar a cabana da mulher como um cão, movendo-se em espirais descendentes até parar subitamente e dizer que o problema fora causado pelo avô da jovem, com quem ela vivera desde a infância. O avô tinha morrido recentemente e seu espírito disse ao curandeiro que estava entediado e solitário na terra dos fantasmas, por isso descera pela trilha à noite para levar a moça. Isso a deixara doente. Jung escreveu:

> O médico receitou a construção de uma casa-fantasma, e eles construíram uma com pedras [...] e puseram nela uma cama, comida e água... Na noite seguinte, o fantasma a visitou e disse que era bem bonita, por isso ficou ali e dormiu até tarde [...] a febre da menina diminuiu e em três dias ela estava recuperada.[21]

Apesar do tom descontraído do relato, Jung levava muito a sério os espíritos. Deve ter ficado claro para ele que estava acontecendo alguma coisa que ia além da percepção alucinatória do inconsciente pessoal. O incidente com a mulher levou-o a concluir que os espíritos ancestrais da tribo viviam na zona dos bambus, no alto do monte Elgon, e ele foi até lá para procurá-los. No silêncio dos bambuzais, seus guias começaram a se comportar estranhamente, deixando claro que não queriam prosseguir. Quando questionou um deles, o homem com o rosto coberto por cinzas afirmou que havia "milhares e milhares" de fantasmas no bambuzal.[22] Noutra ocasião, Jung viu um pessoalmente, uma criatura com uma face semelhante à de uma coruja e com olhos de quase um metro de diâmetro. Numa caminhada, ouviu músicas e pessoas conversando, sem que houvesse ninguém por perto.[23]

Já mais velho, foi visitado, primeiro em sonho, depois numa visão clara, por uma figura que chamou de Filemon. Descreveu a figura como um "velho com chifres de touro [...] [e] [...] as asas de um martim-pescador com suas cores características".[24] Apesar de acreditar que Filemon teria surgido de seu inconsciente, concluiu ainda que a visão não era sua criação pessoal. De algum modo, essas figuras *produzem-se sozinhas* e têm vida própria.[25] Além disso, às vezes Filemon demonstrava uma percepção superior à do próprio Jung.[26]

À medida que o pensamento de Jung amadureceu e suas experiências pessoais se expandiram, ele desenvolveu uma teoria do inconsciente que deu uma perspectiva totalmente nova ao problema dos espíritos. Jung afirmou que teria descoberto um inconsciente coletivo – uma camada suprapessoal da psique – em virtude de um sonho que teve ao voltar dos Estados Unidos. Nesse sonho, ele se viu no andar de cima de uma casa que sabia ser dele, decorada num confortável estilo moderno. Ao descer ao térreo, notou que tudo era muito mais antigo – datando do século XV ou XVI. Degraus de pedra levaram a um porão nitidamente datado do período romano, enquanto um alçapão e mais degraus conduziram-no a uma caverna aberta no leito rochoso, com ossos e pedaços de cerâmica espalhados "como restos de uma cultura primitiva".[27] Jung interpretou esse sonho como um modelo da psique e concluiu que a caverna primitiva representava uma espécie de base mental que não fora gerada pelos pensamentos ou pela experiência individual, sendo comum para toda a humanidade. Mais tarde, encontrou provas de sua teoria na alucinação de um paciente que imaginou o sol com um pênis ereto – um símbolo mítico profundo de um texto mágico helenístico do segundo século que só foi publicado quatro anos após a consulta desse paciente.

Essa versão dos eventos é seriamente questionada por Richard Noll, psicólogo de Harvard, que alega que E. Schwyzer, apelidado de Homem do Falo

Solar, teve a alucinação muito depois do que Jung afirmara (e que por isso ela poderia ter sido gerada por algo que tivesse lido), e que nem era paciente de Jung.[28] Para Noll, as raízes das ideias de Jung são mais suspeitas do que científicas. Em forte contraste com os textos do próprio Jung e os de seus seguidores imediatos, a biografia de Jung escrita por Noll[29] retrata-o como praticante do paganismo,[30] dizendo que se imaginava como a reencarnação de Goethe[31] e de Meister Eckhardt,[32] estudava alquimia, hermetismo e a teosofia de Blavatsky e, mais importante, recebia instruções de um espírito (Filemon, já mencionado). Em suma, a conclusão de Noll é de que Jung era praticante do hermetismo. Esse retrato, evidentemente, posiciona Jung – apesar de suas qualificações acadêmicas e de sua respeitabilidade científica – com firmeza na tradição esotérica ocidental, e é particularmente interessante à luz de semelhanças entre sua teoria do inconsciente coletivo e suas ideias esotéricas sobre um suposto Plano Astral.

Jung definiu o inconsciente coletivo com as seguintes palavras:

> O inconsciente coletivo é uma parte da psique que pode ser distinguida negativamente do inconsciente pessoal pelo fato de, diferentemente deste último, dever sua existência à experiência pessoal e, por isso, não ser uma aquisição pessoal. Enquanto o inconsciente pessoal é constituído essencialmente de conteúdos que um dia foram conscientes, mas que desapareceram da consciência pelo esquecimento ou pela repressão, os conteúdos do inconsciente coletivo nunca estiveram na consciência e portanto nunca foram adquiridos individualmente, devendo sua existência exclusivamente à hereditariedade. Enquanto o inconsciente pessoal consiste de complexos, em sua maior parte, o conteúdo do inconsciente coletivo é formado essencialmente por arquétipos. O conteúdo do arquétipo, que é um correlato indispensável da ideia de inconsciente coletivo, indica a existência de formas definidas na psique, que parecem estar presentes sempre e em todas as partes...
>
> Minha tese, portanto, é a seguinte: Além de nossa consciência imediata, que tem natureza totalmente pessoal e que acreditamos que seria a única psique empírica (mesmo que incluamos como apêndice o inconsciente pessoal), existe um segundo sistema psíquico de natureza coletiva, universal e impessoal, idêntico em todos os indivíduos. Este inconsciente coletivo não

se desenvolve individualmente, mas é herdado. Consiste em formas preexistentes, os arquétipos, que só podem se tornar conscientes secundariamente e que dão forma definida a certos conteúdos psíquicos.[33]

Apesar da formulação cuidadosa de sua teoria, Jung estava ciente de que ela o deixou exposto a acusações de misticismo, e ele se esforçou para se defender, afirmando que não continha mais misticismo do que o conceito dos instintos.[34] Mesmo assim, quando ofereceu exemplos dos arquétipos que postulava, ficou claro que alguns correspondiam aos deuses da mitologia antiga. Outros eram capazes de exigir veneração ou de possuir indivíduos e grupos, às vezes com efeitos negativos: "Não há loucura à qual as pessoas sob o domínio de um arquétipo não possam se entregar".[35] Figuras arquetípicas apareciam como projeções psicopômpicas em sonhos,[36] em visões e, como vimos, em sua experiência pessoal com Filemon — ou seja, intrusões aparentes na realidade da vigília cotidiana; todas manifestações tradicionalmente atribuídas a espíritos.

Logo, os críticos de Jung podem ser perdoados por presumirem que sua nova teoria nada mais era do que a reformulação de algumas ideias esotéricas bem antigas: os arquétipos eram espíritos e o inconsciente coletivo era o mundo espiritual visitado por xamãs e médiuns. Se havia alguma diferença, estaria no fato de que, durante séculos, acreditou-se que o mundo espiritual estava "lá fora" ou "lá em cima", enquanto a percepção de Jung sugeria que estava mesmo "*aqui* fora".

Isso reflete bem uma ideia central da prática ocultista, desde o século XIX até a atualidade – o conceito de um Plano Astral acessível desde o nosso mundo e que existe paralelamente a ele. A terminologia estelar parece ter sido criada pelo mago francês Éliphas Lévi, que postulou uma força da natureza "mais poderosa do que o vapor", que magnetizava as estrelas e se transformava em "luz astral" nelas.[37] Nos seres humanos, a mesma energia formava um corpo sutil que atuaria como mediador entre o indivíduo e a luz astral, permitindo-lhe atuar sobre toda a natureza mediante a aplicação da vontade. De modo revelador, Lévi também ensinou que a luz astral era o "espelho comum de todos os pensamentos e formas".[38]

As ideias de Lévi foram adotadas pela Aurora Dourada, uma sociedade mágica vitoriana de natureza pseudomaçônica. Ela ensinava o uso de técnicas auxiliares como cartas tattva para permitir a projeção do corpo astral a outro nível da realidade, o Plano Astral.[39] Iniciados da Aurora Dourada seguiam Lévi na crença de que seu treinamento lhes permitiria enxergar essa realidade paralela, tal como se pode usar um aparelho de televisão para observar as ações dos indivíduos num estúdio distante. Mas, na época em que Dion Fortune fundou sua Sociedade da Luz Interior, em 1922, a expressão "Plano Astral" estava sendo vista cada vez mais como um termo arcaico para a própria imaginação visual.[40] A distinção, porém, não é tão clara. A imaginação não era mais aceita pelos ocultistas como uma função subjetiva da mente, mas como um mundo perceptível todo próprio, especialmente quando se manifestava em sonhos e visões. Lévi se esforçou para combinar os dois pontos de vista na Introdução à sua *History of Magic* [*História da Magia*] ao dizer:

> Um fenômeno particular ocorre quando o cérebro está congestionado ou sobrecarregado de Luz Astral; a visão volta-se para o interior e não para o exterior; a noite cai sobre o mundo externo e real, enquanto um brilho fantástico cobre o mundo dos sonhos... Então, a alma percebe, por meio de imagens, o reflexo de suas impressões e pensamentos. Quer dizer que a analogia subsistente entre ideia e forma atrai na Luz Astral um reflexo que representa essa forma, sendo a essência da luz vital a configuração; é a imaginação universal, da qual cada um de nós apropria uma parte menor ou maior, segundo nosso grau de sensibilidade e de memória.[41]

O uso que Lévi faz da expressão *imaginação universal* aproxima ainda mais o conceito do Plano Astral da ideia junguiana de inconsciente coletivo, e é importante lembrar que os ocultistas modernos acreditam que o Plano Astral é a morada dos espíritos. Mais objetivamente ainda, eles também acreditam que este faz parte de um conjunto de "Planos Interiores", vistos como realidades objetivas que são acessíveis para quem dirige sua atenção para o interior. Para Jung, o inconsciente coletivo também era um aspecto objetivo da psique humana. A doutrina esotérica e a psicologia junguiana misturam-se absolutamente na técnica terapêutica da "imaginação ativa", definida por Jung como uma "sequência de fantasias produzidas por meio de concentração deliberada", que, segundo acreditava, produzia a prova de um inconsciente coletivo.[42] A

Imaginação Ativa é idêntica a uma técnica esotérica moderna conhecida como *pathworking* (trabalho do caminho), que dá aos praticantes um acesso controlado ao Plano Astral.[43]

Quer em termos junguianos, quer em termos esotéricos, o conceito de um aspecto objetivo da psique humana não chega a explicar totalmente os espíritos. Isso fica evidente quando as manifestações espirituais são acompanhadas de fenômenos físicos ou vistas por mais de uma pessoa ao mesmo tempo. O próprio Jung achou possível aceitar que alguns eventos físicos poderiam ter causas psíquicas diretas, mas muitos de seus colegas de profissão não tinham a mesma certeza. Quando Freud e Jung presenciaram o que Jung chamou de "fenômeno de exteriorização catalítica" – um ruído alto numa estante logo após uma curiosa sensação no diafragma de Jung –, Freud descartou a ideia de que ela teria uma causa psicológica como "pura baboseira" e não a aceitou mesmo depois que o ruído se repetiu.[44]

A maioria de nós é um pouco assim. Na sociedade ocidental, o condicionamento cultural traz consigo a tendência a considerar todo conteúdo psicológico como subjetivo. Logo, podemos aceitar prontamente a ideia de que os espíritos seriam a construção inconsciente de um médium ou a alucinação pessoal de um mago. Podemos até aceitar, à luz da teoria junguiana do inconsciente coletivo, que algumas erupções das profundezas da psique têm uma origem independente de nossa experiência pessoal. Mas, para a maioria das pessoas, a ideia de que entidades psíquicas possam ficar visíveis e ser até tangíveis, como afirmam os grimórios, ou mover mesas e atirar objetos, como atesta o espiritualismo, geralmente é um pouco exagerada. Mesmo assim, trabalhos experimentais que vêm sendo realizados sugerem existir mesmo um mecanismo para esses efeitos.

Em 1966, o psicólogo britânico Kenneth J. Batcheldor publicou um relatório no *Journal of the Society for Psychical Research* chamado "Relatório sobre o Caso de Levitação de Mesa e Fenômenos Associados".

Batcheldor, membro ativo da Sociedade para Pesquisas Psíquicas, interessou-se pelos relatos espiritualistas de mesas girantes na era vitoriana. A mesa girante é um tipo específico de sessão espiritualista, na qual os participantes se sentam, geralmente sob total escuridão, com as mãos apoiadas na superfície de uma mesa, que então se moveria sozinha devido à intervenção de espíritos.

Batcheldor percebeu que a prática tornara-se rara na década de 1960 e decidiu realizar sua própria investigação. Para isso, reuniu um pequeno grupo de participantes em Exeter e, em 25 de abril de 1964, iniciou uma série de duzentas sessões experimentais. Nenhum dos participantes tinha talentos mediúnicos e o próprio Batcheldor não aceitava a hipótese espiritual dos fenômenos de sala de sessões. Dentre as duzentas sessões, 120 não produziram resultados paranormais. Fenômenos físicos, não necessariamente paranormais, ocorreram nas outras oitenta.

Nas primeiras sessões, houve movimentos na mesa, mas nada que não pudesse ser explicado por movimentos musculares involuntários dos participantes. Na décima primeira sessão, porém, Batcheldor relatou que a mesa se ergueu do chão e flutuou no ar. Como as mãos dos participantes ficaram exclusivamente em contato com a *superfície* da mesa, os movimentos musculares involuntários foram descartados. Porém, não foi descartada a fraude proposital, pois a sessão fora realizada no escuro. Com a ajuda de um dos participantes, que era engenheiro, Batcheldor descobriu que os fenômenos se produziam com relativa facilidade (e um pouco de paciência) quando não havia controles e a sessão era realizada na mais completa escuridão. Depois de introduzidos alguns controles — gravação da sessão em fita, uso de sensores nos pés da mesa e assim por diante —, os fenômenos paravam de imediato, voltando lentamente durante uma série de sessões. Cada vez que se introduziam novos controles, o padrão se repetia.

Batcheldor percebeu que, se introduzisse controles de forma bem gradual, pouco a pouco, e desse tempo para que os participantes se acostumassem com eles, podia induzir não só movimentos na mesa, entre eles sua completa levitação, mas também uma série de fenômenos "espirituais" que os relatos vitorianos descreviam com frequência. Entre eles, batidas, rajadas de vento, frio intenso, luzes, a sensação de toque, cadeiras dos participantes sendo puxadas, movimento de objetos como um chocalho e um trompete, a mesa sendo "colada" ao chão de modo a não ser movimentada e até aportes (pequenos objetos que aparentemente surgiam do nada).

A experiência de Batcheldor mostrou-se replicável. Em 1979, estimou que pelo menos dez grupos produziram fenômenos paranormais usando seus métodos. O líder de um deles, Colin Brookes-Smith, colega e colaborador de Batcheldor, informou que, quando se observavam os procedimentos adequados, as forças paranormais surgiam "de baciada".⁴⁵

O efeito desses experimentos foi a separação de fenômenos de sala de sessões da presunção automática da intervenção espiritual. Para Batcheldor, ficou claro que quem operava os fenômenos não eram espíritos desencarnados, mas as mentes (inconscientes) dos participantes. Batcheldor teorizou que "artefatos naturais" — ou seja, ocorrências pouco familiares, como movimentos da mesa causados por contrações musculares — foram condicionando lentamente os participantes a aceitar a possibilidade de manifestações paranormais, abrindo o caminho para sua produção. É de observar que a capacidade de Batcheldor para criar efeitos paranormais "de baciada" não descarta, de modo algum, a intervenção espiritual, mas, se os espíritos fossem moradores do "espaço interior", tal como Jung postulou em seu modelo, então foi demonstrada claramente a existência de um mecanismo pelo qual eles podem influenciar o mundo físico.

Todavia, enquanto Batcheldor realizava seus experimentos, surgia uma complicação séria. Em setembro de 1972, membros de um grupo canadense de pesquisas liderado pelo dr. A. R. G. Owen, antigo diretor do Trinity College de Cambridge e experiente pesquisador da paranormalidade, resolveu descobrir se era possível criar um fantasma.⁴⁶ Para isso, inventaram um personagem fictício chamado Philip, um oficial de cavalaria de família aristocrática que viveu na época da Guerra Civil inglesa. Embora fosse casado, Philip teve um caso com uma jovem cigana chamada Margo. Quando sua esposa, Dorothea, descobriu o que estava acontecendo, denunciou Margo como bruxa. Mais tarde, Margo foi queimada na fogueira, e Philip, desgostoso, suicidou-se, lançando-se pelas ameias de Diddington Hall, a mansão familiar. O único elemento factual nessa história assustadora era a mansão familiar. Existe mesmo uma Diddington Hall (em Warwickshire), e membros do grupo encontraram fotos dela para ajudá-los a visualizar os detalhes de sua história. Teve início uma série de sessões destinadas a fazer contato com "Philip".⁴⁷

Durante um ano, não obtiveram sucesso. Então, um dos membros descobriu o trabalho de Batcheldor, no qual alguns relatos sugeriam que uma abordagem bem humorada tinha mais chances de propiciar fenômenos. Começaram a contar piadas e a cantar enquanto se sentavam em torno da mesa de sessões.

Três ou quatro sessões depois, ouviram sua primeira batida, e em seguida a mesa começou a deslizar pelo chão. Um dos membros teve a presença de espírito de perguntar em voz alta se era Philip que estava provocando tudo isso, e sua resposta foi uma batida extraordinariamente alta. O grupo criou um código com uma batida para "sim" e duas para "não", estabelecendo uma linha de comunicação. Depois de várias sessões, a entidade comunicante confirmou detalhes de sua vida, que se encaixavam — às vezes com acréscimos criativos — com a história fictícia de Philip. Ele também se mostrou capaz de proporcionar respostas adequadas a perguntas sobre questões alheias à sua história.[48]

As comunicações foram acompanhadas por fenômenos físicos espetaculares, entre os quais batidas que se moviam, movimentos como inclinações e deslocamentos da mesa, batidas feitas a pedidos em lugares específicos da sala, distorções que surgiam na superfície da mesa como laranjas e oscilações na luz elétrica a pedido dos participantes. Durante a realização de um documentário sobre as sessões, testemunhas relataram que a mesa levitou completamente a cerca de um centímetro acima do chão (embora essa ação não tenha sido filmada). Mais tarde, enquanto o grupo participava de uma discussão na televisão, Philip conseguiu convencer a mesa a subir alguns degraus a fim de se unir aos participantes numa plataforma. Essa manobra complexa e altamente interessante foi registrada por uma câmera.[49]

Tal como aconteceu com o trabalho de Batcheldor, vários grupos diferentes conseguiram replicar o experimento de Toronto, inclusive um que se reuniu num hotel nas colinas Malvern em 24 de setembro de 1995, conjurando uma sacerdotisa saxã fictícia chamada Coventina ao lançar mão de uma forma modificada do ritual de Salomão. A "entidade" respondeu a perguntas durante uns vinte minutos, "possuindo" espontaneamente um dos participantes que entrou em transe mediúnico.[50]

Embora as implicações desses experimentos ainda não tenham encontrado lugar no pensamento convencional, deixaram claro, além de qualquer dúvida, que, se a mente humana é, de fato, a morada suprema dos espíritos, é um hábitat muito mais complexo do que imagina atualmente a ciência psicológica consensual — uma conclusão confirmada por outras evidências experimentais.

29. FUNDAMENTAÇÃO CIENTÍFICA

Stanislav Grof nasceu na Checoslováquia em 1932. Estudou medicina e psiquiatria. Em 1956, formou-se na faculdade de medicina e poucos meses depois se apresentou no Departamento de Psiquiatria da Faculdade de Medicina de Praga para um experimento que iria mudar o curso de sua vida. Era um experimento com LSD.*

Stanislav Grof, psiquiatra de renome mundial cuja investigação da consciência humana levou-o a acreditar em realidades alternativas.

---

* Lysergic Acid Diethylamide [dietilamida do ácido lisérgico]. (N.T.)

LSD é o nome popular da dietilamida do ácido lisérgico, uma poderosa droga psicoativa sintetizada pela primeira vez na Suíça em 1938. Seus efeitos físicos imediatos podem incluir sonolência, tontura, dilatação das pupilas, torpor ou formigamento, fraqueza, tremores e enjoo. Mas mesmo os efeitos mais marcantes dentre esses são insignificantes se comparados com suas propriedades de alteração da mente. O LSD evoca mudanças de humor, mudanças de pensamento e uma percepção alterada do tempo e do espaço. Para Grof, seu impacto foi quase devastador:

> Esta experiência influenciou profundamente minha vida pessoal e profissional, e proporcionou a inspiração para dedicar-me continuamente a pesquisar a consciência.[1]

O uso do LSD não se manteve confinado ao laboratório por muito tempo. Na década de 1960, era consumido como a droga preferida do movimento *hippie*, onde foi usado para intensificar as conexões emocionais com os outros e para se obter supostas percepções profundas sobre a natureza e o universo. Defendido por gurus da psicodelia como Timothy Leary, seu uso tornou-se tão disseminado entre os estudantes que alguns políticos começaram a considerá-lo uma crise nacional. Paralelamente, o uso legítimo declinou acentuadamente. Nos Estados Unidos, foi incluído nas restrições da Emenda de Controle sobre o Abuso de Drogas de 1965. No ano seguinte, o único fabricante autorizado tirou a droga do mercado e transferiu seus estoques para o governo federal. Leary reagiu com seu famoso conselho:

> Se você leva o jogo da vida a sério, se você leva o seu sistema nervoso a sério, se você leva os seus órgãos dos sentidos a sério, se você leva o processo da energia a sério, você tem que se ligar, sintonizar e cair fora.[2]

Fechado o acesso a fontes legais de fornecimento, surgiu rapidamente um próspero mercado negro de LSD. Numa reação previsível, a medicina declarou que a droga não tinha nenhum uso clínico válido e, no início da década de 1990, praticamente abandonou as pesquisas sérias. Hoje, as fontes de referência equiparam o LSD e outras drogas psicoativas ao "abuso de substâncias". Todas induziriam estados alucinógenos.

Há, no entanto, outro ponto de vista. Ele foi apresentado pelo intelectual inglês Aldous Huxley em dois ensaios que foram combinados para formar um único livro, As Portas da Percepção e Céu e Inferno.[3] Após uma experiência com mescalina — um produto natural com efeitos semelhantes aos do LSD —, esboçou uma teoria que levou as drogas psicodélicas ao reino do misticismo. Huxley, que na época em que ingeriu a droga estava quase cego, passou por profundas mudanças de percepção e teve visões claras. Mas não foram alucinatórias, em sua opinião.

Em termos gerais, duas escolas de pensamento sobre a mente humana dominaram a maior parte do século XX. Uma sugere que ela é uma coisa em si mesma, operando o cérebro assim como o motorista opera seu carro. A outra, que recebe mais apoio do paradigma científico ortodoxo, acredita que a "mente" nada mais é do que uma coleção de impressões subjetivas geradas pela atividade elétrica do cérebro. Huxley era partidário da primeira dessas teorias. Ele acreditava que a mente não era apenas uma coisa em si, mas substancialmente mais abrangente do que a maioria consegue imaginar. Ele usava a expressão *mente em geral* para descrevê-la.

Segundo Huxley, a mente em geral é capaz de perceber a realidade com grande amplitude — tão grande, na verdade, que ela é contraproducente em termos de sobrevivência. Dito de forma simples, se você costuma ser vítima de visões constantes, é provável que acabe debaixo de um ônibus. Assim, o cérebro evoluiu como uma espécie de válvula redutora, filtrando as impressões que não são necessárias para a tarefa imediata. Ele acreditava que drogas como mescalina e LSD interferiam com a eficiência do cérebro em função disso, permitindo que informações estranhas entrassem nele. Nas palavras do poeta William Blake: "as portas da percepção foram lavadas". Longe de promoverem alucinações, na verdade as drogas permitiram uma experiência mais profunda da realidade.

Este foi um ponto de vista com o qual Grof concordou rapidamente. Em 1956, embarcou numa das mais excêntricas carreiras psiquiátricas do século. Como seus colegas mais ortodoxos, tratou de pacientes que sofriam de diversas doenças emocionais e psicossomáticas, como depressão, neuroses, alcoolismo e dependência de drogas. Mas também se preocupou com um número significativo de pacientes terminais — na maioria, vítimas de câncer — sem problemas psiquiátricos. Em todos os casos, usou drogas como LSD, psilocibina, mescalina, dipropiltriptamina e metilenodioxianfetamina — todas poderosas substâncias que alteram a mente. Depois de realizar quatro mil dessas sessões, com envolvimento periférico em outras duas mil dirigidas por colegas, as pressões legais e profissionais sobre aqueles que usavam tais drogas, mesmo num contexto médico, ficaram fortes demais. Grof mudou o enfoque para uma técnica especial de respiração que, segundo ele e a esposa descobriram, ocasionava estados alterados de consciência incomuns.

Em 1992, criou a expressão *holotrópico* para descrever tais estados. Foi uma combinação de dois termos gregos: *holos*, que significa "totalidade", e *trepein*, que pode ser traduzido como "orientado para". Se, portanto, *holotrópico* significa "mover-se na direção da totalidade", a implicação é que não estamos inteiros no nosso estado cotidiano de consciência, identificando-nos apenas com um pequeno fragmento daquilo que de fato somos. A convicção de Grof a respeito disso derivou diretamente das experiências de seus pacientes. Repetidas vezes, relataram o *mesmo tipo* de mudança na percepção e na visão do mundo. Esses efeitos não dependeram de inteligência, educação, formação cultural ou profissão. Num estado holotrópico, *todos* começaram a ver o mundo basicamente da mesma forma. É notável o fato de a visão holotrópica do mundo incluir a percepção direta de espíritos. Diz Grof:

> Estados holotrópicos de consciência também podem proporcionar uma percepção mais aguçada sobre a visão de mundo de culturas que acreditam que o universo está povoado por seres mitológicos e é governado por diversas divindades sublimes ou iradas. Nesses estados, podemos ter acesso vivencial direto ao mundo de deuses, demônios, heróis lendários, entidades sobre-humanas e guias espirituais. Podemos visitar o domínio de realidades mitológicas, paisagens fantásticas e moradas do Além. As imagens [...] podem incluir figuras e temas mitológicos de qualquer cultura da história da humanidade. Experiências pessoais profundas nesse mundo podem nos ajudar a perceber que as imagens do cosmos encontradas em sociedades pré-industriais não se baseiam em superstições ou em "pensamentos mágicos" primitivos, mas em experiências diretas de realidades alternativas.[4]

Grof descobriu que seus aventureiros holotrópicos também concordavam com o fato de que, além da percepção material do universo fenomenal — e até além das realidades alternativas dos mundos espirituais —, o cosmos era uma unidade mística. Em termos gerais, esta se apresentava numa de duas formas. Uma era a experiência da Consciência Absoluta, imanente em tudo que existe e que já existiu. A outra era a experiência do Nada Cósmico, um "vazio" transcendente que de algum modo conteria o potencial de tudo o que existe, existirá e existiu. A Consciência Absoluta e o Nada Cósmico parecem estar nos extremos opostos, para não dizer contraditórios, de um espectro. Mas a visão holotrópica de mundo concorda com a percepção dos místicos ao longo das eras, que consideram ambos como uma única e mesma coisa. Grof resume suas descobertas com as seguintes palavras:

> Nos estados holotrópicos [...] é possível transcender os limites do eu corpóreo. Essas experiências nos proporcionam a oportunidade de sermos outras pessoas, grupos de pessoas, animais, plantas e até elementos inorgânicos da natureza e do universo. Nesse processo, o tempo não parece ser um obstáculo, e eventos passados e futuros podem estar tão disponíveis quanto qualquer coisa que esteja ocorrendo no presente.
>
> Experiências deste tipo fazem-nos perceber, de modo bem convincente, que todos os limites do mundo material são ilusórios e que todo o universo que conhecemos, tanto no aspecto espacial quanto no temporal, é uma rede unificada de eventos na consciência. Fica muito claro que o cosmos não é uma realidade material comum, mas uma criação da energia cósmica inteligente ou da Mente Universal...
>
> Conquanto tais experiências transpessoais alterem drasticamente nossa compreensão da natureza da realidade material cotidiana, há outras que revelam dimensões da existência que normalmente ficam completamente escondidas de nossa percepção. Esta categoria inclui entidades desencarnadas, demônios e divindades variadas, mundos mitológicos, seres sobre-humanos e o próprio princípio criador divino... Experiências desta natureza demonstram que a criação cósmica não está limitada a nosso mundo material, manifestando-se em muitos níveis diferentes e em muitas dimensões.[5]

Apesar da uniformidade dos relatos holotrópicos, ainda resta a questão de saber se representam uma realidade objetiva ou algum tipo de alucinação compartilhada. Até Jung hesitou diante desse obstáculo. Apesar de referir-se frequentemente a uma psique objetiva, tomou o cuidado de explicá-la como fruto de nossa estrutura cerebral básica. O inconsciente coletivo era coletivo no sentido de pertencer a toda humanidade, não no sentido de ser uma entidade mental única da qual cada um de nós se vale.[6] Mas Grof foi além. Com frequência, observou que pacientes no estado holotrópico eram capazes de obter informações comprováveis por meio de processos extrassensoriais. Quer dizer, aprendiam coisas que não sabiam quando sua mente se expandia para além dos limites da sala de tratamento. Essas observações foram capazes de convencê-lo de que a experiência holotrópica era válida e semelhante à mente em geral de Huxley.

Toda a questão das informações extrassensoriais é controvertida. Há bons motivos para acreditar que o cérebro registra fielmente todas as impressões — inclusive ruídos de fundo e outros detalhes inconsequentes — que chegam até ele. Todos os livros que você já leu, todos os programas de TV a que assistiu, todo fragmento de conversa que já ouviu, está lá e vai ficar lá até o dia em que você morrer, a menos que sofra algum dano. Obviamente, isso não significa que toda a riqueza de informações armazenadas está à sua disposição. Claro que não está disponível em seu estado normal de consciência. Mas, em estados alterados, como num transe hipnótico, ou sob estímulo elétrico do cérebro, os detalhes mais extraordinários podem ser rememorados. Isso significa que informações que se apresentam como resultado de percepção extrassensorial *podem* ser, na verdade, a lembrança de alguma coisa que você leu ou vivenciou há anos e de que se esqueceu há muito tempo.

Os céticos alegam que é impossível determinar quando começa a hipotética percepção extrassensorial e termina a memória, por isso invocam a navalha de Occam[7] para menosprezar a hipótese extrassensorial. Para Grof, no entanto, a percepção holotrópica é mais do que mera teoria. Ele testemunhou pessoalmente pelo menos uma aplicação prática.

O Instituto Esalen foi fundado em 1962 na Califórnia para promover a exploração do potencial humano. Tem um amplo programa de cursos e seminários em temas como expansão da consciência, saúde holística, parapsicologia e até o aspecto mental do treinamento esportivo. Depois que Grof foi morar nos Estados Unidos, foi nomeado professor residente do instituto. Um dos eventos com cuja organização esteve envolvido foi um seminário de uma semana sobre budismo e psicologia ocidental. Um dos coordenadores convidados era um mestre espadachim da Coreia. Em certo momento do evento, o coreano fez uma demonstração especial de sua perícia. Para isso, pediu que um de seus alunos se deitasse de costas no gramado. Foi posto um guardanapo sobre seu estômago nu e uma melancia sobre o guardanapo. O espadachim se afastou cerca de quatro metros e meio, com a cabeça coberta por um saco de veludo preto bem apertado. Então, puseram na mão dele uma enorme espada afiada. Ele ficou em silêncio por vários minutos.

Descrevendo o incidente mais tarde, Grof comentou que subitamente todos os cães da vizinhança começaram a latir. De imediato, o coreano uniu-se a eles num uivo selvagem e — ainda vendado — veio na direção do aluno dando *estrelas acrobáticas* com os pés e as mãos. Perto dele, com um golpe feroz, cortou a melancia ao meio. Viu-se um leve traço da lâmina da espada no guardanapo, mas o corpo do aluno ficou intocado.

A maioria dos que assistiram à demonstração supôs que o espadachim devia ter feito uma imagem nítida e detalhada da cena, permitindo-lhe realizar o feito com precisão. Mas o coreano deu uma explicação diferente: "Você medita e aguarda até tudo ser uma coisa só — o espadachim, a espada, a grama, a melancia, o discípulo —, e, então, não há problema".[8]

Este tipo de demonstração não é único. Mas, apesar das evidências não científicas, a maioria dos cientistas ainda considera a mente em geral um absurdo, pois a mente em si não é mais do que a passagem de elétrons pelos portais sinápticos do cérebro. Essa posição se repete nas fontes de referência da psicologia moderna, mas só pode ser mantida se ignorarmos os resultados de um experimento realizado por um respeitado neurofisiologista britânico, dr. W. Grey Walter, na década de 1960.

Grey Walter anunciou as descobertas em sua palestra no Eddington Memorial em 1969. O procedimento que seguiu baseou-se no fato de que o cérebro humano gera sinais elétricos, pequenos, mas mensuráveis. Foram presos eletrodos ao couro cabeludo de seus sujeitos, na região do córtex frontal. Eles transmitiriam qualquer atividade elétrica do cérebro através de um amplificador, que os enviaria a uma máquina construída especialmente para esse experimento. Diante do sujeito havia um botão que, ao ser apertado, faria com que uma "cena interessante", nas palavras de Grey Walter, aparecesse na tela de TV.

Quando alguém decide realizar uma ação física específica, como apertar um botão, ocorre um impulso elétrico de vinte microvolts numa grande área do córtex. Tecnicamente, isso recebe o nome de *onda de prontidão*. O que Grey Walter fez foi amplificar a onda de prontidão a tal ponto que ela poderia suscitar diretamente a imagem na TV. Obviamente, isso acontecia uma fração de segundo antes que o botão fosse efetivamente apertado. O sujeito resolvia apertar o botão e a onda de prontidão percorria o córtex. Os eletrodos detectavam-na e a amplificavam, enviando um sinal para a máquina que, por sua vez, suscitava a imagem na TV antes que o sujeito pudesse apertar o botão. Ele chamou esse processo de "autopartida".

Geralmente, os sujeitos descobriam o que estava acontecendo com relativa facilidade e treinavam para "desejar" que as imagens surgissem na tela sem sequer tocar no botão. Não demorou para que ficasse claro que o estado mental subjetivo era tudo. Para que o truque desse certo, precisavam duplicar exatamente o estado mental de apertar o botão. Se a atenção fosse desviada ou a mente ficasse travada com o pensamento de que era preciso se concentrar, a onda de prontidão não ocorreria e nenhuma imagem surgiria. Depois que pegavam o jeito, porém, conseguiam até combinar a autopartida com a autoparada. Eles podiam desejar diretamente o aparecimento das imagens na tela e depois apagá-las com a postura mental adequada quando estivessem satisfeitos. Malgrado a aparência, nada disso representava a atuação direta da mente sobre a matéria, pois a chave era acionada por um impulso elétrico perfeitamente comum, originado no cérebro do sujeito. Depois que os sujeitos descobriam que conseguiam produzir as imagens sem apertar o botão, a mente deles influenciava diretamente a matéria — a matéria física do próprio cérebro. Uma decisão da mente, aplicada de certa maneira, bastava para mudar o potencial elétrico do córtex frontal. Não havia aspecto físico envolvido: assim que os sujeitos entendiam o processo, nem apertavam o botão, nem tentavam apertá-lo.

Um impulso elétrico de vinte microvolts é pequeno, mas suas implicações aqui são enormes, pois põem fim, de uma vez por todas, à controvérsia sobre a realidade independente da mente. As descobertas de Grey Walter nunca foram questionadas, meramente ignoradas, mas mostram claramente que o paradigma científico atual está simplesmente errado. A mente não é apenas a maneira como vivenciamos a atividade elétrica do cérebro. É algo com existência própria, separada e distinta do corpo. Esse simples fato deixa em aberto a possibilidade da mente em geral. Além disso, proporciona uma base científica para a possibilidade da sobrevivência após a morte e a realidade dos espíritos.

Se, como Grey Walter demonstrou, a mente é uma coisa em si mesma, torna-se razoável perguntar de que é feita e onde está localizada. Surpreendentemente, a física moderna parece oferecer respostas a essas duas questões. Wolfgang Pauli nasceu em Viena, em 1900. Aos 20 anos, produziu um artigo de duzentas páginas sobre a teoria da relatividade de Einstein para uma enciclopédia. Cinco anos depois, concluiu o trabalho sobre os elétrons que lhe granjeou o Prêmio Nobel. Em 1930, predisse a existência de uma partícula subatômica muito peculiar chamada neutrino. Seria a mais fugidia das partículas, praticamente sem características. Não tinha nem massa, nem carga elétrica, tampouco campo magnético. Não estava sujeita à gravidade nem se influenciava por campos elétricos ou magnéticos, podendo atravessar qualquer corpo sólido, mesmo um planeta, como se fosse um espaço vazio. A única coisa capaz de detê-la seria a colisão frontal com outro neutrino, e estima-se que as chances contrárias a esse evento sejam de dez bilhões para um. Por mais rara que seja essa possibilidade, parece que há neutrinos suficientes para que tais colisões aconteçam. Em 1956, os cientistas F. Reines e C. Cowan acabaram detectando uma no reator nuclear da Comissão de Energia Atômica dos Estados Unidos, no rio Savannah. Mas, se neutrinos existem, não existem da mesma maneira que muitas outras partículas. E parece que são eles os tijolos de que os fantasmas são constituídos. Os cientistas não deixaram de perceber isso, e começaram a especular sobre a possibilidade de haver outras partículas que, mesmo que não cheguem a definir os fantasmas, possam ao menos proporcionar um "elo perdido" mais respeitável entre matéria e mente.

Foi o renomado astrônomo V. A. Firsoff que sugeriu, pela primeira vez (em 1967), que a mente era uma "entidade ou interação universal", da mesma ordem que a eletricidade ou a gravitação. Firsoff especulou que a "matéria mental" poderia ser equiparada a outras estruturas do mundo físico. Como fizera Pauli mais de trinta anos antes, Firsoff predisse a existência de uma nova partícula, o mindon, como aspecto elementar da "matéria mental". As propriedades do mindon seriam muito semelhantes às do neutrino, já confirmado. Para uma entidade composta por mindons, o universo físico mal existiria. Na melhor hipótese, seria visto como tênues faixas enevoadas. Mesmo corpos maciços como sóis mal seriam visíveis, detectáveis apenas por suas emissões de neutrinos. Segundo Firsoff, o cérebro de tal entidade poderia deduzir nossa existência, mas teria dificuldades para confirmá-la com instrumentos que também seriam compostos por neutrinos/mindons. No mínimo, a entidade mindon teria problemas para confirmar a existência de nossos *corpos físicos*. A entidade estaria ciente da psique humana (composta por mindons, segundo a própria teoria de Firsoff) e poderia, se conseguisse se comunicar, aceitar que a psique pode achar que tem um corpo físico. Nesse nível, torna-se possível imaginar o desenvolvimento de uma estrutura de crença na qual os corpos "imateriais" da humanidade são um dos mistérios da existência.

Firsoff lembrou que nosso universo físico não é "mais verdadeiro" do que o do neutrino, só mais familiar. Agora, sabemos que os neutrinos existem, mas num tipo diferente de espaço e governados por leis diferentes. Os cálculos de Einstein mostram que a velocidade da luz tem um valor absoluto no universo físico. Normalmente, consideramos que isso significa ser impossível para qualquer coisa viajar mais depressa do que ela. Porém, o que Einstein de fato descobriu foi que nada poderia ser *acelerado* a uma velocidade superior à da luz. A diferença é sutil, mas real. Deixa espaço para partículas que ocorram naturalmente e que *já* surjam numa velocidade superior à da luz. Para essas partículas, a velocidade da luz é uma barreira inferior, não superior: elas nunca podem ficar mais lentas do que trezentos mil quilômetros por segundo. Firsoff sugeriu que, como os neutrinos não estavam sujeitos a campos eletromagnéticos ou gravitacionais, talvez não estivessem presos a limites de velocidade. Poderiam, na verdade, ter um tempo próprio — e diferente. Desde então, os físicos começaram a especular sobre a existência de outra partícula, o táquion, que excede a velocidade da luz, e volta no tempo em função disso.

Entidades mentais como os arquétipos de Jung ou até a essência da identidade não têm localização definida no espaço físico. É possível imaginar que seu eu essencial fique localizado logo atrás de seus olhos, mas isso não se aplica a quem é experiente em sonhos ou estados alterados de consciência. Não se aplica nem mesmo para certos grupos raciais, notadamente os celtas, que tinham a tendência a imaginar que viviam atrás do próprio umbigo. Embora as pessoas percebam um eu interior, não há na Terra um instrumento que possa localizá-lo diretamente. Para Firsoff, isso sugere que os mindons viveriam num autêntico "espaço" mental governado por leis diferentes das leis do universo físico — em suma, numa realidade alternativa. As realidades alternativas eram assunto para ficção científica, mas isso foi antes do aparecimento da mecânica quântica.

As bases da mecânica quântica foram lançadas em 1900 pelo físico alemão Max Planck, que postulou ser a energia composta de unidades ínfimas e distintas às quais chamou de quanta. Albert Einstein aprofundou essa visão e ganhou o Prêmio Nobel por seu trabalho. Em 1913, um físico dinamarquês chamado Niels Bohr aplicou as novas regras da teoria quântica à estrutura básica do átomo e descobriu que funcionavam. Por volta de 1927, o alemão Werner Heisenberg formulou seu "princípio da incerteza", que afirma ser impossível medir tanto a posição quanto o momento de uma partícula subatômica. Você pode medir um ou outro, mas não ambos. Heisenberg criou uma teoria completa da mecânica quântica — que chamou de "mecânica matricial" —, tal como o físico austríaco Erwin Schrödinger, mas sob um ponto de vista diferente.

A mecânica quântica resolveu todas as grandes dificuldades que atormentaram os físicos nos primeiros anos do século XX. Com o tempo, ela se tornou a mais bem-sucedida teoria já desenvolvida para descrever a natureza fundamental do universo. Foi testada experimentalmente repetidas vezes e continua a proporcionar a melhor explicação para uma grande variedade de efeitos. Porém, apesar de tanto sucesso, a mecânica quântica descreve um mundo do tipo *Alice no País das Maravilhas*, baseado em probabilidades, onde nada faz muito sentido.

Num experimento fundamental da mecânica quântica, um feixe de partículas subatômicas é dirigido para um alvo sensibilizado que vai registrar seu impacto. Uma tela com duas ranhuras — que pode ser aberta e fechada independentemente — é posicionada entre o feixe e o alvo. Se ambas as ranhuras estiverem abertas, parece óbvio que o dobro de partículas passará por elas em comparação à situação em que apenas uma está aberta. Na verdade, mais partículas atingem o alvo se apenas uma ranhura estiver aberta. Essa descoberta contraria o bom senso, e os cientistas vêm enfrentando esse dilema desde a década de 1930, quando o experimento foi realizado pela primeira vez. Para compreender suas descobertas, começaram a suspeitar de que as partículas subatômicas não seriam partículas, mas ondas. Uma onda passaria através das duas ranhuras simultaneamente e não registraria mais contatos com o alvo do que se fosse usada apenas uma ranhura. Com efeito, já que algumas ondas colidiriam entre si — anulando-se mutuamente —, menos ondas passariam por duas ranhuras do que por uma. Infelizmente para essa solução, as partículas só se comportavam como ondas enquanto passavam pelas ranhuras. Quando atingiam o alvo, tornavam a se comportar como partículas. Uma onda o atingiria de uma vez, como uma onda do mar que quebra na praia, mas não era o que acontecia. As partículas atingiam locais específicos, como minúsculas balas de canhão.

Os físicos foram forçados a aceitar que essas partículas se comportavam como partículas em certas circunstâncias e como ondas em outras. Isso fazia tão pouco sentido que começaram a imaginar que a "onda" poderia ser, na verdade, uma coleção de possibilidades que se comportava como onda. Em outras palavras, a partícula básica ainda é uma partícula, mas, em vez de olhar simplesmente para seu comportamento real, é preciso levar em consideração tudo o que pode acontecer com ela — dito de outro modo, com suas probabilidades —, e a mente deve organizá-las numa estrutura semelhante à de uma onda. As partículas quânticas começam a ser vistas cada vez mais como ondas de probabilidades. À medida que cada partícula se aproxima das ranhuras abertas, a onda de probabilidades (que só existe na mente do observador) representa as diversas possibilidades abertas para ela, quer passe pela ranhura superior, quer pela inferior, quer atinja a tela e seja absorvida ou refletida. Essa onda de probabilidades não pode prever exatamente onde a partícula vai parar, só onde tem a maior probabilidade de parar.

A teoria das ondas de probabilidade explicou o comportamento das partículas até certo ponto, mas deixou para os físicos o problema de explicar como as probabilidades conseguiam interferir umas com as outras, exatamente como ondas físicas. Mas, em 1957, um jovem físico norte-americano chamado Hugh Everett III encontrou a resposta no decorrer de seu trabalho de doutorado na Universidade de Princeton. Sugeriu que, se duas probabilidades podem interferir uma com a outra, cada uma delas deve ter uma existência real. Porém, como não há maneira de haver probabilidades conflitantes em nosso universo, decorre disso que deve haver um segundo universo, um universo paralelo, que acomode a segunda probabilidade.

É preciso que se diga que, embora a teoria de Everett tenha atraído um grande número de apoiadores, a maioria dos físicos ainda prefere uma explicação diferente. Em vez de evocarem um universo paralelo, acreditam que nosso próprio universo se fende brevemente para acomodar a passagem de uma única partícula através de duas ranhuras diferentes, que se recompõe de novo assim que isso acontece. Aqui, o fator determinante não é a partícula ou as ranhuras, mas o fato de que a partícula está sendo observada. Essa ideia parece improvável, e até Einstein comentou certa vez que não podia aceitar que o universo mudou só porque um rato olhou para ele.

Mesmo assim, a teoria da relatividade de Einstein (aplicada a buracos negros) também apoia a ideia de universos paralelos.[9] A matemática dos buracos negros rotativos sugere a existência de um número infinito de realidades alternativas. Há até um processo teórico, chamado tunelamento quântico, por meio do qual seria possível passar de um universo paralelo para outro. As implicações dessas teorias não passaram despercebidas pelos dissidentes da física moderna. Um deles, Fred Alan Wolf, deixou registrada a especulação de que o tunelamento quântico poderia representar uma explicação racional para fantasmas e outros fenômenos psíquicos. Para Wolf, uma realidade paralela poderia ser a morada dos espíritos.

É curioso observar que há contatados espirituais que concordam. A ideia de uma realidade paralela ganha eco nas palavras de Upuaut, de Dolores Ashcroft-Nowicki. Questionado sobre se era real, respondeu: "Sim, muito, mas no meu plano de existência, não no seu". White Bull, o guia que usa Ian Graham como canal, diz que ele fica "pendurado na ponta de uma corda" mantida por amigos num "mundo de luz". Embora expresso em termos religiosos, o "mundo de luz" é, evidentemente, outra dimensão da realidade. "Mark", um conjunto de entidades que se comunica por um canal britânico, explica melhor a questão: "Somos uma expressão diferente da energia [...] temos estrutura, mas ela se assemelha a padrões ou ondas de som e de luz. De certo modo, ambas estão corretas, mas não formam uma descrição realmente completa... Não podemos ser medidos tal como vocês mediriam a luz ou o calor. Existimos em outra realidade, em outra dimensão, como às vezes vocês a chamam".

É interessante comentar que "Mark" acredita que os humanos não passam para uma dimensão diferente da realidade após a morte, e sim tornam-se mais conscientes de uma dimensão na qual sempre estiveram — e é a mesma dimensão, a mesma realidade paralela, compartilhada por entidades não humanas:

> De certo modo, vocês se aproximam mais de nossa realidade (após a morte) e, às vezes, os humanos que se aproximam de nós conscientemente durante a vida física se conectam muito mais plenamente conosco na morte, que, na verdade, é uma transformação da percepção e da consciência.[10]

O comentário faz uma bela ponte entre as teorias de Wolf e de Firsoff, e abrange as descobertas de Grey Walter. Começa a emergir uma teoria unificada. Ela começa com a descoberta de que a mente é uma coisa em si mesma, não apenas uma ilusão criada pela atividade elétrica do cérebro. Mas mesmo como uma coisa em si mesma, é claramente de uma ordem diferente de uma cadeira ou de um livro, por exemplo. Ela existe em seu próprio "espaço" e possivelmente em seu próprio "tempo". Isso nos dá um conceito totalmente novo a nosso próprio respeito. A essência de um ser humano é uma entidade, na verdade, composta de partículas semelhantes a neutrinos ou aos mindons de Firsoff, que existem numa realidade paralela. Para vivenciar o mundo tal como o conhecemos, essa entidade se liga — pelo menos, de modo temporário — a um veículo físico, o corpo humano, assim como os jogadores se ligam a seus avatares em grandes jogos *on-line* com múltiplos jogadores. Nesse processo, limitam a percepção de sua própria realidade, concentrando o foco em nome da sobrevivência.

Não há mais razão para acreditar que a morte do veículo físico resulte na destruição da entidade mindon. Por outro lado, ao contrário do que afirma o pensamento religioso majoritário, ela também não vai a lugar algum. Na verdade, expande mais uma vez a percepção de sua esfera da realidade, a esfera que nunca deixou de ocupar. É possível especular que ela pode, num dado momento, decidir ligar-se a outro corpo para novas experiências na realidade física, proporcionando uma base para a disseminada teoria oriental da reencarnação.

Aparentemente, no curso normal dos eventos, o vínculo entre a entidade mindon e a matéria se forma num estágio bastante inicial do desenvolvimento do corpo físico — talvez no momento da concepção, talvez no útero, e certamente não após o momento da primeira respiração do bebê. A formação do vínculo inicia um processo de crescimento e de armazenamento de impressões, que continua até a morte física. Evidentemente, se existirem veículos adequados, não há motivo para que a encarnação da entidade mindon não possa acontecer em outros planetas além da Terra.

Nessa teoria, os "espíritos" tornam-se entidades mindons sem vínculos permanentes com corpos físicos. A diferença entre entidades "humanas" e "não humanas" é menos clara do que poderia parecer para nossa perspectiva habitual, como a diferença entre entidades "masculinas" e "femininas". Um humano pode ser simplesmente uma criatura de mindons de uma linhagem qualquer que consegue formar um vínculo físico; ou pode ser que apenas certas "espécies" de mindons estejam equipadas para encarnar num corpo humano. O sexo depende do corpo selecionado, embora haja a possibilidade de que uma estrutura de gênero preexistente influencie o corpo escolhido. Apesar de o contato com a matéria ser feito habitualmente através do processo encarnatório, parece que há circunstâncias, raras, nas quais duas ou mais entidades mindons compartilham o mesmo veículo físico (residência) ou uma desaloja a outra (possessão). A transferência de entidades mindons, conforme relatam Ernest Butler, Dolores Ashcroft-Nowicki e outros, embora ainda seja bastante misteriosa, pelo menos torna-se viável.

Essa é uma teoria que corrobora a história dos contatos espirituais ao longo da História. Concilia o conflito entre a experiência das vozes espirituais como fenômeno interior e as alegações de espíritos de que são seres separados e objetivos. Mas será que há evidências diretas a apoiar isso? Haverá até mesmo evidências que apoiem as espantosas descobertas de Grey Walter? Mais uma vez, a resposta é sim.

Em 1959, um ornitólogo amador chamado Friedrich Jürgenson foi até a mata próxima de sua casa, na Suécia, para gravar cantos de aves. Ele já tinha feito muitas gravações similares antes, mas dessa feita encontrou uma voz estranha e fraca na fita, chamando o seu nome. Ouviu a gravação diversas vezes, ajustando o volume, concentrando-se bastante. Definitivamente, a voz estava lá e ele julgou que a voz seria de sua mãe. Parecia que estava no fundo da mata chamando por ele. Mas a mãe de Jürgenson tinha morrido anos antes. Foi o começo de um capítulo totalmente novo nos anais da pesquisa paranormal. Jürgenson produziu muitas outras gravações misteriosas. Em 1964, tornou a pesquisa pública, e uma editora de Estocolmo publicou seu livro *Rösterna från Rymden* (*Vozes do Espaço*). Entre seus leitores, havia um psiquiatra letão que sempre se interessara pela paranormalidade, o dr. Konstantin Raudive.

Quando Raudive começou a ler o livro, não se impressionou muito. Estava familiarizado com a maioria dos cientistas que se dedicavam a pesquisas psíquicas na época, e evidentemente Jürgenson era um forasteiro. Mais importante ainda era o fato de que ganhara a fama de ser muito imaginativo — talvez até demais —, e Raudive suspeitou de que pudesse ser capaz de conjurar visões numa sala vazia ou vozes a partir do silêncio. Contudo, à medida que lia, Raudive percebeu que estava fascinado pelo tema central do livro — a possibilidade de gravar vozes de espíritos, "vozes do espaço".

A obra de Jürgenson não continha detalhes da maneira como gravava as vozes dos mortos. Jürgenson limitara-se a afirmar que gravara não só as vozes de parentes e de amigos mortos, como de personagens históricos como Hitler e Caryl Chessman, recém-executado, um norte-americano que escreveu um *best-seller* enquanto estava preso no corredor da morte por assalto e estupro. Era frustrante para alguém como Raudive, cujo instinto o levava a investigar pessoalmente tais alegações. Em abril de 1965, entrou em contato com Jürgenson e lhe pediu para ouvir algumas fitas. Jürgenson concordou.

Raudive foi à Suécia com sua colega e esposa, a dra. Zenta Maurina, e desde o início gostou de Jürgenson. O sueco pareceu sincero e profundamente dedicado à sua pesquisa. Ele permitiu que os visitantes tivessem total acesso às suas fitas. As vozes podiam ser ouvidas contra um chiado de fundo, mas Raudive e sua colega não conseguiram entender o que diziam. As vozes eram fracas e falavam muito depressa, com um ritmo peculiar. Mas depois de repetidas diversas vezes, seus ouvidos foram se acostumando. Nesse ponto, tinham apenas a palavra de Jürgenson sobre sua autenticidade. O sujeito era produtor de filmes e poderia muito bem ter contratado atores para fingir que eram espíritos. Mas Jürgenson concordou em fazer uma nova gravação na hora. Ao reproduzir a gravação, ouviram-se vozes que, para Raudive, não eram de ninguém que estava no recinto. E também não parecia haver falhas técnicas na fita nem sons previamente gravados por Jürgenson. Mas o incidente que descartou todas essas possibilidades deu-se quando a dra. Maurina comentou que tinha a impressão de que os moradores do Além tinham uma existência alegre e descontraída. Seu comentário ficou gravado na fita... bem como a resposta, *"Absurdo!"*, dada por uma voz totalmente desconhecida. Os espíritos tinham começado a interagir.

Mesmo assim, Raudive não estava totalmente convencido. Apesar de já ter certeza de que Jürgenson não forjava as fitas, imaginou que talvez houvesse outras explicações para o fenômeno além da hipótese espiritual. Havia, por exemplo, a possibilidade óbvia de estarem registrando transmissões de rádio. Evidentemente, era preciso pesquisar mais. Em junho de 1965, Raudive uniu-se a Jürgenson em sua propriedade em Nysund, na Suécia, com essa finalidade.

No início, conseguiram gravar apenas vozes débeis, que mal podiam ser ouvidas; mas às nove e meia da noite de 10 de junho, fizeram uma gravação clara, de boa qualidade. Mais tarde, Raudive descobriu que qualquer um que a ouvisse conseguia distinguir as vozes com facilidade. Primeiro, ouvia-se uma dizendo: "Friedrich, Friedrich". Depois, uma voz de mulher disse suavemente: "*Heute pa nakti. Kennt ihr Margaret, Konstantin?*" Após uma breve pausa, a mesma voz cantou: "*Vi tálu! Runá!*" Finalmente, uma voz feminina diferente disse: "Va a dormir, Margarete!" Raudive, que era excelente linguista, identificou alemão, letão, inglês e francês. Juntando tudo, a tradução seria: "Fredrick, Fredrick! Hoje à noite. Conhece Margaret, Konstantin? Estamos longe! Fale! Vá dormir, Margaret". O nome "Margaret" causou uma reação profunda em Raudive. A morte recente de uma amiga chamada Margaret Petrautzki o abalara muito, e a coincidência do nome deu-lhe o que pensar. Resolveu continuar a pesquisar por conta própria. Essa decisão influenciaria toda a sua carreira, pois o fenômeno das vozes ocupou quase todo o seu tempo.

Há três maneiras de produzir gravações eletrônicas de vozes, e duas delas são bem simples. Basta paciência e algum equipamento básico. O método que produz as vozes mais nítidas requer um rádio, uma antena curta (com seis a dez centímetros), um gravador e um diodo, componente que pode ser adquirido facilmente em qualquer loja especializada em eletrônica. A antena é ligada ao diodo e o diodo ao rádio. O rádio é ligado na faixa de ondas médias (ou AM), num ponto que é conhecido tecnicamente como interfrequência – qualquer ponto da banda que não tenha transmissões. Essa sintonia produz "ruído branco", um chiado de estática constante. O gravador começa a registrar o som do rádio, seja por meio de microfone, ou, melhor, por meio de um cabo. Se for usado um microfone aberto, obviamente ele irá registrar sons que estejam ao seu alcance, sons que deverão ser diferenciados cuidadosamente de quaisquer vozes paranormais que possam aparecer. Por outro lado, a gravação com microfone aberto dá a possibilidade de se gravar interações entre as vozes e o condutor da experiência. O método do diodo é o que costuma dar melhores resultados, a menos que o equipamento fique perto demais de uma emissora de rádio, o que pode causar interferências difíceis de se bloquear.

O segundo método é quase idêntico ao primeiro, exceto pelo fato de não se utilizar o diodo. O rádio é ligado ao gravador de fita exatamente como é feito para se gravar um programa, e sintonizado numa interfrequência. O terceiro método, que é o mais simples de todos, é aquele em que se instala o gravador com um microfone num cômodo vazio e silencioso, gravando-se o silêncio durante meia hora, mais ou menos. Foi esse o método usado inicialmente por Raudive nos experimentos que realizou sozinho, levando três meses antes que uma voz gravada respondesse a um comentário feito por ele em voz alta com as palavras *"Pareizi tá büs!"* – o que quer dizer "Está certo!" em letão.

É interessante observar que, embora tenha sido essa a primeira voz que ouviu, não foi a primeira que gravou. Ao reproduzir novamente fitas mais antigas, descobriu muitas outras que não tinha percebido antes. Isso acontece com frequência no fenômeno das vozes eletrônicas. A maioria das pessoas consegue distinguir apenas sete níveis de volume e sete níveis de timbre no seu cotidiano. Por isso, a maioria das vozes não é ouvida enquanto o ouvido não se ajusta através da prática. Só quando o indivíduo tem experiência suficiente para distinguir fonemas isolados — as menores unidades sonoras individuais — é que consegue ouvir todas as vozes de forma apropriada. Pessoas que estudaram música costumam ter bem menos problemas para fazer essas pesquisas do que outras, e foi o professor Atis Teichmanis, da Faculdade de Música de Friburgo, Alemanha, o primeiro a confirmar com precisão que as vozes eletrônicas têm timbre e volume diferentes das vozes humanas normais.

Mas, se as vozes são tão difíceis de se distinguir, como é possível ter certeza de que são algo mais que projeções psicológicas? O sistema nervoso humano é tão bem projetado para distinguir padrões que frequentemente ele os discerne mesmo quando não há nenhum padrão presente. Assim, vemos rostos nas nuvens e figuras no fogo. Mais especificamente, é bem possível — em especial quando estamos cansados — "ouvirmos" sussurros no ruído branco que não são nada mais que expectativas do ouvinte.

Em 1968, a editora Otto Reichl Verlag de Remagen publicou em alemão o relato dos experimentos de Raudive sob o título *Unhörbares Wird Hörbar* (*O Inaudível Torna-se Audível*). Em 13 de outubro do ano seguinte, o editor inglês Colin Smythe recebeu um exemplar enquanto estava na Feira do Livro de Frankfurt. Em 1971, Smythe publicou uma versão ampliada do livro sob o título mais comercial de *Breakthrough* (*Ruptura*).

Breakthrough não é um livro particularmente legível. A maioria de suas 391 páginas são dedicadas à transcrição cada vez mais entediante das fitas poliglotas de Raudive. Mas continha a indicação de que outros cientistas, além dele mesmo, trabalhavam no fenômeno das vozes, e que alguns estavam preparados para adotar uma postura estritamente prática. O sucesso da obra foi suficiente para convencer um dos executivos da editora, Peter Bander, a produzir seu próprio livro sobre o assunto. Esse título, publicado pela Colin Smythe em

1972, tinha uma abordagem bem mais superficial que o trabalho de Raudive, mas era bem mais legível. Tratava, em parte, da atividade promocional que cercou *Breakthrough* e da maneira como a mídia lidou com a ideia de que fantasmas poderiam ser registrados em fita. Mais importante ainda, detalhou parte do trabalho feito para se determinar a realidade objetiva das vozes. Boa parte dele foi impressionante.

Primeiro, foram feitos testes para garantir que as vozes estavam efetivamente presentes como traços magnéticos na fita, e não como meras projeções psicológicas sobre o ruído branco. Jochem Sotscheck, diretor do Grupo de Pesquisas Acústicas do Escritório Central de Tecnologia Telegráfica de Berlim, usou um sistema de impressão de voz para mostrar não apenas que as vozes existiam de fato, como também que ocorriam na mesma faixa de frequência da voz humana.

Quando se percebeu que *alguma coisa* fazia os registros em fita, o estágio seguinte foi descartar qualquer hipótese de intromissão eletrônica anormal — transmissões de rádio, emissões de alta frequência ou mesmo, como sugeriu um especialista, comunicações de baixa frequência usadas pela CIA. Isso foi feito tentando registrar vozes dentro de uma gaiola de Faraday.

A gaiola de Faraday é um aparato que recebe o nome de um pioneiro britânico do eletromagnetismo, Michael Faraday. Ela filtra toda forma conhecida de radiação eletromagnética, criando assim uma área de quarentena na qual nenhuma energia irradiada consegue penetrar. O aparelho de gravação foi montado dentro da gaiola. Apesar de se descartar uma explicação eletrônica racional, as vozes ainda apareceram na fita.

Com o interesse crescente da imprensa, os experimentos foram ficando cada vez mais controlados. Um exemplo típico foi o da instalação feita por um jornal dominical no Laboratório Pye. Sob o olhar vigilante de doze observadores, Raudive foi desafiado a produzir uma voz enquanto estava completamente isolado das máquinas e dos aparelhos de controle instalados pelos engenheiros eletrônicos. Em dezoito minutos, havia duzentas vozes na fita, 27 das quais suficientemente nítidas para poderem se reproduzidas num alto-falante. O engenheiro-chefe da Pye naquela época, Ken Atwood, tentou de tudo que sabia para deter as vozes ou, pelo menos, para explicá-las segundo as teorias conhecidas da eletrônica. Não conseguiu, e depois comentou filosoficamente: "Creio que temos de aprender a aceitá-las".

Com relutância, outros especialistas chegaram à mesma conclusão. O físico e engenheiro eletrônico A. P. Hale examinou testes realizados num laboratório controlado e pôde dizer apenas: "Não sou capaz de explicar o que aconteceu em termos físicos normais". Hans Bender, da Universidade de Friburgo, declarou que exames com equipamento técnico de alta qualidade "tornaram altamente provável a hipótese paranormal da origem do fenômeno das vozes".

Com a realidade das gravações de vozes — e sua origem paranormal — estabelecida acima de qualquer dúvida razoável, é possível iniciar uma análise lógica de seu conteúdo. A figura que emerge é extremamente interessante.

Primeiro, as vozes são fragmentadas. Não há mensagens extensas nas fitas, e há pouca continuidade. Normalmente, uma entidade registra algumas palavras — uma frase ou duas, no máximo — e desaparece. Às vezes, a mesma entidade retorna mais tarde, mas raramente procura retomar a conversa do ponto em que parou. Quando a fita contém diversas vozes, a impressão que se tem é de que as pessoas ficam competindo por atenção enquanto usam uma conexão telefônica precária e falha. Mesmo quando a voz aparece isoladamente, volta e meia as mensagens são truncadas — "Aqui é Ivarits" — e às vezes absurdas, como esta frase insana: "Statowitz um homem oito nada uma polegada esfrega". Também fica claro que as entidades que tentam se comunicar têm os próprios programas. Um reclama que é escravo. Outro afirma que está cercado de patifes. Um terceiro interrompe um quarto afirmando categoricamente: "Ah, seu tagarela!"

Apesar disso, algumas entidades parecem dispostas, e até ansiosas, por dialogar com o experimentador. Muitos se interessam pelo processo de comunicação e às vezes expõem as próprias teorias sobre seu funcionamento. (Certa vez, disseram a Raudive que o processo funcionava como um radar.) Outros tentam descrever seu estado atual, mas essas descrições costumam ser vagas, confusas e até contraditórias. Logo, a importância das vozes eletrônicas não está naquilo que dizem, mas no fato de existirem.

Raudive gravou mais de trinta mil delas. No começo, afirmavam ser parentes e amigos falecidos. Mais tarde, descobriu que tinha gravado vozes que alegavam ser de Tolstói, Jung, Stalin, Hitler, Mussolini e Churchill. Embora Tolstói e

Stalin falassem russo, quase todos os outros demonstraram a mistura de línguas, agora já familiar. Quando outros pesquisadores começaram a trabalhar independentemente com o fenômeno, ficou óbvio que as mensagens multilíngues eram uma marca registrada de Raudive – os demais ou não as recebiam, ou elas apareciam muito raramente. Essa descoberta levou à suspeita de que, de algum modo, Raudive influenciava o tipo de voz que era gravada. Embora se mostrasse cauteloso em seus pronunciamentos públicos, o próprio Raudive acreditava que poderia haver um aspecto mediúnico envolvendo o fenômeno.[11] Quer dizer, o próprio investigador é um canal que permite que as vozes se manifestem. Muitos outros fizeram especulações no mesmo sentido.

O fenômeno das vozes eletrônicas alinha-se com todas as outras descobertas. Entidades mindon desencarnadas só parecem capazes de entrar em contato com a matéria mediante a cooperação com outras de sua espécie que já forjaram um corpo físico. Contudo, ao tentarem se gravar diretamente em fitas magnéticas, mesmo de modo confuso e fragmentado, as vozes superaram a antiga controvérsia familiar. O que as gravações fizeram foi mostrar que elas estão mesmo lá.

CONCLUSÃO

🍃

Em algum momento nas profundezas da Pré-história, nasceu um ser humano primitivo com uma mutação genética que lhe permitia ouvir uma voz, talvez até enxergar uma figura — algo que outros não conseguiam. Esse fato mostrou-se potencialmente benéfico para a sobrevivência — às vezes, a voz sussurrava a localização de caça ou avisava que haveria uma avalanche em determinado trecho das montanhas —, e por isso a mutação começou a se espalhar lentamente pela comunidade. Nem todos tinham esse gene, naturalmente, mas com o tempo os princípios da evolução darwiniana asseguraram o surgimento de um grupo de elite de pessoas com o poder de visitar um mundo que supunham pertencer aos espíritos, voltando com informações ou habilidades úteis para sua tribo. Com a experiência, essas pessoas — xamãs, feiticeiros — passaram a descobrir técnicas, em geral envolvendo jejuns, provas físicas ou narcóticos vegetais, que estimulavam o desenvolvimento de poderes de contato. Começava a longa associação entre humanos e espíritos.

Essas origens são especulativas e podem muito bem ser totalmente fictícias, mas a realidade do contato espiritual não é. Evidências desses contatos não são nem um pouco controvertidas. Os historiadores aceitam o fenômeno como um fato da experiência humana (sem aceitar necessariamente a realidade dos espíritos) desde tempos imemoriais. Os diversos exemplos contidos neste livro foram extraídos de fontes acadêmicas ortodoxas e bem respeitadas. Mas, se o fenômeno é aceito, suas implicações não o são. De fato, as implicações quase não foram examinadas antes de um presente bem recente. Mesmo assim, como vimos tantas vezes nas seções anteriores deste livro, a influência espiritual sobre a história humana foi disseminada, fundamental e profunda.

É importante enfatizar que não é preciso acreditar em espíritos para aceitar essa realidade. Mas é igualmente importante aceitar que aqueles que descartam os espíritos frivolamente como fruto de alucinações ou da imaginação expressam opiniões que se baseiam mais em suposições ou preconceitos do que em dados sólidos e racionais. Pois o fato triste e surpreendente é que, apesar dos esforços de organizações como a Sociedade para Pesquisas Psíquicas, a ciência convencional não dispõe de vontade, interesse ou recursos para organizar uma investigação séria e abrangente sobre o assunto. Assim, um fenômeno que moldou o curso da história humana – e que vai continuar a fazê-lo – tem recebido pouquíssima atenção. Sabemos que os Espíritos estão aqui, mas ainda precisamos descobrir, definitivamente, o que são.

Tentei realizar minha própria e modesta investigação sobre essa questão vital, e chegou a hora de tirar algumas conclusões desse esforço. Antes, porém, segue um resumo da investigação em si.

Apesar de alguns poucos indivíduos terem conseguido interagir espontaneamente com espíritos através de visões e sonhos, os dois canais principais de contato no Ocidente têm sido a conjuração ritual e as técnicas de sessões de espiritualismo. Os manuais de instruções dos conjuradores afirmam, quase sem exceção, que os espíritos podem, ou melhor, precisam ser chamados para aparecer. No espiritualismo, a ênfase tem recaído sobre a transmissão de mensagens verbais – ou, com menos frequência, escritas – transmitidas de além-túmulo; mesmo assim, há a tradição de manifestações visíveis graças ao trabalho de "médiuns de materialização" particularmente dotados e de "fotografias espirituais".[1]

A atual cultura de materialismo racional torna difícil aceitar que os espíritos possam se manifestar visivelmente. A descoberta de um aspecto inconsciente da mente humana levou à teoria de que as "mensagens espirituais" eram comunicações provenientes das profundezas da psique, tal como as memórias inconscientes de Flournoy, a realização de desejos e fantasias subliminares. No caso do conjurador, o diálogo pode se dar mediante uma alucinação, de modo tal que o "espírito" torne-se "visível", pelo menos para o próprio. De certo modo, essa é a posição dos modernos magos salomônicos nos Estados Unidos, que alegam serem os "demônios", na verdade, complexos inconscientes (no sentido freudiano) que precisam ser personificados e trazidos à luz da consciência para que o mago atinja seu pleno potencial.² Uma autoridade no assunto defende o uso da auto-hipnose para tornar visíveis as personificações.³ No caso do médium espiritualista, a forma do diálogo costuma ser claramente subjetiva — intuições, impressões, vozes na cabeça —, levando ainda mais prontamente à teoria de Flournoy.

Barbara Lex, professora-assistente de psiquiatria na Faculdade de Medicina de Harvard, mostrou que atos repetitivos e com certos padrões, como a percussão ritmada de tambores, cânticos ou invocações de um conjurador cerimonial, têm impacto sobre o cérebro e o sistema nervoso humanos. Isso cria aquilo que ela chama de estado de "transe ritual", que leva a "comportamentos extraordinários" como glossolalia, o manuseio do fogo e o contato aparente com espíritos.⁴ Em suma, preces longas e a repetição de "palavras de poder" de grande sonoridade monopolizam as atividades verbais e lógicas do hemisfério cerebral esquerdo, permitindo que o hemisfério direito funcione com liberdade.⁵

Ao analisar o baixo desempenho do hemisfério direito com relação à verbalização, Lex indica não ter mais dúvidas de que esse hemisfério é a morada das supostas imagens e símbolos místicos.⁶ Logo, há uma base psicofísica para a eficácia da conjuração ritual, além de um mecanismo pelo qual as "fantasias subliminares" de Flournoy poderiam emergir, talvez na forma de imagens culturalmente condicionadas. Há um mecanismo similar no espiritualismo. Lex afirma que o transe ritual "provém da manipulação de estruturas neurofisiológicas universais do corpo humano", e, em decorrência, é um comportamento possível para todo ser humano normal,⁷ enquanto os grimórios prometem conjurações bem-sucedidas a qualquer um que esteja preparado para seguir com diligência os rituais. O espiritualismo se baseia principalmente na presença de indivíduos especialmente dotados — ou seja, médiuns — que costumam induzir em si mesmos um estado de transe a fim de manter contato com os espíritos. Também é possível ver aqui um condicionamento cultural. Enquanto a expectativa cultural da Idade Média era a de visitas de demônios ou anjos, a expectativa cultural do espiritualista vitoriano era a de comunicação pós-morte com uma "Terra do Verão Eterno" surpreendentemente simplista. Em ambos os casos, os indivíduos envolvidos obtinham o que esperavam. Parece razoável presumir que estamos lidando com imagens do hemisfério cerebral direito que saem do subconsciente pessoal.

Razoável ou não, a teoria de Flournoy tem seus problemas. O mais óbvio é o fato de que os "espíritos" mostraram-se capazes de apresentar dados — como a linguagem enoquiana de Dee e Kelley — que o indivíduo não possui e parece incapaz de criar. A resposta de Jung a essa questão foi sua teoria do inconsciente coletivo. Mesmo em sua época de estudante, percebera que a prima médium, Hélène Preiswerk, apresentava uma "personalidade número 2" em transe, nitidamente mais madura do que sua *persona* habitual.[8] Na época, ele considerou esse fato como um desenvolvimento precoce da psique causado pela compreensão inconsciente de que estava destinada a morrer ainda jovem. Mais tarde, sua experiência com Filemon serviu-lhe de prova de que as supostas "personalidades secundárias" eram capazes de ter mais percepção e mais conhecimentos do que a pessoa que as manifestava, portanto não poderiam ser personalidades secundárias. Mas a formulação de um inconsciente coletivo, que Jung descreveu mais tarde, ainda não é satisfatória. Afirmar que existe uma parcela da psique humana que manifesta conteúdo não pessoal e entidades autônomas não é muito diferente da premissa do mago, que afirma existir um mundo espiritual do qual é possível chamar os espíritos. Tudo que Jung fez foi localizar o mundo espiritual dentro da cabeça do mago.

Nem Jung, nem Flournoy avançaram na solução do problema das manifestações físicas associadas aos contatos espirituais. Mesmo que considerarmos absurda a sugestão do *Grimoire Verum* de que um espírito manifestado pode comer uma noz, ainda restará um cabedal de evidências espiritualistas de batidas, levitações, aportes, entre outros exemplos. Jung estava a par do problema, mas nunca obteve uma solução. A tentativa de despertar o interesse de Freud pelo "fenômeno de exteriorização catalítica", com essas palavras cuidadosamente escolhidas, foi recebida com ironia, e, embora Jung tenha abordado indiretamente o mesmo problema com a teoria da sincronicidade, a psicologia convencional continuou a rejeitar a possibilidade de a mente humana poder ter efeito direto sobre seu ambiente físico.

Jung morreu em 1961, três anos antes de Batcheldor começar os experimentos que mostraram conclusivamente que a exteriorização pode ser gerada atendendo aos pedidos de grupos que usavam seus métodos. Seis anos antes do caso do fenômeno *poltergeist* de Rosenheim, no qual uma garota de 19 anos foi a causa involuntária de distúrbios paranormais elétricos e telefônicos, Batcheldor convenceu os pesquisadores de que um único indivíduo pode ser investido dessas mesmas habilidades psicocinéticas.[9] Se Jung tivesse vivido mais uma década, é de imaginar que teria se divertido muito com as implicações do trabalho de Batcheldor. Mas ninguém o fez. Hoje, o nome de Batcheldor é praticamente desconhecido dos psicólogos profissionais, mesmo os da escola junguiana. As implicações dos experimentos de Owens são ainda mais profundas. Há muito os escritores se queixam de ver personagens fictícios seguirem os próprios rumos (arruinando um enredo excelente), mas o personagem fictício Philip levou essa tendência a um patamar totalmente novo. Philip foi uma entidade exteriorizada, idêntica, em todos os sentidos, às manifestações tradicionais das salas de sessões. Se o grupo de Owens não soubesse da verdade, certamente o teria aceito como um espírito autêntico.

De imediato, somos levados a imaginar quantos espíritos aparentemente autênticos têm sido criações inconscientes de grupos espiritualistas ou de conjuradores cerimoniais, projetados no mundo real por um mecanismo até agora desconhecido da mente humana. A resposta é alguns, quase certamente, talvez até a maioria, mas seria perigoso imaginar que isso se aplique a todos. O ponto fulcral é a observação de Jung, refletida na experiência de praticantes ao longo de toda a história da tradição esotérica ocidental, de que seu espírito familiar Filemon era capaz de lhe ensinar coisas que ele não conhecia. Será que uma criação não está em posição de ensinar seu criador? Do ponto de vista do bom senso, a resposta é óbvia, mas a questão contém uma armadilha sutil: presume o conhecimento da verdadeira natureza do criador. O trabalho experimental do neurobiólogo norte-americano Roger Sperry sugere que talvez não a conheçamos.

Na década de 1950, o dr. Sperry, professor de psicobiologia no Instituto de Tecnologia da Califórnia, realizou uma série de experimentos cirúrgicos, primeiro em animais e depois em pacientes humanos, nos quais ele cortou o corpo caloso, um feixe de fibras nervosas que liga os dois hemisférios cerebrais. O resultado de seu trabalho, que lhe rendeu o Prêmio Nobel de Medicina em

1981, mostrou, em suma, que cada hemisfério era capaz de funcionar independentemente do outro, tendo cada um suas tarefas especializadas, mas que um deles — o esquerdo — em geral dominava o outro. Ele concluiu, porém, que o hemisfério direito (cuja atividade não costumamos perceber) era "um sistema consciente autônomo, com percepção, pensamento, recordação, raciocínio, vontade e emoção próprios, tudo num nível caracteristicamente humano".[10]

Em outras palavras, a psique humana não contém apenas uma, mas duas sedes da consciência, uma suposição confirmada por Sperry ao dizer que "tanto o hemisfério esquerdo quanto o direito podem estar simultaneamente conscientes em experiências mentais diferentes, até mutuamente conflitantes, que acontecem em paralelo".[11]

Logo, embora nos imaginemos dotados de uma única consciência, na verdade ela é dupla. O escritor britânico Anthony Peake faz uma sugestão intrigante:[12] a de que talvez a consciência do hemisfério direito perceba a realidade de forma diferente da percepção do hemisfério esquerdo, com o qual estamos mais familiarizados, e por isso pode se relacionar à causa de aparições como o *daemon* de Sócrates e das experiências visionárias de Jakob Boehme.[13] Para Peake, a consciência do hemisfério direito do cérebro deu origem ao conceito esotérico do "eu superior", enquanto toda essa gama de espíritos — anjos, demônios, espectros dos mortos — pode representar sua tentativa de comunicação em forma ilusória, necessária para atrair nossa atenção.

Alguns aspectos da teoria de Peake foram antevistos por Julian Jaynes, que também ficou intrigado com as implicações dos experimentos de Sperry com o cérebro dividido. No entanto, quer aceitemos essas ideias ou não, o fato de poder haver uma consciência oculta no hemisfério direito do cérebro proporciona um mecanismo possível para a criação de "espíritos" que demonstrem conhecimentos e percepções desconhecidas para o eu em vigília, que nos é familiar. Ademais, mesmo sem esse mecanismo, é importante admitir que a analogia mais próxima com a criação de entidades como Philip é o nascimento de uma criança: o bebê pode ser criado por seus pais e, até certo ponto, moldado por eles, mas, com o tempo, torna-se um indivíduo autônomo, potencialmente capaz de aprender mais do que aqueles que lhe deram vida.

Em suma, portanto: durante séculos, o contato espiritual foi aceito sem questionamentos como a comunicação com inteligências desencarnadas que habitam uma realidade não material. Com o advento do materialismo vitoriano, todavia, essa visão do fenômeno começou a ser questionada e foram apresentadas ideias alternativas. Apesar de algumas manifestações supostamente espirituais terem sido desmascaradas como fraudes, ficou claro que a fraude não poderia explicar todas elas, e, cada vez mais, começaram a ser aventadas explicações psicológicas. No início, estas se limitavam a ideias como fabricação inconsciente, autoengano ou alucinação patológica, mas mostraram-se insatisfatórias para explicar certos aspectos do fenômeno.

O conceito junguiano do inconsciente coletivo ajudou um pouco a resolver o dilema – a ideia de espíritos como entidades interiores (ou seja, psicológicas), porém objetivas, com certeza foi coerente com aspectos importantes de sua natureza –, mas não explica como poderiam exercer certa influência sobre o mundo físico. O trabalho de Batcheldor confirmou de modo experimental a existência de um mecanismo confiável para tal influência. Os experimentos de Owen mostraram que é possível evocar um espírito fictício que assume muitos dos aspectos das manifestações espirituais tradicionais, demonstrando a capacidade de adquirir informações além dos dados que compuseram sua história original. As descobertas experimentais apontam claramente a necessidade de modificar a teoria do inconsciente coletivo de Jung – para não falar de sérias modificações na maneira como os espíritos têm sido vistos historicamente. O que emerge disso tudo é a percepção de que a mente humana tem capacidades muito além de qualquer coisa que a maioria de nós poderia supor.

O mundo antigo sabia o que eram os espíritos. Eram entidades que compartilhavam nosso planeta conosco – fadas, elementais, fantasmas de ancestrais e até deuses que viviam em árvores, riachos e florestas sagradas. Às vezes nós os víamos; em outras, não. Tinham o poder da invisibilidade ou simplesmente se escondiam muito bem. As comunidades tribais modernas também sabem disso.

Os antropólogos vitorianos sabiam o que eram os espíritos. Eram ilusões da mente primitiva que alimentavam ficções de que a humanidade precisava para explicar mistérios como furacões ou relâmpagos. Não tinham lugar num universo em que tudo, em breve, seria pesado e medido.

Julian Jaynes sabia o que eram os espíritos. Eram alucinações geradas por mentes que não tinham atingido a autoconsciência e precisavam de simulacros de deuses e figuras de autoridade similares para lhes dizerem o que fazer. Sua utilidade diminuiu com o colapso da mente bicameral. Foram banidos, por assim dizer, pelo desenvolvimento da luz da consciência.

Carl Jung sabia o que eram os espíritos. Eram estruturas herdadas pelas profundezas da psique humana, que às vezes entravam em contato com a mente consciente, por vezes influenciando-a. Eram objetivos no sentido de que não faziam parte da consciência ou da experiência pessoal, e tampouco eram criados pelo indivíduo.

Todas essas teorias tentaram explicar um fenômeno que parece ter feito parte da experiência humana ao longo da história registrada. O fenômeno propriamente dito é real. Ainda está presente e até hoje pode ser estudado. Mas até agora nenhuma das teorias populares apresentadas mostrou-se totalmente satisfatória. É difícil acreditar que compartilhamos o mundo com uma miscelânea invisível. Mas é igualmente difícil aceitar a convicção vitoriana de que os espíritos nada mais são do que personificações primitivas de forças naturais ou a manifestação do desejo de um pós-vida. O problema é aquele que Carl Jung descobriu ao conhecer Filemon. Esse espírito sabia muito mais do que ele próprio. Como esse conhecimento poderia surgir na personificação de um processo natural ou da manifestação de um desejo? Jung tentou uma solução postulando um inconsciente coletivo cujas estruturas refletissem a evolução da raça. Não era à toa que Filemon conhecia mais coisas do que ele. O "espírito" tinha toda a história humana à disposição.

Mas essa era apenas a posição pública de Jung. Pessoalmente, ele admitia que sua teoria enfrentava dificuldades. Por que, por exemplo, as "estruturas" do inconsciente coletivo se apresentavam como personalidades? Por que, em outras palavras, os espíritos se comportavam teimosamente como espíritos? E como conseguiam (às vezes) influenciar o mundo material? Só depois do experimento de Grey Walter é que conseguimos lidar com a verdadeira natureza dos espíritos. Só depois do desenvolvimento da física quântica é que pudemos começar a compreender a estrutura teórica dos mundos espirituais.

Ironicamente, as vozes espirituais têm procurado explicar essas realidades o tempo todo. Em meio às fitas de Raudive, há uma gravação que contém as palavras "Raudive, *antiwelten sind*". A frase em alemão pode ser traduzida como: "Raudive, existem antimundos". Em outra, a voz declara: "Não existe tempo", ecoando a sugestão de Firsoff de que seres num universo de neutrinos podem existir fora do fluxo de tempo vivenciado por nós. Repetidas vezes, as vozes gravadas afirmam que é preciso construir uma ponte entre as duas dimensões: "É preciso fazer a ponte... Konstantin, por favor, a ponte... Construa, construa a ponte... Construa a ponte agora, Konstantin... Estenda a ponte... Construa a ponte! Seja a voz!"

O uso de termos religiosos e ocultistas costumam esconder uma sólida base racional em muitas comunicações espirituais, mas as mensagens exigem uma mudança de ponto de vista. Essa mudança vai além da aceitação de um universo paralelo, e até da ideia de que, de alguma forma, interagimos com ele. Também nos pedem que acreditemos ser o universo paralelo habitado não apenas por almas de humanos mortos, mas também por diversos alienígenas que se interessam pela humanidade. Upuaut, uma entidade que tem se comunicado com os humanos, afirma, por exemplo, que os deuses do Egito antigo não eram deuses no sentido de divindades oniscientes e poderosas, mas seres falíveis que eram apenas um pouco mais evoluídos do que aqueles que tentavam ajudar.

O que quer que pensemos a respeito disso tudo — e Upuaut, como diversos outros contatos espirituais, afirma ser o produto de uma antiga evolução que antes era tão primitiva quanto qualquer cultura humana —, não há dúvidas de que os espíritos são tipicamente os recipientes daquilo que os psicólogos chamam de "projeções". Eles se tornam, com efeito, receptáculos de esperanças e medos de seus ouvintes, e costumam receber o crédito por poderes e percepções que não possuem e tampouco alegam ter. A situação se complica ainda mais por causa de sua qualidade numinosa. Há um elemento, inerente à experiência do contato, que faz com que a humanidade trate instintivamente os espíritos com respeito, dando peso às suas palavras e agindo conforme suas instruções. Há dúvidas sobre se isso é sempre bom. Até mesmo uma leitura superficial da História indica que os conselhos espirituais nem sempre beneficiam quem os recebe. Todos esses fatores tornam extremamente difícil enxergar as vozes espirituais tal como de fato são.

Enquanto podíamos fingir que eram alucinações, podíamos ignorá-las por completo. Mas há evidências claras e em número suficiente mostrando que algumas das vozes não são e nunca foram alucinações. Conhecem coisas que desconhecemos. Podem passar de um médium para outro. Deixam rastros em fitas magnéticas. As descobertas mais recentes da física abrem a possibilidade de que sejam criaturas de um mundo paralelo. Se acreditarmos nas mensagens espirituais e nos resultados do experimento de Grey Walter, então teremos nossa própria extensão natural nesse mundo, embora com percepção limitada. De um modo bem real, somos cidadãos dessa dimensão paralela, tal como os fantasmas e os deuses com quem temos nos relacionado há tanto tempo. É isso que permite a médiuns e canalizadores fazerem contato entre as dimensões e obterem informações daqueles que estão lá.

O verdadeiro problema da investigação do mundo espiritual é que, durante todo o século XX e início do XXI, fomos condicionados culturalmente a acreditar que ele não poderia existir. Hoje, a maioria dos cientistas "sabe" que não existem espíritos e por isso se recusam a investigar as evidências. Essa atitude, embora seja repreensível e nada científica, estende-se a muitos de nós. Quando ouvimos alguém dizer que é possível enfiar espíritos num cristal; que entidades evoluídas estão cuidando do bem-estar da humanidade; que seres desencarnados interferiram na história humana, isso parece romântico demais, "oculto" demais para ser levado a sério. É contrário a tudo o que achamos que conhecemos sobre o mundo. Mas isso só quer dizer que é contrário à mentalidade atual.

Essa mentalidade ainda é muito condicionada pela superstição do materialismo vitoriano. Não importa se hoje os físicos de vanguarda estão convencidos de que o universo é *maya*, ou ilusão; se a mente observadora interage com a realidade e pode, de certo modo, chegar a criá-la. Não importa se muitas dessas teorias foram confirmadas de modo experimental. Simplesmente, não acreditamos. Não conseguimos sentir esse mundo novo e estranho em nosso âmago. Ele não tem nenhuma relação com nossa vida cotidiana.

Volta e meia, a tecnologia produz milagres. Quem precisa de telepatia se dispõe de celulares? Quem precisa de bola de cristal para ver coisas a distância se pode ligar a TV no noticiário? Muitas das antigas maravilhas psíquicas foram desvalorizadas, e com elas a facilidade e o encantamento com que nossos ancestrais se defrontavam com uma criação espiritual. Vivemos como se o mundo material fosse tudo o que existe. Armamo-nos de ceticismo. Mas, se essa armadura nos protege ocasionalmente de erros, também nos deixa trancafiados numa prisão mental. Não temos mais a mente suficientemente aberta para questionar se o mundo é *de fato* assim. Se algumas pessoas questionam nossas crenças, rotulamo-las como irrealistas, estúpidas ou incuravelmente românticas.

Mas as evidências que surgiram — evidências da história, evidências da experiência e da observação, evidências da física moderna — exigem positivamente que consideremos um novo paradigma. Pode ser pouco familiar e desconfortável, porém esse é o preço que se costuma pagar pelo progresso. O novo paradigma sugere que os humanos são mais do que aquilo que percebem. É uma questão de experiência pessoal: são mais do que seus corpos. Todos os dias, estamos continuamente conscientes de nossos processos internos — pensamentos, emoções, devaneios. Todas as noites, estamos conscientes dos sonhos. Esses processos não são físicos, mas são reais. Contudo, aprendemos a acreditar que, de certo modo, são menos verídicos, e menos importantes, do que os fenômenos físicos. Mas já faz mais de cinquenta anos que nossos cientistas estudam as realidades não materiais do campo quântico. Alguns chegaram a especular sobre vínculos entre suas descobertas e a visão de mundo pregada por místicos durante gerações. No novo paradigma, tornamo-nos um *continuum* que vai do mundo físico a um inacreditável universo não material. Esse é o universo que Jung chamou de inconsciente coletivo (ou objetivo), o universo que os xamãs denominam "mundo espiritual", o universo da Terra do Verão Eterno, o lugar onde moram as vozes de Raudive, a dimensão habitada por entidades como Seth, Mark e Anúbis. Pode ser não material, porém não pode mais ser descartado como irreal. Pois a matéria que compõe os fantasmas foi detectada em aceleradores de partículas, e a física quântica mostra que existem mundos e mais mundos... além.

Essa é a realidade para a qual a história nos conduz. Essa é a realidade ensinada por todas as religiões importantes. Essa é a realidade da visão do místico e da busca do xamã. Essa é a realidade quântica descoberta por nossos cientistas. Quanto tempo vamos levar para compreendê-la?

BIBLIOGRAFIA

Acosta, Fr. Joseph de. *The Natural and Moral History of the Indies*. Londres: Hakluyt Society, 1880.
Agrippa, Henry Cornelius. *Three Books of Occult Philosophy*. St. Paul, MN: Llewellyn, 2000.
Al-Halveti, Tosun Bayrak al-Jerrahi. *The Name & the Named: The Divine Attributes of God*. Louisville, KY: Fons Vitae, 2000.
Almedingen, E. M. *The Romanovs*. Londres: The Bodley Head, 1966.
Ashcroft-Nowicki, Dolores. *Highways of the Mind: The Art and History of Pathworking*. Wellingborough, UK: Aquarian Press, 1987.
Assagioli, Roberto. *Transpersonal Development*. Bath: Crucible, 1991.
Bander, Peter. *Carry on Talking*. Londres: Colin Smythe, 1972.
Benz, Ernst. *The Theology of Electricity*. Eugene: Pickwick, 1989.
Black, Jason e Hyett, Christopher S. *Pacts with the Devil*. Las Vegas: New Falcon, 2002.
Blavatsky, H. P. *Isis Unveiled*. Pasadena, CA: Theosophical University Press, 1972. [*Ísis sem Véu*, publicado pela Editora Pensamento, São Paulo, 1991.]
Braden, Charles S. *Spirits in Rebellion*. Dallas: Southern Methodist University Press, 1987.
Brandon, Ruth. *The Spiritualists: The Passion for the Occult in the Nineteenth and Twentieth Centuries*. Londres: Weidenfeld and Nicolson, 1983.
Braude, Ann. *Radical Spirits*. Gibraltar: Beacon Press, 1989.
Breggin, Peter. *Toxic Psychiatry*. Londres: HarperCollins, 1993.
Brennan, Herbie. *The Atlantis Enigma*. Londres: Piatkus Books, 1999.
———. *The Secret History of Ancient Egypt*. Londres: Bedford Square Books, 2011.
Brennan, J. H. *Astral Doorways*. Londres: Aquarian Press, 1972.
———. *The Magical I Ching*. St. Paul, MN: Llewellyn Publications, 2000.
———. *Mindreach*. Wellingborough, GB: Aquarian Press, 1985.
———. *Nostradamus: Visions of the Future*. Londres: Thorsons, 1992.
———. *Time Travel: A New Perspective*. St. Paul, MN: Llewellyn Publications, 1997.
Brier, Bob. *Ancient Egyptian Magic*. Nova York: Perennial, 2001.
Britten, Emma Hardinge. *Modern American Spiritualism*. Carretera: University Books, 1970.
———. *Nineteenth Century Miracles*. Londres: William Britten, 1883.

Brittle, Gerald. *The Demonologist: The Extraordinary Career of Ed and Lorraine Warren*. Bloomington, IN: iUniverse, 2002.

Brunton, Paul. *A Search in Secret India*. Londres: Rider & Co., 1970. [*A Índia Secreta*, publicado pela Editora Pensamento, São Paulo, 1962.] (fora de catálogo)

Buhler, George. *The Laws of Manu*. Charleston, SC: BiblioLife, 2009.

Buranelli, Vincent. *The Wizard from Vienna*. Londres: Peter Owen, 1976.

Burleson, Blake W. *Jung in Africa*. Londres: Continuum, 2005.

Butler, Elizabeth M. *The Fortunes of Faust*. Cambridge: Cambridge University Press, 1952.

——. *Ritual Magic*. Stroud, GB: Sutton Publishing, 1998.

Carr, A. H. Z. *Napoleon Speaks*. Nova York: Viking Press, 1941.

Casaubon, Meric (org.). *A True & Faithful Relation of What Passed for many Yeers between Dr. John Dee and Some Spirits*. Londres: T. Garthwait, 1659.

Cavendish, Richard (org.). *Man, Myth & Magic*. Londres: Purnell, 1970.

Charles, Canon H. R. *The Apocrypha and Pseudepigrapha of the Old Testament*. Oxford, GB: The Clarendon Press, 1913.

Churton, Tobias. *Aleister Crowley: The Biography*. Londres: Watkins Publishing, 2011.

Clark, J. Kent. *Goodwin Wharton*. Oxford, GB: Oxford University Press, 1984.

Cooke, Ivan. *The Return of Arthur Conan Doyle*. Hampshire, GB: White Eagle Publishing Trust, 1975.

Crowley, Aleister. *777 and Other Qabalistic Writings of Aleister Crowley*. Nova York: Red Wheel/Weiser, 1987.

Dalai Lama XIV Bstan-'dzin-rgya-mtsho. *Freedom in Exile: Autobiography of His Holiness the Dalai Lama of Tibet*. Londres: Abacus, 1998.

D'Aquili, Eugene G.; Laughlin Jr., Charles D. e McManus, John. *The Spectrum of Ritual: A Biogenic Structural Analysis*. Nova York: Columbia University Press, 1979.

Darnton, Robert. *Mesmerism and the End of the Enlightenment in France*. Cambridge, MA: Harvard University Press, 1968.

Dawkins, Richard. *The God Delusion*. Londres: Black Swan, 2007.

Dee, John. *A True and Faithful Relation of What Passed for Many Years between Dr. John Dee and Some Spirits*. Berkeley, CA: Golem, 2008.

Dempsey, T. *Delphic Oracle: Its Early History, Influence and Fall*. Whitefish, MT: Kessenger, 2003.

Dennett, Daniel C. *Consciousness Explained*. Londres: Penguin, 1992.

Dillon, Matthew. *Pilgrims and Pilgrimage in Ancient Greece*. Londres: Routledge, 1997.

DuQuette, Lon Milo. *My Life with the Spirits*. York Beach, ME: Weiser, 1999.

Eamon, William. *Science and the Secrets of Nature*. Princeton, NJ: Princeton University Press, 1996.

Ellenberger, Henri F. *The Discovery of the Unconscious: The History and Evolution of Dynamic Psychiatry*. Nova York: Basic Books, 1970.

Encyclopædia Britannica 2009 Ultimate Reference Suite. Chicago: Encyclopædia Britannica, 2009.

Englis, Brian. *Trance*. Londres: Paladin, 1990.

Eysenck, H. J. *Sense and Nonsense in Psychology*. Londres: Pelican, 1960.

Fanger, Claire. *Conjuring Spirits: Texts and Traditions of Medieval Ritual Magic.* Stroud, GB: Sutton Publishing, 1998.

Felton, D. *Haunted Greece and Rome: Ghost Stories from Classical Antiquity.* Austin: University of Texas Press, 1999.

Flournoy, Theodore. *From India to the Planet Mars.* Traduzido por Daniel B. Vermilye. Nova York: Harper & Brothers, 1900.

French, Peter. *John Dee: The World of an Elizabethan Magus.* Londres: Routledge, 2002.

Fuller, Jean Overton. *The Magical Dilemma of Victor Neuburg: Aleister Crowley's Magical Brother and Lover.* Oxford, GB: Mandrake of Oxford, 2005.

Gauld, Alan. *A History of Hypnotism.* Cambridge: Cambridge University Press, 1995.

Gettings, Fred. *Ghosts in Photographs: The Extraordinary Story of Spirit Photography.* Nova York: Harmony Books, 1978.

Goldsmith, Margaret. *Franz Anton Mesmer: The History of an Idea.* Londres: Arthur Baker, 1934.

Goodrick-Clarke, Nicholas. *Black Sun.* Nova York: New York University Press, 2003.

———. *The Occult Roots of Nazism.* Londres: Tauris Parke, 2005.

Grof, Stanislav. *The Cosmic Game.* Dublin: Newleaf, 1988.

———. *The Holotropic Mind.* São Francisco: HarperSanFrancisco, 1993.

Guinness, Ivor Grattan (org.). *Psychical Research: A Guide to Its History, Principles, and Practices.* Wellingborough: Aquarian Press, 1982.

Hall, Judy. *Napoleon's Oracle.* Londres: Cico Books, 2003.

Hanegraaff, Wouter J. et al. (orgs.). *Dictionary of Gnosis and Western Esotericism.* Leiden: Brill, 2006.

Harper's Encyclopedia of Mystical and Paranormal Experience. São Francisco: HarperSanFrancisco, 1991.

Herrigel, Eugen. *Zen in the Art of Archery.* Londres: Routledge & Kegan Paul, 1953. [*A Arte Cavalheiresca do Arqueiro Zen*, publicado pela Editora Pensamento, São Paulo, 2011.] (nova edição revista)

Hogue, John. *Nostradamus and the Millennium.* Londres: Bloomsbury, 1987.

Höhne, Heinz. *The Order of the Death's Head: The Story of Hitler's SS.* Traduzido para o inglês por Richard Barry. Londres: Classic Penguin, 2000.

Huxley, Aldous. *The Doors of Perception and Heaven and Hell.* Londres: Vintage Classics, 2008.

Hwa, Jou Tsung. *The Tao of I Ching.* Taiwan: Tai Chi Foundation, 1984.

Jacolliot, Louis. *Occult Science in India.* Traduzido para o inglês por William L. Felt. Londres: William Rider & Son, 1919.

Jaynes, Julian. *The Origin of Consciousness in the Breakdown of the Bicameral Mind.* Boston: Houghton Mifflin, 1976.

Jung C. G. *The Archetypes and the Collective Unconscious.* Londres: Routledge, 2008.

———. *Memories, Dreams, Reflections.* Londres: Fontana, 1971.

———. *Psychology and the Occult.* Londres: Ark, 1987.

———. *The Undiscovered Self.* Londres: Routledge and Kegan Paul, 1977.

Kaczynski, Richard. *Perdurabo: The Life of Aleister Crowley.* Berkeley, CA: North Atlantic Books, 2010.

Kerner, Justinus. *The Seeress of Prevorst: Being Revelations Concerning the Inner-Life of Man, and the Inter-Diffusion of a World of Spirits in the One We Inhabit*. Londres: editora não identificada, 1845.

Lachman, Gary. *Jung the Mystic: The Esoteric Dimensions of Carl Jung's Life and Teachings*. Nova York: Jeremy P. Tarcher/Penguin, 2010.

Laver, James. *Nostradamus; or, The Future Foretold*. Maidstone, GB: George Mann, 1973.

Leeming, David e Page, Jake. *God: Myths of the Male Divine*. Nova York: Oxford University Press, 1997.

Leoni, Edgar. *Nostradamus and His Prophecies*. Nova York: Wing Books, s.d.; reedição de *Nostradamus: Life and Literature*, 1961.

Lévi, Éliphas. *The History of Magic*. Traduzido por Arthur Edward Waite. Londres: Rider & Son, 1922. [*História da Magia*, publicado pela Editora Pensamento, São Paulo, 2ª edição, 2010.]

———. *Transcendental Magic: Its Doctrine and Ritual*. Traduzido para o inglês por Arthur Edward Waite. Twickenham, GB: Senate, 1995.

Lings, Martin. *Muhammad: His Life Based on the Earliest Sources*. Santa Fe, NM: Inner Traditions, 1987.

Lisiewski, Joseph C. *Ceremonial Magic and the Power of Evocation*. Tempe, AZ: New Falcon Publications, 2006.

Lívio. *The Early History of Rome*. Traduzido para o inglês por Aubrey de Sélincourt. Londres: Penguin Classics, 2002.

Longford, Elizabeth. *Victoria R. I.* Londres: Weidenfeld & Nicolson, 1998.

Luck, Georg (trad. e org.). *Arcana Mundi: Magic and the Occult in the Greek and Roman Worlds*. Baltimore: John Hopkins University Press, 2006.

Magida, Arthur J. *The Nazi Séance*. Nova York: Palgrave Macmillan, 2011.

Maple, Eric e Myring, Lynn. *Haunted Houses, Ghosts and Spectres*. Londres: Usborne, 1979.

Marcuse, F. L. *Hypnosis, Fact and Fiction*. Londres: Penguin, 1959.

Maskelyne, Jasper. *White Magic*. Londres: Stanley Paul & Co., s.d.; prov. final da década de 1930.

Mathers, S. L. MacGregor (trad.). *The Book of the Sacred Magic of Abra-Melin the Mage*. Chicago: De Laurence, 1948.

———. *The Key of Solomon the King*. York Beach, ME: Weiser, 2001.

McLuhan, Robert. *Randi's Prize*. Kibworth Beauchamp, GB: Troubador, 2010.

Narby, Jeremy e Huxley, Francis (orgs.). *Shamans through Time*. Londres: Thames and Hudson, 2001.

Naydler, Jeremy. *Shamanic Wisdom in the Pyramid Texts*. Rochester, VT: Inner Traditions, 2005.

Nelson, Geoffrey K. *Spiritualism and Society*. Londres: Routledge & Kegan Paul, 1969.

Noegel, Scott et al. (orgs.). *Prayer, Magic and the Stars in the Ancient and Late Antique World*. University Park: Pennsylvania State University Press, 2003.

Noll, Richard. *The Aryan Christ: The Secret Life of Carl Gustav Jung*. Londres: Macmillan, 1997.

———. *The Jung Cult: Origins of a Charismatic Movement*. Londres: Fontana, 1996.

O'Brien, Barbara. *Operators and Things*. Nova York: A. S. Barnes, 1975.
Oppenheimer, Janet. *The Other World*. Cambridge: Cambridge University Press, 1985.
Ostling, Richard N. e Ostling, Joan K. *Mormon America: The Power and the Promise*. Nova York: HarperOne, 2007.
Ostrander, Sheila e Schroeder, Lynn. *Psychic Discoveries Behind the Iron Curtain*. Upper Saddle River, NJ: Prentice Hall, 1984.
Pauwels, Louis e Bergier, Jacques. *The Morning of the Magicians*. Traduzido para o inglês por Rollo Myers. Londres: Souvenir Press, 2007.
Peake, Anthony. *The Daemon*. Londres: Arcturus, 2008.
Pearsall, Ronald. *The Table-Rappers*. Londres: Michael Joseph, 1972.
Peterson, Joseph H. (org. e trad.). *Grimorium Verum*. Scott's Valley, CA: CreativeSpace Publishing, 2007.
——. *John Dee's Five Books of Mystery*. York Beach, ME: Weiser, 2003.
—— (org.). *The Lesser Key of Solomon*. York Beach, ME: Weiser Books, 2001.
Randi, James. *The Supernatural A-Z: The Truth and the Lies*. Londres: Headline, 1995.
Randolph, Paschal Beverly. *Seership: Guide to Soul Sight*. Quakertown, PA: Confederation of Initiates, 1930.
Raudive, Konstantin. *Breakthrough*. Londres: Colin Smythe, 1971.
Rauschning, Hermann. *Hitler Speaks: A Series of Political Conversations with Adolf Hitler on His Real Aims*. Whitefish, MT: Kessinger, 2006.
Ravenscroft, Trevor. *The Spear of Destiny*. Nova York: Weiser, 1982.
Regardie, Israel. *The Golden Dawn*. St. Paul, MN: Llewellyn, 1993.
Rosen-Bizberg, Fran. *Orion Transmissions Prophecy: Ancient Wisdom for a New World*. Vol. 1. Jordanów, Polônia: Fundacja Terapia Homa, 2003.
Runyon, Carroll "Poke". *The Book of Solomon's Magick*. Silverado, CA: Church of the Hermetic Sciences, 2004.
Ryback, Timothy W. *Hitler's Private Library: The Books That Shaped His Life*. Nova York: Alfred A. Knopf, 2008; Kindle edition.
Saggs, H. W. F. *The Greatness That Was Babylon*. Nova York: Mentor Books, 1962.
Schertel, Ernst. *Magic: History/Theory/Practice*. Boise, ID: Cotum, 2009.
Seabrook, William. *Witchcraft: Its Power in the World Today*. Londres: White Lion, 1972.
Seligmann, Kurt. *Magic, Supernaturalism and Religion*. St. Albans, GB: Paladin, 1975.
Shah, Idries. *The Secret Lore of Magic*. Londres: Muller, 1963.
Shirer, William L. *The Rise and Fall of the Third Reich: A History of Nazi Germany*. Nova York: Simon and Schuster, 2011.
Simpson, W. K. (org.). *Religion and Philosophy in Ancient Egypt*. New Haven, CT: Yale University Press, 1989.
Skinner, Stephen e Rankine, David. *The Goetia of Dr. Rudd: The Angels and Demons of Liber Malorum Spirituum Seu Goetia Lemegeton Clavicula Salomonis*. Londres: Golden Hoard Press, 2007.
——. *The Keys to the Gateway of Magic*. Londres: Golden Hoard, 2005.
Solomon, Grant e Solomon, June. *The Scole Experiment*. Londres: Piatkus, 1999.
Spence, Lewis. *The Occult Causes of the Present War*. Londres: Rider & Co., s.d.

Steinmeyer, Jim. *Hiding the Elephant: How Magicians Invented the Impossible.* Londres: William Heinemann, 2003.
Swedenborg, Emanuel. *Heaven and Its Wonders and Hell. From Things Heard and Seen.* Filadélfia: J. B. Lippincott & Co., 1867.
Thomas, Keith. *Religion and the Decline of Magic.* Londres: Weidenfeld and Nicolson, 1997.
Toland, John. *Adolf Hitler.* Nova York: Ballantine Books, 1976.
Turner Jr., Henry Ashby (org.). *Hitler: Memoirs of a Confidant.* New Haven, CT: Yale University Press, 1985.
Veith, Ilza (trad.). *The Yellow Emperor's Classic of Internal Medicine.* Los Angeles: University of California Press, 1972.
Von Franz, Marie-Louise. *C. G. Jung: His Myth in Our Time.* Toronto: Inner City Books, 1998.
Waite, Arthur Edward. *The Book of Ceremonial Magic.* Nova York: University Books, 1961.
Webb, James. *The Flight from Reason.* Londres: Macdonald, 1971.
Wilder, Alexander (trans.). *Theurgia or The Egyptian Mysteries by Iamblichus.* Londres: Rider, 1911.
Wilhelm, Richard (org.). *The I Ching or Book of Changes.* Londres: Routledge and Kegan Paul, 1969. [*I Ching – O Livro das Mutações*, publicado pela Editora Pensamento, São Paulo, 1984.]
Willoughby, Harold Rideout. *Pagan Regeneration: A Study of Mystery Initiations in the Graeco-Roman World.* Charleston, SC: Forgotten Books, 2007.
Wilson, Colin. *Beyond the Occult.* Londres: Bantam Press, 1988.
———. *Rasputin and the Fall of the Romanovs.* Londres: Panther Books, 1978.
Winter, Alison. *Mesmerized: Powers of Mind in Victorian Britain.* Chicago: The University of Chicago Press, 1998.
Woolley, Benjamin. *The Queen's Conjurer: The Science and Magic of Dr. Dee.* Londres: HarperCollins, 2001.

Artigos e Periódicos

Batcheldor, K. J. "Report on a Case of Table Levitation and Associated Phenomena", *Journal of the Society for Psychical Research* 43, nº 729 (setembro de 1966).
Charman, Robert A. "Conjuring Up Philip", *Paranormal Review: The Magazine of the Society for Psychical Research*, nº 48 (outubro de 2008).
Crookes, William. "Notes of an Enquiry into the Phenomena Called Spiritual During the Years 1870-1873", *Quarterly Journal of Science* (janeiro de 1874).
Horrigan, Bonnie. "Shamanic Healing: We Are Not Alone-An Interview of Michael Harner", *Shamanism*, v. 10, ed nº 1 (1997).
Keen, Montague; Ellison, Arthur e Fontana, David. "The Scole Report", *Proceedings of the Society for Psychical Research* 58, pt. 220 (novembro de 1999).
Menzel, Birgit. "The Occult Revival in Russia Today and Its Impact on Literature", *The Harriman Review*, publ. on-line. Disponível em: <http://www.fb06.uni-mainz.de/inst/is/russisch/ menzel/forschung/00786.pdf>.

Popham, Peter. "Politics in Italy: The Séance That Came Back to Haunt Romano Prodi", *The Independent* (Londres), 2 de dezembro de 2005.

Fontes On-Line

Alec Harris article (Alec Harris —artigo). Disponível em: <http://website.lineone.net/~enlightenment/alec_harris.htm>.
Bhagavata. Disponível em: <http://bhagavata.org/downloads/bhagavata-compl.html>.
Bibliomania. Disponível em: <http://www.bibliomania.com>.
Bradshaw Foundation. Disponível em: <http://www.bradshawfoundation.com>.
Budge, Sir E. A. Wallis. *Egyptian Magic* (Magia Egípcia). Ed. *on-line*. Disponível em: <http://www.sacred-texts.com/egy/ema/index.htm>.
Cagliostro's Letter (Carta de Cagliostro). Disponível em: <http://www.faust.com/index.php/legend/cagliostro/letter-to-the-french-people/>.
Cambridge Encyclopedia (Enciclopédia Cambridge). Disponível em: <http://encyclopedia.stateuniversity.com>.
Crowley, Aleister. *The Book of the Law: Liber AL vel Legis*. Ed. *on-line*. Disponível em: <http://www.sacred-texts.com/oto/engccxx.htm>.
Egyptian Magic (Magia Egípcia). Disponível em: <http://www.sacred-texts.com/egy/ema/index.htm>.
Expectations Full. Disponível em: <http://publicintelligence.net/expectations-full-jihadi-manual/>.
Ghost Dance (Dança Fantasma). Disponível em: <http://en.wikipedia.org/wiki/Ghost_Dance>.
Ghost Science (Ciência e Fantasmas). Disponível em: <http://www.ghost-science.co.GB/2010/08/spiritualism-the-birth-of-a-lie>.
Ginzberg, Louis. *The Legends of the Jews* (Lendas dos Judeus). Ed. *on-line*. Disponível em: <http://www.sacred-texts.com/jud/loj/index.htm>.
Goddess Light (Deusa Luz). Disponível em: <http://www.goddesslight.net>.
Golden Bough (Ramo Dourado) (James Frazer). Disponível em: <http://www.gutenberg.org/etext/3623>.
Haunted Places (Lugares Assombrados). Disponível em: <http://theshadowlands.net/places/GB.htm>.
Himmler. Disponível em: <http://www.historynet.com/heinrich-himmler-the-nazi-leaders-master-plan.htm>.
Home, Daniel Dunglas. Disponível em: <http://en.wikipedia.org/wiki/Daniel_Dunglas_Home>.
Horowitz, Norman H.. "Roger Wolcott Sperry", Nobel Prize Org. Disponível em: <http://nobelprize.org/nobel_prizes/medicine/articles/sperry/index.html>.
Innocence Project (Projeto Inocência). Disponível em: <http://www.innocenceproject.org/Content/Facts_on_PostConviction_DNA_Exonerations.php>.
Internet Sacred Text Archive (Arquivo de Textos Sagrados da Internet). Disponível em: <http://www.sacred-texts.com>.
Joan of Arc (Joana d´Arc). Disponível em: <http://joan-of-arc.org/joanofarc_biography.html>.

Legends of the Jews (Lendas dos Judeus). Disponível em: <http://www.sacred-texts.com/jud/loj/index.htm>.
Liber Legis. Disponível em: <http://www.sacred-texts.com/oto/engccxx.htm>.
Mead G. R. S. (trad.). "The Corpus Hermeticum". Disponível em: <http://www.sacred-texts.com/chr/herm/ hermes1.htm>.
Mostly Haunted (Assombrações). Disponível em: <http://www.mostlyhaunted.co.GB>.
Nobel Prize (Prêmio Nobel). Disponível em: <http://nobelprize.org>.
Paleolithic Art (Arte Paleolítica). Disponível em: <http://www.bradshawfoundation.com/clottes>.
Poltergeist survey (Enquete sobre Poltergeist). Disponível em: <http://www.themystica.com/mystica/articles/p/poltergeist.html>.
Poltergeist. Disponível em: <http://en.wikipedia.org/wiki/Poltergeist>.
Project Gutenberg (Projeto Gutenberg). Disponível em: <http://www.gutenberg.org>.
Pyramid Texts (Textos das Pirâmides). Disponível em: <http://www.pyramidtextsonline.com/translation.html>.
Randi Educational Foundation Encyclopedia. Disponível em: <http://www.randi.org/encyclopedia>.
Randi Educational Foundation. Disponível em: <http://www.randi.org>.
Séance Kit. Disponível em: <http://unleashyourdreams.co.GB/Unleash_Your_Dreams/___Box_Of_ Delights_Seance_Kit____.html>.
Seeress of Prevorst (Vidente de Prevorst). Disponível em: <http://www.spiritwritings.com/SeeressOfPrevorst.pdf>.
Servants of the Light (Servos da Luz). Disponível em: <http://www.servantsofthelight.org>.
Shamanism (Xamanismo). Disponível em: <http://www.shamanism.org/>.
Society for Psychical Research (Sociedade para Pesquisas Psíquicas). Disponível em: <http://www.spr.ac.uk>.
Society of the Inner Light (Sociedade da Luz Interior). Disponível em: <http://www.innerlight.org.uk>.
Spirit Writings (Textos Espirituais). Disponível em: <http://www.spiritwritings.com>.
Stanford Encyclopedia of Philosophy (Enciclopédia Stanford de Filosofia). Disponível em: <http://plato.stanford.edu>.
StateUniversity.com. Disponível em: <http://encyclopedia.stateuniversity.com/pages/17660/poltergeist.html>.
Stein, Walter Johannes. Disponível em: <http://en.wikipedia.org/wiki/Walter_Johannes_Stein>.
Way of Laughing (Maneira de Sorrir). Disponível em: <http://www.fortunecity.com/roswell/barneyhill/184/>.

NOTAS

Introdução

1. *Rede des Reichsführer-SS im Dom zu Quedlinburg*, sem crédito autoral (Berlim: Nordland Verlag, 1936).
2. Ver, por exemplo, o interessante artigo de Heather Pringle, "Heinrich Himmler: The Nazi Leader's Master Plan". Disponível em: <http://www.historynet.com/heinrich-himmler-the-nazi-leaders-master-plan.htm> (acesso em: 9 de agosto de 2011).
3. Lynn H. Nicholas, *Treasure Hunt*. Disponível em: <http://www.museum-security.org/quedlinburg-hoard.htm> (acesso em: 9 de agosto de 2011).
4. J. H. Brennan, *Occult Reich* (Londres: Futura, 1974).
5. Heinz Höhne, *The Order of the Death's Head: The Story of Hitler's SS*, trad. Richard Barry (Londres: Classic Penguin, 2000).
6. Ibid.
7. Ibid.
8. Louis Pauwels e Jacques Bergier, *The Morning of the Magicians*, traduzido para o inglês por Rollo Myers (Londres: Souvenir Press, 2007).
9. Ibid.
10. Salmo 96:5, Septuaginta (LXX).
11. Êxodo 12:23, BKJ — Bíblia King James.
12. 1 Crônicas 21:1, BKJ.
13. Números 22:22-35, BKJ.
14. Jó 1, BKJ.
15. Lucas 4:1-2, BKJ.
16. Mateus 8:32, BKJ.

1. Primeiro contato

1. Extraído do relato de 1883 de Everard F. im Thurn em Jeremy Narby e Francis Huxley (orgs.), *Shamans Through Time* (Londres: Thames and Hudson, 2001).
2. Ibid.
3. Do livro de Thévet, *The Singularities of Antarctic France*, conforme citado em Narby e Huxley.

4. Ibid.
5. Extraído do relato de 1535 de Oviedo em Narby e Huxley.
6. Extraído do relato de Gmelin em quatro volumes, citado em Narby e Huxley.
7. Extraído do relato de 1724 de Lafitau citado em Narby e Huxley.
8. Ver <http://www.shamanism.org/> (acesso em: 10 de setembro de 2011).
9. Michael Harner, *The Way of the Shaman* (Nova York: HarperOne, 1990). [*O Caminho do Xamã*, publicado pela Editora Cultrix, São Paulo, 1989.] (fora de catálogo)
10. Ibid.
11. Mircea Eliade, "Shaman", em Richard Cavendish (org.), *Man, Myth & Magic* (Londres: Purnell, 1970).
12. Ibid.
13. Bonnie Horrigan, "Shamanic Healing: We Are Not Alone — An Interview of Michael Harner", *Shamanism* 10, nº 1 (1997).
14. James George Frazer, *The Golden Bough: A Study of Magic and Religion*. Disponível em: <http://www.gutenberg.org/etext/3623> (acesso em: 28 de novembro de 2008).
15. S. G. F. Brandon, "Animismo", em Richard Cavendish (org.), *Man, Myth & Magic* (Londres: Purnell, 1970).
16. Citado em Henri F. Ellenberger, *The Discovery of the Unconscious: The History and Evolution of Dynamic Psychiatry* (Nova York: Basic Books, 1970).
17. David Leeming e Jake Page, *God: Myths of the Male Divine* (Nova York: Oxford University Press, 1997).
18. Jean Clottes, "Paleolithic Art in France", The Bradshaw Foundation. Disponível em: <http://www.bradshawfoundation.com/clottes> (acesso em: 26 de novembro de 2008).

2. COMUNHÃO COM OS DEUSES

1. Ganhou o nome da aldeia de Al-Ubaid, onde seus restos foram descobertos.
2. Ver "Sumer", *Encyclopædia Britannica: Encyclopædia Britannica Ultimate Reference Suite* (Chicago: Encyclopædia Britannica, 2011).
3. Rudolf Steiner tinha uma teoria similar, postulando uma época em que o mundo espiritual era mais visível do que hoje, mas datou o início e o término desse desenvolvimento de maneira bem diferente da de Jaynes.
4. Richard Dawkins, *The God Delusion* (Londres: Black Swan, 2007).
5. Julian Jaynes, *The Origin of Consciousness in the Breakdown of the Bicameral Mind* (Boston: Houghton Mifflin Company, 1976).
6. Ibid.
7. Ibid.
8. Ibid.
9. Ibid.
10. Padre Joseph de Acosta, *The Natural and Moral History of the Indies* (Londres: Hakluyt Society, 1880).
11. Citado em Jaynes, *op. cit.*
12. Ibid.

13. Ver <http://www.blacksacademy.net/content/4791.html> (acesso em: 15 de janeiro de 2013).
14. Jaynes, *op. cit.*
15. H. W. F. Saggs, *The Greatness That Was Babylon* (Nova York: Mentor Books, 1962).
16. Citado em Jaynes, *op. cit.*
17. Mateus 27:46, BKJ.
18. "Heaven", *Encyclopædia Britannica: Encyclopædia Britannica Ultimate Reference Suite* (Chicago: Encyclopædia Britannica, 2011).

3. A EXPERIÊNCIA EGÍPCIA

1. "Egito, antigo", *Encyclopædia Britannica: Encyclopædia Britannica Ultimate Reference Suite* (Chicago: Encyclopædia Britannica, 2011).
2. Jeremy Naydler, *Shamanic Wisdom in the Pyramid Texts* (Rochester, VT: Inner Traditions, 2005).
3. Planta aquática com florescências (família das Araceias) nativa da África central e ocidental.
4. Para a maioria das pessoas, o reflexo passa por mudanças profundas quando elas olham firmemente para ele sob a luz de uma única vela. Em alguns casos, acredita-se que as mudanças mostram como elas se pareciam em encarnações passadas.
5. Sir E. A. Wallis Budge, *Egyptian Magic*, edição *on-line*. Disponível em: <http://www.sacred-texts.com/egy/ema/index.htm> (acesso em: 15 de setembro de 2011).
6. Como também era uma divindade, acreditava-se que o faraó teria a atenção de seus colegas deuses.
7. Budge, *Egyptian Magic*.
8. O texto na estela conta que foi o próprio deus que realizou o rito, mas parece mais provável que tenha sido o sacerdote Khonsu, provavelmente usando a estátua do deus.
9. "Religião do Oriente Médio", *Encyclopædia Britannica: Encyclopædia Britannica Ultimate Reference Suite* (Chicago: Encyclopædia Britannica, 2011).
10. Budge, *Egyptian Magic*. [*Magia Egípcia*, publicado pela Editora Cultrix, São Paulo, 1983.] (fora de catálogo)
11. Ibid.
12. Bob Brier, *Ancient Egyptian Magic* (Nova York: Perennial, 2001).
13. Disponível em: <http://www.pyramidtextsonline.com/translation.html> (acesso em: 20 de setembro de 2011).
14. Naydler, *op. cit.*
15. Harner, *op. cit.*
16. Disponível em: <http://www.pyramidtextsonline.com/translation.html> (acesso em: 20 de setembro de 2011).
17. Harner, *op. cit.*
18. J. Assmann, "Death and Initiation", em W. K. Simpson (org.), *Religion and Philosophy in Ancient Egypt* (New Haven, CT: Yale University Press, 1989).
19. Texto das pirâmides *on-line*, *op. cit.*

20. "Moisés", *Encyclopædia Britannica: Encyclopædia Britannica Ultimate Reference Suite* (Chicago: Encyclopædia Britannica, 2011).
21. A tradição rabínica afirma que o total era de seiscentos mil.
22. Louis Ginzberg, *The Legends of the Jews*. Disponível em: <http://www.sacred-texts.com/jud/loj/index.htm> (acesso em: 1º de janeiro de 2012).
23. Ou talvez dois. Uma tradição judaica afirma que Aarão, irmão de Moisés, foi abandonado no cesto com ele.
24. A palavra egípcia *mose* significa "nasceu" e é a raiz do nome hebreu Moshe, que em português se grafa Moisés. A forma *Tutmoses*, nome popular no Egito antigo, traduz-se como "[O deus] Thot nasceu".
25. Ginzberg, *op. cit.*
26. Ibid.
27. Ibid.
28. Êxodo 3:6, BKJ.
29. Ginzberg, *op. cit.*
30. Ver a página 124 deste livro.
31. Êxodo 24:1-18, KJV.
32. "Moisés", *Encyclopædia Britannica: Encyclopædia Britannica Ultimate Reference Suite* (Chicago: Encyclopædia Britannica, 2011).

4. Mistérios da Grécia e da Roma Antigas

1. Plínio, o Jovem, "The Haunted House". Disponível em: <http://www.bibliomania.com/0/5/159/534/17353/1/frameset.html> (acesso em: 26 de novembro de 2008).
2. A temperatura média do ar em Elêusis nos meses de setembro-outubro, quando as iniciações eram realizadas, iam de 24,2 ºC a 19,5 ºC. No período posterior, quando as preliminares se davam em Atenas, nos meses de fevereiro e março, as condições eram um pouco mais fáceis: os candidatos tinham apenas de suportar temperaturas na faixa entre 10,6 ºC e 12,3 ºC.
3. N. J. Richardson, "Eleusis", em Richard Cavendish (org.), *Man, Myth & Magic* (Londres: Purnell, 1970).
4. Um dom da deusa era tornar as correntes de ar visíveis para quem o recebia. Encontrei um vestígio dessa crença antiga na Irlanda rural há poucos anos enquanto conversava com um mestre na arte de fazer telhados de palha. Numa conversa sobre diversos assuntos, ele comentou que "dizem que os porcos conseguem ver o vento".
5. Ver Richardson, *op. cit.*
6. Harold Rideout Willoughby, *Pagan Regeneration: A Study of Mystery Initiations in the Graeco-Roman World* (Charleston, SC: Forgotten Books, 2007).
7. Matthew Dillon, *Pilgrims and Pilgrimage in Ancient Greece* (Londres: Routledge, 1997).
8. E. D. Phillips, "Healing Gods", em Richard Cavendish (org.), *Man, Myth & Magic* (Londres: Purnell, 1970).
9. Ou, segundo algumas fontes, cevada, cânhamo e folhas de louro queimadas sobre uma chama a óleo.

10. A descrição pitoresca é do *Hino homérico a Apolo*.
11. Lívio, *The Early History of Rome*, trad. de Aubrey de Sélincourt (Londres: Penguin Classics, 2002).
12. Robert Hughes, *Rome* (Londres: Weidenfeld and Nicolson, 2011).
13. Acredita-se que um pedaço de meteoro descoberto na cidadela romana teria sido usado para deduzir os auspícios da sucessão de Numa ao trono após a morte de Rômulo.
14. Apesar de muito pesquisar, não consegui determinar o que diferencia uma galinha sagrada de uma profana. Vários relatos dessa prática sugerem que, para os romanos, as galinhas eram galinhas, mas tornavam-se automaticamente sagradas se fossem usadas em adivinhações.
15. "Augúrio", *Encyclopædia Britannica: Encyclopædia Britannica Ultimate Reference Suite* (Chicago: Encyclopædia Britannica, 2011).
16. Ezequiel 1:1-28, BKJ.
17. Hoje, em contraste, denota um dos tanques mais populares do exército israelense.

5. Espíritos do Oriente

1. George Buhler, *The Laws of Manu* (Charleston, SC: BiblioLife, 2009).
2. Entre aqueles relacionados no antigo *Bhagavata* temos os *bhutas* (espíritos dos mortos), *pramathas* (espíritos místicos), *dakinis* (duendes femininas), *pretas* (fantasmas) e *kushmandas* (demônios), entre muitos e muitos outros. Ver <http://bhagavata.org/ downloads/bhagavata-compl.html> (acesso em: 9 de janeiro de 2012).
3. Louis Jacolliot, *Occult Science in India*, trad. William L. Felt (Londres: William Rider & Son, 1919).
4. Ibid.
5. "Fu Xi", *Encyclopædia Britannica: Encyclopædia Britannica Ultimate Reference Suite* (Chicago: Encyclopædia Britannica, 2011).
6. Ver <http://www.sciencedaily.com/releases/2007/04/070402214930.htm> (acesso em: 19 de outubro de 2011).
7. Citado em Richard Wilhelm, *The I Ching or Book of Changes* (Londres: Routledge and Kegan Paul, 1969.) [*I Ching – O Livro das Mutações*, publicado pela Editora Pensamento, São Paulo, 1984.]
8. As mitologias de muitos outros países mostram variações desse tema, enquanto os últimos cinquenta anos têm visto cientistas de vanguarda apresentarem evidências da existência de uma civilização pré-histórica avançada, com disseminação cultural global. Para uma discussão mais ampla, ver meu *Atlantis Enigma* (Londres: Piatkus Books, 1999).
9. Jou Tsung Hwa, *The Tao of I Ching* (Taiwan: Tai Chi Foundation, 1984).
10. C. G. Jung em seu Prefácio à tradução feita por Wilhelm do I Ching, *op. cit.*
11. William Seabrook, *Witchcraft: Its Power in the World Today* (Londres: White Lion, 1972).
12. Gary Lachman, *Jung the Mystic: The Esoteric Dimensions of Carl Jung's Life and Teachings* (Nova York: Jeremy P. Tarcher/Penguin, 2010).
13. Ibid.

14. Para detalhes de cores e outras associações com os cinco elementos do ocultismo chinês, ver Ilza Veith, trad., *The Yellow Emperor's Classic of Internal Medicine* (Los Angeles: University of California Press, 1972).
15. J. H. Brennan, *The Magical I Ching* (St. Paul, MN: Llewellyn Publications, 2000).
16. Dalai Lama XIV Bstan-'dzin-rgya-mtsho, *Freedom in Exile: Autobiography of His Holiness the Dalai Lama of Tibet* (Londres: Abacus, 1998).
17. Ibid.
18. Ibid.

6. Conjurações da Idade das Trevas

1. William Eamon, *Science and the Secrets of Nature* (Princeton, NJ: Princeton University Press, 1996).
2. Ibid.
3. Ian Moyer, "Thessalos of Tralles and Cultural Exchange", em Scott Noegel *et al.* (orgs.), *Prayer, Magic and the Stars in the Ancient and Late Antique World* (University Park: Pennsylvania State University Press, 2003).
4. 1 João 4:1, original BKJ. Adaptado da NVI – Nova Versão Internacional.
5. Levítico 19:31, original BKJ. Adaptado da NVI.
6. Levítico 20:6, original BKJ. Adaptado da NVI.
7. 2 Reis 21:6, original BKJ. Adaptado da NVI.
8. 2 Reis 23:24, original BKJ. Adaptado da NVI.
9. Êxodo 22:18, BKJ.
10. 1 Samuel 28, BKJ.
11. Lucas 10:20, BKJ.
12. *Datura Stramonium*, ou "maçã de espinho", é uma planta muito tóxica que, quando não mata, pode produzir intoxicações nas quais é impossível diferenciar a realidade da fantasia. Historicamente, tem sido usada como sacramento místico na América do Norte e no Sul da Ásia, e na Europa alguns acreditam que seu uso explica a existência de histórias sobre bruxas voando em vassouras para irem a encontros do Sabá.
13. Keith Thomas, *Religion and the Decline of Magic* (Londres: Weidenfeld and Nicolson, 1997).
14. S. L. MacGregor Mathers, *The Key of Solomon the King* (Londres: George Redway, 1889), revisado por Joseph H. Peterson, 2005, e disponível em: <http:// www.esotericarchives.com/solomon/ksol.htm#chap7> (acesso em: 29 de novembro de 2001).
15. Thomas, *op. cit.*

7. Raízes do Islã

1. Kurt Seligmann, *Magic, Supernaturalism and Religion* (St. Albans, GB: Paladin, 1975).
2. Martin Lings, *Muhammad: His Life Based on the Earliest Sources* (Santa Fe, NM: Inner Traditions, 1987).

3. Tosun Bayrak al-Jerrahi al-Halveti, *The Name & the Named: The Divine Attributes of God* (Louisville, KY: Fons Vitae, 2000).
4. "Maomé", *Encyclopædia Britannica: Encyclopædia Britannica Ultimate Reference Suite* (Chicago: Encyclopædia Britannica, 2011).
5. Hoje é o local da maior mesquita do islamismo, a Cúpula da Rocha.

8. AS VOZES E A DONZELA

1. Disponível em: <http://joan-of-arc.org/joanofarc_biography.html> (acesso em: 13 de dezembro de 2011).
2. Ibid.
3. Disponível em: <http://www.joan-of-arc.org/joanofarc_life_summary_visions.html> (acesso em: 14 de dezembro de 2011).
4. Joan teria dito que M. Lassois era como um tio honorário; na verdade, era um parente mais distante por afinidade.
5. Não era incomum as mulheres viajarem em trajes masculinos naquela época como precaução contra assalto ou estupro. O travestismo era considerado um pecado, mas eventualmente a Igreja emitia dispensas especiais em casos de necessidade.
6. Disponível em: <http://www.joan-of-arc.org/joanofarc_life_summary_chinon.html> (acesso em: 16 de dezembro de 2011).
7. Disponível em: <http://www.joan-of-arc.org/joanofarc_poitiers_conclusion.html> (acesso em: 16 de dezembro de 2011).
8. "Joana d'Arc, Santa", *Encyclopædia Britannica: Encyclopædia Britannica Ultimate Reference Suite* (Chicago: Encyclopædia Britannica, 2011).
9. O pedido foi recusado.
10. Carlos VII mostrou-se menos leal a Joana. Não tentou salvá-la em momento algum, provavelmente porque tentava um acordo com o duque da Borgonha.

9. AS EVOCAÇÕES DE NOSTRADAMUS

1. J. H. Brennan, *Nostradamus: Visions of the Future* (Londres: Thorsons, 1992).
2. Ver <http://en.wikipedia.org/wiki/Nostradamus> (acesso em: 2 de dezembro de 2011).
3. Citado em James Laver, *Nostradamus; or The Future Foretold* (Maidstone, GB: George Mann, 1973).
4. Edgar Leoni, *Nostradamus and His Prophecies* (Nova York: Wing Books, s.d.; publicado posteriormente com o título *Nostradamus, Life and Literature*, 1961).
5. Ibid.
6. Laver, *op. cit.*
7. Alexander Wilder, trad., *Theurgia or The Egyptian Mysteries by Iamblichus* (Londres: Rider, 1911). Edição *on-line* editada por Joseph H. Peterson, 2000, disponível em: <http://www.esotericarchives.com/oracle/iambl_th.htm#chap4> (acesso em: 2 de dezembro de 2011).

8. Citado em Laver, *op. cit.* Ver também a transcrição corrigida de Joseph H. Peterson de 2007 de *De Daemonibus*. Disponível em: <http://www.esotericarchives.com/psellos/daemonibus.pdf> (acesso em: 2 de dezembro de 2011).
9. John Hogue, *Nostradamus and the Millennium* (Londres: Bloomsbury, 1987).

10. O conjurador da rainha

1. Meric Casaubon (org.), *A True and Faithful Relation of What Passed for many Yeers between Dr. John Dee and Some Spirits* (Londres: T. Garthwait, 1659).
2. Benjamin Woolley, *The Queen's Conjurer: The Science and Magic of Dr. Dee* (Londres: HarperCollins, 2001).
3. Peter French, *John Dee: The World of an Elizabethan Magus* (Londres: Routledge, 2002).
4. Ibid.
5. Woolley, *op. cit.*
6. Ibid.
7. French, *op. cit.*
8. Ver Henry Cornelius Agrippa, *Three Books of Occult Philosophy* (St. Paul, MN: Llewellyn, 2000).
9. Robert Mathiesen, "A Thirteenth Century Ritual to Attain the Beatific Vision from the Sworn Book of Honorius of Thebes", em Claire Fanger, *Conjuring Spirits: Texts and Traditions of Medieval Ritual Magic* (Stroud, GB: Sutton Publishing, 1998).
10. Dee, *op. cit.*
11. Israel Regardie, *The Golden Dawn* (St. Paul, MN: Llewellyn, 1993).
12. French, *op. cit.*
13. Ibid.
14. Woolley, *op. cit.*
15. Citado em Woolley.
16. Ibid.
17. Citado em French.
18. Ibid.
19. Woolley, *op. cit.*
20. Thomas, *op. cit.*

11. Espíritos do Iluminismo

1. Joseph H. Peterson (org.), *The Lesser Key of Solomon* (York Beach, ME: Weiser Books, 2001).
2. Stephen Skinner e David Rankine, *The Goetia of Dr. Rudd: The Angels and Demons of Liber Malorum Spirituum Seu Goetia Lemegeton Clavicula Salomonis* (Londres: Golden Hoard Press, 2007).
3. Ver Lon Milo DuQuette, *My Life with the Spirits* (York Beach, ME: Weiser, 1999); Joseph C. Lisiewski, *Ceremonial Magic and the Power of Evocation* (Tempe, AZ: New Falcon Publications, 2006); Carroll "Poke" Runyon, *The Book of Solomon's Magick* (Silverado, CA: Church of the Hermetic Sciences, 2004).

4. J. Kent Clark, *Goodwin Wharton* (Oxford, GB: Oxford University Press, 1984).
5. Thomas, *op. cit.*
6. Jane Williams-Hogan, "Swedenborg", em Wouter J. Hanegraaff et al. (orgs.), *Dictionary of Gnosis and Western Esotericism* (Leiden: Brill, 2006).
7. Emanuel Swedenborg, *Heaven and Its Wonders and Hell. From Things Heard and Seen* (Philadelphia: J. B. Lippincott & Co., 1867).
8. Citado por John Selwyn Gummer, "Swedenborg", em Richard Cavendish (org.), *Man, Myth & Magic* (Londres: Purnell, 1970).
9. Robert Darnton, *Mesmerism and the End of the Enlightenment in France* (Cambridge, MA: Harvard University Press, 1968).
10. Henri F. Ellenberger, *The Discovery of the Unconscious: The History and Evolution of Dynamic Psychiatry* (Nova York: Basic Books, 1970).
11. Ibid.
12. Ibid.
13. Ibid.
14. Neste ponto, pode ser interessante notar que, a partir da época de Gassner, os contatos espirituais foram ficando cada vez menos preocupados com anjos e demônios (embora alguns desses contatos tenham persistido), envolvendo-se cada vez mais com a alma dos mortos.
15. Ibid.
16. Ibid.
17. Ibid.
18. Alan Gauld, *A History of Hypnotism* (Cambridge: Cambridge University Press, 1995).
19. Ibid.
20. Ibid.
21. Ibid.
22. Justinus Kerner, *The Seeress of Prevorst: Being Revelations Concerning the Inner-Life of Man, and the Inter-Diffusion of a World of Spirits in the One We Inhabit* (Londres: Patridge & Brittan, 1845). Disponível em: <http://www.spiritwritings.com/SeeressOfPrevorst.pdf> (acesso em: 18 de dezembro de 2008).
23. Ibid.
24. Gauld, *A History of Hypnotism*.
25. Ibid.
26. Alison Winter, *Mesmerized: Powers of Mind in Victorian Britain* (Chicago: The University of Chicago Press, 1998).
27. Ibid.

12. Feiticeiro revolucionário

1. Quando era noviço dos Benfratelli de Cartegirone, Cagliostro substituiu os nomes dos santos por nomes de prostitutas famosas enquanto lia as Escrituras durante o jantar.
2. A habilidade de obter informações sobre alguém por meio de pistas sutis em suas reações.

3. Disponível em: <http://www.faust.com/index.php/legend/cagliostro/letter-to-the--french-people/> (acesso em: 3 de dezembro de 2011).
4. Eliphas Levi, *The History of Magic*, traduzido para o inglês por Arthur Edward Waite (Londres: Rider & Son, 1922).

13. A HISTÓRIA SE REPETE

1. E. M. Almedingen, *The Romanovs* (Londres: The Bodley Head, 1966).
2. Colin Wilson, *Rasputin and the Fall of the Romanovs* (Londres: Panther Books, 1978).
3. Aldous Huxley, *The Doors of Perception and Heaven and Hell* (Londres: Vintage Classics, 2008).
4. Citado em Colin Wilson, *Rasputin and the Fall of the Romanovs*.

14. GUIAS DIRETOS

1. Disponível em: <http://www.controverscial.com/Paddy%20Slade.htm> (acesso em: 4 de dezembro de 2011).
2. Sheila Ostrander e Lynn Schroeder, *Psychic Discoveries behind the Iron Curtain* (Upper Saddle River, NJ: Prentice Hall, 1984).
3. A. H. Z. Carr, *Napoleon Speaks* (Nova York: Viking Press, 1941).
4. Judy Hall, *Napoleon's Oracle* (Londres: Cico Books, 2003).
5. Paul Brunton, *A Search in Secret Egypt* (Nova York: Weiser, 1992).

15. EXPERIÊNCIA NORTE-AMERICANA

1. Tiago 1:5, BKJ.
2. A frase é do próprio Smith, embora cópias das placas mostrem uma escrita que parece ter pouca semelhança com o egípcio hieroglífico ou demótico.
3. Ver <http://en.wikipedia.org/wiki/Joseph_Smith> (acesso em: 17 de janeiro de 2012).
4. Ver <http://lds.about.com/od/mormons/a/church_membership.htm> (acesso em: 19 de janeiro de 2012).
5. Richard N. e Joan K. Ostling, *Mormon America: The Power and the Promise* (Nova York: HarperOne 2007).

16. ESTÃO *TODOS* AÍ?

1. Ruth Brandon, *The Spiritualists: The Passion for the Occult in the Nineteenth and Twentieth Centuries* (Londres: Weidenfeld and Nicolson, 1983).
2. "Espiritualismo", *Encyclopædia Britannica: Encyclopædia Britannica 2009 Ultimate Reference Suite* (Chicago: Encyclopædia Britannica, 2009).
3. Citado em Brandon.
4. Brandon, *op. cit.*
5. Ibid.
6. Ronald Pearsall, *The Table-Rappers* (Londres: Michael Joseph, 1972).

7. Montague Keen, Arthur Ellison e David Fontana, "The Scole Report", *Proceedings of the Society for Psychical Research* 58, p. 220 (novembro de 1999).
8. Rosemary Ellen Guiley, "Cooke, Grace", em *Harper's Encyclopedia of Mystical and Paranormal Experience* (São Francisco: HarperSanFrancisco, 1991).
9. Fran Rosen-Bizberg, *Orion Transmissions Prophecy: Ancient Wisdom for a New World*, v. 1 (Jordanów, Poland: Fundacja Terapia Homa, 2003).
10. Os mais simpáticos da comunidade branca foram os mórmons de Utah, familiarizados com o conceito de revelação visionária.
11. A ideia tem muito em comum com a crença mórmon em "traje de investidura", que protege os devotos que os usam do mal. Alguns estudiosos alegam que a doutrina mórmon foi a inspiração da crença dos nativos norte-americanos. Ver <http://en.wikipedia.org/wiki/Ghost_Dance> (acesso em: 21 de janeiro de 2012).

17. OS ESPÍRITOS VÃO À GUERRA

1. Um fenômeno similar deu-se um século mais tarde com a publicação de *Brief History of Time*, de Stephen Hawking.
2. Éliphas Lévi, *The History of Magic*, traduzido para o inglês por Arthur Edward Waite (Londres: Rider & Son, 1922). [*História da Magia*, publicado pela Editora Pensamento, São Paulo, 2ª edição, 2010.]
3. Lewis Spence, *The Occult Causes of the Present War* (Londres: Rider & Co., s.d.).
4. Ouvi o mesmo argumento, meio século depois, de um membro do Union Movement de Oswald Mosley.
5. William L. Shirer, *The Rise and Fall of the Third Reich: A History of Nazi Germany* (Nova York: Simon and Schuster, 2011).
6. Mais uma vez, temos um eco das teorias de Jaynes, mas, novamente, com outra datação.

18. OS ESPÍRITOS E O *FÜHRER*

1. Arthur J. Magida, *The Nazi Séance* (Nova York: Palgrave Macmillan, 2011).
2. Realizada, por exemplo, pela Sociedade para Pesquisas Psíquicas.
3. Magida, *op. cit.*
4. Disponível em: <http://en.wikipedia.org/wiki/Erik_Jan_Hanussen> (acesso em: 11 de dezembro de 2011).
5. Disponível em: <http://www.steinschneider.com/biography/hanussen/page18.htm> (acesso em: 11 de dezembro de 2011).
6. Hermann Rauschning, *Hitler Speaks: A Series of Political Conversations with Adolf Hitler on His Real Aims* (Whitefish, MT: Kessinger, 2006).
7. John Toland, *Adolf Hitler* (Nova York: Ballantine Books, 1976).
8. Henry Ashby Turner Jr. (org.), *Hitler: Memoirs of a Confidant* (New Haven, CT: Yale University Press, 1985).
9. Trevor Ravenscroft, *The Spear of Destiny* (Nova York: Weiser, 1982).
10. Disponível em: <http://en.wikipedia.org/wiki/Walter_Johannes_Stein> (acesso em: 12 de dezembro de 2011).

11. Ver, por exemplo, o programa de treinamento oferecido pelos Servos da Luz sediados em Jersey (<http://www.servantsofthelight.org>) ou os textos de Dion Fortune, que fundou a Sociedade da Luz Interior (<http://www.innerlight.org.GB>) sediada em Londres.
12. Timothy W. Ryback, *Hitler's Private Library: The Books That Shaped His Life* (Nova York: Alfred A. Knopf, 2008; edição Kindle).
13. Ernst Schertel, *Magic: History/Theory/Practice* (Boise, ID: Cotum, 2009).

19. Museu de contatos espirituais

1. Birgit Menzel, "The Occult Revival in Russia Today and Its Impact on Literature", *The Harriman Review*, publicado on-line. Disponível em: <http://www.fb06.uni-mainz.de/inst/is/russisch/ menzel/forschung/00786.pdf> (acesso em: 22 de novembro de 2012).
2. Peter Popham, "Politics in Italy: The Séance That Came Back to Haunt Romano Prodi", *The Independent* (Londres), 2 de dezembro de 2005.
3. Ver, entre outras obras, o meu *Astral Doorways* (Londres: Aquarian Press, 1972).
4. Samir Khan, "Expectations Full". Disponível em: <http://publicintelligence.net/expectations-fulljihadi-manual/> (acesso em: 22 de novembro de 2012).
5. Ibid.

20. Contatos imediatos de grau espiritual

1. A expressão provém do espiritualismo, em que descreve o aparecimento de pequenos objetos na sala de sessões, saídos do nada.
2. Em Ivan Cooke, *The Return of Arthur Conan Doyle* (Hampshire, GB: White Eagle Publishing Trust, 1975).
3. Ibid.
4. Jean Overton Fuller, *The Magical Dilemma of Victor Neuburg: Aleister Crowley's Magical Brother and Lover* (Oxford, GB: Mandrake of Oxford, 2005).
5. Aleister Crowley, *777 and Other Qabalistic Writings of Aleister Crowley* (Nova York: Red Wheel/Weiser, 1987).
6. Fuller, *op. cit.*
7. Israel Regardie, *The Golden Dawn* (Chicago: Aries Press, 1940). Citado em tradução.
8. Tobias Churton, *Aleister Crowley: The Biography* (Londres: Watkins Publishing, 2011).
9. Ibid. Outras fontes sugerem que sua mensagem era que "eles" estavam esperando por Crowley.
10. Ibid.
11. Citado em Richard Kaczynski, *Perdurabo: The Life of Aleister Crowley* (Berkeley, CA: North Atlantic Books, 2010).
12. Na verdade, uma sala simples de seu apartamento destinada a propósitos mágicos.
13. Citado em Kaczynski, *op. cit.*
14. Aleister Crowley, *The Book of the Law: Liber AL vel Legis*, disponível em: <http://www.sacred-texts.com/oto/engccxx.htm> (acesso em: 28 de janeiro de 2012).
15. Ibid.

21. Três conjurações

1. O relato a seguir baseia-se em Elizabeth M. Butler, *Ritual Magic* (Stroud, GB: Sutton Publishing, 1998).
2. H. P. Blavatsky, *Isis Unveiled*, Vol. 2 (Pasadena, Ca: Theosophical University Press, 1972. [*Ísis sem Véu*, vol. 2, publicado pela Editora Pensamento, São Paulo, 1991.]
3. Minha versão das conclusões do inquérito também se baseiam em Butler, *op. cit.*
4. Edward Bulwer-Lytton, primeiro barão Lytton, conhecido dramaturgo, poeta e romancista inglês, com considerável interesse pelo ocultismo.
5. Éliphas Lévi, *Transcendental Magic: Its Doctrine and Ritual*, traduzido para o inglês por Arthur Edward Waite (Londres: Rider & Co., 1896).
6. Elizabeth M. Butler, *op. cit.*
7. Gerald Brittle, *The Demonologist: The Extraordinary Career of Ed and Lorraine Warren* (Bloomington, IN: iUniverse, 2002).

22. Transferências espirituais, poderes espirituais

1. Como W. E. Butler.
2. Mais tarde, perdeu a segunda perna pelo mesmo problema.
3. Dolores também afirmou ter obtido benefícios para sua saúde, especialmente o fortalecimento do sistema imunológico.
4. Ela morreu em 26 de novembro de 2010.
5. 1 Reis 10, BKJ.
6. Cânticos 1:1, BKJ.
7. Ibid.
8. Emma Hardinge Britten, *Nineteenth Century Miracles: Or Spirits and Their Work in Every Country of the Earth* (Nova York: Lovell & Co., 1884).
9. Ruth Brandon, *The Spiritualists: The Passion for the Occult in the Nineteenth and Twentieth Centuries* (Londres: Weidenfeld and Nicolson, 1983).
10. Disponível em: <http://en.wikipedia.org/wiki/Daniel_Dunglas_Home> (acesso em: 31 de janeiro de 2012).
11. Britten, *op. cit.*
12. Ver <http://www.victorzammit.com/book/chapter12.html> (acesso em: 17 de janeiro de 2013).
13. Britten, *op. cit.*
14. Apocalipse 12:7-9, BKJ.
15. De Canon H. R. Charles, *The Apocrypha and Pseudepigrapha of the Old Testament* (Oxford, GB: The Clarendon Press, 1913).
16. Ibid.
17. Embora deva ser válido sugerir que o movimento Nova Era levou essas crenças para um público ocidental maior do que em qualquer outro momento da História.
18. G. R. S. Mead, trad., "The Corpus Hermeticum", *Internet Sacred Text Archive* <http://www.sacred-texts.com/chr/herm/hermes1.htm> (acesso em: 19 de janeiro de 2009).
19. Ibid.
20. Ibid.

23. Uma investigação cética

1. James Randi, *The Supernatural A-Z: The Truth and the Lies* (Londres: Headline, 1995).
2. Disponível em: <http://www.randi.org/encyclopedia> (acesso em: 2 de fevereiro de 2012).
3. Randi, *The Supernatural A-Z, op. cit.*
4. Jasper Maskelyne, *White Magic* (Londres: Stanley Paul & Co, s.d.; provavelmente final da década de 1930).
5. Ibid.
6. Jim Steinmeyer, *Hiding the Elephant: How Magicians Invented the Impossible* (Londres: William Heinemann, 2003).
7. John Gordon Melton, "Espiritualismo", em *Encyclopædia Britannica: Encyclopædia Britannica 2009 Ultimate Reference Suite* (Chicago: Encyclopædia Britannica, 2009).
8. Disponível em: <http://unleashyourdreams.co.GB/Unleash_Your_Dreams/___Box_Of_Delights_Seance_Kit____.html> (acesso em: 3 de fevereiro de 2012).
9. Disponível em: <http://www.spr.ac.GB/main/> (acesso em: 3 de fevereiro de 2012).
10. Janeiro de 2012.
11. James Randi, *An Encyclopedia of Claims, Frauds, and Hoaxes of the Occult and Supernatural, op. cit.*
12. Disponível em: <www.innocenceproject.org/Content/Facts_on_PostConviction_DNA_Exonerations.php> (acesso em: 5 de fevereiro de 2012).
13. Disponível em: <http://www.ghost-science.co.GB/2010/08/spiritualism-the-birth--of-a-lie> (acesso em: 5 de fevereiro de 2012).
14. William Crookes, "Notes of an Enquiry into the Phenomena Called Spiritual during the Years 1870-1873", *Quarterly Journal of Science* (janeiro de 1874).
15. Robert McLuhan, *Randi's Prize* (Kibworth Beauchamp, GB: Troubador, 2010).
16. McLuhan, *op. cit.*
17. Ibid.
18. Ibid.

24. A teoria bicameral

1. Jaynes, *op. cit.*
2. Citado por Jaynes.
3. Eugen Herrigel, *Zen in the Art of Archery* (Londres: Routledge & Kegan Paul, 1953). [*A Arte Cavalheiresca do Arqueiro Zen*, publicado pela Editora Pensamento, São Paulo, 1984.]
4. Jaynes, *op. cit.*
5. *Martian Genesis* (Londres: Piatkus Books, 1998) e *The Atlantis Enigma* (Londres: Piatkus Books, 1999).

25. Espíritos da mente profunda

1. Ellenberger a descreve dizendo que "parece-se vagamente com uma mistura de italiano e francês".

2. Ao voltar à Terra, o primeiro voo motorizado num veículo mais pesado do que o ar só aconteceu no final de 1903, com os irmãos Wright.
3. Segundo a história da família de Jung, eles seriam descendentes ilegítimos de Goethe.
4. Ellenberger, *op. cit.*
5. Que então se acreditava ter sido causada por lesões físicas do sistema nervoso, resultantes do trauma original.
6. Theodore Flournoy, *From India to the Planet Mars*, traduzido para o inglês por Daniel B. Vermilye (Nova York: Harper & Brothers, 1900).
7. Ibid.
8. Ibid.
9. Ellenberger, *op. cit.*
10. C. G. Jung, *Psychology and the Occult* (Londres: Ark, 1987).
11. Ibid.
12. Butler, *op. cit.*
13. Ibid.
14. Paschal Beverly Randolph, *Seership: Guide to Soul Sight* (Quakertown, PA: Confederation of Initiates, 1930).
15. Butler, *op. cit.*
16. Ibid.

26. Encontros pessoais

1. Disponível em: <http://theshadowlands.net/places/GB.htm> (acesso em: 7 de fevereiro de 2012).
2. Numa conversa particular com o autor deste livro.
3. Alguns relatos dizem que o número chegaria a 27 mil.
4. Os relatos variam. Em alguns, os exércitos apareceram no céu acima do campo; em outros, as aparições combateram pelos campos e colinas da batalha original.
5. Eric Maple e Lynn Myring, *Haunted Houses, Ghosts and Spectres* (Londres: Usborne, 1979).
6. J. H. Brennan, *Time Travel: A New Perspective* (St. Paul, MN: Llewellyn Publications, 1997).
7. Colin Wilson, *Beyond the Occult* (Londres: Bantam Press, 1988).
8. Brennan, *Time Travel*, *op. cit.*

27. O geist que polters

1. Texto histórico do leste da França composto por monges no século X e abrangendo um período entre os reinados de Luís, o Pio (falecido em 640 ec) e a coroação de Luís III em 900 ec.
2. Pesquisa citada em: <http://www.themystica.com/mystica/articles/p/poltergeist.html> (acesso em: 9 de fevereiro de 2012).
3. Que ficava no local da atual Mansão Zouch.

4. Richard Cavendish (org.), *Encyclopedia of the Unexplained: Magic, Occultism, and Parapsychology* (Londres: Penguin, 1995).
5. Disponível em: <http://en.wikipedia.org/wiki/Poltergeist> (acesso em: 16 de julho de 2012).

28. O Limiar de Vacilação

1. Joseph H. Peterson (org.), *The Lesser Key of Solomon* (York Beach, ME: Weiser Books, 2001).
2. Ibid.
3. Ibid.
4. Ibid.
5. Ibid.
6. Ibid.
7. Ibid.
8. Ibid.
9. Ibid.
10. Ibid.
11. Joseph H. Peterson (org. e trad.), *Grimorium Verum* (Scott's Valley, CA: CreativeSpace Publishing, 2007).
12. Ibid.
13. Ibid.
14. S. L. MacGregor Mathers, *The Key of Solomon the King* (York Beach, ME: Weiser, 2001).
15. Arthur Edward Waite, *The Book of Ceremonial Magic* (Nova York: University Books, 1961).
16. S. L. MacGregor Mathers (trad.), *The Book of the Sacred Magic of Abra-Melin the Mage* (Chicago: de Laurence, 1948).
17. Frank Klaassen, "English Manuscripts of Magic, 1300-1500: A Preliminary Survey", em Claire Fanger, *Conjuring Spirits: Texts and Traditions of Medieval Ritual Magic* (Stroud, Reino Unido: Sutton Publishing, 1998).
18. Flournoy, *op. cit.*
19. Blake W. Burleson, *Jung in Africa* (Londres: Continuum, 2005).
20. Ibid.
21. Ibid.
22. Ibid.
23. Ibid.
24. C. G. Jung, *Memories, Dreams, Reflections* (Londres: Fontana, 1971).
25. Ibid.
26. Ibid.
27. Ibid.
28. Richard Noll, *The Jung Cult: Origins of a Charismatic Movement* (Londres: Fontana, 1995).
29. Richard Noll, *The Aryan Christ: The Secret Life of Carl Gustav Jung* (Londres: Macmillan, 1997).

30. Ibid.
31. Ibid.
32. Ibid.
33. C. G. Jung, *The Archetypes and the Collective Unconscious* (Londres: Routledge, 2008).
34. Ibid.
35. Ibid.
36. Ibid.
37. Éliphas Lévi, *Transcendental Magic: Its Doctrine and Ritual* (Twickenham, Reino Unido: Senate, 1995).
38. Ibid.
39. Israel Regardie, *The Golden Dawn* (St. Paul, MN: Llewellyn, 1993).
40. J. H. Brennan, *Astral Doorways* (Londres: Aquarian Press, 1972).
41. Éliphas Lévi, *The History of Magic*, traduzido para o inglês por Arthur Edward Waite (Londres: Rider & Son, 1922).
42. C. G. Jung, *The Archetypes and the Collective Unconscious* (Londres: Routledge, 2008).
43. Dolores Ashcroft-Nowicki, *Highways of the Mind: The Art and History of Pathworking* (Wellingborough, GB: Aquarian Press, 1987).
44. Jung, *Memories, Dreams, Reflections*.
45. Ibid.
46. Robert A. Charman, "Conjuring Up Philip", *Paranormal Review: The Magazine of the Society for Psychical Research*, nº 48 (outubro de 2008).
47. Ibid.
48. Ibid.
49. Ibid.
50. Extraído de conversas com os participantes.

29. Fundamentação científica

1. Stanislav Grof, *The Cosmic Game* (Dublin: Newleaf, 1988).
2. Citado de um discurso feito por Leary em 1967.
3. Aldous Huxley, *The Doors of Perception and Heaven and Hell* (Nova York: Harper & Row, 1954).
4. Grof, *op. cit.*
5. Ibid.
6. Jung se contradisse nessa área, e boa parte de seu trabalho aponta diretamente para a ideia do inconsciente coletivo como uma única entidade. Parece provável que, com uma reputação acadêmica a proteger, ele tenha tomado o cuidado de fazer apostas seguras em vez de apresentar ideias tão estranhas que provavelmente não seriam aceitas.
7. Um princípio de lógica que afirma, com efeito, que a explicação mais simples para qualquer fenômeno deve sempre ter a primazia.
8. Grof, *op. cit.*
9. Assim como diversas teorias cosmológicas recentes.

10. "Mark", canalizado através de Jacquie Burgess, 1997, *The Way of Laughing*. Disponível em: <http://www.fortunecity.com/roswell/barneyhill/184/> (acesso em: 5 de março 2012).
11. Fonte: carta particular ao autor deste livro.

Conclusão

1. Fred Gettings, *Ghosts in Photographs: The Extraordinary Story of Spirit Photography* (Nova York: Harmony Books, 1978).
2. Ver, por exemplo, Lon Milo DuQuette, *My Life with the Spirits* (York Beach, ME: Weiser, 1999) e Joseph C. Lisiewski, *Ceremonial Magic and the Power of Evocation* (Tempe, AZ: New Falcon Publications, 2006).
3. Carroll "Poke" Runyon, *The Book of Solomon's Magic: How to Invoke Angels into the Crystal and Evoke Spirits to Visible Appearance in the Dark Mirror* (Silverado, CA: C.H.S. Inc, 2004).
4. Barbara W. Lex, "Neurobiology of Ritual Trance", em Eugene G. d'Aquili, Charles D. Laughlin Jr. e John McManus, *The Spectrum of Ritual: A Biogenic Structural Analysis* (Nova York: Columbia University Press, 1979).
5. Ibid.
6. Ibid.
7. Ibid.
8. Jung, *Memories, Dreams, Reflections*.
9. "Poltergeist-Research, Major Hypotheses, Examples, Famous Alleged Poltergeist Infestations, Poltergeists in Fiction", *Cambridge Encyclopedia*, v. 59. Disponível em: <http://encyclopedia.stateuniversity.com/pages/17660/poltergeist.html> (acesso em: 21 de fevereiro de 2009).
10. Norman H. Horowitz, "Roger Wolcott Sper <http://nobelprize.org/ nobel_prizes/medicine/articles/sperry/index.html> ry", Nobel Prize Org. Disponível em: (acesso em: 26 fevereiro de 2009).
11. Ibid.
12. Anthony Peake, *The Daemon* (Londres: Arcturus, 2008).
13. Ibid.